以人民为中心

——新时代检察工作的创新发展

莫文秀　吴建雄　主 编

人 民 出 版 社

编写说明

　　中国共产党第十九次全国代表大会提出了以人民为中心的发展思想。党的十九届四中全会作出坚持和完善中国特色社会主义制度、推进国家治理体系和治理能力现代化的重要部署。历经打赢新冠疫情防控总体战、阻击战和统筹经济社会发展的斗争洗礼，以人民为中心的时代强音更加响亮。党的十九届五中全会擘画了"十四五"和今后一个时期全面建设社会主义现代化国家的宏伟蓝图。2020年11月召开的中央全面依法治国工作会议，正式确立习近平法治思想，进一步彰显了人民法治的本质特征。最高人民检察院党组领导全国各级检察机关增强"四个意识"、坚定"四个自信"、做到"两个维护"，把检察工作置于党和国家大局之中，以人民为中心的发展思想更加深入人心，推进"中国之治"现代化的检察力量更加凝聚，新时代检察工作创新发展的基本理念、总体要求、总体思路更加成熟定型。2021年1月，第十五次全国检察工作会议审议通过了《"十四五"时期检察工作发展规划》，为新发展阶段的检察工作提供了遵循。

　　检察机关作为宪法规定的国家法律监督机关，在推进"中国之治"和全面建设社会主义现代化国家的伟大实践中发挥着重要的职能作用。在深入贯彻党的十九届四中、五中全会精神，统筹推进依法抗疫和经济社会发展，不断实现人民对美好生活的向往的重要节点上，深入总结最高人民检察院党组领导全国各级检察机关认真贯彻以习近平同志为核心的党中央的决策部署，坚持以人民为中心，推进新时代检察工作创新发展的新理念、新思想、新举措的实践经验，对"十四五"时期检察工作发展规划进行领悟和阐释，并形成一部体系完整，具有指导性、思想性、实用性的检察读物，对促进新时代检察工作创新发展，具有积极的意义。

本书立足于党的十九大以来最高人民检察院领导全国各级检察机关开创新时代检察工作科学发展的生动实践，全面系统地反映最高人民检察院党组认真贯彻习近平总书记重要指示精神，鲜明提出以人民为中心的发展理念，"讲政治、顾大局、谋发展、重自强"的总体要求，"稳进、落实、提升"的检察工作主题和转隶就是转机、双赢多赢共赢、在办案中监督在监督中办案等新理念，以重塑性变革推动"四大检察""十大业务"全面协调充分发展等一系列新思路、新举措、新行动。着眼于新时代检察工作创新发展的行稳致远，研究探索全面深化检察机关政治建设、业务建设、队伍建设、文化建设的基本观点、价值取向和方法举措。以检察工作自身高质量发展服务保障经济社会高质量发展，以检察工作现代化服务保障全面建设社会主义现代化国家。

本书的编撰力求做到以下几点：一是理论性与实践性的统一。检察司法工作的理论性和实践性都很强，编撰中务求使二者紧密结合起来，做到求真务实，不尚空谈。二是完整性与独立性的统一。检察工作创新发展是一个系统工程，涉及全面从严治党、全面依法治国和司法体制改革。本书以新时代党的发展思想为逻辑起点，以检察工作发展理念、总体要求为编撰主线，以检察政治、检察业务、检察队伍、检察文化建设为基本框架，体系完整，又相对独立。三是特色性与原创性的统一。本书聚焦党的十九大以来检察理论与实践的最新成果，吸收、采纳相关领导人、专家精彩独到、言简意赅的观点和话语，引用最新的案例数据资料，在编撰风格和编撰话语上体现检察的时代特色。

本书由六篇二十五章构成。第一篇"以人民为中心的检察理念"

是全书的导论部分。主要阐述人民检察理念的时代背景和政治基础，检察理念的形成和确立，检察理念的哲学基础、基本内涵和把握稳进、落实、提升的检察工作主题。第二篇"新时代检察工作总要求、总基调"是全书的总论，主要阐述"讲政治、顾大局、谋发展、重自强"的检察工作总体要求的价值基础、理论逻辑、实践逻辑、基本内涵和具体落实。第三篇"新时代检察政治建设"是全书的第一分论，主要阐述新时代检察政治建设观，坚持党对检察工作的绝对领导，坚持人大对检察工作的监督，检察机关党的建设高标优质发展的基本理论、基本内涵和工作举措。第四篇"新时代检察业务建设"是全书的第二分论，主要阐述新时代检察业务建设观，完善"四大检察"职能，"十大业务"总体布局，深化检察改革"精装修"的基本原理、基本内涵和工作举措。第五篇"加强过硬检察队伍建设"是全书的第三分论，主要阐述新时代检察队伍建设观，加强检察领导班子建设，加强专业素质建设，加强纪律作风建设的基本原理、基本内涵和工作举措。第六篇"新时代检察文化建设"是全书的第四分论，主要阐述以人民为中心的检察文化观，新时代的检察文化建设，加强新时代检察新闻宣传，加强新时代检察理论研究的基本原理、基本内涵和工作举措。

　　本书以人大代表、专家学者、检察人员及其他执法司法工作人员为主要读者对象，可供法学理论和实务部门参考，还可供关心我国检察制度建设的人士阅读。由于思想理论和编撰水平所限，尚有诸多不足之处，恳望读者批评指正。

目　　录

第　一　篇

以人民为中心的检察理念

第 二 篇

新时代检察工作总要求、总基调

第 三 篇
新时代检察政治建设

第 四 篇
新时代检察业务建设

第 五 篇
加强过硬检察队伍建设

第　六　篇

新时代检察文化建设

第 一 篇
以人民为中心的检察理念

　　以人民为中心的检察理念是我们党以人民为中心发展思想的重要体现,是新时代检察工作的根本理念。践行这一理念,就要从政治上、全局上做好检察工作,为社会和人民群众提供更加优质、及时的"法治产品""检察产品",满足人民群众越来越高的获得感、幸福感、安全感,肩负起宪法和法律赋予的法定职责和重要使命。

第 一 章

以人民为中心的时代聚焦

中国共产党第十九次全国代表大会提出以人民为中心的发展思想,强调以人民为中心,推动中国特色社会主义进入新时代。党的十九届四中全会作出的一系列重大部署,从坚持和完善人民当家作主制度体系,到坚持和完善中国特色社会主义行政体制;从坚持和完善统筹城乡的民生保障制度,到坚持和完善共建共治共享的社会治理制度,充分体现了以人民为中心的发展思想,彰显了我们党治国理政的不变初心与使命担当。党的十九届五中全会审议通过《中共中央关于制定国民经济和社会发展第十四个五年规划和二〇三五年远景目标的建议》,以满足人民日益增长的美好生活需要为根本目的,贯穿坚持以人民为中心的发展思想,明确了"十四五"时期"民生福祉达到新水平"的目标任务。在 2020 年 11 月召开的中央全面依法治国工作会议上,我们党正式提出习近平法治思想,这不仅具有十分重大的理论和实践意义,而且具有非常深刻的政治和法治价值。以人民为中心的发展思想,成为贯穿社会主义法治的主线。

民之所望,政之所向。人民检察院作为中国国家政权的重要组成部分和宪法规定的国家法律监督机关,在国家治理体系中肩负着惩治犯罪、保障人权、定分止争、维护社会稳定和公平正义、维护社会主义法制统一正确实施的重大职责。贯彻以人民为中心的发展思想,就是在习近平新时代中国特色社会主义思想指导下,深入学习贯彻习近平法治思想,准确理解和把握"十四五"时期我国进入新发展阶段的新发展格局、新发展动能、新发展活力、新机遇、新挑战、新方向,进一步增强"四个意识"、坚定"四个自信"、做到"两个维护"。对标"十四五"发展蓝图,经济社会发展的重点任务、重大举措,切实找准检察工作的切入点、结合点。把检察工作置于"两个大局"之中,坚持从政治和战略上审视、谋划检察工作,坚持以基层、基础为战略支点,以检察工作自身高质量发展服务保障经济社会高质量发展,以检察工作现代化服务保障全面建设社会主义现代化国家。真正把以人民为中心融入各项检察工作,"以等不起的紧迫感、慢不得的危机感、坐不住的责任感,讲政治、顾大局、谋发展、重自强,切实抓好各项工作措施的落实,努力答好新时代检察工作人民满意答卷"①。

一、中国共产党以人民为中心的发展思想

(一)以人民为中心的提出

"人民"在不同的历史时期、不同的社会,有着不同的具体内涵。新中国成立前,毛泽东在《论人民民主专政》一文中写道:"人民是什么? 在中国,在现阶段,是工人阶级,农民阶级,城市小资产阶级和民族资产阶级。"②现在,人民的范围更加广泛,包括:全体社会主义劳动者、中国特色社会主义事业建设者、拥护社会主义爱国者、拥护祖国统一和致力于中华民族伟大复兴爱国者。作为中国工人阶级的先锋队,中国

---

① 王治国:《讲政治顾大局谋发展重自强 努力答好新时代检察工作人民满意答卷》,《检察日报》2018 年 3 月 28 日。
② 《毛泽东选集》第四卷,人民出版社 1991 年版,第 1475 页。

人民和中华民族的先锋队,中国共产党须臾离不开人民。在党的十九大报告中,习近平总书记提到人民的地方就有 203 次之多,并四次提到以人民为中心,特别是把坚持以人民为中心作为中国特色社会主义的一个基本方略进行了系统论述,充分体现了实践经验的总结和党的基本理论的重大创新。

党的十八大前后,长期积累的一些问题已变得较为突出,诸如贫富差距、环境污染、吏治腐败、社会矛盾凸显、党内特权思想浓厚等。在少数范围和领域,党和人民的关系处于某种紧张状态,特别是党脱离群众的危险日益增加,个别领导干部脱离群众的现象时有发生,集中表现在形式主义、官僚主义、享乐主义和奢靡之风这"四风"上。① 在习近平总书记看来,"作风问题,核心是党和人民群众的关系问题",这"四风",是当时群众深恶痛绝、反映最强烈的问题,如果"蔓延开来又得不到有效遏制,就会像一座无形的墙把党和人民群众隔开"②。所以,从 2013 年 6 月开始,在以习近平同志为核心的党中央坚强领导下,开展了党的群众路线教育实践活动。

正是在党的群众路线教育实践活动开始不久,习近平总书记在全国宣传思想工作会议上发出了一个崭新的号召——树立以人民为中心的工作导向。这应该是以人民为中心用语的最早出处。此后,习近平总书记在多个场合,针对不同的领域和工作,多次谈到了这一取向和要求,外延不断扩展,内涵不断丰富。其中主要集中在两个方面。

一是精神财富的生产。2013 年 11 月,习近平总书记在十八届三中全会上指出,建设社会主义文化强国,增强国家文化软实力,必须坚持以人民为中心的工作导向,使社会效益和经济效益相统一,进一步深

---

① 参见张太原:《"坚持以人民为中心"是怎样提出的》,《学习时报》2018 年 1 月 17 日。

② 《习近平关于党的群众路线教育实践活动论述摘编》,党建读物出版社、中央文献出版社 2014 年版,第 24 页。

化文化体制改革。2014年10月,在文艺工作座谈会上,习近平总书记提出文艺工作者要坚持以人民为中心的创作导向,把满足人民精神文化需求作为文艺和文艺工作的出发点和落脚点,把人民作为文艺表现的主体,把人民作为文艺审美的鉴赏家和评判者。2016年2月,习近平总书记在主持党的新闻舆论工作座谈会时指出,党的新闻舆论工作是党的一项重要工作,是治国理政、定国安邦的大事,要坚持党的领导,坚持以人民为中心的工作导向,切实提高党的新闻舆论传播力、引导力、影响力、公信力。同年5月,习近平总书记在主持哲学社会科学工作座谈会时指出,我国哲学社会科学要有所作为,就必须坚持以人民为中心的研究导向。脱离了人民,哲学社会科学就不会有吸引力、感染力、影响力、生命力。广大哲学社会科学工作者要树立为人民做学问的理想,自觉把个人学术追求同国家和民族发展紧紧联系在一起,努力多出经得起实践、人民、历史检验的研究成果。同年11月,习近平总书记在会见中华全国新闻工作者协会第九届理事会第一次会议暨中国新闻奖、长江韬奋奖获奖者代表时指出,要坚持正确工作取向,以人民为中心,心系人民、讴歌人民,发扬职业精神,恪守职业道德,勤奋工作、甘于奉献,做作风优良的新闻工作者。稍后,习近平总书记在中国文学艺术界联合会第十次全国代表大会、中国作家协会第九次全国代表大会上再次强调,广大文艺工作者要坚持以人民为中心的创作导向,坚持为人民服务、为社会主义服务,坚持百花齐放、百家争鸣,坚持创造性转化、创新性发展,把艺术理想融入党和人民事业之中。

二是物质财富的生产。2015年10月,在党的十八届五中全会上,习近平总书记提出,"必须坚持以人民为中心的发展思想,把增进人民福祉、促进人的全面发展作为发展的出发点和落脚点"①。同年12月,在中央城市工作会议上,他强调,做好城市工作,要顺应人民群众新期

---

① 《十八大以来重要文献选编》(中),中央文献出版社2016年版,第789页。

待,坚持以人民为中心的发展思想,坚持人民城市为人民。2016年1月,在省部级主要领导干部学习贯彻党的十八届五中全会精神专题研讨班上,他说,要坚持人民主体地位,顺应人民群众对美好生活的向往,不断实现好、维护好、发展好最广大人民根本利益,做到发展为了人民、发展依靠人民、发展成果由人民共享。共享理念实质就是坚持以人民为中心的发展思想,体现的是逐步实现共同富裕的要求。共同富裕,是马克思主义的一个基本目标,也是自古以来我国人民的一个基本理想。他还特别强调,着力践行以人民为中心的发展思想,是党的十八届五中全会首次提出来的。同年7月,习近平总书记在庆祝中国共产党成立95周年大会上的讲话中强调,党要顺应人民群众对美好生活的向往,坚持以人民为中心的发展思想,以保障和改善民生为重点,发展各项社会事业,加大收入分配调节力度,打赢脱贫攻坚战,保证人民平等参与、平等发展权利,使改革发展成果更多更公平惠及全体人民,朝着实现全体人民共同富裕的目标稳步迈进。同年9月,他在学习《胡锦涛文选》报告会上的讲话中指出,要坚持以人民为中心的发展思想,抓住人民最关心最直接最现实的利益问题,不断实现好、维护好、发展好最广大人民根本利益,努力使全体人民学有所教、劳有所得、病有所医、老有所养、住有所居。同年12月,在中央财经领导小组第十四次会议上,他再次强调落实以人民为中心的发展思想。他指出,全面建成小康社会,在保持经济增长的同时,更重要的是落实以人民为中心的发展思想,想群众之所想、急群众之所急、解群众之所困。稍后,在中共中央政治局召开的民主生活会上,他要求中央政治局的同志必须做到以人民忧乐为忧乐、以人民甘苦为甘苦,牢固树立以人民为中心的发展思想,始终怀着强烈的忧民、爱民、为民、惠民之心,察民情、接地气,倾听群众呼声,反映群众诉求。

可见,在党的十九大之前,坚持以人民为中心已经是一个响亮的提法,频繁地出现在习近平总书记的系列重要讲话之中。实际上,更主要的是党的十八大以来坚持以人民为中心的做法和实践。习近平总书记正是从改善党与人民的关系开始治国理政的,特别是从解决教育、医疗、户籍、社会保障等一系列人民群众最关心、最直接的问题入手,集中致力于满足人民对美好生活的需要。一手抓物质文明,一手抓精神文明;一手抓精准扶贫,一手抓桥头堡建设,比如自贸区、雄安新区、"一带一路"倡议等。从而使经济建设取得重大成就,全面深化改革取得重大突破,民主法治建设迈出重大步伐,思想文化建设取得重大进展,人民生活水平不断改善,生态文明建设成效显著,强军兴军开创新局面,港澳台工作取得新进展,全方位外交布局深入展开,全面从严治党成效卓著,充分体现了"以人民为中心的工作导向"和"以人民为中心的发展思想"。①

(二)以人民为中心的要义

坚持以人民为中心,贯穿于党的十八大以来以习近平同志为核心的党中央治国理政的全部实践之中,贯穿于党的十八大以来习近平总书记系列重要讲话所蕴含的新理念新思想新战略之中。在党的十九大报告中,它是贯穿于各部分的灵魂,特别是经过新的阐释,成为习近平新时代中国特色社会主义思想的核心内容。深入理解和把握这一思想的科学要义,对学习十九大精神有着重要指导意义。

第一,以人民为中心诠释党的根本政治立场和价值取向。习近平总书记指出,中国共产党人的初心和使命,就是为中国人民谋幸福,为中华民族谋复兴。这决定了人民立场是中国共产党的根本政治立场。我们党自成立之日起,就把坚持人民利益高于一切鲜明地写在自己的旗帜上,把全心全意为人民服务作为根本宗旨,把实现好、维护好、发展

---

① 参见张太原:《"坚持以人民为中心"是怎样提出的》,《学习时报》2018 年 1 月 17 日。

好最广大人民根本利益作为一切工作的出发点和落脚点。我们党之所以能够从小到大、从弱到强，关键就在于始终坚持以人民为中心，做到权为民所用、情为民所系、利为民所谋。可以说，以人民为中心深刻诠释了党的根本政治立场和价值取向。

第二，以人民为中心体现马克思主义唯物史观的内在要求。唯物史观认为，人民群众是历史的主体，是推动社会发展进步的决定力量。在社会主义制度下，人民是国家和社会的主人，坚持党的领导和坚持以人民为中心具有内在一致性。党的十八大以来的这一时期，是党和国家发展进程中极不平凡的时期。这些年之所以能够解难题办大事，关键是顺应实践要求和人民愿望，提出一系列新理念新思想新战略，出台一系列重大方针政策，推出一系列重大举措，推进一系列重大工作。强调党的根基在人民、力量在人民，坚持以人民为中心推进中国特色社会主义伟大事业，是马克思主义唯物史观的内在要求，是中国特色社会主义的根本特征和动力所在。

第三，以人民为中心彰显党的性质和根本宗旨。中国共产党是中国工人阶级的先锋队，同时是中国人民和中华民族的先锋队，这决定了党的性质和根本宗旨。正是党的性质和根本宗旨决定了我们党必须始终坚持以人民为中心，任何时候都必须把人民利益放在第一位，把人民对美好生活的向往作为奋斗目标，把全心全意为人民服务作为党一切行动的根本出发点和最终目标。习近平总书记指出，始终坚持全心全意为人民服务的根本宗旨，是我们党得到人民拥护和爱戴的根本原因。这深刻阐明了始终坚持以人民为中心，一切为了人民、一切依靠人民，坚持人民利益高于一切，是永葆党的创造力、凝聚力、战斗力的关键所在。

第四，以人民为中心昭示党的群众路线真谛。密切联系群众是我们党最大的政治优势，只有坚持党的群众路线才能始终保持党同人民群众的血肉联系。习近平总书记告诫全党，我们党来自人民、植根人民、服务人民,一旦脱离群众,就会失去生命力。这表明坚持群众观点和践行群众路线,就必须始终坚持以人民为中心,始终保持党同人民群众的血肉联系,自觉从人民群众的伟大实践中汲取智慧和力量,自觉接受人民群众的评判和监督,真正为群众办实事、解难事、做好事,把党和人民的事业不断推向前进。

(三)以人民为中心的践行

党的十八大以来,我们党从实现"两个一百年"奋斗目标和中华民族伟大复兴中国梦的高度,基于治国理政新实践提出统筹推进"五位一体"总体布局和协调推进"四个全面"战略布局。这两大布局坚持以人民为中心,对改革发展稳定、内政外交国防、治党治国治军各方面进行整体谋划和系统构建。践行以人民为中心的发展思想,体现在以下几个方面:

第一,以人民为中心推动中国特色社会主义进入新时代。习近平总书记指出,经过长期努力,中国特色社会主义进入了新时代。中国特色社会主义进入新时代,是基于改革开放特别是党的十八大以来党和国家事业发生历史性变革作出的重大判断。党和国家事业之所以能发生历史性变革,中国特色社会主义之所以能进入新时代,关键就在于我们党把坚持以人民为中心作为治国理政的价值引领,统筹推进"五位一体"总体布局、协调推进"四个全面"战略布局、贯彻落实新发展理念,不断实现好、维护好、发展好最广大人民的根本利益。以人民为中心统筹推进"五位一体"总体布局、协调推进"四个全面"战略布局,着眼于全面推进中国特色社会主义事业,把实现好、维护好、发展好最广大人民根本利益作为出发点和落脚点,既聚焦解决人民群众最关注的热点难点焦点问题,又着力维护和实现人民群众在经济、政治、文化、社会、生态等各方面的权益,在整体推进、重点突破中推动中国特色社会主义事业不断向前发展。

第二，以人民为中心贯彻新发展理念。站在新的历史起点上，我们党基于以人民为中心的发展思想和价值取向，遵循尊重人民、依靠人民、为了人民的原则，提出创新、协调、绿色、开放、共享的发展理念。新发展理念注重协同性和联动性，统筹解决发展的动力问题、发展的平衡问题、人与自然和谐问题、发展的内外联动问题、社会公平正义问题，积极回应人民群众诉求、满足人民群众需求，以尊重人民主体地位和创造精神推动经济社会发展，适应把握引领经济发展新常态，努力开拓更高质量、更有效率、更加公平、更可持续发展的现代化之路，让中国特色社会主义道路越走越宽广。

第三，以人民为中心把握三大规律。习近平总书记强调，认识和把握我国社会发展的阶段性特征，要坚持辩证唯物主义和历史唯物主义方法论，从历史和现实、理论和实践、国内和国际等的结合上进行思考，从我国社会发展的历史方位上来思考，从党和国家事业发展大局出发进行思考。正是基于这样的思考，我们党坚持以人民为中心，深刻把握人民群众需要呈现多样化多层次多方面的特点，着眼于人的全面发展和社会全面进步，不断深化对共产党执政规律、社会主义建设规律、人类社会发展规律的认识，坚持真理性与价值性相统一，加快推进改革开放和社会主义现代化，切实实现好、维护好、发展好最广大人民的根本利益。

第四，以人民为中心提高对外开放水平。党的十八大以来，中国特色社会主义之所以能够焕发出强大生机活力，一个重要原因就在于坚持以人民为中心推进改革开放。这不仅满足了人民群众对美好生活的向往，开创了中国特色社会主义发展新局面，而且为解决人类问题贡献了中国智慧和中国方案。一方面，我们党以更加开放包容的姿态，积极吸收借鉴世界各国优秀文明成果，博采众长、为我所用，积极为民谋福祉；另一方面，我们党更好统筹国内国际两个大局，基于中国智慧推动全球治理体系变革，不断增强中国的国际影响力和话语权，让中华民族以崭新姿态屹立于世界的东方。

第五,把以人民为中心贯彻到治国理政之中。在治国理政理念上彰显以人民为中心。习近平总书记强调,全党必须牢记,为什么人的问题,是检验一个政党、一个政权性质的试金石。带领人民创造美好生活,是我们党矢志不渝的奋斗目标。必须始终把人民利益摆在至高无上的地位,让改革发展成果更多更公平惠及全体人民,朝着实现全体人民共同富裕不断迈进。这就要求我们在治国理政理念上坚持以人民为中心,更加突出人民群众的主体地位,把人民群众作为改革、发展、创新的主体;始终牢记全心全意为人民服务的根本宗旨,把人民利益放在第一位,把人民群众对美好生活的向往作为我们的奋斗目标;牢固树立立党为公、执政为民的执政理念,切实解决好"我是谁、为了谁、依靠谁"的问题。

在治国理政举措上坚持以人民为中心。习近平总书记指出,中国特色社会主义进入新时代,我国社会主要矛盾已经转化为人民日益增长的美好生活需要和不平衡不充分的发展之间的矛盾。我国稳定解决了十几亿人的温饱问题,总体上实现小康,全面建成小康社会,人们对美好生活的需要日益广泛,不仅对物质文化生活提出了更高要求,而且在民主、法治、公平、正义、安全、环境等方面的要求日益增长。民之所望,施政所向。坚持以人民为中心不仅要体现在治国理政理念上,而且要转化为施政的具体举措。这就要求我们在着力解决好发展不平衡不充分问题的基础上推出更多民生工程、实施更多惠民举措,更好满足人民在经济、政治、文化、社会、生态等方面日益增长的需要。

在治国理政评价上突出以人民为中心。习近平总书记指出,我们党的执政水平和执政成效都不是由自己说了算,必须而且只能由人民来评判。人民是我们党工作的最高裁决者和最终评判者。知屋漏者在宇下,知政失者在草野。坚持以人民为中心,就要倾听群众声音、反映群众诉求、接受群众监督,让人民评价党和政府的工作,让人民群众获得更多实实在在的利益,不断提升人民群众获得感和幸福感,进一步赢得人民群众的认可和支持,从而汇聚起进行伟大斗争、建设伟大工程、推进伟大事业、实现伟大梦想的磅礴伟力。

二、"中国之治"现代化的人民属性

党的十九届四中全会通过的《中共中央关于坚持和完善中国特色社会主义制度、推进国家治理体系和治理能力现代化若干重大问题的决定》(以下简称《决定》)擘画了"中国之治"现代化的宏伟蓝图。这个蓝图是以马克思主义为指导、植根中国大地、具有深厚中华文化根基、深得人民拥护的制度和治理体系。"治国有常,而利民为本","中国之治"现代化坚持以人民为中心,坚守人民立场、恪守人民情怀、信守人民主体、谨守人民本色,汇聚磅礴的人民力量,具有鲜明的人民属性。

(一)"中国之治"现代化的价值指向

为什么人的问题,是检验一个政党、一个政权性质的试金石。中国共产党是以马克思主义为指导的无产阶级政党,马克思、恩格斯在《共产党宣言》中指出:"无产阶级的运动是绝大多数的人、为绝大多数人谋利益的独立的运动。"中国共产党始终按照这一思想为人民而"闯",为人民而探索。从毛泽东同志的"我们这个队伍完全是为着解放人民的,是彻底地为人民的利益工作的"①到习近平总书记的"必须坚持人民主体地位,坚持立党为公、执政为民,践行全心全意为人民服务的根本宗旨,把党的群众路线贯彻到治国理政全部活动之中,把人民对美好

---

① 《毛泽东选集》第三卷,人民出版社 1991 年版,第 1004 页。

生活的向往作为奋斗目标"①。从全心全意为人民服务的根本宗旨到以人民为中心的重要思想，在中国共产党百年历史和七十余年的执政历程中，"一切为了人民"是永恒的第一主题。

"一切为了人民"像一条红线赫然贯穿于《决定》的字里行间。"确保人民依法通过各种途径和形式管理国家事务，管理经济文化事业，管理社会事务"，体现了人民当家作主的理念；"健全人民文化权益保障制度，完善坚持正确导向的舆论引导工作机制"，体现了人民文化权益的理念；"增进人民福祉、促进人的全面发展是我们党立党为公、执政为民的本质要求"，体现了增进人民福祉的理念；"建设人人有责、人人尽责、人人享有的社会治理共同体，确保人民安居乐业、社会安定有序、建设更高水平的平安中国"，体现了人民安居乐业的理念。从建立不忘初心、牢记使命制度，到建设人民满意的服务型政府，到坚持和完善统筹城乡的民生保障制度，到健全人民文化权益保障制度，再到构建一体推进不敢腐、不能腐、不想腐的体制机制，确保党和人民赋予的权力始终用来为人民谋幸福的发展路径，一项项制度，都是为了让人民群众有更多的获得感、幸福感、安全感。

坚持和完善中国特色社会主义制度、推进国家治理体系和治理能力现代化过程中，只有始终围绕"为什么人"的问题，才能从体制机制上保证维护最广大人民的根本利益，有效坚持和完善中国特色社会主义制度、增强和提升国家治理体系和治理能力现代化的水平和质量。《决定》中一切为了人民的鲜明立场，使我们更加坚定了中国特色社会主义的道路自信、理论自信、制度自信、文化自信，对开启全面建设社会主义现代化国家新征程、实现中华民族伟大复兴充满必胜的信心。

---

① 《习近平谈治国理政》第三卷，外文出版社 2020 年版，第 16—17 页。

（二）"中国之治"现代化的力量源泉

人民是历史实践的主体，是历史的创造者，是推动人类社会向前发展进步的决定力量，这是马克思主义唯物史观的核心内容。用马克思主义理论武装起来的中国共产党牢固树立了党的根基在人民、血脉在人民、力量在人民的基本观点，不断探索有利于人民发展的道路和方法。人民不仅是党执政的最大底气，更是强党兴国的根本所在。从1921年建党以来，全心全意为人民服务的党得到了人民最大的支持和拥护。不仅使党由小到大、由弱至强一步步发展起来，同时党也带领中国人民实现了从站起来到富起来再到强起来的伟大飞跃。正如习近平总书记所指出的：始终坚持全心全意为人民服务的根本宗旨，是我们党得到人民拥护和爱戴的根本原因。[①]

党的十九届四中全会指出，必须坚持人民主体地位，坚定不移走中国特色社会主义政治发展道路，确保人民依法通过各种途径和形式管理国家事务，管理经济文化事业，管理社会事务。坚持以人民为中心，坚持人民主体地位，发挥人民的创造伟力，充分调动人民的主动性、积极性，是促进人民群众参与国家治理发展各环节的基本方式。从"健全充满活力的基层群众自治制度"到"构建基层社会治理新格局"，从"健全社会公平正义法治保障机制"到"完善科技创新体制机制"等各个方面，"一切依靠人民"成为党推进国家治理体系和治理能力现代化必须坚持的原则和逻辑起点。将人民群众作为国家治理体系和治理能力现代化发展的依靠力量，是把党的群众路线贯彻到治国理政中的根本举措，更是保证人民当家作主制度落地生根的根本途径。

在坚持和完善中国特色社会主义制度、推进国家治理体系和治理

---

① 参见虞云耀：《坚守共产党人的政治品格和价值追求》，《光明日报》2015年7月19日。

能力现代化过程中,只有尊重人民群众的首创精神,才能激发人民管理国家社会事务的积极性主动性、才能让制度更加贴近实际。只有从人民群众中汲取无穷的智慧和力量,才能让制度更具创新创造活力,才能引导和团结人民依法管理国家事务,最终凝聚起建设富强、民主、文明、和谐、美丽的社会主义国家的伟力,从而迈出"中国之治"的铿锵步伐。

(三)"中国之治"现代化的终极目的

社会主义的本质要求和奋斗目标是共同富裕,是中国共产党人始终如一的根本价值取向。毛泽东同志在党内首倡"共同富裕",凝聚全国人民走上社会主义的大同之路;邓小平同志提出,贫穷不是社会主义,共同富裕是社会主义的本质特征,鼓励一部分地区一部分人先富起来,先富带动、帮助后富,最终达到共同富裕;江泽民同志强调兼顾效率与公平,在社会主义现代化建设的每一个阶段都必须让广大人民群众共享改革发展的成果;胡锦涛同志突出以人为本的科学发展观,更加注重社会公平。坚持广大人民群众共享改革发展成果则是以习近平同志为核心的党中央为实现人民对美好生活的向往而奋斗的坚定追求,是习近平总书记有关民生思想重要论述的凝练表达。① 习近平总书记多次强调,要坚持以人民为中心的发展思想,坚持人民主体地位、树立以人民为中心的工作导向;明确指出让老百姓过上好日子,"是我们党一切行动的根本出发点和落脚点……检验我们一切工作的成效,最终都要看人民是否真正得到了实惠,人民生活是否真正得到了改善"②。

党的十九届四中全会《决定》指出:"坚持和完善统筹城乡的民生保障制度,满足人民日益增长的美好生活需要……必须健全幼有所育、学有所教、劳有所得、病有所医、老有所养、住有所居、弱有所扶等方面

① 参见郑功成:《让广大人民群众共享改革发展成果——深入学习贯彻习近平同志关于民生问题的重要论述》,《人民日报》2016 年 3 月 23 日。
② 《习近平谈治国理政》,外文出版社 2014 年版,第 28 页。

国家基本公共服务制度体系,尽力而为,量力而行,注重加强普惠性、基础性、兜底性民生建设,保障群众基本生活。……满足人民多层次多样化需求,使改革发展成果更多更公平惠及全体人民。"强调"健全有利于更充分更高质量就业的促进机制,构建服务全民终身学习的教育体系,完善覆盖全民的社会保障体系,强化提高人民健康水平的制度保障"。通过满足人民多层次多样化需求,使改革发展成果更多更公平地惠及全体人民。这不仅是社会公平正义在社会生活方方面面的体现,也是增进全体人民福祉的有效方法。①

(四)"十四五"规划的人民向往

"人民对美好生活的向往就是我们的奋斗目标。"②党的十九届五中全会审议通过的《中共中央关于制定国民经济和社会发展第十四个五年规划和二〇三五年远景目标的建议》(以下简称《建议》)提出,"十四五"时期经济社会发展必须遵循坚持以人民为中心的原则,坚持人民主体地位,坚持共同富裕方向,始终做到发展为了人民、发展依靠人民、发展成果由人民共享,维护人民根本利益,激发全体人民积极性、主动性、创造性,促进社会公平,增进民生福祉,不断实现人民对美好生活的向往。

中国共产党根基在人民、血脉在人民。党团结带领人民进行革命、建设、改革,根本目的就是为了让人民过上好日子,无论面临多大挑战和压力,无论付出多大牺牲和代价,这一点都始终不渝、毫不动摇。自改革开放之初党中央提出小康社会的战略构想以来,我们党把人民对

---

① 《中共中央关于坚持和完善中国特色社会主义制度　推进国家治理体系和治理能力现代化若干重大问题的决定》,新华网,http://www.xinhuanet.com/politics/2019-11/05/c_1125195786.htm。
② 《习近平在中国共产党第十九次全国代表大会上的报告》,《人民日报》2017年10月28日。

美好生活的向往作为奋斗目标，始终坚持在发展中保障和改善民生，全面推进幼有所育、学有所教、劳有所得、病有所医、老有所养、住有所居、弱有所扶，不断改善人民生活、增进人民福祉。"十三五"时期，脱贫攻坚成果举世瞩目，5575万农村贫困人口实现脱贫，人民生活水平显著提高，城镇新增就业超过6000万人，建成世界上规模最大的社会保障体系，基本医疗保险覆盖超过13亿人，基本养老保险覆盖近10亿人。经过长期不懈努力，中华民族千百年来的绝对贫困问题就将历史性地画上句号，千百年来"民亦劳止，汔可小康"的憧憬就要变为现实。①

"十四五"时期我国将进入新发展阶段，人民对美好生活的要求不断提高。这次全会紧紧抓住我国社会主要矛盾，深入贯彻新发展理念，回应人民群众诉求和期盼，对"十四五"时期我国发展作出系统谋划和战略部署。党的十九届五中全会通过的《建议》，以满足人民日益增长的美好生活需要为根本目的，贯穿了以人民为中心的发展思想，明确了"十四五"时期"民生福祉达到新水平"的目标任务。共同富裕是社会主义的本质要求，是人民群众的共同期盼。我们推动经济社会发展，归根结底是要实现全体人民共同富裕。当前，我国发展不平衡不充分问题仍然突出，城乡区域发展和收入分配差距较大，实现全体人民共同富裕是一项长期任务，但随着我国全面建成小康社会、开启全面建设社会主义现代化国家新征程，我们必须把实现全体人民共同富裕摆在更加重要的位置。党的十九届五中全会通过的《建议》在到2035年基本实现社会主义现代化远景目标中提出"全体人民共同富裕取得更为明显的实质性进展"，在改善人民生活品质部分突出强调了"扎实推动共同富裕"，提出了一些重要要求和重大举措。这样表述，在党的全会文件

---

① 《不断实现人民对美好生活的向往——论学习贯彻党的十九届五中全会精神》，《人民日报》2020年11月4日。

中还是第一次,既指明了前进方向和奋斗目标,也是实事求是、符合发展规律的,兼顾了需要和可能,有利于在工作中积极稳妥把握。我们要认真学习贯彻党的十九届五中全会精神,牢记初心使命,坚持把实现好、维护好、发展好最广大人民根本利益作为发展的出发点和落脚点,脚踏实地、久久为功,不断增强人民群众获得感、幸福感、安全感。

从石库门到天安门,从兴业路到复兴路,从站起来、富起来到强起来,我们党为人民而生、因人民而兴,团结带领人民跨过一道又一道沟坎,取得一个又一个胜利,为中华民族建树了彪炳史册的丰功伟绩。前进道路上,无论面临什么样的风险挑战,我们都要始终坚持人民至上、紧紧依靠人民、不断造福人民、牢牢植根人民,始终同人民想在一起、干在一起,为实现新时代党的历史使命而奋斗,不断创造中华民族新的历史辉煌。

三、习近平法治思想的人民意蕴

(一)依法治国坚持以人民为中心

习近平法治思想从我国革命、建设、改革的伟大实践出发,着眼全面建设社会主义现代化国家、实现中华民族伟大复兴的奋斗目标,深刻回答了新时代为什么实行全面依法治国、怎样实行全面依法治国等一系列重大问题,是一个内涵丰富、论述深刻、逻辑严密、体系完备、博大精深的法治思想理论体系。其核心要义之一,就是坚持以人民为中心。

坚持以人民为中心,是全面推进依法治国的力量源泉。人民是国家的主人,依法治国的主体。社会主义法治建设必须为了人民、依靠人民、造福人民、保护人民。人民幸福生活是最大的人权。推进全面依法治国,根本目的是依法保障人民权益。要依法保障全体公民享有广泛的权利,保障公民的人身权、财产权、基本政治权利等各项权利不受侵犯,保证公民的经济、文化、社会等各方面权利得到落实,不断增强人民群众获得感、幸福感、安全感,用法治保障人民安居乐业。公平正义是我们党追求的崇高价值。要牢牢把握社会公平正义这一法治价值追求,努力让人民群众在每一项法律制度、每一个执法决定、每一起司法案件中都感受到公平正义。

(二)以人民为中心贯穿于整个法治实践

推进法治中国建设,必须始终坚持把保障、促进和维护人民利益作为全面依法治国的出发点和落脚点,落实到依法治国全过程。具体来说,必须把以人民为中心的发展思想贯通到全面依法治国伟大实践中,贯彻落实到立法、执法、司法、守法各个方面。

立法是落实人民主体地位、保障人民当家作主的首要法治门户。立法如果忽略甚至违背了人民的意志主张,就会从源头上削弱人民的主体地位、动摇法治的民意基础。因此,必须"抓住提高立法质量这个关键,深入推进科学立法、民主立法,完善立法体制和程序,努力使每一项立法都符合宪法精神、反映人民意愿、得到人民拥护"①。要恪守以民为本、立法为民理念,像彭真同志所讲的"立法时脑子里要有农民、工人,要有十亿人民,要面向他们,为了他们",将事关人民群众的利益需求,尽可能纳入法律调整范围,转化为能够充分反映民意并为大多数人接受的法律规则。要创新公众参与立法方式,通过座谈、听证、评估、公布法律草案等扩大公民有序参与立法途径,通过询问、质询、特定问题调查、备案审查等广泛听取各方面意见建议,发挥立法凝聚共识、统一意志、引领公众的作用,保证良法善治。发挥人民群众和人大代表的主体作用,克服立法工作中的部门化倾向和地方保护主义,坚决克服立

---

① 习近平:《在庆祝全国人民代表大会成立六十周年大会上的讲话》,《求是》2019年第 18 期。

法中相互推诿扯皮甚至"依法打架"等问题。坚持以人为本、立法为民,提高立法效率,着力推动人民代表大会制度完善发展,重点加快社会主义民主政治立法,围绕食品安全、社会保障、生态环保、医药卫生等人民最关心最直接最现实的利益问题,加强社会民生领域立法。

执法是人民主体地位的具体实现。法治首要的就是约束公权力,使之在法治轨道上行使。建设法治政府是依法治国的重要内容,必须推进严格执法,重点是解决执法不规范、不严格、不透明、不文明以及不作为、乱作为等突出问题。要坚持严格规范公正文明执法,既不能以权压法、以身试法,也不能法外开恩、徇私枉法,要维护社会主义法治权威。要抓住深化党和国家机构改革的契机,总结综合执法改革试点经验,统筹配置行政处罚职能和执法资源,推动执法力量下沉,解决多头多层重复执法问题。要全面推进政务公开,坚持以公开为常态、不公开为例外原则,创新公开方式,扩大群众参与,注重公开实效,让群众看得懂、能监督、好参与。特别是要围绕基层土地利用规划、征地补偿、拆迁安置、扶贫救灾等群众关切问题,以及社保、就业、医疗卫生等政务服务事项,推进基层政务公开标准化、规范化,打通联系服务群众"最后一公里"。要强化对行政权力的制约和监督,合理分解权力,科学配置权力,强化监督,充分发挥行政复议和行政诉讼监督作用,着力改进对领导干部特别是一把手行使权力的监督,防止权力滥用和腐败。

司法是社会公平正义的法治保障。要以提高司法公信力为根本尺度,坚定不移深化司法体制改革,着力解决司法体制不完善、司法职权配置和权力运行机制不科学、人权司法保障制度不健全等深层次问题,破解体制性、机制性、保障性障碍。要补齐制度短板,推进司法体制综合配套改革,实现司法责任制改革与诉讼制度改革同步,体制改革与科技应用融合,完善司法机关与社会力量合力化解矛盾机制。要围绕建设公正高效权威的社会主义司法制度的总目标,不断健全完善公安机关、检察机关、审判机关、司法行政机关各司其职,侦查权、检察权、审判权、执行权相互配合、相互制约的体制机制,进一步健全完善冤假错案预防、纠正和追责的制度措施,更好地发挥司法在国家治理中的重要功能作用,让公平正义之光普照每一个人。

法律权威要靠人民维护,全民守法是全面推进依法治国的基础工程。一段时期以来,一些人信权不信法、信访不信法,习惯于遇事找门路、托关系,法治社会建设的长期性、复杂性问题相对突出。在推动全民守法中,领导干部既可以起到关键推动作用,也可能起到致命破坏作用。全面依法治国,必须抓住领导干部这个"关键少数"。要把法治建设成效作为衡量各级领导班子和领导干部工作实绩重要内容,把能不能遵守法律、依法办事作为考察干部的重要依据,要求各级干部在法治之下想问题、做决策、办事情。

(三)以人民为中心是社会主义法治的本质特征

法治是代表人民、为了人民、依靠人民、保护人民的根本方式,这是中国特色社会主义法治区别于资本主义法治的根本所在。以人民为中心,是社会主义法治的本质特征。厉行法治中坚持以人民为中心,必须以建设中国特色社会主义法治体系为统领,把人民作为衡量法治建设水平和能力的最高裁决者和最终评判者,努力建设形成充分反映人民意愿的完备法律规范体系、切实维护人民权益的高效法治实施体系、人民广泛参与的严密法治监督体系、更好适应人民需求的有力法治保障体系和践行为民宗旨的完善的党内法规体系,保证人民在全面推进依法治国、促进国家治理体系和治理能力现代化中的中心地位。

四、以人民为中心的检察回应

中国共产党以人民为中心的发展思想在检察机关得到的及时回

应,就是确立了以人民为中心的检察理念。这是党的全面依法治国理念与检察职能相结合、检察机关和检察人员对检察机关性质、地位和法律监督功能、作用所持有的内心信念和观念,是将以人民为中心融入到各项检察工作之中的政治自觉、法治自觉和检察自觉,是中国特色社会主义检察实践经验的科学总结。以人民为中心的检察理念亦可称为新时代人民检察理念,是新的时代条件下中国特色人民检察制度的价值彰显。

(一)以人民为中心检察理念的提出

以人民为中心检察理念是最高人民检察院新一届领导班子在贯彻落实党的十九大和十九届二中、三中、四中、五中全会精神,在检察体制重塑性变革的过程中形成、确立和发展的。2018 年 3 月 21 日,在最高人民检察院召开的全国检察机关学习贯彻习近平总书记在全国两会期间系列重要讲话和全国两会精神的电视电话会议上,最高人民检察院党组鲜明提出了以人民为中心的检察发展理念,并围绕把"以人民为中心"融入到各项检察工作中去,提出了"讲政治、顾大局、谋发展、重自强"检察工作总体要求和把握"稳进"这个大局、"落实"这个重心、"提升"这个目标,统筹推进刑事、行政、民事、公益诉讼"四大检察"全面协调充分发展的新时代检察工作总体思路。

如果说上述新时代检察发展理念之下的总体要求和总体思路是知难而行的话,最高人民检察院党组面临最大的难题,是这支队伍的士气如何复建? 随着监察体制改革的实施,检察院曾经引以为荣的拳头产品"反贪"没有了,大家情感上难以割舍,一些检察官情绪低迷,工作一度进入低谷期。最高人民检察院党组集体带着"如何在检察工作中落实以人民为中心"的时代之问,通过三个半月的调研"把脉问诊",形成共识,提出"转隶就是转机""要以等不起的紧迫感、慢不得的危机感、坐不住的责任感,讲政治、顾大局、谋发展、重自强"。与此同时,为解决长期以来以反贪工作为重心、刑事检察一头沉形成的"三大不平衡"问题,改变检察机关上下左右内设机构从设置到名称"五花八门"的现状,最高人民检察院党组以"壮士断腕"的气魄开始了"动筋骨触灵魂"的机构变革。正如《法制日报》专文所言:"两年来,新一任最高检党组以浴火重生的胆魄、脱胎换骨的决心,冲破阻力、迎难而上,从思想理念、机构设置、工作机制、工作作风等方面进行全面'重塑',就是为了'破题',解决转隶后新时代新检察路向何方? 回答如何探讨和创新坚定不移地走出新时代中国特色社会主义检察之路。"[1]这个检察之路,就是检察为了人民、检察依靠人民、检察造福人民的发展之路。"理念一新天地宽",随着以人民为中心检察发展理念的形成和确立,新时代检察工作的创新发展之路清晰地摆在了全国检察机关和全体检察人员面前。

(二)以人民为中心检察理念的依据

第一,从国家的根本政治制度看,检察制度以人民为中心体现了人民代表大会制度本质特征。人民代表大会制度是我国根本政治制度,是人民利益和意志的最高体现。我国宪法规定,司法机关必须对人民代表大会负责,向人民代表大会报告工作,并且司法机关的一切活动都必须置于人民代表大会的监督之下。我国的人民代表大会制度,体现了工人阶级领导、以工农联盟为基础的人民民主专政的社会主义国家的根本性质,是历史的选择、人民的意愿,根植于中国大地,是具有中国特色的政权组织形式。人民代表大会制度有效地保障了广大人民充分行使当家作主的权力,较好地实现了民主与效率的统一。正如邓小平同志告诫:"西方的民主就是三权分立,多党竞选,等等。我们并不反对西方国家这样搞,但是我们中国大陆不搞多党竞选,不搞三权分立、

---

① 蒋安杰:《2019 最高检重塑性变革后》,《法制日报》2020 年 5 月 25 日。

两院制。我们实行的就是全国人民代表大会一院制,这最符合中国实际。"①

第二,从检察机关的权源看,检察发展以人民为中心体现检察权的人民性。我国人民民主专政的国体和人民代表大会制度的政体是人民当家作主、掌握国家权力的可靠保障,是人民根本利益的集中体现。我国宪法规定,中华人民共和国的一切权力属于人民,因而包括审判权和检察权在内的一切国家权力,都来源于人民,都是受人民委托而行使权力。全国人民代表大会和地方各级人民代表大会是人民行使权力的机关,其他国家机关都由各级人民代表大会及其常务委员会选举产生,对其负责,受其监督。根据我国宪法和立法法、组织法等法律规定,在坚持国家权力的统一性的前提下,国家的立法权由全国人民代表大会及其常务委员会,以及各省、自治区、直辖市和较大的市的人民代表大会及其常务委员会行使;国家的行政权由国务院和地方各级人民政府行使;国家的监察权由国家监察委员会和地方各级国家监察委员会行使;国家的审判权由最高人民法院和地方各级人民法院行使;国家的检察权由最高人民检察院和地方各级人民检察院行使。在全国和地方各级人民代表大会及其常务委员会的监督下,各机关分别执掌一部分国家权力的政权结构形式,形成了我国的政治制度。我国的这种政治制度,充分体现了主权在民的人民民主原则。人民通过他们选出的人民代表组成权力机关,按照人民的共同意志决定行使国家的各项权力,对立法、行政、审判、检察等诸项权力享有最终的决定权。在具体的权力架构上,则采取了分工负责的原则,使各机关之间既分工负责,又互相配合和互相制约,使国家机器正常运转,最终促进人民根本利益的更好实现。

第三,从司法检察工作的宗旨看,检察发展以人民为中心体现司法

---

① 《邓小平文选》第三卷,人民出版社1993年版,第220页。

检察活动的根本归属。我国的检察审判制度从建立之始就具有方便人民群众的独特品格,把满足人民群众的诉求放在重要位置。① 以人民是否满意为司法检察工作的出发点和落脚点,每年人民代表大会对两会工作报告的审查和表决被视为人民满意度的年度检验标准之一;而西方司法制度用终审制度等维护司法权威,强调公权和私权对司法权的绝对服从并形成了传统,司法官员一经任命,基本不受立法机关和民意代表的监督。② 我国司法机关在办案时追求公正与效率的统一,法律规定了一、二审和再审的审理、结案期限,这不仅符合我国国情的需要,而且也反映了人民大众对公正、高效的愿望和要求。而西方国家以追求"公正"为唯一目标,没有审理案件的时限规定,一个案件拖延十几年甚至几十年是家常便饭。西方国家的司法官员除了办案基本不做案件之外的工作。在我国,司法检察工作要满足群众的司法诉求,除了办理诉讼案件,还解决人民群众的操心事、烦心事,做群众的思想工作等,这些差异是我国司法检察工作宗旨与西方截然不同使然。

第四,从检察理念的基本构成看,以人民为中心的检察理念是党的根本宗旨和新时代发展思想在检察领域的具体体现,是新的时代条件下检察工作创新发展的思想引领和基本遵循。在检察制度的层面,以人民为中心的检察理念是统摄检察政治理念、检察业务理念、检察队伍理念、检察文化理念的最高理念,是健全中国特色社会主义检察制度的灵魂。在法律监督职能的层面,以人民为中心的检察理念是贯穿于检察监督理念、检察司法理念、检察价值理念的一条不可脱离的主线。在检察工作创新发展的层面,以人民为中心的检察理念就要融入各项检察工作之中,成为新时代检察机关稳进、落实、提升的工作主题和"讲政治、顾大局、谋发展、重自强"的动力之源和价值目标。

---

① 公丕祥:《董必武司法思想述要》,《法制与社会发展》2006 年第 1 期。
② 万鄂湘:《从中西方政治制度比较看我国司法制度的人民性》,《人民法院报》2008年 9 月 16 日。

（三）以人民为中心的政治自觉、法治自觉、检察自觉

习近平总书记指出："以人民为中心的发展思想，不是一个抽象的、玄奥的概念，不能只停留在口头上、止步于思想环节，而要体现在经济社会发展各个环节。"①民心是最大的政治。中国特色社会主义进入新时代，我们要牢牢把握人民群众对美好生活的向往，把以人民为中心贯彻到治国理政全部活动之中，做到发展为了人民、发展依靠人民、发展成果由人民共享，更好增进人民福祉，更好发展中国特色社会主义事业，更好推动人的全面发展、社会全面进步。

第一，要有以人民为中心的政治自觉。践行以人民为中心的检察理念，前提是要把握人民群众在新时代的新需求。当前，我国社会主要矛盾已经转化为人民日益增长的美好生活需要和不平衡不充分的发展之间的矛盾。在物质文化生活"硬需要"方面，过去主要解决了"有没有"的问题，现在要解决"好不好"的问题。在精神文化追求"软需要"方面，人们在吃饱穿暖的同时，还会关注更高层次的民主法治等需求，不仅关注自身权益是否得到保障，也关注整个社会的民主法治环境和社会整体是否公平正义。这些转变，对检察机关维护人民权益提出了更高要求。各级检察机关要着眼于社会主要矛盾变化，利用办案、调研、民意调查等方式，深入基层深入群众，认真倾听人民群众的意见建议，了解人民群众在想什么、盼什么，最需要检察机关干什么。只有准确把握人民群众的新需求，才能真正想人民所想，急人民所急，为人民所盼。也只有准确把握人民群众的新需求，才能做好检察产品供给侧结构性改革，丰富检察产品内涵，提升检察产品质量水平，从而为党分忧、为国解难、为民服务。

第二，要有以人民为中心的法治自觉。践行检察发展理念，既要落

---

① 《习近平谈治国理政》第二卷，外文出版社 2017 年版，第 213—214 页。

实在维护公平正义的每一个案件中、每一个检察产品中,也要落实在司法为民的一件件实事中、一项项检察服务中。一方面,检察机关要在履职过程中强化爱民意识,恪守为民情怀,自觉把全心全意为人民服务的宗旨融入法治实践,紧紧围绕人民群众在民主、法治、公平、正义、安全、环境等方面更高层次、更丰富内涵的需求,高标准、严要求办好每一个案件,努力为社会提供更多更好适应新时代需要、人民群众满意的法治产品、检察产品,让人民群众在每一个司法案件中感受到公平正义。另一方面,检察机关要围绕民生焦点难点痛点加强和改进民生检察工作,多做暖人心、得人心的实事,多提供优质的检察服务。比如,抓住人民群众对黑恶势力犯罪的"恨",积极投入扫黑除恶专项斗争,既依法严惩黑恶势力犯罪,又坚决铲除黑恶势力滋生土壤,让人民群众有更踏实的安全感;抓住人民群众对执法司法不公的"怨",切实强化法律监督维护公平正义,让人民群众有更真切的公正感;抓住人民群众对食品安全、环境卫生的"忧",开展专项监督活动,保卫舌尖上的安全,保护绿水青山,让人民群众有更实在的幸福感;抓住人民群众对金融风险、精准扶贫、污染防治的关切,提供更加精准的司法保障,让人民群众有更多的获得感。

第三,要有以人民为中心的检察自觉。践行检察发展理念,尤其要注重在司法检察的细节上下功夫。细节决定成败。很多时候,一个小的举动,一个小的细节,很可能会影响人民群众对检察机关的整体感受和评价。因而,检察机关坚持以人民为中心,必须把司法为民做深做细做实,让人民群众通过细节感受到检察机关是真心为民、公正司法的。在办案方面,不仅办案结果要体现公平正义、做到以人民为中心,办案程序、办案过程也要体现公平正义、做到以人民为中心。比如,同样的办案结果,如果多做一些以案释法的工作,多做解释说理工作,多一些温情的话语,多一个暖心的举动,当事人的感受可能就很不一样。又比如,有的案件虽然不大,但直接和群众利益相关,如果检察机关重视度不够、关注度不高,人民群众也会有意见、有看法。在检察服务方面,不仅硬件设施要便民利民,"软件"也要及时跟上。比如,12309 检察服务中心整合检察机关所有服务群众功能,既有网络平台也有实体大厅,让群众既能听见声,又能见着人,为那些不习惯于电话表达诉求、对网络操作不熟悉的群众提供了极大便利。但同时还要考虑到一些细节问题,如网络平台登录要方便,实体大厅接待人员素质要高、态度要好,等等。只有多换位思考,多从细节处替人民群众着想,才能真正赢得人民群众的理解和支持。

一个行动胜过一沓纲领。全国检察机关要以习近平新时代中国特色社会主义思想为指引,把以人民为中心的发展思想落实在司法为民的一个个案件中、一件件实事中,始终与人民同呼吸、共命运、心连心,始终与人民的期待一路同行,为了人民对美好生活的向往而努力奋斗。

第 二 章

以人民为中心理念的哲学底蕴

以人民为中心的检察理念,反映了中国特色社会主义法治的本质要求,彰显了一切权力属于人民的宪法原则,为新时代检察工作始终保持正确政治方向提供最根本的思想保障。作为中国共产党执政思想和发展思想在司法检察领域的具体体现,以人民为中心的检察理念蕴含着深厚的马克思主义哲学底蕴,反映了历史唯物主义、辩证唯物主义价值旨归的当代追求。

一、历史唯物主义的理论基础

检察发展理念根植于党的以人民为中心的发展思想,强调人民是依法治国的主体,也是历史活动的主体。我们知道,在马克思主义产生以前,很多人以唯心主义观点来看待历史,或者将历史看成是上帝意志的体现,或者认为历史是某种"绝对精神""绝对理念"的显示。而马克思主义则是唯物主义的历史观与价值观的统一。马克思主义认为,物质生产活动构成人类其他一切活动的前提和基础,并且本身就是历史过程的真实内容。物质生产活动的发展变化决定着人类历史的变迁,生产力的不断进步推动着人类社会的不断前进。人民群众是社会物质生产活动的主体,在物质生产活动的同时,人民群众进行着丰富多彩的精神生产活动。人民群众是一切社会物质财富和精神财富的创造者,是历史的创造者。因而说到底,所谓历史发展规律,就是人民群众的物质生产活动和精神生产活动的客观规律;所谓历史意志,就是人民群众的根本利益愿望;所谓历史潮流,就是人民群众根本利益愿望而驱动的社会行动的主要指向。人民是我们国家的主人,是决定我国前途命运的根本力量,是历史的真正创造者。因此,在任何情况下与人民群众同呼吸共命运的立场不能变,全心全意为人民服务的宗旨不能忘,坚信人民群众是历史创造者的历史唯物主义观点不能丢。以人民为中心的检察发展理念是具有鲜明历史唯物主义特色的法治理念和司法理念。

(一)马克思唯物史观的逻辑起点

以人民为中心首先要弄清什么是"人民"。人民是区别于敌人的政治概念。在马克思唯物史观和人民主权理念里,人民来自公民群体,是参加政治活动的社会人群,是社会主义国家的主人。因此,"人"是以人民为中心的逻辑起点。

马克思唯物史观认为,"人"不是纯粹形而上的思想范畴,而是现实的人。西方主体性哲学萌芽于古希腊哲学。"人是万物的尺度"奠定了人的主体地位。然而,这里所说的"人"需由古希腊城邦政治生活提供具体的所指。古希腊政治生活建立在奴隶制所确立的主奴关系基础上。奴隶不过是"会说话的工具",因此他们不是"人"而是"物"。唯有城邦中拥有奴隶的主人才能成为自由人,成为城邦的公民,由此才能成为哲学意义上的"人"。

马克思主义进入中国的第一天就带来了一种新的主体哲学观念。这就是工人阶级和劳苦大众作为历史命运的主体。中国究竟走一条依附于西方的现代化道路,还是探索一条符合中国实际的、独立自主的现代化道路,在哲学上意味着中国人究竟能不能作为自己命运的主人,以主人的姿态生存于世界民族之林,而在政治上就变成中国革命的主体究竟是依附西方的资产阶级和小资产阶级,还是追求独立解放的工人阶级和劳苦大众。中国共产党从成立的第一天起,就将马克思主义的主体哲学与中国人民作为政治主体的历史建构紧密地结合在一起,从根本上结束了晚清以来中国资产阶级精英对西方世界的软弱妥协的依附品格,以不妥协的、独立的主人姿态出现在全球政治舞台上,挑战西方的现代化道路以及由此形成的全球秩序。

党的十九大报告指出:"中国人民谋求民族独立、人民解放和国家富强、人民幸福的斗争就有了主心骨,中国人民就从精神上由被动转为主动。"①"主心骨"这个词来源于中国传统哲学中的心学,强调"心"是身体的主人,而道体乃是心的主人,"精神"这个词则来源于西方的主体哲学,强调精神、思想对身体、物质的统帅作用。中国人民在斗争中有了"主心骨","精神上由被动转为主动"就意味着中国人终于全面转向了主人人格,开始牢牢把握自己的历史命运。由此可见,在哲学意义上具有主人人格的中国人民,即我国全体社会主义劳动者,社会主义社会事业建设者,拥护中国共产党和中国特色社会主义、拥护祖国统一和致力于中华民族伟大复兴的爱国者。由此可见,我们党以人民为中心发展思想和检察机关以人民为中心发展理念的逻辑起点,是具有主人人格的中国人民。

(二)人民群众是历史的创造者

以人民为中心蕴含着人民群众是历史的创造者的唯物史观。恩格

---

① 习近平:《决胜全面建成小康社会　夺取新时代中国特色社会主义伟大胜利——在中国共产党第十九次全国代表大会上的报告》,人民出版社 2017 年版,第13 页。

斯曾经说过:"'历史活动是群众的事业',决定历史发展的是'行动着的群众'。"①人民群众是一个历史范畴,人民群众从质上看是指一切对社会历史发展起推动作用的人们,从量上看是指社会人口中的绝大多数。在不同的历史时期,人民群众有着不同的内容,包含着不同的阶级、阶层和集团。人民群众最稳定的主体部分始终是从事物质生活资料生产的劳动群众及其知识分子。在历史的发展过程中,人民群众起着决定性的作用。

人民群众是社会物质财富的创造者,因而从根本上推动了社会的发展。要把自然资源改造成为社会财富,劳动者必须掌握一定的技能、使用适当的工具,进行艰苦的劳动。劳动群众不断地积累经验,改进工具,提高生产力水平,从而创造了人类的物质文明。在社会财富的创造中,体力劳动者和脑力劳动者的作用都是十分重要的。随着知识经济时代的到来,脑力劳动在创造物质成果中的作用会越来越突出,从而使知识分子的作用越来越大。

人民群众是社会精神财富的创造者,从而推动了社会的全面进步。劳动群众创造物质生活资料的生产实践,为人们从事一切精神生产提供了物质基础;劳动群众在生产实践中积累的丰富经验,构成了人类精神财富的原料或半成品,科学家、艺术家、思想家对其进行概括和总结、整理和加工或由此产生灵感并形成精神财富;劳动群众还直接创造了精神财富,劳动群众创造的物质成果总会凝结着人们的某种智慧,因此这种物质成果也是一种精神财富,劳动群众在实践中还创造了许多雕塑、绘画、音乐等作品,它们是人类艺术宝库中的重要组成部分。

人民群众是社会变革的决定力量,在社会变革中起主体作用。生产力和生产关系的矛盾运动推动了社会的发展,而一切社会矛盾都是

① 参见教育部习近平新时代中国特色社会主义思想研究中心:《人民群众是推动新中国发展进步的力量源泉》,《光明日报》2019年10月30日。

人与人的矛盾,社会矛盾只能通过人的活动去解决。历史上一切社会矛盾的解决,实质上都是通过人民群众起来推翻旧的社会制度的斗争。人民群众对历史发展的决定作用,突出地表现在社会变革时期。进入社会主义时期以后,人民群众作为社会变革的决定力量,它们所起的作用是通过改革巩固和完善社会主义制度来实现的。正因为人民群众是社会物质财富和精神财富的创造者,推动了社会的发展与进步;同时人民群众在社会变革当中所起到的主体性和决定性作用,更体现了人民的主体地位。所以在新的时代条件下,只有确立以人民为中心的发展思想和工作理念,才能够发展新时代中国特色社会主义事业,推进"中国之治"和中国现代化发展进程。

(三)实现人的全面自由发展

人的全面自由发展是以人民为中心的价值依归。马克思在《关于费尔巴哈的提纲》中第六条指出:"人的本质不是单个人所固有的抽象物,在其现实性上,它是一切社会关系的总和。"①可以说,人的本质不断深化和丰富的过程就是不断走向人的全面自由发展的过程,人的全面自由发展主要表现在交往、需求、综合素质和个性、与自然的交融性等诸方面自由而充分的发展。

中国特色社会主义进入了新时代。以习近平同志为代表的中国共产党人始终坚持以人民为中心的发展理念,最终致力于实现人的全面自由发展,这是由我国社会主义初级阶段的社会主要矛盾决定的。随着人的社交的内容范围、手段对象等从匮乏简单转向更丰富复杂,个人就会越来越摆脱对他人以及共同体的依附,也摆脱个体的、地域的和民族的限制性,而成为真正全面自由发展的人。

需要的全面自由发展。需要是人的全部活动发展的内在动力。马

---

① 《马克思恩格斯选集》第1卷,人民出版社1995年版,第56页。

克思主义认为,人的生存发展拥有多方面的需要,而现实需要结构则又反映着人自身的发展水平;在社会主义和共产主义条件下,人的需要是丰富和多面性的,也就是说,对物质需要的紧迫性和相对重要性逐步下降,而精神却不断上升,人们对自由发展的渴望达到前所未有的程度,这时人的能力的发展已成为人的本质力量的公开展示,人的发展必须开始重视人的综合素质。

综合素质的全面自由发展。人的综合素质的全面发展并不是说人已经达到了完人,而是指社会为每个人都提供了可以自由发展和展示自己的舞台,当前践行社会主义核心价值观就是人的综合素质的全面发展的重要表现,践行社会主义核心价值观不仅是道德问题,也是社会问题,它关乎人的全面自由发展能否顺利实现。

个性的全面发展。人的个性发展是马克思主义关于人的全面自由发展的题中应有之义。我国现在处于社会主义市场经济体制和机制的不断完善发展期,处于改革发展的深水区,人的个性发展在社会主义市场经济中得到很好的体现,使得每一个有理想有追求的个人都能够在市场经济大环境下打拼出属于自己的一片天地,让人在社会发展中不断实现自己的人生价值,不断朝着人的全面自由发展而迈进。

人与自然的和谐发展。谈人的全面自由发展,不能离开自然而谈,因为人始终是自然的一部分,人生活的目的不仅在于不断认识自然,还需不断去改造自然。人的全面自由发展绝不是单纯的人的发展,而是建立在人与自然高度和谐统一性的发展。人本是自然的一部分,所以人的发展必然是在自然中实现全面发展的,只有真正达到人与自然的统一前进,才可以真正地实现人的全面自由发展。

二、辩证唯物论的创造性运用

从马克思主义辩证唯物论的视角看,中国共产党的人民立场和人民情怀在不同的历史时期和不同的社会发展阶段,有不同的表述方式和实现形式。党的十八大以来,中国共产党人将其凝练为以人民为中心,并作为必须坚持的基本方略统领中国经济社会发展、政治文化建设乃至外交国防各个方面。习近平总书记指出,经济社会发展要"着力践行以人民为中心的发展思想",党的文艺工作、新闻舆论工作要"坚持以人民为中心的工作导向",哲学社会科学"必须坚持以人民为中心的研究导向",在国家安全、新时代中国特色大国外交、对台工作中"贯彻好以人民为中心的发展思想",等等。以人民为中心是实践的基本遵循,不是抽象玄奥的概念,讲清楚以人民为中心的理论内涵及其逻辑对于在实践中更好地坚持贯彻落实很有意义。①

(一)始终不忘"最大多数"和"每一个"

对于中国共产党人来说,"人民"从来不是一个话语标签,而是有着十分确定的内涵和指向。在中国共产党的政治字典中,"人民"除了鲜明的政治和阶级属性之外,还有两个关键维度:一个是"最大多数",一个是"每一个"。

"最大多数"的维度意在人民的整体性。习近平总书记多次引用《共产党宣言》中的一段话:"无产阶级的运动是绝大多数人的、为绝大多数人谋利益的独立的运动。"②这段话说出了共产党人的政治追求,也宣示了社会主义的政治品格。在社会主义市场经济的环境下,一个社会客观上会分化为不同的阶层和利益群体以形成竞争、保持活力,但是一个国家的人民不应该也不能被分别成"你们""他们""我们"而各行其是。对中国共产党来说,人民是一个不可分割的整体,并且一定是一个社会中的最大多数。所以,我们注意到在中国共产党的文献中,经

---

① 参见辛鸣:《坚持以人民为中心的理论自觉》,《学习时报》2020年5月22日。
② 《习近平关于"不忘初心、牢记使命"论述摘编》,党建读物出版社、中央文献出版社2019年版,第135页。

常使用"最广大人民""全体人民"等这样的表达。在走向中华民族伟大复兴的历史征程中,我们更加强调人民作为最大多数的整体性。习近平总书记讲过一句意味深长的话:"国家好,民族好,大家才会好。"①什么是"大家",就是在人民的旗帜下被高度团结起来,有着共同利益、共同梦想、能共同奋斗的最大多数的人们,就是《中华人民共和国宪法》中所讲的"全体社会主义劳动者、社会主义事业的建设者、拥护社会主义的爱国者、拥护祖国统一和致力于中华民族伟大复兴的爱国者"。

在对人民的认识上一定不能以偏概全、一叶遮目,不能用一部分人取代最大多数。在以邓小平同志为主要代表的中国共产党人的心中,让一部分人先富起来的意义与价值是"先富带后富""最终达到共同富裕"。先富只是手段,共富才是目的,这一立场从来没有改变过。其谓"共同",指向的正是社会中的最大多数。习近平总书记强调:"共享理念实质就是坚持以人民为中心的发展思想,体现的是逐步实现共同富裕的要求。"②"每一个"的维度是人民的具体化。作为整体的人民不是一个抽象的概念,是由最大多数中的每一个具体的你、我、他组成的。习近平总书记强调:"全面建成小康社会,一个也不能少;共同富裕路上,一个也不能掉队。"③这句话就是彰显中国共产党人民观的最好样本,所以我们把脱贫攻坚作为全面建成小康社会的底线任务和标志性指标,提出了精准扶贫大方略。对中国共产党来讲,只要有一个人没有进入小康,我们对人民的郑重承诺就不能算兑现。精准扶贫、精准脱贫就是要"精准"到中国社会的每一个贫困人口,既不用平均数掩盖大多数,更不让贫困人口通过统计数字"被小康"。我们"全心全意为人民

---

①　参见《学习贯彻习近平总书记参观〈复兴之路〉展览讲话述评》,中国共产党新闻网,http://cpc.people.com.cn/n/2012/1206/c64387-19817490.html。

②　《习近平谈治国理政》第二卷,外文出版社 2017 年版,第 214 页。

③　《习近平谈治国理政》第三卷,外文出版社 2020 年版,第 66 页。

服务",服务的就是这"最大多数"与"每一个"高度统一的人民;"我们要始终把人民群众放在心中脑中",放的也是这"最大多数"与"每一个"高度统一的人民。中国共产党是这样认识的,也是这样实践的。

(二)把获得感作为最鲜明的价值指向

"人民对美好生活的向往,就是我们的奋斗目标。"①在十八届中央政治局常委同中外记者见面时,习近平总书记讲了这句话。时隔5年,在十九届中央政治局常委同中外记者见面时,习近平总书记又强调了这句话。把人民的所思所想所盼作为最高价值指向,让中国社会的发展成果真正转化成为人民的获得感、幸福感、安全感,这是中国共产党人对初心使命的自觉担当。

发展是人类社会的永恒主题,但是不能为发展而发展,发展本身不是也不能成为目的。对中国社会来说,发展是硬道理,为人民发展更是硬道理中的硬道理。如果发展成果不能转化为人民实实在在的获得感,不能体现在美好生活货真价实的改善上,这样的发展就没有意义、不可能持续也不值得追求。

党的十八大以来,我们坚持"两个同步",居民收入增长和经济发展同步、劳动报酬增长和劳动生产率提高同步,坚持"两个提高",提高居民收入在国民收入分配中的比重、提高劳动报酬在初次分配中的比重,坚持发展要让人民有更好的教育、更稳定的工作、更满意的收入、更可靠的社会保障、更高水平的医疗卫生服务、更舒适的居住条件、更优美的环境、更丰富的精神文化生活等,人民获得感显著增强。但是随着中国特色社会主义进入新时代,社会主要矛盾出现重大转换,"人民美好生活需要"的内容更广泛,不仅包括既有的物质文化这些客观"硬需求"的全部内容,更包括在此基础上衍生出来的从精神文化到政治生活,从现实社

---

① 《习近平谈治国理政》第一卷,外文出版社2018年版,第424页。

会地位归属到心理预期、价值认同等这些更具主观色彩的"软需要"。

因此,当我们讲人民获得感的时候,不能只看到"绝对"获得感,不能仅仅满足于人民群众今天得到的比昨天多,明天得到的比今天更多,还要在"相对"获得感上下功夫。坚持新发展理念,让人民的收获与整个社会的发展进步、与市场上不同要素获得之间保持大体协调、同向共进,这是相对获得感的意蕴所在。从满足绝对获得感到提高相对获得感,这一变化丰富和充实了中国社会发展价值指向的现实内容,也提出了中国社会发展价值指向的更高标准,更凸显出以人民为中心的发展思想所蕴含价值指向的高瞻远瞩。

(三)为人民当家作主奠定坚实的制度保障

以人民为中心体现在治国理政方面,就是坚持国家一切权力属于人民,坚持人民主体地位,让人民以主人的身份行使国家权力。通过一系列制度安排与政策设计,让人民当家作主的权利得到更充分的保障是以人民为中心的头等大事。对于中国这样一个有着14亿多人口的大国,政治制度的安排必须让最大多数的人能掌握这一制度、使用这一制度来保障自己的权利、行使自己的权利。人民代表大会制度作为人民当家作主的重要途径和最高实现形式,它深深植根于人民之中,把中国人民伟大的创造精神、奋斗精神、团结精神和梦想精神充分激发出来,汇聚成建设新世界的磅礴力量,让人民当家作主从政治理想变为了政治现实。

中国共产党深知没有民主就没有社会主义,就没有社会主义的现代化,就没有中华民族伟大复兴。一个国家人民的民主权利,不仅表现在选举时有投票的权利,更体现在日常政治生活中有持续参与的权利,有民主决策、民主管理、民主监督的权利。真正的民主不仅需要完整的制度程序,而且需要完整的参与实践,这就需要丰富民主形式,拓宽民主渠道,探索民主制度的中国方案,让人民还可以通过选举以外的制度和方式参与国家生活和社会生活的管理。

党的十八大以来,在坚持和完善人民代表大会制度的基础上,我们积极有效地推进社会主义协商民主,为人民当家作主又增加了一道制度保障。协商民主填补了选举民主之外的权利空白,可以有效防止出现选举时漫天许诺、选举后无人过问的现象,有效解决现代西方民主制度中的"权力跛脚"现象。协商民主不否定选举民主的根本性意义,而是直面选举民主的实践悖论。在选举民主的同时,辅之以协商民主,通过集思广益、民主决策,让选举民主建立在找到全社会意愿和要求的最大公约数的基础上,让民主的结果更有民意,更得民心。在中国社会主义制度下,有事好商量、众人的事情由众人商量,在商量中当家作主、在商量后行使权利,这才是人民民主的真谛,才是真正以人民为中心。①

三、马克思主义认识论和方法论的有机统一

在党的十九大报告中,以人民为中心思想作为新时代坚持和发展中国特色社会主义的一条基本方略被提出,是指坚持人民主体地位,做到发展为了人民、发展依靠人民、发展成果由人民共享,是习近平新时代中国特色社会主义思想的价值灵魂和根本立场,体现了马克思主义的根本价值追求、科学社会主义的基本原则以及中国特色社会主义的价值理性,具有丰富的哲学意蕴。②

(一)目的性与规律性的统一

目的性是指实践及其结果必须符合主体自身利益需要的价值追求。一方面,坚持以人民为中心,是实现共同富裕,实现建设中国特色

---

① 辛鸣:《坚持以人民为中心的理论自觉》,《学习时报》2020 年 5 月 22 日。
② 王全良:《"以人民为中心"思想的哲学意蕴》,《学习时报》2018 年 6 月 25 日。

社会主义经济建设根本目的的需要。习近平总书记强调："我们追求的发展是造福人民的发展，我们追求的富裕是全体人民共同富裕。"①以人民为中心思想是实现共同富裕的根本前提和现实途径，体现了实现共同富裕的本体论、方法论和价值论的统一。另一方面，实现人的全面自由发展，是马克思主义追求的根本价值目标，是中国共产党事业的最终价值目标。坚实的经济基础是实现人的全面自由发展的前提条件和基础保障，以人民为中心思想突出强调了要大力发展社会主义现代化生产能力，让经济社会发展成果由人民共享，充分满足人民群众对美好生活的需要，实现人的"自由个性"的发展。

规律性是指对实践的认识必须符合客观规律，达到对客观事物的真理性认识。坚持以人民为中心思想，反映了我们党对执政规律、社会主义建设规律、人类社会发展规律的认识和运用达到了新高度。面临当前我国经济社会发展的新特点、新问题，以人民为中心思想既是破解发展难题，厚植发展优势的需要，同时也是对人民群众期盼美好生活的诉求的积极回应，体现了中国共产党对自身执政规律的进一步认识。以人民为中心思想的新发展理念，反映出我们党对我国发展规律的新认识，从"以经济建设为中心，发展是硬道理"到"发展是党执政兴国的第一要务"到"坚持科学发展、全面协调可持续发展"再到坚持"以人民为中心"，中国共产党人的发展理念随着发展实践的深化不断提升，对中国特色社会主义实践规律认识不断深化。

（二）思辨性与实践性的统一

以人民为中心思想蕴含了事物的普遍联系特征，体现了马克思主义唯物辩证法，具有深刻的辩证性。落实以人民为中心思想离不开辩证法的指导。原因和结果的联系是事物或现象之间引起和被引起的联

---

① 《习近平关于社会主义社会建设论述摘编》，中央文献出版社 2017 年版，第 35 页。

系,这一规律决定了人民群众作为先进生产力和先进文化的创造者,必然也是其成果的享有者,即"人民群众作为发展主体是原因,成为发展客体是结果",要求充分发挥人民群众主体作用,做大社会发展"蛋糕"的同时要分好"蛋糕",做到发展成果由人民共享。

以人民为中心思想本质上是实践的,形成于历史的实践,强调于现实的实践。习近平总书记指出:要着力践行以人民为中心的发展思想。"以人民为中心的发展思想,不是一个抽象的、玄奥的概念,不能只停留在口头上、止步于思想环节,而要体现在经济社会发展各个环节。"①中华民族从"站起来""富起来"到"强起来"的历史进程,是共产党人践行"全心全意为人民服务"宗旨、坚持"群众路线"、坚持"是否有利于人民生活水平提高""始终代表最广大人民根本利益""以人为本的科学发展观"、坚持以人民为中心发展理念的实践过程,"以人民为中心"思想是在共产党人长期的社会实践中取得的基本经验和客观总结。

(三)价值论与方法论的统一

以人民为中心思想要求以人民为标准、主体、目的,蕴含了人民至上的价值导向,是中国共产党人矢志不渝的追求。党的十八大以来,以习近平同志为核心的党中央一以贯之地落实"坚持人民主体地位,坚持立党为公、执政为民,践行全心全意为人民服务的根本宗旨,把党的群众路线贯彻到治国理政全部活动之中,把人民对美好生活的向往作为奋斗目标,依靠人民创造历史伟业"的执政价值理念。

以人民为中心思想立足于历史唯物主义,具有鲜明的方法论价值。其一,要始终把人民立场作为根本政治立场,明确回答"我是谁"的命题。习近平总书记强调:"在新的长征路上,全党必须牢记,为什么人、靠什么人的问题,是检验一个政党、一个政权性质的试金石。我们要始

---

① 习近平:《深入理解新发展理念》,《求是》2019 年第 10 期。

终把人民立场作为根本政治立场,把人民利益摆在至高无上的地位,不断把为人民造福事业推向前进。"①党必须注重自身的作风建设,恪守党和人民群众的血肉联系,永葆先进性和纯洁性,是以人民为中心的价值取向对党自身提出的道德要求、政治要求和纪律要求。其二,要充分发挥人民群众主观能动性作用,明确回答"依靠谁"的命题。坚持以人民为中心,就是要恪守人民的主体地位,发挥人民的主体作用,深刻认识到人民群众是推动历史发展的根本力量,是实现中华民族伟大复兴的恢宏力量,要将尊重人民主体地位与发挥人民首创精神有机统一起来。其三,要以增进民生福祉作为事业发展的目标,明确回答"为了谁"的命题。保障和改善民生没有终点,习近平总书记指出,"让老百姓过上好日子是我们一切工作的出发点和落脚点"②。要把人民"拥护不拥护""赞成不赞成""高兴不高兴""答应不答应"作为事业发展成败得失的价值标准,要把人民是否真正得到了发展红利、人民生活水平是否真正得到了提高、人民诉求是否真正得到了满足,作为检验一切工作的成效。

四、做人的全面自由发展和人民创造历史的"工具"

(一)致力于实现人的全面自由发展

中国特色社会主义进入了新时代,以习近平同志为主要代表的中国共产党人始终坚持以人民为中心的发展理念。以人民为中心的发展理念是由我国社会主义初级阶段的社会主要矛盾决定的,最终致力于实现人的全面自由发展。

---

① 《十八大以来重要文献选编》(下),中央文献出版社 2018 年版,第 400 页。
② 《十八大以来重要文献选编》(下),中央文献出版社 2018 年版,第 744 页。

以人民为中心的发展理念是实现人的全面自由发展的途径。坚持以人民为中心的发展理念,要求我们时刻把人民作为主体和一切发展围绕人民的根本利益为出发点和落脚点,满足人民各方面的需要,在实质上,强调只有实现从人民群众的根本利益出发谋发展才能真正实现发展,才能切实保障人民群众的经济、政治和文化权益,让发展的成果惠及全体人民,所以说,只有坚持以人民为中心的发展理念的价值观,才能朝人的全面自由发展更近一步。

以人民为中心的发展理念是人的全面自由发展的实质要求。以人民为中心的发展理念,强调的是尊重人民,保障人民尊严和权利,始终把人民的利益放在最优先的位置和处理一切问题的出发点,促进人的全面自由发展,这一原则是马克思主义关于人的全面自由发展的题中之义。人的全面自由发展是马克思主义经典作家对共产主义社会的重要衡量标准,马克思指出:"代替那存在着阶级和阶级对立的资产阶级旧社会的,将是这样一个联合体,在那里,每个人的自由发展是一切人的自由发展的条件。"[1]并强调人的发展目标应是全面的、自由的;归根到底是为了把充分实现人的价值建立在以人民群众为本、人与自然的和谐统一、发展由人民共享和人的全面自由发展的基本原则之上,因此,以人民为中心的发展理念是人的全面自由发展的实质要求。

坚持在改造自然中实现以人民为中心的发展和人的全面自由发展。在实现以人民为中心的发展和人的全面自由发展过程中,人与自然的关系到底要保持怎样一种状态,是值得思考和关注的问题。无论人类和社会发展到什么程度,发展必须是依附自然,必须在改造自然中实现。自然是人和社会发展的原点,以人民为中心的发展理念和人的全面自由发展,最终都要回到这个原点上来,这是发展的规律,也是发展的必然。以人民为中心的发展理念与人的全面自由发展有着本质的

---

[1] 《马克思恩格斯文集》第 10 卷,人民出版社 2009 年版,第 666 页。

联系,两者共同致力于社会主义的发展和共产主义社会的实现,以人民为中心的发展理念最终是为了实现人的全面自由发展,两者又统一于自然。

(二)自觉做人民群众创造历史的"工具"

坚持以人民为中心,把人民放在心中最高位置,不是也不能是一句空话,最本质的体现就是中国共产党和国家政权自觉做人民群众的工具。毛泽东在党的七大上提出:"群众是从实践中来选择他们的领导工具、他们的领导者。被选的人,如果自以为了不得,不是自觉地作工具,而以为'我是何等人物'!那就错了。我们党要使人民胜利,就要当工具,自觉地当工具。……这是唯物主义的历史观。"[1]邓小平在党的八大上更加明确地说:"工人阶级的政党不是把人民群众当作自己的工具,而是自觉地认定自己是人民群众在特定的历史时期为完成特定的历史任务的一种工具。"[2]党的十八大以来,全面从严治党的战略安排是为了让中国共产党更先进、更优秀、更强大,但归根结底是为了让人民群众有更管用、更好用的工具来创造历史,来改变世界,让人民群众通过中国共产党真实拥有创造历史的现实力量。

中国共产党把自己定位为先锋队的本身就是一种对工具身份的自觉担当。《中国共产党章程》明确提出"党除了工人阶级和最广大人民群众的利益,没有自己特殊的利益""随时准备为党和人民牺牲一切"。这一系列要求为中国人民塑造出了一个敢于牺牲、敢于斗争的锐利武器,塑造出了一个"我将无我,不负人民"的制胜法宝。有了这样一个名副其实的政党,有了这样一个党领导下的国家和政府,人民群众就更有力量、有途径、有手段在与市场、资本等外在力量的博弈中占据主动

---

[1] 《毛泽东文集》第三卷,人民出版社 1996 年版,第 373—374 页。
[2] 《邓小平文选》第一卷,人民出版社 1994 年版,第 218 页。

地位,按自己的意志塑造市场、驾驭资本,让市场与资本"为我所用",而不是"反客为主"。

走向人民,走近群众,是为人民服务、为人民工作、为人民谋幸福。以心交心,自会心心相印;我们心中装着人民,人民也会在心里装着我们;我们把人民当亲人,人民就会把我们当亲人。有人民群众做后盾,不管多么大的风险挑战困难都可以克服。为什么中国共产党能成为世界上最强大的政党,为什么我们能创造出世所罕见的发展与治理奇迹,因为我们身后站着"历史的创造者",我们拥有"创造世界历史的动力"。

检察机关自觉做人民群众创造历史的"工具",就要忠实履行检察职责,为经济社会发展大局服务,全力投入平安中国、法治中国建设,在推动依法治理中守初心、担使命;就要坚决维护国家政治安全和社会稳定,贯彻总体国家安全观,依法严惩分裂国家、间谍等犯罪;就要严格依法推进扫黑除恶专项斗争,扎实服务打好三大攻坚战,更实支持企业经营发展,依法保障企业合法权益与促进守法合规经营并重,对国企民企、内资外资、大中小微企业同等对待、平等保护;就要扎实推进反腐败斗争,与监察办案互相配合、互相制约,依法惩治职务犯罪促进国家公职人员勤政廉政;就要持续推进"一号检察建议"落实,用真情落实群众来信件件有回复制度;就要狠抓自身建设,着力提升检察履职能力,自觉接受人民监督,让检察权在阳光下行使。

第 三 章

以人民为中心的检察理念

作为新时代人民检察制度的价值彰显,以人民为中心的检察理念根植于中国共产党的发展思想,是中国特色社会主义法治理念和司法理念的本质体现,不仅蕴含着马克思主义哲学的深厚底蕴,而且体现了习近平新时代中国特色社会主义思想的本质要求,具有鲜明的时代特征和丰富的科学内涵,它包含着检察为了人民的根本立场,检察保护人民的根本职责,检察服务人民根本方向,检察依靠人民的执检基础,检察不负人民的初心使命。

一、检察为了人民

检察为了人民是以人民为中心的逻辑起点和根本立场。习近平总书记强调:"必须坚持法治为了人民、依靠人民、造福人民、保护人民。要保证人民在党的领导下,依照法律规定,通过各种途径和形式管理国家事务,管理经济和文化事业,管理社会事务。要把体现人民利益、反映人民愿望、维护人民权益、增进人民福祉落实到依法治国全过程,使法律及其实施充分体现人民意志。"①这就告诉我们,人民是依法治国

---

① 习近平:《加快建设社会主义法治国家》,《求是》2015 年第 1 期。

的主体和力量源泉。坚持以人民为中心,是全面推进依法治国的根本立场和必须遵循的一条重要原则。

(一)把人民群众需要作为第一选择

检察为了人民就是把人民群众需要作为第一选择,将为了人民的政治意志贯彻到每一项检察职能活动之中。包括刑事检察、民事检察、行政检察、公益诉讼检察及其检察业务活动,都必须以广大人民的根本利益为出发点,反映广大人民的意志与愿望,体现广大人民的情感与要求,切实维护人民群众的利益。既要保障和支持人民群众有效地行使民主权利,参与国家和社会管理,从事各种正当的经济、社会、文化活动;又要为人民群众追求健康良好的生存和生活状态提供法律上的支持与保护。① 2020年初,新冠肺炎疫情大面积暴发,为紧急应对突如其来的疫情,最高人民检察院坚决贯彻以习近平同志为核心的党中央决策部署,会同有关部门及时发出《关于做好新型冠状病毒肺炎疫情防控期间保障医务人员安全维护良好医疗秩序的通知》和《关于依法惩治妨害新型冠状病毒感染肺炎疫情防控违法犯罪的意见》。各级检察机关迅速行动,与其他执法司法部门紧密配合,及时有力地惩治疫情犯罪,维护防控秩序,确保社会稳定,及时回应了人民群众特定时期的法治诉求,体现了法治为了人民、司法为了人民、检察为了人民的价值追求。

(二)把人民群众利益作为第一考虑

把人民群众利益作为第一考虑就是坚持人民至上,人民利益高于一切。进入新时代,社会主要矛盾发生历史性变化,人民群众对检察机

---

① 参见王斌林:《行政诉讼异地审判制度的价值内涵分析》,《南华大学学报》2012年第1期。

关在正义维护、权利救济、安全保障、服务供给等方面的能力和水平提出了新要求。人们不仅希望吃饱、穿暖、住好,而且期待食品更安全、生态更美好、服务更均等、社会更和谐;不仅希望人身权、财产权不受侵犯,而且期待个人尊严、情感得到更多尊重,人格权得到更有效保护;不仅关心个人权益,也十分关注公共利益。检察为了人民关键要有坚定的人民立场和人民情怀,坚守这种立场和这份情怀,奋斗目标就会奔人民而去,根本利益就会为人民所谋,工作好坏就会以人民而定,心中位置就会数人民最高;有了这种情怀,就会把人民和自己的关系看作是人民和公仆的关系,老老实实当好人民公仆;①有了这种情怀,检察工作才能做到人民利益高于一切,人民疾苦急于一切,人民呼声先于一切,人民安危重于一切,凡是群众拥护民心所向的事要充分发挥检察职权,尽最大的努力做好。

(三)增强人民群众的获得感、幸福感、安全感

"治国有常,而利民为本。"让老百姓过上好日子是我们一切工作的出发点和落脚点。面对新形势新环境新变化,我们就要从初心使命的高度出发,着力解决好群众的操心事、烦心事、揪心事,不断增强人民群众的获得感、幸福感、安全感。

解决人民群众的操心事、烦心事、揪心事,最根本的是要办好与群众利益密切相关的民生案件。一定意义上讲,人民群众的操心事、烦心事、揪心事就在我们办理的每一起案件中。将司法为民落实到行动中,就是要落实到每一件具体案件、每一个办案环节、每个环节的具体细节中。凡是侵害人民群众切身利益的,检察机关就要重拳出击,依法查办;凡是人民群众关切的,检察机关就要主动作为,及时回应。比如,群众对黑恶势力违法犯罪深恶痛绝,各级检察机关就要在事实清楚、证据

---

① 周文彰、胡登良:《增进以人民为中心的情怀》,《学习时报》2019 年 9 月 20 日。

确凿的基础上出重拳、下重手,形成对黑恶势力犯罪的高压态势,为人民群众的幸福生活提供更好的环境。又如,食药安全、环境保护等领域的问题属于人民群众关注度高、对生产生活影响大的问题,各级检察机关要充分履行刑事、民事、行政、公益诉讼检察职能,对涉嫌犯罪的依法批捕起诉;对有关职能部门怠于履职或其他符合公益诉讼立案条件的,要及时作为公益诉讼案件立案调查。再如,人民群众对民间借贷、离婚析产、劳动争议、交通事故保险理赔等领域的"假官司"反映强烈。各级检察机关要加强对此类案件的监督,严厉打击虚假诉讼,坚决维护群众合法权益。对群众普遍关心的电信网络诈骗、暴力伤医、黄赌毒、盗拐骗、传销等犯罪,要以专项斗争为牵引,有针对性加大打击力度。

切实解决好人民群众的操心事、烦心事、揪心事,检察机关就要坚守人民检察为人民的根本立场,牢记全心全意为人民服务的根本宗旨,结合新时代人民群众对检察工作的新要求新期待,努力让人民群众在每一个司法案件和司法决定中感受到公平正义。

(四)创新满足公民司法诉求的信访制度

对群众来信件件有回复(7日内)是最高人民检察院落实以人民为中心发展理念的一项重要制度。这一制度的贯彻落实,为当事人提供了有效的司法救济途径,为人民群众提供了一项优质高效的检察产品,是新时代满足人民群众司法诉求的重要举措。

在十三届全国人民代表大会第三次会议上,最高人民检察院工作报告显示,2019年,全国检察机关新收群众来信491829件,均在7日内告知"收到了、谁在办";3个月内办理过程或结果答复率99.2%。据报道,2019年,四级检察长接待来访16135次。邀请人大代表、政协委员、人民监督员、社区代表等对1244件申诉多年的疑难案件公开听证,摆事实、举证据、释法理。2019年底又开通联网办信,流转、查询、反馈全程提速,立足办案引领社会法治观念。

"关乎人民群众的揪心事,人手再紧也要做到,工作再难也要做好。"①各级检察机关在办理申诉案件时,绝不能以按部就班、流程不错就"结案了事",还要看本案问题是不是真正解决了,类似的问题有没有、怎么依职责促进解决。要落实新时代"枫桥经验",多从当事人角度思考问题,寻找更加合理的解决办法,将检察环节的矛盾纠纷妥善化解。件件回复不是关键,案结事了才是根本。通过依法及时办理好群众来信来访案件,让老百姓真切感受到司法的公正与温度。各级检察机关要将这项工作作为"一把手"工程,检察长亲自负责、协调督导、促进落实;要整合人员力量,压实工作责任,安排业务水平高、群众工作能力强的检察人员专门负责来信办理和回复工作;要进一步思考怎样形成良性循环,让信访案件越做越实、越办越少,促进办案质量不断提升。同时,还要根据具体情况,不断探索改进更加合理合法的工作方式,让群众更加满意。

二、检察保护人民

检察保护人民就是维护和保障人民权益,这是以人民为中心发展思想的核心要义,也是检察机关的根本职责。人民权益是包括人权在内的生存、发展和依法享有的各种权利。保障人民权益,是人民当家作主的根本政治制度所决定的,是法治建设为了人民的集中体现,也是健全社会公平正义法治保障制度的根本出发点。

(一)保障人民权益的历史发展

人民权益是一个社会历史范畴,不同社会、不同阶级有不同的人权

---

① 张军:《最高人民检察院工作报告》,最高人民检察院官网,https://www.spp.gov.cn/spp/gzbg/202006/t20200601_463798.shtml。

观。我们党一直把实现和保障广大人民群众的人权作为革命和建设的重要奋斗目标。民主革命时期,党始终把推翻"三座大山"的压迫,争取与实现广大人民群众的基本人权作为自己的奋斗目标,把完善人权立法,切实保障人权的实现作为革命根据地政权建设的一项重要任务。1923 年,党领导的"二七"大罢工,高举的是"争自由、争人权"的旗帜;1935 年,党发表的"八一宣言",号召一切不愿做亡国奴的同胞奋起抗日救国,"为人权自由而战";抗战胜利后,党又提出"保障人权、解放民主、完成统一"。从土地革命战争到解放战争的各个历史时期,党的一系列纲领性文件和根据地革命政权制定的各项施政纲领,都对人民应当享有的各项权利作了全面而详细的规定,几乎所有革命根据地都制定有各种专门的保障人权条例。中华人民共和国的成立,更使中国人民真实、平等、自由地享有广泛的人权。2004 年,十届全国人大二次会议通过了宪法修正案,又将"国家尊重和保障人权"明确写入宪法,标志着我国人权事业进入了一个新的历史阶段。

党的十八大以来,随着社会主要矛盾的变化,我国人权的法治保障又有了新的发展。习近平总书记指出,要依法保障全体公民享有广泛的权利,保障公民的人身权、财产权、基本政治权利等各项权利不受侵犯,保证公民的经济、文化、社会等各方面权利得到落实,努力维护最广大人民根本利益。党的十八届四中全会审议通过的《中共中央关于全面推进依法治国若干重大问题的决定》明确要求,法治建设要以保障人民根本权益为出发点和落脚点,保证人民依法享有广泛的权利和自由、承担应尽的义务,维护社会公平正义。进入新时代,我国在立法、执法、司法、守法等环节的法治建设新成果,以一系列具有根本性、全局性的划时代改革,践行以人民为中心的法治理念,切实推进了人权的法治保障。

(二)保障人民权益的检察担当

检察工作保障人民权益,首先要坚持人民至上,为人民群众共同和普遍的人权提供完善的法律保障。宪法和法律赋予人民群众生存权、发展权以及选举权、劳动权、受教育权和其他政治、经济、文化、社会权利。人民群众的合法权益受到侵犯或产生争议,特别是近年来公众议论较多的权益保障问题,可能会以案件的形式进入司法领域,或者需要政法机关以其他方式加以处理。这些案件和事件的处理结果,直接关系广大人民群众的普遍人权特别是困难群众的人权能否受到有效保护,这是对政法机关践行执法为民理念的重大考验。各级政法机关和广大政法干警一定要更新观念,树立人权保护意识,努力提高执法水平,公平公正、及时高效处理有关案件和事件,切实维护广大人民群众的基本人权。

在执法司法过程中对当事人的人权保障程度如何,是衡量一个国家法治水平和政治文明程度的重要标杆。检察工作尊重和保障人权,也包括要尊重和保护犯罪嫌疑人、被告人、服刑人员以及被害人的诉讼权利和其他合法权利。检察机关在执法办案过程中要依法办事,尊重和保障当事人的人权。为此,检察机关要切实树立维护社会秩序与保护人权、打击犯罪与保护人权并重的观念,既要认识到维护正常的社会秩序是保护多数人权利的需要,又要在执法司法过程中注意保护相对人的权利;既要认识到依法及时打击犯罪是对大多数人权利的保护,又要在刑事诉讼活动的各个环节严格依法保护犯罪嫌疑人、被告人的合法权益;既要严格履行惩罚和改造罪犯的职责,又要有效保障罪犯的人权。我国的刑事诉讼法等有关法律对保护犯罪嫌疑人、被告人的合法权益作了具体、明确的规定,犯罪嫌疑人、被告人享有辩护权、控告申诉权,特别是聘请律师的权利,严禁刑讯逼供、超期羁押、体罚虐待被羁押人员等。检察机关要模范遵守有关保障被告人人权的法律和规章制度,切实加强诉讼领域的法律监督,发挥检察机关对社会主义人权保障事业的推进和保障作用。

（三）"法不能向不法让步"

"法不能向不法让步"，是 2019 年 3 月 12 日最高人民检察院工作报告金句。此语一出，受到两会代表和全社会的高度评价和认同。其起因是近几年来，涉及司法案件处理中正当防卫问题引发社会广泛关注，反映了新时代人民群众对民主、法治、公平、正义、安全的更高需求。最高检及时介入"昆山反杀案""赵宇案"等典型案例，使案件得到公正处理。

我国刑法明确规定了"正当防卫"制度。1997 年版的《刑法》还明确了"无限防卫权"，针对正在进行的行凶、杀人、强奸等严重危及人身安全的暴力犯罪，采取防卫行为，不属于防卫过当。但是，不少司法机关对"正当防卫"的认定相当严格，屡屡在个案中引爆舆情。在一些案例中，正当防卫的边界，由法定的"没有明显超过必要的限度"，变成"不得已的应急措施""必须穷尽一切手段之后，才能实施正当防卫""被打还手就叫互殴"……甚至有刑法学者对相关的案件进行研究之后发现，面对不法侵害只有"逃跑"一条路，否则一旦造成行凶者的伤亡，必然要承担刑事责任。

本不该追究刑事责任的正当防卫，往往被司法机关刑事拘留。这些走偏了的个案，不仅让当事人蒙冤受屈，更是在整个社会层面产生了相当消极的负面影响。司法层面不能明确正义的边界，在现实中就会扭曲人的行为，进而恶化社会道德氛围。受到坏人欺负，好人只能忍气吞声而不敢反抗，有正义感的旁观者害怕惹事而不敢见义勇为。这些年，人们经常感慨的"世风日下"，可以说和司法对正当防卫的暧昧态度也有相当大的关系。资料显示，媒体披露"昆山反杀案"后，最高检指导江苏检察机关提前介入，提出案件定性意见，支持公安机关撤案，并作为正当防卫典型案例公开发布；指导福州市检察机关认定赵宇见义勇为致不法侵害人重伤属正当防卫，依法不负刑事责任。随着"法不能向不法让步"深入人心,2019年,涉正当防卫不捕不诉案件呈大幅增长之势,比前两年总和还分别增长34.5%、35.4%。① 与此同时,2019年涉防卫过当不批捕案件41件41人,同比增长7.9%;不起诉案件27件27人,同比增长80%;起诉案件91件106人,件数和人数同比下降17.2%、5.3%。② 涉正当防卫不捕不诉案件同比大幅增长的背后,是检察机关办案理念的更新。

两起闹得沸沸扬扬的关于正当防卫边界的个案,走进了最高检的工作报告中;"法不能向不法让步"的金句,也被舆论场纷纷点赞。修订饱受诟病,甚至被讥为"僵尸条款"的正当防卫制度,这是正义所期,也是最高法律监督机关和民间声音的良性互动。在这个意义上,最高检对典型案例的及时介入,在两会这样的场合亮明"法不能向不法让步"有着积极意义。这不仅是为了保障相关个体的合法权益,更是要进行一种司法价值观展示——什么样的行为值得保护,什么样的行为理当反对。这也是对所有司法机关的"普法",司法和民众朴素的善恶观应该寻求最大限度的共识。我们坚信,"法不能向不法让步"的金句不只是民众的正义期待,而必将成为司法的现实标准。

(四)"一个不放过""一个不凑数"

是黑恶犯罪一个不放过,不是黑恶犯罪一个不凑数。这是最高人民检察院党组在扫黑除恶专项斗争中对各级人民检察院提出的司法要求。扫黑除恶斗争的本质是保护人民,为人民群众创造安定有序的社会环境,维护人民群众的根本利益。因此,必须秉持检察官客观公正立场,准确有力地打击犯罪,才能实现保护人民的司法价值。"是黑恶犯

---

① 薛应军:《检察机关去年办理涉正当防卫不起诉案件同比增长超过107%》,《民主与法制时报》2020年5月28日。
② 薛应军:《检察机关去年办理涉正当防卫不起诉案件同比增长超过107%》,《民主与法制时报》2020年5月28日。

罪一个不放过,不是黑恶犯罪一个不凑数"的重要意义在于,既体现了从严打击黑恶势力犯罪,又严格遵循了罪刑法定、证据裁判、非法证据排除、程序公正等法治原则,依法规范办案,既不降格处理,也不人为拔高,确保扫黑除恶专项斗争始终在法治轨道上推进,经得起历史和法律检验。

为落实"是黑恶犯罪一个不放过,不是黑恶犯罪一个不凑数"的司法要求,最高人民检察院发布《检察机关开展扫黑除恶专项斗争典型案例选编(第三辑)》,并印发通知,要求各地检察机关通过检委会集体学习、专题培训等方式,认真组织好对这批案例的学习借鉴。

选编的5件典型案例紧紧围绕"是黑恶犯罪一个不放过,不是黑恶犯罪一个不凑数"两方面的要求,包括发挥检察职能,依法准确认定黑社会性质组织犯罪典型案例2件;依法追诉漏罪漏犯,追加认定恶势力犯罪集团典型案例1件;不拔高不凑数、依法不认定黑社会性质组织犯罪典型案例2件。检察机关在案件办理过程中发现的"保护伞"线索,有的正在查,有的已审查起诉,有的已判决定罪。力图从不人为"拔高"和不人为"降低"两个角度,引导检察机关在办理涉黑涉恶案件时,要依法充分发挥批捕、起诉和诉讼监督职能作用,严把事实关、证据关、程序关和法律适用关,全面把握黑恶势力犯罪的基本特征和构成要件,确保法律统一正确实施,确保扫黑除恶专项斗争始终在法治轨道上运行。

确保办理涉黑涉恶犯罪案件既不"降格"也不"拔高",要充分运用检察机关上下级领导体制优势和捕诉一体机制优势,注重加强与公安机关的配合协调,提升办案质效。司法实践中,多个个案可能会在不同地域管辖办理,检察机关要强化介入侦查引导取证意识,通过加强立案监督和侦查活动监督,对涉黑恶犯罪公安机关该立案未立案、该报捕未报捕、该移送审查起诉未移送审查起诉的,依法及时监督纠正。在审查起诉过程中,要注意串并研判、深挖彻查,对聚众斗殴、寻衅滋事、非法拘禁、敲诈勒索等案件重点研判,对案件中反映出的违法犯罪事实、涉案人员、社会影响等情况进行综合分析、关联对比,认真梳理查找隐藏的黑恶势力违法犯罪线索。同时,检察机关要注重审查的亲历性。一方面,需要侦查机关补充侦查的,要详细开列补证清单;另一方面,要主动作为,充分发挥自身职能,通过自行复核关键证据、走访犯罪现场、讯问犯罪嫌疑人、听取被害人意见等方式,提升认定证据的精准度,实现对黑恶势力犯罪的依法精准打击。

坚持司法公正,以事实为依据,以法律为准绳,尊重和保障人权,是检察机关的重要职责。在开展扫黑除恶专项斗争过程中,检察官必须履行检察官法赋予的"忠实执行宪法和法律"的职责,坚持客观公正立场,严格把握法律政策界限,对不具备黑社会性质组织犯罪特征的,坚决不予认定。要准确理解和把握"打早打小""打准打实"的实质内涵,对定性分歧等问题要主动加强与公安机关、人民法院的工作衔接与配合,充分听取辩护律师意见,本着实事求是的态度,在准确查明事实的基础上,围绕黑社会性质组织犯罪、恶势力犯罪集团和恶势力犯罪、普通刑事犯罪的认定标准和界限,准确判定涉黑涉恶,构成什么罪,就按什么罪判处刑罚,坚持法治原则,既不能"降格"也不能"拔高",以高质量的检察司法实现保护人民的价值指向。

(五)持之以恒落实"一号检察建议"

"一号检察建议"是最高人民检察院向教育部发出的预防校园性侵、保护未成年人健康成长的建议。这是我国最高检察机关在认真分析办理的性侵幼儿园儿童、中小学生犯罪案件中,针对校园安全管理规定执行不严格、教职员工队伍管理不到位,以及儿童和学生法治教育、预防性侵害教育缺位等问题而发出的。由于这是历史上首次以最高检名义发出的检察建议,故称"一号检察建议"。

"一号检察建议"发端于一起未成年人性侵案。一所乡村小学的班主任在一年多的时间里,利用午休、晚自习及宿舍查寝等机会,在学校办公室、教室、宿舍等地方多次对多名女童实施奸淫、猥亵,并以外出看病为由将其中1名女童带回家强奸。此外,被告人还在女生集体宿舍多次猥亵10岁至11岁的女童。最高法经审理采纳了最高检的全部抗诉意见,被告人由十年有期徒刑改判为无期徒刑。案件改判后,最高检党组多次强调,要思考如何把未成年人检察工作做到起诉之前、延展到裁判之后,为每个家庭、每一所幼儿园和中小学校带来更实在的获得感、幸福感和安全感。根据这一要求,检察官对该案"解剖麻雀",并认真分析近年来办理的性侵幼儿园儿童、中小学生犯罪案件,历经三月数易其稿,最终形成了最高检历史上首份检察建议书。

2018年10月,最高人民检察院向教育部发送高检建〔2018〕1号检察建议书。收到"一号检察建议"后,教育部高度重视,迅速出台了《关于进一步加强中小学(幼儿园)预防性侵害学生工作的通知》等制度、文件,要求各地教育行政部门和学校进一步加强预防性侵安全教育、教职员工队伍管理、安全管理规定落实、预防性侵协同机制构建、学校安全督导检查等工作。"一号检察建议"发出以后,各地检察机关加强预防性侵害的法治宣讲,加强对性侵害未成年人犯罪案件的分析,着手推动性侵害未成年人违法犯罪信息库和入职查询制度建设,从源头上减少性侵伤害未成年人犯罪的发生。同时,探索建立了强制报告制度等性侵案件发现机制,对应当依法从严惩戒的侵害未成年人权益犯罪,坚决严厉打击。

"要落实好未成年人家庭保护、学校保护、社会保护、司法保护。"最高检党组指出,家庭保护不仅仅是家长的事,更要落实在学校、邻里、社区、同学家长中,因为他们是最了解孩子家庭情况的。学校保护重在老师、校园、周边。对学校周边危害孩子健康的违法情形要明察暗访,加强治理。建议教育行政部门抓好学校保护责任的落实,不能因为部署了、有规定,就算落实了、可以一劳永逸了。社会保护的落实是各级党委、政府的责任,具体执行在行政部门、执法部门。司法保护要强化,对未成年人犯罪,该严惩的绝不能放纵,该宽的一定要落实好特殊政策,同时做好专门帮教,确保涉罪未成年人顺利回归社会。

"一号检察建议要没完没了地抓下去。"这是最高检党组对全国检察机关提出的要求,充分体现了检察机关对未成年人保护的情怀和坚定决心。全面落实"一号检察建议"不可能一蹴而就,必须持续用劲,检察机关认识清醒,主动自我加压。同时,对每一个个案都要考虑社会背景,深挖家庭保护、学校保护、社会保护不能落实的深层次原因,有针对性地提出检察建议,充分运用刑事、民事、行政和公益诉讼检察职能,促进各项政策措施落地落实。正如最高检领导反复强调:"一号检察建议落实,我们每年都要抓,持续不断抓下去。一号检察建议落实情况,要由人民群众来监督;我们的工作成效,要由人民群众来评判!"①

三、检察服务人民

检察服务人民就是检察服务党和国家大局,这是检察工作发展的价值导向,也是以人民为中心检察理念的逻辑展开。进入新时代,党和国家的发展大局就是"五位一体"总体布局和"四个全面"战略布局,就是实现民族振兴、国家富强、人民幸福的中国梦,归根结底是实现人民对美好生活的向往。

(一)认真贯彻新发展理念

党的十八届五中全会提出创新、协调、绿色、开放、共享的新发展理念,指明了"十三五"乃至更长时期我国的发展思路、发展方向和发展

---

① 姜洪:《最高检:一号检察建议要"没完没了"抓下去》,最高人民检察院官网,ht-tps://www.spp.gov.cn/spp/tt/201907/t20190707_424210.shtml。

着力点,对增强发展动力、厚植发展优势具有重大指导意义。检察工作作为党和国家工作大局的重要组成部分,必须将新发展理念作为工作的关注点和着力点。

检察工作贯彻新发展理念,应立足法定职能,发挥主观能动,贴近发展需求,主动融入大局,不能脱离职能搞服务,更不能超越职权乱服务;深化法治思维,深刻理解法律规定的文本内容与背后的法律精神,用法治原则、法律规则解决服务发展过程中的实际问题;善于运用法治方式,正确把握和处理发展中的重大关系,综合运用打击、预防、监督、教育、保护等多种法律监督手段,用法治方式处理发展中的矛盾。始终坚持平等保护原则。平等保护各类市场主体,切实服务和保障国有企业、民营企业、小微企业、外资企业的合法权益,为各类市场主体创造统一、开放、竞争有序的市场环境;平等保护各类诉讼主体,健全落实罪刑法定、疑罪从无、非法证据排除的原则、制度,坚守尊重契约自由、保护诚实守信的准则,准确把握权利、义务、责任三者协调统一的关系;平等保护各类社会主体,加强对各级政府和中介组织、社团组织的法律监督,使社会地位不同、扮演角色不同的相对人员,在接受社会管理、市场监管、公共服务的过程中,切实感受到权利平等、机会平等、规则平等、待遇平等。始终坚持司法尺度统一原则。统一司法尺度,才能维护法律权威,促使各类经济社会发展主体信仰法律、遵守法律、依靠法律。坚持适用法律统一,严格按照事实、证据判明是非对错,不搞变通司法,不搞选择性司法,不搞下不为例;坚持惩治和量刑统一,切实解决随意司法、滥用自由裁量权问题;坚持法律救济统一,发放司法救助金不能因身份差别、地域差别有所不同。始终坚持公开透明原则。依法及时公开检察机关的法定职能、办案流程、受理范围、立案标准、司法依据,依法及时公开司法处理结果、服务内容等。

检察工作服务新发展要求,应当实行多措并举。在服务创新发展方面,抓住创新这个"牛鼻子",运用检察职能引领创新、保护创新、保障创新。一是突出打击职能。加大对侵犯知识产权和制售假冒伪劣商品犯罪的打击力度,加大对诈骗、盗窃、职务侵占等破坏民营企业生产经营刑事犯罪的打击力度。二是强化监督职能。加大对插手经济纠纷、民事纠纷,同案不同罚,虚假调解,乱执行等群众反映强烈问题的监督力度,提升司法公信力;针对民商事争议和社会管理领域矛盾纠纷集中的特点,大力加强民事行政检察监督,综合运用抗诉、检察建议等行之有效的手段开展监督工作,保护市场参与主体的合法权益和创新创业热情。三是发挥保护职能。面对创新发展催生衍生的新兴产业、新兴业态以及新型商业模式、投资模式、经营管理模式,要慎重对待,严格区分罪与非罪的界限。

在服务协调发展方面,站位全局,主动作为,为经济社会持续、健康、平衡发展提供有力司法保障。一是始终坚持党的领导。正确处理司法办案与促进发展、保障民生、维护稳定的关系,确保检察工作服务发展的正确政治方向。二是突出协同合作。紧紧围绕"十三五"规划确定的区域发展战略实施,认真研究相关法律问题,健全办案协作、业务交流、信息共享等制度机制,积极参与、主动对接区域协同合作工作,着力为发展板块经济提供司法保护,抓紧解决革命老区、民族地区、边疆地区制约民生改善、经济发展的突出问题,为深入推进区域协调协同发展提供法治保障。三是突出一体化。依法促进农业现代化、城乡一体化、公共服务均等化进程,紧盯权力边界,严肃查办市场监管领域、涉农扶贫领域、民生民利领域的职务犯罪,帮助担负经济管理、市场调节、公共服务等职责的部门建章立制、堵塞漏洞、完善内部管理机制,运用法治手段防止重经济、轻社会,重城市、轻农村,重政府、轻市场等倾向。

在服务绿色发展方面,积极探索,完善机制,改进方法,着力强化生态环境司法保护。一是以专项行动为抓手打击破坏生态环境犯罪。依法打击严重破坏水资源、土地资源、矿产资源和生态环境的刑事犯罪。二是积极探索环境公益诉讼。认真开展公益诉讼改革试点,增强检察机关利用民事行政检察职能服务环境建设的能力,防止环境监管部门及其工作人员,基于经济利益和地方保护不作为、乱作为;加强对涉及绿色发展的民事、行政诉讼监督,对污染环境、破坏自然资源等行为,督促相关职能部门及时履职或起诉,对不履职的依法提起行政公益诉讼;对于因环境污染造成不特定多数人的人身、财产损害案件,支持相关当事人起诉,符合公益诉讼案件的及时依法提起公益诉讼。三是完善行政执法与刑事司法"两法"衔接机制。加强与环境资源监管执法部门的衔接,健全和落实信息交流反馈机制、案件移送机制、协查机制、证据材料提供机制、重大案件介入调查机制,加强对环境资源行政执法的法律监督,及时研究解决生态文明建设中存在的突出问题,促进绿色发展、和谐发展和低碳发展。

在服务开放发展方面,不断学习借鉴、拓宽视野,增强攻坚能力,切实提升涉外安全保护和法治服务水平。一是依法服务保障互利共赢开放战略实施。围绕中国经济"走出去"特别是"一带一路"倡议实施,依法惩治涉外贸易往来、涉外项目建设、产业合作、基础设施建设、互联互通领域的犯罪,为发展更高层次的开放型经济保驾护航;依法保障外资企业、在华投资外国人的正当权利,提供平等的法律保护。二是加强国际司法协助与合作。不断拓宽司法协助新领域,建立与周边国家司法机关联系和合作的渠道,制定应对和打击跨国犯罪政策的经常性机制,有力打击走私、洗钱、贩卖人口、非法越境等多发性跨国跨地区刑事犯罪,共同维护区域安全与稳定。三是加快提升涉外法律服务能力水平。密切关注经济开放发展带来的外部经济新风险,积极应对跨区域跨国境新型犯罪大量涌现的新挑战,切实提升运用法治方式应对国际经贸摩擦、争取国际经济话语权的能力。

在服务共享发展方面,着力为广大人民群众共享改革发展成果提供平等的机会、公平的环境和法治的保障。一是着力为全民共享社会主义市场经济建设成果提供保障。针对我国在经济发展新常态下出现的一些趋势性变化,检察机关要通过依法惩治各类经济犯罪,切实保障经济持续健康发展。二是着力为全民共享社会主义社会建设成果提供保障。检察机关要通过积极参与社会治理,运用检察资源统筹社会力量、平衡社会利益、调解社会关系、规范社会行动,充分发挥法治在促进、实现、保障社会和谐方面的重要作用。三是着力为全民共享法治建设成果提供保障。针对全面依法治国的战略部署,为了应对广大民众普遍增强的民主法治意识、政治参与意识和权利义务意识,检察机关必须充分发挥专业优势,积极回应人民群众的司法关切,为营造公平正义的社会环境作出应有贡献。

(二)在法治轨道上防控疫情

新冠肺炎疫情发生以来,各级检察机关在各级党委和最高人民检察院领导下,坚决贯彻以习近平同志为核心的党中央的决策部署,充分发挥检察职能作用,在举国抗"疫",依法抗"疫"的伟大斗争中奏响了以人民为中心的时代强音。立足于依法抗疫的新实践,我们必须在法治轨道上防控疫情。

营造有利于全民抗"疫"的司法环境。在党委统一领导下,建立检察机关涉疫情刑事犯罪快速反应工作机制;与监察委、公安机关、市场监管等机构建立涉疫情刑事犯罪跨部门快速预警应对机制,形成打击涉疫情犯罪的合力。严格执行传染病防治法和刑法的有关规定,严惩隐瞒、谎报疫情,未及时采取预防、控制措施造成疫情扩散等失职犯罪;严惩在疫情防控期间哄抬物价、牟取暴利,严重扰乱市场秩序的犯罪和生产销售伪劣防治、防护产品药品的犯罪;严惩患有新型冠状病毒感染肺炎以及疑似病症故意传播病毒、拒绝接受检疫、强制隔离治疗造成严重后果的犯罪;加大对疫情防控期间"暴力伤医"行为的打击力度,确保奋战在防控一线的医护人员安心放心;严厉打击编造与疫情有关的恐怖信息、利用疫情制造传播谣言、煽动、破坏法律实施、危害公共安全等犯罪。通过适时发布典型案例,释法说理,昭示正义与良知,弘扬道德与法律,彰显刑法惩治教化功能,确保社会大局稳定,确保疫情防控平稳有序推进。

依法开展疫情灾害的源头防控。一方面,严惩非法捕猎国家保护的野生动物的行为,注意发现野生动物保护中存在的监管漏洞,积极稳妥探索拓展野生动物保护领域的公益诉讼;另一方面,注意发现生鲜、肉类市场检验检疫中存在的漏洞,及时提出检察建议,促进完善相关治理措施。认真贯彻中共中央、国务院《关于构建现代环境治理体系的指导意见》,加强与即将建立的生态环境保护综合行政执法机关、公安机关和审判机关信息共享、案情通报、案件移送制度。合力强化对破坏生态环境违法犯罪行为的查处侦办,加大对破坏生态环境案件起诉力度,加强检察机关提起生态环境公益诉讼工作。建立健全相关检察起诉和公益诉讼机制,统一涉生态环境案件的受案范围、审理程序等。配合人民法院探索建立"恢复性司法实践+社会化综合治理"审判结果执行机制。

为统筹经济社会发展贡献检察力量。以更高站位和更宽视野,胸怀国际国内两个大局,把握推动经济高质量发展与社会低成本运行两大历史任务。围绕打好三大攻坚战,依法打击走私等破坏市场经济秩序的犯罪,妥善办理网络电信诈骗、金融诈骗、非法传销、非法集资等涉众型经济犯罪案件,防范和化解经济金融风险。依法打击脱贫攻坚领域违法犯罪活动,严厉惩处虚报冒领、截留私分、挤占挪用扶贫资金的犯罪行为,以"法律扶贫"助推"精准扶贫",救助因案致贫返贫的被害家庭,把国家司法救助工作深度融入精准扶贫工程之中。依法保障和促进民营经济健康发展,帮助工商个体户稳定就业,着力推动建立公平、开放、统一的营商环境。围绕人民群众反映强烈的重点问题,及时发现、有效纠正严重侵害公益的各种行为,重点对网络餐饮、校园周边、农贸市场、饮用水源等重点部位和领域开展监督,保障千家万户舌尖上的安全。正确看待服务经济社会发展和维护公共利益的关系,辩证地处理监督中"刚和柔""点和面""内和外"的关系,遵循公益保护规律和经济发展规律,确保办理的案件实现"三个效果"的有机统一。充分发挥公益诉讼检察对生态环境保护的特殊作用,持续聚焦水、土壤污染防治等重点,推动解决危害生态环境顽疾,为经济带高质量发展提供坚强的司法保障。

(三)有效服务"六稳""六保"

党中央审时度势,未雨绸缪,旗帜鲜明提出"六稳""六保"。[1]"六稳""六保"是全党全国的一项重要中心工作,也是检察机关服务大局的重中之重。应当立足职能、主动谋划,以更优的检察履职,把服务"六稳""六保"落实落细落具体。[2]

坚决维护国家安全和社会大局稳定。当前,我国面临的国际形势极为严峻复杂。各级检察机关应立足检察职能,警醒、妥善办好各类危害国家安全案件,坚决维护政权安全、制度安全;同时应加强与其他政法部门协作,强化对利用网络造谣传谣、煽动颠覆破坏行为的依法追诉。民生既是代表委员最关注的问题,也是影响社会大局稳定的重要因素。这就要求各级检察机关必须紧紧盯住人民群众的操心事、烦心事、揪心事,既发挥好刑事检察的惩治、震慑作用,又发挥好民事、行政、公益诉讼检察的维护、保障作用。比如,要突出打击代表委员和人民群众反映强烈的个人极端暴力犯罪以及强奸、拐卖妇女儿童等犯罪,维护良好社会秩序,决不让严重暴力犯罪在疫后报复性反弹;同时要坚持和

---

[1] "六稳"是指"稳就业、稳金融、稳外贸、稳外资、稳投资、稳预期工作","六保"是指"保居民就业、保基本民生、保市场主体、保粮食能源安全、保产业链供应链稳定、保基层运转"。

[2] 参见《深入学习贯彻习近平总书记重要讲话和全国两会精神系列评论之一:坚持"稳进",以更优检察履职服务"六稳""六保"》,《检察日报》2020年6月3日。

发展新时代"枫桥经验",办理好涉疫案件,释法说理、化解矛盾、消弭对抗。

以更大力度服务打好三大攻坚战。2020 年是三大攻坚战决战之年,受疫情影响攻坚难度更大,检察机关服务保障的力度也更大。在服务精准脱贫攻坚战方面,将"向扶贫款物伸手必严惩"落实落地。既加大打击力度,重点惩治涉及虚报冒领、套取侵吞、截留私分的"蝇贪""鼠窃",又会同相关部门建立涉案款物快速返还机制,让追回的扶贫资金都能尽快用到"刀刃"上。在服务打好污染防治攻坚战方面,办理一批有影响的生态环境领域公益诉讼案件,同时结合代表委员意见建议,立足公益诉讼职能,探索推广"河长+检察长"做法。在服务防范化解重大风险攻坚战方面,突出惩治金融犯罪、涉众型经济犯罪,加大追赃挽损力度,办案中注意发现可能引发经济、社会风险的苗头性问题,依法防范化解。加大力度落实"三号检察建议"①,进一步促进信息共享、联动执法,实现对各类金融违法犯罪活动实时管控、处置。

努力为企业发展营造最佳营商环境。"六稳""六保"关键是保企业。只有企业"留得住""活得好",就业才能稳,社会才有稳的基础。各级检察机关要进一步转变观念、加大力度,进一步做实做细服务非公经济检察政策,坚持依法保障企业权益与促进守法合规经营并重,尽可能帮助企业渡过难关。在办理涉非公企业案件时,要善于把严惩妨害企业生产经营犯罪与精准服务企业发展统一起来,切实做到慎捕、慎诉。此外,还要创新方式方法,既坚决惩治犯罪,又加强典型案例宣传,传递保护创新的检察信号。

---

① 2019 年,最高人民检察院针对检察机关办理的金融违法犯罪对金融安全、社会稳定造成的影响,聚焦金融防范化解工作,向中央财经委发送的检察建议,习近平总书记和有关中央领导作出了重要批示。落实"三号检察建议"是强化法律监督,服务和保障经济社会发展大局,坚持改革创新,积极参与加强和创新社会管理,强化自身建设,提升检察工作水平的有力举措。

聚焦"三个效果"办好职务犯罪案件。"六稳""六保"需要风清气正的政治环境。因此,各级检察机关要积极主动与监察机关沟通,在加大办案推进力度的同时,还必须处理好惩治与保护的关系,注重"三个效果"有机统一。对严重腐败犯罪尤其"吃拿卡要型"的受贿犯罪,要坚决依法严惩;对涉企案件,要持续落实政策指导;被索贿、没有谋取不正当利益的依法不按犯罪处理;对因正常经营活动而涉嫌行贿的,具有自首、立功情形或积极配合调查、认罪认罚的,依法从宽处理。

(四)全面加强公益诉讼检察

党的十八届四中全会通过的《中共中央关于全面推进依法治国若干重大问题的决定》(以下简称《决定》)明确提出"探索建立检察机关提起公益诉讼制度"。这是落实检察机关宪法地位的职能拓展,指明了检察机关在公益诉讼领域的努力方向,也为检察机关是否具有提起公益诉讼资格的争议画上了句号。在全面推进依法治国的新形势下,如何贯彻落实《决定》提出的新任务新要求,是检察机关当下亟须思考和解决的问题。

全面加强公益诉讼检察,要在思想认识上下功夫,进一步提升做好公益诉讼的政治站位。党中央高度重视公益诉讼工作,2018 年 7 月 6 日,习近平总书记主持召开中央全面深化改革委员会第三次会议,决定设立最高人民检察院公益诉讼检察厅,为更好履行检察公益诉讼职责提供组织保障。在党中央的重视下,有关检察公益诉讼的立法也不断完善。从全国人大常委会授权试点,到修改后的民事诉讼法和行政诉讼法正式确立检察机关提起公益诉讼制度,再到修订后的人民检察院组织法进一步明确检察机关提起公益诉讼的职权,检察机关逐步成为法律意义上的公益诉讼"主心骨"和"国家队"。应当充分认识到,党中央的重视和法律的赋权,既对检察机关做好公益诉讼提供了坚强保障和重要法律依据,同时也对检察机关履行公益诉讼职责提出了更高要求。各级检察机关要切实履行好政治责任和法治责任,在取得阶段性成效的基础上,继续把公益诉讼作为增强"四个意识"、坚定"四个自信"、做到"两个维护"的具体行动抓紧抓好。①

全面加强公益诉讼检察,要在理念引领上下功夫,以理念变革引领公益诉讼工作创新发展。公益诉讼工作成效怎么样,理念至关重要。理念正确,办案和监督自然就有新思路、新方法、新局面。一要践行双赢多赢共赢的办案理念。要从法律监督的目的、价值等出发,加强与有关部门的沟通,讲清楚公益诉讼不是为了显现你错我对,其实质是帮助有关部门解决问题、补齐短板,共同维护公共利益,共同推动法律贯彻执行到位。与此同时,要充分运用政治智慧、法律智慧、监督智慧开展工作,助推相关企业积极整改、转型发展,促进行政机关履职纠错、依法行政,形成公益保护合力。二要践行精准监督的理念。公益诉讼不是为诉而诉,而是要促进问题的解决。因而,检察机关要更加注重公益诉讼办案的质量和监督的精准性,通过优化监督实现强化监督,不搞粗放式办案,不片面追求办案数量。特别是要通过办理一批有影响典型案件,真正起到办理一案、警示一片、教育一面的办案效果,切实推动地方政府解决一个领域、一个方面、一个时期的社会治理难题。三要践行智慧借助的理念。公益诉讼涉及面广,同时在社会发展过程中还会面临许多新问题、新情况。这就要求检察机关开展公益诉讼时不能唱"独角戏",要充分发挥社会力量作用,借助"外脑"促进办案,邀请专家学者、专职律师、有法律背景的人大代表、政协委员等参与监督和办案,帮助检察机关提升办理公益诉讼案件的素质和能力。

全面加强公益诉讼检察,要在聚焦问题上下功夫,多举措破解公益诉讼难题。总体上看,检察公益诉讼工作取得了一定成效,但实践中仍然存在不少难点和问题,如案件范围偏窄、办案保障欠缺等。解决这些

---

① 《以人民为中心全面推进公益诉讼工作》,《检察日报》2019 年 1 月 14 日。

问题,需要完善多方面机制,下大力气攻坚克难。一要综合运用一体化办案机制。要加强检察机关内部的横向配合,注重与刑事、民事、行政检察部门的沟通协作,进一步探索规范和完善线索发现移送、调查取证等工作机制,使公益保护更加及时、全面。二要充分发挥督办督导机制作用。上级检察机关要加大统筹督导力度,针对社会高度关注、人民群众反映强烈的问题,采取督办、领办、提办等多种方式,指导下级检察机关办理重大公益诉讼案件。三要完善指导性案例应用机制。最高检围绕公益诉讼主题发布了第十三批指导性案例,以此回应当前检察机关公益诉讼面临的一些法律疑难问题。各级检察机关要用好用足指导性案例的参照和指导作用,用以破解实践中的难题。四要进一步完善沟通协调机制。公益诉讼是一项系统工程,需要社会各界的广泛认同和积极参与。各级检察机关要主动汇报、积极协调、加强宣传,争取党委、人大、政府和社会各界对检察公益诉讼的更多支持和理解。

四、检察依靠人民

检察依靠人民是检察机关人民性所决定的,是检察机关履行法律监督职能的司法基础。检察机关的人民性主要包括三层意思:一是人民是权力的主人,检察机关的一切权力都是人民赋予的;二是我们所拥有的一切都是人民供养和支持的结果;三是人民群众是执法力量的源泉,检察机关依靠谁、为了谁,答案只有两个字:人民。有了人民的力量依靠,检察工作才会有保障和发展。有了人民的支持拥护,司法办案才会有底气、有勇气、有正气。有了人民的关爱,检察事业的发展才会有强大的原动力。

(一)坚持检察工作群众路线

党的十八届四中全会通过的《中共中央关于全面推进依法治国若

干重大问题的决定》指出,必须坚持法治建设为了人民、依靠人民、造福人民、保护人民,以保障人民根本权益为出发点和落脚点。群众路线是党的生命线和根本工作路线,践行党的群众路线是检察机关安身立命之本,也是司法为民的重要思想基础。

坚持司法为民的基本立场。群众立场是党的根本立场。能否坚持司法为民,不仅是态度问题、感情问题,更是政治立场、政治本色问题。一要以人民利益为重。要坚持权为民所用、情为民所系、利为民所谋,正确行使人民赋予的法律监督权力,处处事事把人民放在心上。二要以司法为民为基。要把群众的呼声作为第一信号,把保障群众安居乐业作为第一选择,及时了解群众诉求,妥善化解利益矛盾,认真纠正损害群众切身利益的突出问题,依法维护群众正当权益,让人民群众感受到公平正义就在身边。三要以爱民护民为本。要充分发挥检察职能作用,严厉打击刑事犯罪,彰显依法保护群众的鲜明态度;加大查办和预防职务犯罪力度,彰显服务群众的社会效果;强化诉讼法律监督,彰显维护群众权益的坚定决心;积极解决信访合理诉求,彰显帮助群众解困的执法宗旨。

把握依靠群众的工作方法。群众的智慧是最丰富的智慧,群众的实践是最生动的实践,群众的力量是社会发展的根本动力。必须深入基层、深入生活、深入群众,认真倾听群众的心声和期待,始终与人民群众心连心、同呼吸、共命运。一要向群众学习。要拜群众为师,甘当群众的小学生,多跟群众交朋友,多向群众请教,做到谋划工作向群众问计、查找问题听群众意见、制定措施向群众请教、推进工作靠群众支持、衡量工作成效由群众评判。二要倾听群众呼声。要尊重群众的首创精神,善于把群众的意愿变为决策依据,倾听群众呼声,反映群众愿望。要深入研究和准确把握群众工作的新特点新要求,不断增强检察机关群众工作的亲和力和感染力,提高开展群众工作的针对性和实效性。三要学会换位思考。要坚持站在群众的角度看问题、办事情,在执法办案、日常工作中充分考虑群众的需求、感受和诉求,抓住群众最关心、最现实的问题,集中力量加以解决,把好事实事办到群众的心坎上,打通法律服务群众的"最后一公里",零距离为民服务。

提高联系群众的工作能力。要按照习近平总书记提出的"五个过硬"的标准,和"信念坚定、司法为民、敢于担当、清正廉洁"的要求,聚焦群众工作能力不足的问题,大力加强理想信念教育、作风纪律教育、群众观点教育,除掉身上的"官气",多一些"民气"。要把会做群众工作作为检察干警岗位素能的基本要求,着力提高懂群众心理、懂群众语言、懂沟通技巧,会化解矛盾、会调处纠纷、会主动服务、会宣传发动的"三懂四会"能力,切实解决不了解基层,不了解群众,面对群众有理说不清、有法讲不明、案结事不了等问题。要坚持做到"四个注重"、提升"四个效果",即注重深入基层,摸清情况、摸清底数,提升调查研究、掌握实情效果;注重倾听民意、集中民智,提升科学决策、民主决策效果;注重直面困难,提升解决问题、化解矛盾效果;注重顺应群众意愿、回应群众呼声,提升宣传群众、组织群众效果,以实实在在的工作成效积极赢得群众的理解、信赖和支持。

(二)坚持检察工作人民参与

坚持和完善检务公开制度,保障人民群众对检察工作的知情权、参与权;虚心接受人大及其代表的意见,认真贯彻人大及其常委会作出的决议、决定,认真办理人大交办的案件和事项。重视舆论监督,对新闻媒介的曝光、访谈、法律咨询要认真对待,妥善处理;要主动接受群众的监督,通过信访举报渠道、下访途径听取人民群众的呼声与要求。加强与各民主党派、社会团体的联系,经常主动听取他们的意见和建议。

坚持和完善人民监督员制度。检察机关的人民监督员制度和审判机关的人民陪审员制度,都是人民群众参与和监督司法的制度设计。人民陪审员的参与和监督是实体性的,人民监督员的参与和监督是程序性的,二者都符合宪法规定和司法规律。但人民监督员制度与人民陪审员制度相比,还缺乏上位法的明确具体规定支持。因此,应秉持"转隶就是转机"基本思路和四大检察的基本格局,调整人民监督员的监督内容并对其进行机制再造,重点在逮捕、撤案和不起诉等环节发挥作用。通过坚持和完善人民监督员制度,推进这一制度的法治化规范化,把检察依靠人民落实到中国特色人民检察的制度安排之中。

推进检察依靠人民的工作和机制创新。深入总结和吸收疫情防控总体战阻击战中群防群治的新鲜经验,创新探索依靠人民群众强化法律监督的工作模式,紧紧依靠人民群众强化法律监督,守护国家政治安全、社会稳定和公平正义,实现检察依靠群众"由表入里""落地深根"。通过建立微信群、网格走访及对接综治平台等形式,收集监督线索,拓宽监督线索的来源渠道。加强与行政执法部门基层站、所的协调和配合,加强与农村"两代表一委员"、群众代表的沟通联系,问计于民,虚心听取其对检察工作的意见和建议,及时答复对检察工作提出的各种诉求,完善检察机关与基层群众之间的工作联动机制,构建群众参与法律监督工作的大网络,形成法律监督的整体合力。同时,将信访接待、检察咨询、诉讼服务、监督线索流转等与群众直接面对面打交道的工作统一归口管理,提高检察机关联系群众的工作质效,以规范、文明、细心的服务获得群众对检察机关的信任和支持。

(三)坚持检察工作人民监督

自觉接受人民监督是检察机关固本强基之源,永葆活力之本。正是因为推动检察事业的每个足迹都倾注着人民的参与和支持,熔铸着群众的智慧和力量,检察队伍才能汇聚起如此强大的力量,突破众多藩篱。检察机关要坚持以人民为中心谋划和开展检察工作,在现有工作基础上,广泛汇聚民智,自觉接受监督,让检察权在阳光下运行,把党和人民的新要求新期待落到实处,努力答好人民考卷。

自觉接受人民监督,要进一步加强与人大代表、政协委员的联络。做好代表委员的联络工作,既是检察机关的政治责任,也是检察机关的法治责任。要更加重视面对面的真诚沟通和交流,更加重视经常性联系,把工作做在平时,增加代表委员的参与感。多邀请代表委员视察、走访、座谈,多邀请代表委员参与检察调研和专项活动。工作中,既要向代表委员通报工作亮点,也要注意收集代表委员提出的意见建议。要用最短的时间,拿出实实在在的改进思路、举措,用心办理好、反馈好代表委员提出的议案、建议、提案。答复反馈时要转作风、改文风,提高答复意见的针对性。要坚持开门见山、直奔主题,确保答复内容更加精准、务实,力戒形式主义。①

自觉接受人民监督,要进一步深化司法公开。正义不仅要实现,而且要让人民群众看得见、感受到、能接受。12309检察服务中心进行了升级整合,四级检察院同步完善实体、热线、网络三大平台,各级检察机关要进一步建设好、运用好。不论是来访、来电还是来信,都要认真对待、细心处理,用心反馈,做到换位思考,多从细节处为人民群众着想,真正赢得人民群众的理解和支持。要将案件信息公开落实到位,充分利用新媒体发布办案信息、法律文书等,充分保障当事人的知情权、参与权、表达权和监督权。要持续深入推进"检察开放日"常态化,邀请各界人士走近检察院、走近检察官,了解监督检察工作。

自觉接受人民监督,要加强检察公共关系建设。良好的检察公共关系有助于检察机关更好履行法律监督职能,有助于让公众了解、支持、信任检察工作。要在日常工作中用好公共关系建设智慧,处理好与人民群众和相关部门的关系。同时,要向社会、不同人群有针对性地宣传好、介绍好检察工作。检察宣传工作人员要熟悉检察业务,善于运用政治智慧、法律智慧和宣传智慧。检察官则要以政治上的敏锐、专业上

---

① 《自觉接受人民监督　努力答好人民考卷》,《检察日报》2019年3月26日。

的能力和一心为民的情怀,重视、支持、参与检察宣传工作。

各级检察机关一定要顺应人民群众的新要求,自觉接受人民监督,沉心静气、脚踏实地,把代表委员指出的问题、提出的建议作为加强和改进工作的着力点,更加自觉接受人民监督,积极回应人民关切,努力为人民群众提供更加优质的法治产品、检察产品。

(四)坚持检察工作人民评价

以人民为中心,是各项检察工作的出发点和落脚点。人民是否满意,是评判一切检察工作的第一标准,是新时代检察工作创新发展的不竭动力。在 2020 年全国两会上,人大代表、政协委员对检察工作给予了充分肯定,最高检工作报告的赞成率再创新高,充分说明人民群众对检察工作总体上是满意的。这对检察机关来说,既是鼓励,也是鞭策,更是必须担起、做得更好的责任。各级检察机关应清醒地认识到,人民群众的肯定、满意也是"易碎品",必须用心用情用力来呵护。①

以人民为中心的要求,在检察工作中落实得好不好,群众满意不满意,关键在于能不能切实保障人民群众的根本利益,是不是满足了人民群众的现实需要,解决了人民群众的实际困难。群众的满意度来源于对每一个具体案件的感受、对每一项检察工作的体验。一个案件处理不好,一个环节应对不当,都可能会影响到群众对检察工作的满意度。同时,我们还要认识到,群众的需求不是静止不变的,而是动态发展的,是不断提高的。特别是随着中国特色社会主义进入新时代,人民群众的多元司法需求日益增长,对检察工作不断提出新的更高要求。如果不能持续跟上人民群众没有最高、只有更高的新要求,在有的时候,"好评"也会变成"差评","100-1=0",说的就是这个道理。

要正视自身存在的问题,谨防躺在过去的成绩单上沾沾自喜、不思

---

① 《把"群众满意"当作"易碎品"一样用心呵护》,《检察日报》2020 年 6 月 15 日。

进取。审议讨论最高检工作报告期间,代表委员对检察工作提出上千条意见建议,有的甚至是尖锐的批评,这也说明工作中还有许多不足的地方,有的与人民群众的要求还有不小差距。检察机关要认真研究代表委员提出的意见建议,把问题当作起跑线,从群众最需要的地方做起,从群众最不满意的地方改起。要坚决克服差不多的心态,把求极致的工作要求落实到每一项工作、每一起案件、每一个环节中,让群众在每一件检察产品中都能获得最优的司法体验。要时刻警惕故步自封,始终眼睛朝前,持续"提升",对标新时代人民群众新的更高要求不断加强检察机关自身建设。检察机关能否提供人民群众满意的优质检察产品,关键还在于检察人员的业务素质是否过硬。要始终旗帜鲜明把政治建设放在首位,把政治建设与业务建设更紧密融为一体,以空前的力度抓科学管理、业绩考评、素质提升,补强能力短板,夯实基层基础,促进每一名检察官把服务大局、司法为民的政治要求,把实现政治效果、法律效果和社会效果的高度统一,转化为司法办案的自觉追求。

人民群众有了新要求,我们必须"听得到",才能"跟得上"。既然群众的需求是不断变化发展的,检察机关就必须做到听取民意不断线,接受监督不停步。要持之以恒地深入推进检务公开,畅通民情渠道,听民声、集民意、问民忧,紧紧盯住人民群众的操心事、烦心事、揪心事发力攻坚,切实解决群众关心关注的实际问题。代表委员联络工作是检察机关密切联系人民群众、听取民声民意的重要渠道,要用心用情做得更精、更细、更实、更深,让代表委员的满意可持续,让人民群众的满意可持续。这是各级检察机关、每一名检察人员共同的责任。

第 四 章

人民中心检察理念的逻辑展开

以人民为中心的检察理念作为新时代检察工作的根本遵循和价值导向,必须融入到各项检察工作之中,形成推进检察政治建设、检察业务建设、检察队伍建设等各项工作理念。正是在这个意义上,最高人民检察院党组立足于新的历史起点,以习近平法治思想为指导,理性地反思和克服制约检察工作创新发展的思想障碍,坚持解放思想,实事求是,与时俱进,提出了一系列涉及检察工作方方面面的新理念。这些理念作为"以人民为中心"的下位理念,是对新时代人民中心检察理念的逻辑展开。

一、"转隶就是转机"的发展思路

中国特色社会主义进入新时代,人民检察事业也进入新的历史时期,检察改革面临新的形势和新的任务。我国社会主要矛盾发生历史性变化,人民群众对民主、法治、公平、正义、安全、环境等方面的需求更高。特别是随着国家监察体制改革的实施,检察机关完成了空前而又深刻的职能、机构调整和人员转隶。只有把"转隶"变为"转机",才能实现新时代检察工作创新发展,把检察机关法律监督工作做实做好做强。

(一)"转隶"前的"三个不平衡"

国家监察体制改革将反贪反渎侦查力量转隶监察委员会,是国家政治体制、权力架构的重大调整,检察机关如何顺应发展大局? 最高人民检察院党组在 2018 年全国大检察官研讨班上表示:转隶就是转机! 过去检察机关必须把更多精力、更强力量投放在反贪上,工作部署、物质保障更多向反贪倾斜,这是势所必然,完全正常;同时,也就难以把一样的精力放在其他法律监督工作上。

在检察机关以往的工作格局中,以反贪为主、为重,导致反贪与其他工作不平衡,并由此派生形成"三个不平衡":一是刑事检察与民事检察、行政检察、公益诉讼检察工作发展不平衡。无论从机构设置、人员配备、能力素质看,还是从办案数量、监督效果和社会影响看,刑事检察都明显更强。二是刑事检察中公诉部门的工作与侦查监督部门、刑事执行检察部门的工作发展不平衡。公诉工作分量更重,力量配备也相对更强。三是最高检、省级检察院的领导指导能力与市、县(区)检察院办案工作的实际需求不适应、不平衡。这种不平衡与前两个不平衡不无关系。

"宪法规定的法律监督是全方位的,法律赋予的监督职能是多元的,是诉讼领域以及与诉讼相关领域全面的法律监督。"最高人民检察院领导表示,检察机关提出解决"三个不平衡"问题,努力实现检察工作平衡、充分、全面发展,与党和国家解决新时代经济社会发展不平衡不充分的要求高度一致、完全吻合。

(二)变"转隶"为"转机"的切入点

转机要求创新发展,具体的切入点在哪里? 最高检提出,要以内设机构改革为切入点、突破口,推动新时代检察工作创新发展。在刑事检察方面,按照案件类型、案件数量等,重新组建专业化刑事办案机构,统一履行审查逮捕、审查起诉、补充侦查、出庭支持公诉、刑事诉讼监督等职能。同时,适应人民群众司法需求,从各类诉讼案件 90% 以上是民事案件、检察机关受理的民事行政申诉持续上升等实际出发,设立专门的民事检察、行政检察和公益诉讼检察机构或办案组。

此外,最高检要求,要规范机构职能、名称,地方检察机关机构设置理念上与最高检相同,省、市两级检察院主要业务部门原则上与上级检察院对应设置,但不求绝对一致。总的要以案件类别划分,实行捕诉合一,形成完整的、适应司法责任制需求、有助于提高办案质量效率和提升检察官素质能力的内设机构体系。

(三)"转机"呈现的新发展

进入新时代,我国检察权发展和创新的步伐进一步加快,检察权的动态调整频率更为频繁,检察权角色定位、权能外延和运行方式等方面呈现出许多新特质、新发展。[①]

检察权角色定位呈现新发展。一是检察机关由"一般监督机关"调整为"专门监督机关"。随着监察体制改革,我国国家权力结构进行了重大调整。检察系统慎重思考法律监督权的合理规划与布局,抓住检察机关回归主责主业的新契机。最高人民检察院提出的"四大检察"之间相互分工,相互配合,形成合力,共同提升了法律监督的效能,彰显了检察权拓展权力外延的努力。而"捕诉一体化"、侦查阶段的提前介入、"派驻检察+巡回检察"以及检察建议制度的规范化,则彰显了检察机关权力行使方式朝着科学化努力的尝试。经过改革,法律监督的刚性得到强化,更好地适应了检察机关由一般监督者向专门监督者角色的转变。二是检察机关诉讼资源调控者角色的确立。在借鉴域外经验的基础上,我国通过确立认罪认罚从宽制度等

---

① 参见周新:《论我国检察权的新发展》,《中国社会科学》2020 年第 8 期。

方式,赋予了检察机关审前司法资源调控者角色。顺应角色调整,检察机关公诉权的实质化改造成为改革的重要一环。认罪认罚案件中的量刑建议已不再是检察机关单方的意志,而是检察机关、被追诉人甚至包括被害人等诉讼主体在内的合意。在此过程中,检察机关扮演着案件繁简分流决定者、审前主导者角色,从而演变为"法官之前的裁判者"。由此,在以认罪认罚具结书为前提的量刑建议制度格局下,检察权与审判权共同构成了中国特色语境中的二元司法模式。

检察权权能外延呈现新发展。一是检察权由"重刑轻民"向多元均衡发展。检察机关内设机构调整背后的内容,除了检察权的专业化、专门化趋势,更有检察权外延调整的深层意涵。检察机关借助内设机构调整将传统民行检察权能分置,为民事检察权能、行政检察权能、公益诉讼检察权能与刑事检察权能的均衡发展搭建了组织框架。自此,检察权能实现了由"刑事检察"一家独大到"四大检察"多元发展的转型。2019年,检察机关受理民事申诉持续高位运行,同比上升23.9%,提出民事抗诉同比上升29.8%,提出再审检察建议同比上升95.1%。而行政检察权能也势头迅猛,对认为确有错误的行政判决、裁定提出抗诉156件,同比上升33.3%。而从刑事检察权能中剥离出未成年人检察权能,除确立新的检察权能之外,也是平衡各项检察权能、综合服务于法律监督的改革需要。二是检察权的外部拓展。最典型的体现是,随着认罪认罚从宽制度的发展,检察机关通过认罪认罚具结书、量刑建议等方式,强化了检察权的拘束效力,在认罪认罚案件领域获得了一定的实质处断权。调研显示,法院对检察机关量刑建议的采纳率非常高,法院罪名采纳率为94.76%,法院判罚刑期在检察院量刑建议范围内的比例为96.37%。伴随认罪认罚从宽制度适用比例的持续提升,检察机关的实质处断权成为在刑事案件中的一项重要权能。在司法实践中,检察官量刑建议主导司法裁判已经成为常态,检察官实际上成为

"背后的法官"。① 尽管人们对此所持看法不同，但至少表明检察权在认罪认罚从宽制度领域的发展变化。

检察权运行方式呈现新发展。一是打造监督、办案一体化机制。新一轮改革中，"在办案中监督、在监督中办案"理念成为指导检察权运行方式变革的基础，在制度上集中体现为"捕诉一体化"办案机制改革，由同一部门、同一办案人员履行公诉职能和侦查监督职能，在履行公诉职能中兼顾侦查监督职能，在履行侦查监督职能中兼顾公诉职能，通过一体化运行实现法律监督权本位的科学回归。"捕诉一体化"运行机制是检察权行使方式的内部调整，而"侦捕诉一体化"运行机制改革则反映了检察权行使方式外部调整的努力，通过向侦查机关办案场所派驻检察人员，派驻检察人员可以实时跟进立案情况、人员信息、人身检查、讯问实施、涉案物品流转等，对相关侦查活动全面掌控。由此形成了侦查监督的内部参与型引导模式，检察机关也发展出了一种新型权力分支——检察引导侦查权，进一步演绎了法律监督权本位的科学化内涵。二是推进刚柔并济法律监督体系化。针对检察建议制度刚性不足、质量不高、机制欠佳、落实不力等问题，最高人民检察院制定《2018—2022 年检察改革工作规划》，将"完善检察建议制度"作为检察改革的一项关键内容。同时，2018 年《中华人民共和国人民检察院组织法》以立法的形式把检察建议确立为法律监督的方式之一。随后《人民检察院检察建议工作规定》的出台以及最高人民检察院向教育部发送的"一号检察建议"更是为检察建议制度的完善提供了依据与范本。检察建议的制度化折射了构建刚柔并济法律监督体系的努力，是"监督"科学化的又一个有益探索。

---

① 参见熊秋红:《域外检察机关作用差异与自由裁量权相关》,《检察日报》2019 年 4 月 22 日。

二、全面充分协调发展的工作格局

检察机关的刑事检察、民事检察、行政检察、公益诉讼检察等"四大检察"，都是法律监督职能的重要组成部分，都是为满足新时代人民群众对法治和公平正义新需求而开展的重要工作，因此必须整体部署，统筹安排，相互融合，协调共进，而不应顾此失彼，厚此薄彼，壁垒分割，影响法律监督的整体效能。这是新时代检察工作全面充分协调发展工作格局的基本内涵所在。

（一）全面充分协调发展工作格局的提出

检察机关承担着维护国家政治安全、保障社会大局稳定、促进社会公平正义、保障人民安居乐业的重要使命和责任。新时代人民群众对法治与司法的新需求，不仅涉及我们的刑事检察，也更多地涉及民事检察、行政检察、公益诉讼检察。为满足人民群众多元司法需求，推进国家治理体系和治理能力现代化，必须优化检察资源配置，建构法律监督新格局。

2018年1月全国检察长会议强调，要主动适应形势发展变化，深化内设机构改革，推动"四大检察"全面协调充分发展。通过检察机关内设机构系统性、整体性、重塑性改革，检察机关法律监督总体布局将实现刑事检察、民事检察、行政检察、公益诉讼检察并行，检察机关法律监督职能行使将进一步优化。这既是检察机关贯彻落实习近平法治思想的具体体现，也是人民检察院适应社会主要矛盾变化，适应反贪职能转隶调整后检察工作"谋发展"的历史机遇，审时度势，落实以人民为中心发展思想，践行初心使命的必然要求。

2019年3月15日，《第十三届全国人民代表大会第二次会议关于最高人民检察院工作报告的决议》指出：全面深化司法体制改革，加强过硬队伍建设,更好发挥人民检察院刑事、民事、行政、公益诉讼各项检察职能,为决胜全面建成小康社会提供更高水平司法保障。这表明,最高检提出的"四大检察"监督职能得到了最高国家权力机关的认同与肯定,标志着检察机关法律监督体系、职能运行模式的重塑与基本定型,对丰富和发展中国特色社会主义检察制度具有里程碑意义。

(二)全面充分协调发展工作格局的内涵

"四大检察"全面协调充分发展,是新时代法律监督理论体系的"破题",更是检察机关法律监督实务创新发展的任务要求。必须整体部署,统筹安排,相互融合,协调共进,而不应顾此失彼,厚此薄彼,壁垒分割,影响法律监督的整体效能。

一是从"四大检察"相互关系上看。首先,在人的因素方面,无论从事哪方面检察业务,检察官的职责定位都是法律的守护人,都需要在履职中秉持客观公正立场,其共同目标都是为实现宪法、法律的统一正确实施;其次,在事的因素方面,"四大检察"虽然业有专攻,关注的法律领域各有侧重,但也并非截然分开,具体业务之间仍有一定交叉和衔接,需要分工配合、相互支持。如在开展刑事检察业务中,就需要关注是否提起附带民事公益诉讼问题;办理民事、行政、公益诉讼案件时,则有及时发现和移送案件涉及的刑事犯罪、职务犯罪线索的责任;行政检察与行政公益诉讼检察工作更有紧密联结点。因此,"四大检察"各业务部门、各办案组和检察官在遵循司法规律和办案责任制前提下要互相补充、彼此配合,共同完成法律监督任务。

二是从"四大检察"司法资源配置上看。"四大检察"全面协调充分发展,要改变过去检察机关刑事检察"一支独大"现状。但不是片面追求形式上的平衡,而是遵循诉讼规律,因事设岗,因事明责。从新时代人民群众的需求、不同诉讼特点以及监督案件发生量等实际出发,优化人员结构、资源配置。既要全面,又要协调,并且在各自领域充分发展，以获取最优的监督实效。

三是从"四大检察"履行职责的方式上看。既有诉讼方式，又有非诉讼方式，需要统筹综合运用。修改后的《中华人民共和国人民检察院组织法》赋予检察机关八项基本职权，并明确了依法提出抗诉、纠正意见、检察建议以及调查核实等行使职权的具体方式，形成了履行法律监督职责的立体化职责权限体系。"四大检察"如何在诉前、诉中、诉后等环节，统筹运用上述诉讼与非诉讼的多种监督权限和措施，提升法律监督效能，实现在办案中监督、在监督中办案，也是当前需要探索和回答的重要课题之一。

四是从"四大检察"运行的基本要求上看。检察机关作为法律监督机关，全面协调充分发展"四大检察"，首先必须扎实办好每一个案件，但又不能囿于个案就案办案，而应在国家治理体系和治理能力现代化建设中，发挥更加积极能动的作用。要通过依法履行"四大检察"职能，及时发现国家治理中的普遍性、典型性问题，充分运用检察建议这一重要法律监督方式，参与国家和社会治理，促进依法治国、依法行政，维护国家利益、社会公共利益和人民群众合法权益。要落实"谁执法谁普法"普法责任制，通过典型案例以案释法，促进社会组织和公民守法。从而使"四大检察"更好地融入国家治理和法治构建，满足人民群众对新时代检察工作的新要求新期盼。

（三）全面充分协调发展工作格局的践行

践行全面协调充分发展的工作格局，要充分认识"四大检察"都是检察机关法律监督职能的重要组成部分，都是为满足新时代人民群众对法治和公平正义新需求而开展的重要工作，自觉坚持目标导向、问题导向，有针对性地分别将"四大检察"做优、做强、做实、做好。

一是做优刑事检察。在检察机关法律监督格局中，刑事检察始终处于十分重要地位，也是检察机关传统上的"看家本领"，必须持之以恒地强化、优化。要根据新时代刑事司法面临的新情况新问题,坚持深化改革,完善诉讼规则,规范检察行为。适应以审判为中心诉讼制度改革要求,坚定不移地推进"捕诉一体"办案模式,突出检察官在刑事诉讼中的主导责任,着力提升办案质量和效率;落实司法责任制,一类刑事检察业务由一个机构、一个办案组、一个主办检察官承办到底,并对办案结果负责;加强对刑事诉讼全过程的监督;全面推进认罪认罚从宽制度有效实施。

二是做强民事检察。当前,民事检察监督还不能满足新时代社会发展和民众日益增长的法治需求。如何更好地践行为民初心,遵循司法规律,优化资源配置,加强对生效民事裁判、调解书及其审判执行活动的法律监督,增强监督的精准性、引领性,提高民事抗诉和检察建议的采纳率,维护民事审判权和执行权行使的合法性、公正性和权威性,保护广大人民群众的合法权利,值得深入思考探索。

三是做实行政检察。行政检察既是对人民法院行政审判权、执行权行使的监督,又涉及对行政机关行使相关职权的监督,目前是"弱项中的弱项"。如何深刻把握行政法律要义和行政执法中的新情况新问题,通过加强对生效行政裁判及其审判、执行活动等的监督,维护行政机关执法权威,保障行政相对人合法权益,促进依法行政,回应人民群众对行政法治建设的诉求,也是亟待探讨解决的问题。

四是做好公益诉讼检察。公益诉讼检察是新增职能,也是新时代检察业务新的增长点。当前,既要突出法律明确规定的几类重点领域案件,通过诉前程序和提起诉讼把维护公益的工作做扎实、见实效,又要回应社会各界强烈呼声,积极稳妥探索"等"外案件的办理。同时,认真总结积累经验,推动相关法律规范的进一步完善。①

----

① 参见万春:《"四大检察"协同共进　实现全面协调充分发展》,正义网,http://www.jcrb.com/xueshupd/gd/201912/t20191217_2089594.html。

三、双赢多赢共赢的监督理念

在 2018 年 7 月全国大检察官研讨班上,最高检党组提出了双赢多赢共赢的法律监督新理念,强调法律监督不能局限于某个检察职能或部门的单打独斗,要建立监督者与被监督者的良性、积极关系,共同推进严格执法、公正司法,共同维护好社会公平正义和公共利益。双赢多赢共赢新理念的提出,为新时代检察工作提供了正确处理监督者和被监督者关系的新视野,指明了法律监督的价值判断和价值取向的着眼点立足点。

(一)双赢多赢共赢监督理念的依据

我国宪法规定:"人民法院、人民检察院和公安机关办理刑事案件,应当分工负责,互相配合,互相制约,以保证准确有效地执行法律。"《中国共产党政法工作条例》第五条规定了政法工作的主要任务,即维护国家政治安全、确保社会大局稳定、促进社会公平正义、保障人民安居乐业是政法各机关的主要职责。检察机关应充分运用政治智慧和法律智慧开展法律监督工作,建设监督与被监督的良性、积极关系,使法律监督在主观和客观方面都发挥促进和保障执法司法机关更全面更深刻理解法律、共同履行好职责的作用,共同推进严格执法、公正司法,努力实现双赢多赢共赢。

通常认为,博弈是指代表不同利益的决策主体,在一定的环境条件和规则下,同时或先后、一次或多次从各自允许的行动方案中加以选择并实施,从而取得各自相应结果的活动。博弈有多种分类方法,从结果来说可以分为负和博弈、零和博弈、正和博弈三种基本类型。20 世纪以来,人类在经历了两次世界大战、全球经济高速增长、科学技术进步、全球一体化以及日益严重的环境污染之后,"零和"观念正逐渐被

"双赢"观念所取代。最高检领导多次强调指出：监督不是你错我对的"零和"博弈。监督机关与被监督机关责任是共同的,目标是一致的,赢则共赢,损则同损。合作共赢已经成为新时代博弈各方的主流价值追求。

(二)双赢多赢共赢监督理念的培植

贯彻好落实好双赢多赢共赢理念,必须年年用力、久久为功、一以贯之,不能高人一等、要高人一筹,把自己摆进去,用大家都能够接受的方式去履行好我们的监督职责。一是充分运用好政治智慧、法律智慧,认真做好释法说理,加强与公安机关、法院和行政执法机关的联系,真诚沟通,增进共识,努力成为彼此履行法定职责的诤友、益友。结合办理的案件,认真分析工作中存在的问题,有针对性提出意见建议,促进依法行政。二是对案件反映的倾向性、趋势性问题及案发地区、部门、单位管理方面存在的漏洞深入分析,实事求是向党委、政府和相关部门发出高质量检察建议,努力实现"办理一案、治理一片"。三是充分发挥典型案例示范引领作用。应当抓紧建设覆盖全国检察机关的智能化检察案例数据库,实现快捷检索、类案推送、结果比对、数据分析、裁判文书提取、办案瑕疵提示等智能化办案辅助。同时,最高检应加强与最高法、公安部、司法部以及其他行政执法机关的沟通协调,把这些机关特别是法院的案例数据库与检察案例数据库互联互通互享,切实做到案例指导工作的双赢多赢共赢。

(三)综合用好各项法律监督措施

《中华人民共和国人民检察院组织法》第二十一条规定,人民检察院行使本法第二十条规定的法律监督职权,可以进行调查核实,并依法提出抗诉、纠正意见、检察建议。实践中,为达到双赢多赢共赢的监督效果,检察机关应当综合运用法律监督措施,根据案件不同情况进行调查核实,依法提出再审检察建议或者抗诉、纠正违法检察建议、公益诉讼检察建议、社会治理检察建议等,必要时还可以根据案件管辖进行立案侦查。对于符合再审条件的申请监督案件,检察机关要注意处理好再审检察建议与抗诉的关系。对于行政公益诉讼案件,为取得双赢多赢共赢的监督效果,检察机关要认识到通过诉前程序实现维护公益目的是司法的最佳状态,妥善处理诉前检察建议与提起公益诉讼的关系。提出诉前检察建议后,检察机关还要注意督促、协助行政机关抓好检察建议的落实,而不能一发了之。检察机关在综合运用法律监督措施办好案件的同时,还要积极运用检察建议做好案件的后续工作,积极推进和参与社会治理,达到双赢多赢共赢的效果。

综合用好各项法律监督措施,要落实到保障人民权益的核心价值取向上。以让人民群众共享实实在在的获得感、幸福感、安全感为标准,促进社会公平正义、保障人民群众安居乐业。如,在刑事检察监督中,严厉打击影响人民群众安全感犯罪,重点打击人民群众关心、关注,关系人民群众切身利益的电信网络诈骗,侵犯公民个人信息,危害公共卫生和在医疗机构内殴打、伤害医务人员,在医院聚众滋事、扰乱医疗秩序等涉医犯罪。积极参与扫黄打非等社会治安综合治理工作,严厉打击黄赌毒犯罪。严厉打击盗抢骗等多发性侵财犯罪,加强特殊群体合法权益司法保护,为人民群众提供更优更实更好的法治产品、检察产品。

四、"监督与办案一体"的履职理念

新时代的法律监督要有新的作为,就必须树立"监督与办案一体"的司法理念,坚持以办案为中心,强化新时代法律监督,在监督中办案,在办案中监督,通过办案满足人民群众的美好生活需要,用实实在在的办案成效写好为党分忧、为民造福这篇大文章。

(一)强化法律监督,办案是硬道理

办案既是检察机关履行法律监督职责的基本手段,也是彰显法律监督效用的重要途径。无论是服务经济社会发展,还是检察机关自身谋发展,最终都要落实到办案上来。离开办案,法律监督就是无源之水、无本之木;离开办案,法律监督就是空中楼阁,无法落地。可以说,各项法律监督权,最终都得靠办案来落实,都得用一个个案件来说话。

回望历史不难发现,人民群众对检察机关的满意度较高,与检察机关不断加大办案力度、提升办案质量密切相关。而检察工作中容易出现的问题或者说人民群众不满意的地方,也常常与办案质量不高、效率不佳、效果不好有关。当前,全面深化改革进入深水区,各种矛盾风险叠加,检察机关在服务改革发展稳定大局和自身发展过程中机遇与挑战并存。面对人民群众在民主法治、公平正义等方面更高层次的"软需求",面对有法不依、执法不严、违法不究、司法不公等方面的突出问题,检察机关唯有抓住发展机遇,聚焦主责主业,"咬住办案不放松",才能确保社会大局稳定、维护司法公正、满足人民群众新的更高需求。

(二)办案中监督,监督中办案

检察机关的监督是指运用国家权力,依照法定程序,检查、督促和纠正法律实施过程中严重违法的情况以维护国家法制的统一和法律正确实施的一项专门工作。检察机关的法律监督具有主体上的唯一性,即只能由检察机关来行使,其他国家机关无权行使;具有手段上的专门性,如对公安机关立案侦查活动进行监督的权力,批准逮捕的权力,提起公诉的权力,对法院确有错误的判决、裁定进行抗诉的权力,对有关执法机关的违法行为通知纠正的权力,开展民事行政公益诉讼的权力等。这种由专门的机关运用专门的手段所进行的法律监督是其他任何一种监督方式所无法替代的,也是法律监督在监督法律实施的整个监

督机制中具有特别重要意义的根本保障。这就决定了检察机关的监督与办案相辅相成,呈现出办案就是监督、监督就是办案的职能特征。

机构改革中将诉讼职能与监督职能适当分离,不是将办案与监督割裂开来,而是在办案中发现需要监督的问题,由专人负责,将监督案件化,体现出"监督中办案",并不否认发现问题的检察人员同样在行使法律监督权,"办案中监督",否则,身处"后道"环节监督部门的检察人员既无从掌握监督线索,也无法开展法律监督。这里的所谓"诉讼办案"与"监督办案",仅仅是工作主要分工的不同,而不是真正意义上的将办案与监督截然分开。

(三)检察工作坚持以办案为中心

检察工作坚持以办案为中心,就是检察机关各项工作都要考虑是否有利于办案,有利于办好案,都要围绕办案来突破、来提升。检察机关加强顶层设计、制定发展战略、开展理论研究、树立正确理念等,都要围绕办案这个中心来进行,都要从如何有利于加强办案的角度去思考、论证、谋划。检察机关内设机构改革,就要看是否有利于突出办案这个中心,看是否有利于提升办案质量与效率。推进新时代检察队伍建设,也要从是否有助于检察官办案能力的提升去衡量、去研究。从当下的情况看,法律监督以办案为中心,要避免两种不正常现象:一是少数办案人员能力水平经验提升之后就当领导了,当领导了就不办案了。老百姓能够接触到的、看到的,往往是经验相对不足的一线办案人员。二是极少数检察院的领导办案,常挑简单的案子做样子。各级检察机关领导干部特别是检察长要转变观念,带头办疑难、复杂、重大且有影响的案件,这样才有助于从更高层面协调解决办案难题、突破办案瓶颈、补齐办案短板。

践行"监督与办案一体"的司法理念,坚持在监督中以办案为中心,一方面要在加大办案力度上下功夫,多办案、办好案。没有办案,法律监督就失去了着力点；没有办案力度，法律监督就失去了深化点。检察机关要立足司法办案主责主业，围绕服务大局的着力点、防范风险的关键点、人民群众的关注点加大办案力度，为经济社会发展营造安全的政治环境、稳定的社会环境、公正的法治环境。另一方面，要在提升办案质量上下功夫，做到"三个效果"的统一。一旦案件办理的效果不好，往往易引发舆论热议、网民吐槽、群众不满，损害公众的法治信仰。检察机关提升办案质量，就是要在正确适用法律的前提下，密切关注诸如政治政策、价值导向、社会民意等政治因素和社会因素，将办案的链条延伸，真正实现"政治效果、社会效果、法律效果"相统一。还有就是要在做办案表率上下功夫，发挥关键少数的带头作用。关键少数，就得在关键的岗位上、在一线办案中发挥关键作用。

践行"监督与办案一体"的司法理念，就要进一步规范监督，提升检察办案质量，以提升检察环节办案质量效率为目标。全面贯彻落实修改后刑事诉讼法、修订后人民检察院组织法，建立完善检察权运行机制。进一步健全认罪认罚案件办理机制，完善认罪认罚案件量刑建议标准，完善认罪认罚自愿性保障和合法性审查机制。完善刑事案件速裁程序、简易程序和普通程序相互衔接的多层次诉讼体系，在确保司法公正的前提下做到"简案快办""繁案精办"，形成简易案件更加注重效率、疑难案件更加注重精准、敏感案件更加注重效果的办案模式。全面科学把握逮捕条件，完善逮捕必要性审查机制，依法保障犯罪嫌疑人合法权益。建立有重大影响案件审查逮捕听证制度，健全讯问犯罪嫌疑人、听取辩护人意见工作机制。

五、客观公正立场的检察官义务理念

作为世界各国检察人员的共同准则，秉持客观公正的义务是联合国《关于检察官作用的准则》对检察官的基本要求。尤其是在我国，检察官行使法律监督职权,更应该恪守客观公正的立场。因为法律监督的使命本身就是维护法律的统一正确实施、维护司法公正和社会公平正义。但是在实践中,如何秉持客观公正立场,特别是在新的时代背景下,检察官怎样将客观公正立场转化为理念和行动,仍然是不容回避的重大课题。

(一)客观公正理念的时代内涵

在新的时代背景下,强调法律监督中的客观公正立场,强化检察官客观公正理念,具有特别重要的意义。①

一是以审判为中心的诉讼制度改革进一步强化了检察官的举证责任和庭审过程中的对抗性。检察官在庭前证据审查过程中,必然要更多地关注有利于指控犯罪的证据,很容易忽视有利于犯罪嫌疑人的证据;在出庭支持公诉的过程中,特别是在普通程序出庭公诉过程中,可能会受到更多的来自辩方的质疑和诘问,从而刺激到检察官的控方角色身份,不断强化其控方意识。这些都容易导致检察官忽略法律监督者的责任,忽视客观公正的立场。

二是认罪认罚从宽制度的实施,进一步增强了检察官在刑事诉讼中的主导作用。在犯罪嫌疑人认罪认罚案件中,检察官必然要利用自己的量刑建议权来与犯罪嫌疑人进行协商,而这种协商很容易强化检察官的优越感,容易导致其把自己对案件证据材料的分析判断和对案件事实的认定意见,以及对量刑的看法强加于犯罪嫌疑人。

三是检察机关近年来实行的"捕诉一体"工作机制改革,减少了公诉案件内部制约的环节。检察官在办理公诉案件的过程中,既负责对案件的审查批准逮捕工作,又负责对案件的审查起诉工作,对自己批准

---

① 参见张智辉:《改革背景下检察官如何秉持客观公正立场》,《检察日报》2020 年 8 月 10 日。

逮捕的案件很容易形成犯罪嫌疑人有罪的思维定式,以致审查起诉特别是提起公诉以后,很容易按照犯罪嫌疑人有罪的思维定式来出庭支持公诉。凡此种种,都可能导致检察官丧失客观公正立场。因此,在改革进程中,强调检察官的客观公正义务显得尤为重要和必要。另外,进入新时代以后,人民群众对检察机关的法律监督职能作用的发挥提出了更新更高要求,唯有坚持客观公正的立场,严格依法监督、切实维护公平正义,才能得到人民群众和有关各方的认可与支持。

(二)客观公正理念的基本要义

最高检党组指出:检察官既是犯罪的追诉者,也是无辜的保护者。坚持客观公正立场,"要"在转变观念,检察官履职立场必须与时俱进,切实做到不偏不倚、不枉不纵、既无过度也无不及;"重"在提升能力,全体检察官必须践行公平正义要求,不断提高客观公正办案能力,追求最佳办案质量、效率、效果;"旨"在维护权益,真正当好公共利益的代表、公平正义的守护者。①

一段时期以来,检察机关只被看作犯罪追诉人和惩治者。认为公诉人理所当然就是追诉、从严从重惩处犯罪人;而认为律师受当事人委托,维护当事人合法权益,主张的是无罪、罪轻;机械地将检察官与律师对立起来,称为"控辩双方"。这些旧的理念、旧的习惯已经严重束缚了司法办案工作,容易导致效率不高甚至司法不公,必须彻底摒弃。要建立对检察官客观公正履职立场的新理念。

秉持客观公正立场,既要靠公正之"心",更要扎扎实实去做。全体检察官必须秉持客观公正立场,践行公平正义要求,不断提高客观公正办案能力,追求最佳的办案质量、效率、效果。既要提升捕与诉、引导

---

① 2019年7月20日,最高检领导在成都召开的大检察官研讨班上强调,要以习近平新时代中国特色社会主义思想为根本遵循,与时俱进更新检察监督理念,秉持客观公正立场,切实履行好新时代检察监督职责。

侦查取证、准确适用法律规定等能力,也要提升诉讼监督、指出纠正错误、监督纠正违法等能力。既维护被害人的合法权益,又不能简单地站在被害人的立场进行诉讼活动;不能纯粹从追诉犯罪的主观意愿和追诉方的诉讼利益出发行使职权,而应当兼顾惩罚犯罪与保障人权,真正做到"以至公无私之心,行光明正大之事"。检察机关在履行各项法律监督职责时,只有秉持客观公正立场,才能真正当好公共利益的代表、公平正义的守护者。

(三)客观公正理念的实践路径

首先,检察官在履职过程中必须始终站在国家的立场上,铁面无私地对待每一个监督对象。唯有始终把国家利益、社会公共利益和人民群众的利益放在首位,把维护法律的尊严和统一正确实施作为自己的价值追求,才有可能秉持客观公正立场,不偏不倚地对待每一个案件和每一个案件当事人。特别是在刑事诉讼中履行追诉职能时,要时刻想到自己是代表国家在行使追诉权,不仅要把国家利益放在首位,而且要运用理智和铁面无私的精神来办理案件,用国家治理现代化的要求来履行法律监督职责。

其次,检察官在办理每一个案件时都必须始终坚持法律标准,公正严明。恪守客观公正义务目的是为了准确地适用法律、正确地办理案件。检察官办理案件,无论是公诉案件、申诉案件还是其他类型案件,都必须严格依照有关法律的规定,客观冷静地分析案件中的所有证据材料,坚持法律的实体标准和程序规则,不偏不倚地认定案件事实,公正地对待案件当事人。特别是在涉及罪与非罪的问题时,要按照法律规定的犯罪构成要件审查案件的事实证据,确保批准逮捕、提起公诉的案件是依法应当追究刑事责任的案件,确保无罪的人不受刑事追究。

最后,检察官必须始终保持法律人的理性,兼顾各方。检察官在办理公诉案件过程中,不仅要重视侦查机关的起诉意见,而且要重视犯罪嫌疑人、被告人的辩护意见，特别是在有被害人的案件中，检察官既要尊重犯罪嫌疑人、被告人的权利，也要保护被害人的权益；既要重视有利于指控犯罪的所有证据材料，也要重视有利于犯罪嫌疑人、被告人的所有证据材料。在审查当事人不服人民法院生效判决裁定的申诉案件时，检察官既不能感情用事、偏信一方当事人的申诉，也不能戴着"有色眼镜"看待当事人的申诉，片面强调生效判决裁定的权威性，而应当实事求是地分析案件的证据材料和当事人申诉的理由，客观公正地对待每一份判决裁定。在对侦查活动、审判活动实行法律监督的过程中，既要根据控诉人的控诉或申诉人的申诉，认真审查核实有关违法事实，也要认真听取有关侦查机关、审判机关的意见，真正站在客观公正的立场上对待每一个监督事项。

除上述理念之外，最高检党组坚持以理念变革引领检察工作创新发展，从检察政治建设、业务建设、队伍建设、文化建设等检察工作的方方面面提出了一系列新理念，使新时代人民检察理念得到政治话语和法治话语的多维诠释，其法治特质和监督色彩得以彰显，回应了新时代特别是新发展阶段对法律监督工作提出的新要求，促进了人民检察制度健全与完善，有效保障了新时代人民检察事业的创新发展。

第 二 篇
新时代检察工作总要求、总基调

方位决定方略,新时代的蓝图要在新时代的历史坐标上绘就。党的十九大报告提出了中国发展新的历史方位——中国特色社会主义进入了新时代。新时代检察工作该如何谋划? 检察工作的新动能在哪里? 这是事关检察事业全局的重大问题。

2018 年 3 月 23 日,最高检党组明确提出讲政治、谋发展、重自强,以更加强烈的政治责任感和历史使命感做好新时代检察工作。此后,全国检察机关学习贯彻两会精神电视电话会议正式提出"讲政治、顾大局、谋发展、重自强"的总要求。2018 年 12 月,最高检党组在回顾总结 9 个月以来工作基础上审时度势,根据党和国家确定的"稳中求进"工作总基调,结合新时代检察工作实际,提出了"稳进、落实、提升"六字检察工作主题,为新时代检察工作总要求提供了重要抓手。

2021 年 1 月召开的第十五次全国检察工作会议讨论通过了"十四五"时期检察工作发展规划,对新发展阶段检察工作作出全面部署。

总体思路。坚持以习近平新时代中国特色社会主义思想为指导,深入贯彻党的十九大和党的十九届二中、三中、四中、五中全会精神，全面贯彻习近平法治思想，坚持党的绝对领导，践行以人民为中心的发展思想，紧紧围绕"五位一体"总体布局和"四个全面"战略布局，落实"讲政治、顾大局、谋发展、重自强"总要求，优化"四大检察""十大业务"法律监督格局，以高质量发展为主题，以完善法律监督体系、提升法律监督能力为主线，加强基层组织、基础工作、基本能力建设，深化司法体制改革，更好服务经济社会高质量发展、实现检察工作自身高质量发展，为全面建设社会主义现代化国家提供有力司法保障。

主要目标。一是服务高质量发展更加精准。检察工作深度融入党和国家工作大局，检察产品引领社会、促进治理、推动发展作用凸显，检察公信力明显提升。二是检察工作自身高质量发展。各项法律监督职能全面协调充分履行，检察办案质量、效率效果显著提升。三是中国特色社会主义检察制度发展完善。法律监督体系、检察组织体系、检察理论体系更完善，检察领导体制职权配置和运行机制更科学。

基本原则。坚持党对检察工作的绝对领导，坚定正确政治方向。坚持以人民为中心的发展思想，努力让人民群众在每一个司法案件中感受到公平正义。坚持把检察工作放到党和国家工作大局中谋划，更好维护国家政治安全、确保社会大局稳定、促进社会公平正义、保障人民安居乐业。坚持检察机关的宪法定位强化法律监督，维护公平正义，当好公共利益代表。坚持全面从严治检，着力锻造对党忠诚、服务人民、司法公正、纪律严明的高素质过硬检察队伍。坚持深化和落实改革，推动建设公正高效权威的中国特色社会主义检察制度。坚持政治自觉、法治自觉、检察自觉，把党中央决策部署和宪法法律规定落实到各项检察工作中。

理念指引。自觉用习近平法治思想引领、深化司法检察理念变革。坚持讲政治与抓业务有机统一,在司法办案中落实和维护党的领导。坚持客观公正立场,既做犯罪的追诉者、无辜的保护者、正义的捍卫者,更要努力成为中国特色社会主义法律意识和法治进步的引领者。坚持在办案中监督、在监督中办案,以办案为基本手段,履行法律监督的本职。坚持法律效果、政治效果、社会效果相统一,以求极致的精神使"案结事了"成为常态。坚持双赢多赢共赢,与政法各部门形成良性、互动、积极的工作关系。

践行以人民为中心的发展思想,把握"讲政治、顾大局、谋发展、重自强"的检察工作总要求,突出"稳进、落实、提升"六字检察工作主题,犹如行军号令,为新时代新起点上检察工作的再出发指明了方向和路径。

第 五 章

讲政治:检察工作第一位要求

检察机关是党领导下的国家法律监督机关和司法机关,讲政治是第一位的要求。讲政治,就是把思想统一到党中央决策部署上来,把党的绝对领导落实到检察工作的方方面面。既要始终坚持党对检察工作的绝对领导,又要把维护中国共产党在统筹推进"五位一体"总体布局和协调推进"四个全面"战略布局中的绝对领导地位,作为检察机关的政治责任,落实到具体的检察工作之中。

一、讲政治的基本内涵

(一)坚定检察工作的政治立场

中国共产党的根本政治立场就是人民立场,这是马克思主义政党区别于其他政党的显著标志。中国共产党以为人民服务为宗旨,在中华民族发展史上铸就新辉煌。政法机关首先是政治机关。检察机关是保证公安机关侦查活动的合法性、法院审判活动的合法性、刑罚执行活动的合法性的政法机关,是代表国家对犯罪人员提起公诉的政法机关。广大检察官肩负"让人民群众在每一个司法案件中都感受到公平正义"的历史使命,理当自觉坚守人民立场。发挥检察机关的职能作用,内在要求广大检察官在司法实践中坚守公平正义,必然要求广大检察官自觉坚守人民立场。应当看到,当前绝大多数检察官在司法实践中能够坚守公平正义。但也要注意,存在极少数人在办案中有法不依、办案不廉,办金钱案、关系案、人情案等问题。这些问题逾越公平正义底线,侵害人民群众权益,践踏法律尊严,应当坚决遏止。人民立场是中国共产党的根本政治立场,坚守人民立场是党的性质和宗旨的体现,是以习近平同志为核心的党中央治国理政的鲜明政治本色,是中国共产党人"赶考"路上永远不忘的初心,是实现中华民族伟大复兴的中国梦不竭的动力源泉。只要广大党员干部坚守人民立场,以人民为中心,就一定能够团结和带领全体人民在实现中华民族伟大复兴的征程上一往无前。以百姓之心为心,永远同人民心连心、同呼吸、共命运,一块苦、一块干、一块过,就能不惧一切困难挑战,从胜利走向胜利。人民群众是最好的老师。从人民群众中汲取智慧和力量,有利于推动检察机关各项事业不断前进。面对新形势新要求,人民群众对公平正义的期待更高。广大检察官只有坚守人民立场,才能确保让人民群众在每一个司法案件中都感受到公平正义。坚守人民立场要成为广大检察官的一种情怀,一种亲民、爱民、为民的自觉行动,并在司法活动中努力践行。

(二)把握检察工作的政治方向

政治方向正确与否,关系检察工作的成败。在改革与法治"双轮驱动"战略整体布局框架下,以习近平同志为核心的党中央始终把检察体制改革纳入政治体制改革的视野,对包括检察体制改革在内的司法体制改革的性质给予准确定位。①

---

① 参见徐汉明、孙逸啸:《新时代人民检察事业创新发展的基本遵循——学习习近平同志关于检察改革和检察工作系列观点的体会》,《法学评论》2019 年第 5 期。

习近平总书记以马克思主义经典作家的巨大理论勇气、鲜明政治立场、深邃政治观点对人类政治发展道路、法治模式选择的本质作了深刻的阐释，他说："每一种法治形态背后都有一套政治理论，每一种法治模式当中都有一种政治逻辑，每一条法治道路底下都有一种政治立场。"①司法制度是上层建筑的重要组成部分。"司法体制是政治体制的重要组成部分，对推进国家治理体系和治理能力现代化具有十分重要的意义"②；"深化司法体制改革，建设公正高效权威的社会主义司法制度，是推进国家治理体系和治理能力现代化的重要举措"③。同时，高度重视对检察机关及检察工作的思想领导、政治领导、组织领导，及时运用党的政治方针、方略、决议、决定引领与指导检察体制改革、发展完善中国特色社会主义检察体系，推进人民检察事业创新发展。在每年定期听取全国人大常委会党组、国务院党组、最高人民法院党组工作汇报、重大情况报告的同时，连年听取最高人民检察院党组关于检察体制改革、法律监督工作进展情况的汇报，亲自处理涉及检察改革和法律监督工作的重大报告事项，还专门作出多项指示批示。所有这些，不仅彰显了中国特色社会主义司法制度的政治优势，而且科学地回答了"要不要、为什么、怎么样加强党对检察工作的思想、政治、组织的统一领导"，有效诠释了人民检察院作为履行法律监督职能的国家专门机关制度优势效能，从而拓展了新时代加快推进检察体系和检察能力现代化的新空间。④

---

①　《习近平关于全面依法治国论述摘编》，中央文献出版社 2015 年版，第 34 页。

②　《习近平在中央政法工作会议上强调　坚持严格执法公正司法深化改革　促进社会公平正义保障人民安居乐业》，《人民日报》2014 年 1 月 9 日。

③　《习近平在中共中央政治局第二十一次集体学习时强调　以提高司法公信力为根本尺度坚定不移深化司法体制改革》，《人民日报》2015 年 3 月 26 日。

④　参见徐汉明、孙逸啸：《新时代人民检察事业创新发展的基本遵循——学习习近平同志关于检察改革和检察工作系列观点的体会》，《法学评论》2019 年第 5 期。

(三)加强检察机关的政治建设

政治建设是一项根本性建设。党的十九大报告首次把党的政治建设纳入党的建设总体布局,并强调"把党的政治建设摆在首位"。中共中央先后印发《关于加强党的政治建设的意见》和《关于加强和改进中央和国家机关党的建设的意见》。党中央的一系列部署,凸显了党的政治建设的极端重要性。作为党领导下的人民民主专政的国家政权机关,检察机关首先是政治机关,要把政治建设摆在首位,抓得紧而又紧实而又实,始终做到旗帜鲜明讲政治,坚定不移向党中央看齐,向党的理论和路线方针政策看齐,向党中央决策部署看齐,把准政治方向,认真对标对表,自觉在思想上政治上行动上同以习近平同志为核心的党中央保持高度一致。

抓紧抓实政治建设,首先必须从思想认识上紧起来、实起来。检察机关历来高度重视政治建设,注重把政治建设落实到具体检察工作各个环节。但也要清醒看到,目前,少数检察机关对政治建设还抓得不够紧、不够实。有的认为政治建设太虚,抓政治建设不够用心、不够尽力;有的对政治建设与业务建设的辩证关系理解不准确、不到位,片面认为主要精力要放在业务上,政治理论学习不走心、不认真等。各级检察机关和广大检察人员要从思想深处统一认识、端正态度,真正把政治建设内化于心,外化于行。各级检察院党组要结合实际,把党中央关于加强党的政治建设的部署要求细化为具体措施,贯彻到机关党建全过程和事业发展各方面,教育引导广大检察人员增强"四个意识"、坚定"四个自信"、做到"两个维护"。①

抓紧抓实政治建设,必须真正学懂弄通做实习近平新时代中国特

---

① 参见《把政治建设落实到具体检察工作中》,云南检察之窗,http://www.yn.jcy.gov.cn/jclt/201904/t20190408_2535044.shtml。

色社会主义思想。做好新时代检察工作,实现"四大检察"协调发展,必须有一个思想灵魂引领,这个灵魂就是习近平新时代中国特色社会主义思想。各级检察机关要始终把深入学习贯彻习近平新时代中国特色社会主义思想作为首要政治任务,持续开展大学习、大培训,着力在学懂弄通做实上下功夫,推动学用结合,教育引导广大检察人员切实用习近平新时代中国特色社会主义思想武装头脑、指导实践、推动工作。特别是,要紧密结合部门、岗位职责任务,结合正在做的工作,结合工作中遇到的难题,边学习边体会,边学习边实践,将习近平新时代中国特色社会主义思想学习研讨融入日常工作。①

二、讲政治的基本要义

(一)增强"四个意识"

"四个意识"是指政治意识、大局意识、核心意识、看齐意识。"四个意识"是一个意蕴深刻、相互联系的有机整体,集中体现了根本的政治方向、政治立场、政治要求,是检验党员、干部政治素养的基本标准。增强"四个意识"、自觉维护习近平总书记党中央的核心、全党的核心地位,对维护党中央权威、维护党的团结和集中统一领导,对全党全军全国各族人民更好凝聚力量抓住机遇、战胜挑战,对全党团结一心、不忘初心、继续前进,对保证党和国家兴旺发达、长治久安,具有十分重大的意义。

政治意识要求从政治上看待、分析和处理问题。我们党作为马克思主义政党,讲政治是突出的特点和优势。政治意识表现为坚定政治

---

① 参见《把政治建设落实到具体检察工作中》,云南检察之窗,http://www.yn.jcy.gov.cn/jclt/201904/t20190408_2535044.shtml。

信仰,坚持正确的政治方向,坚持政治原则,站稳政治立场,保持政治清醒和政治定力,增强政治敏锐性和政治鉴别力;严肃党内政治生活,严守政治纪律和政治规矩,研究制定政策要把握政治方向,谋划推进工作要贯彻政治要求,解决矛盾问题要注意政治影响,发展党员、选人用人要突出政治标准,对各类组织要加强政治领导、政治引领,对各类人才要加强政治吸纳。大局意识要求自觉从大局看问题,把工作放到大局中去思考、定位、布局,做到正确认识大局、自觉服从大局、坚决维护大局。增强大局意识,就是要正确处理中央与地方、局部与全局、当前与长远的关系,自觉从党和国家大局出发想问题、办事情、抓落实,坚决贯彻落实中央决策部署,确保中央政令畅通。核心意识要求在思想上认同核心、在政治上围绕核心、在组织上服从核心、在行动上维护核心。增强核心意识,就是要始终坚持、切实加强党的领导特别是党中央的集中统一领导,更加紧密地团结在以习近平同志为核心的党中央周围,更加坚定地维护党中央权威,更加自觉地在思想上政治上行动上同党中央保持高度一致,更加扎实地把党中央部署的各项任务落到实处,确保党始终成为中国特色社会主义事业的坚强领导核心。看齐意识要求向党中央看齐,向党的理论和路线方针政策看齐,向党中央决策部署看齐,做到党中央提倡的坚决响应、党中央决定的坚决执行、党中央禁止的坚决不做。这"三个看齐""三个坚决"是政治要求,也是政治纪律,各级党组织和广大党员干部要树立高度自觉的看齐意识,经常和党中央要求"对表",看看有没有"慢半拍"的问题,有没有"时差"的问题,有没有"看不齐"的问题,主动进行调整、纠正、校准。

(二)坚定"四个自信"

"四个自信"即中国特色社会主义道路自信、理论自信、制度自信、文化自信,由习近平总书记在庆祝中国共产党成立95周年大会上提出,是对党的十八大提出的中国特色社会主义"三个自信"的创造性拓展和完善。① "四个自信"重要论述,创造性地拓展了党的十八大提出的中国特色社会主义"三个自信"的谱系,凸显了中国特色社会主义的文化根基、文化本质和文化理想,标志着我们党对中国特色社会主义有了更加明确而开阔的文化建构。

道路自信是对发展方向和未来命运的自信。坚持道路自信就是要坚定不移走中国特色社会主义道路,这是实现社会主义现代化的必由之路,是为近代以来的历史反复证明的客观真理,是党领导人民从胜利走向胜利的根本保证,也是中华民族走向繁荣富强、中国人民幸福生活的根本保证。理论自信是对马克思主义理论特别是中国特色社会主义理论体系的科学性、真理性的自信。坚持理论自信就是要坚定对共产党执政规律、社会主义建设规律、人类社会发展规律认识的自信,就是要坚定实现中华民族伟大复兴、创造人民美好生活的自信。制度自信是对中国特色社会主义制度具有制度优势的自信。坚持制度自信就是要相信社会主义制度具有巨大优越性,相信社会主义制度能够推动发展、维护稳定,能够保障人民群众的自由平等权利和人身财产权利。文化自信是对中国特色社会主义文化先进性的自信。坚持文化自信就是要激发党和人民对中华优秀传统文化的历史自豪感,在全社会形成对社会主义核心价值观的普遍共识和价值认同。②

(三)做到"两个维护"

"两个维护"是指坚决维护习近平总书记党中央的核心、全党的核

---

① 参见蔡常青:《中国特色社会主义"四个自信"并列提出的重大价值》,《红旗文稿》2016 年第 18 期。
② 参见覃正爱:《谈谈中国共产党人的"四个自信"》,《光明日报》2018 年 1 月 24 日。

心地位,坚决维护党中央权威和集中统一领导。带头做到"两个维护",是加强中央和国家机关党建的首要任务。中央和国家机关广大党员特别是领导干部、"一把手"做工作要首先自觉同党的基本理论、基本路线、基本方略对标对表,同党中央决策部署对标对表,提高政治站位,把准政治方向,坚定政治立场,明确政治态度,严守政治纪律,经常校正偏差,做到党中央提倡的坚决响应、党中央决定的坚决照办、党中央禁止的坚决杜绝。

在中央和国家机关党的建设工作会议上,习近平总书记对推进中央和国家机关党的政治建设提出明确要求,强调以党的政治建设为统领,才能永葆中央和国家机关作为政治机关的鲜明本色。检察机关学习贯彻习近平总书记重要讲话精神,就要从历史和现实、理论和实践、国内和国际的结合上深化认识、强化认同,不断锤炼忠诚干净担当的政治品格,不断增强带头做到"两个维护"的自觉性、坚定性。带头做到"两个维护",从根本上讲就是要做到对党忠诚。忠诚必须体现到对党的信仰的忠诚上,体现到对党组织的忠诚上,体现到对党的理论和路线方针政策的忠诚上。对党忠诚,不是抽象的而是具体的,不是有条件的而是无条件的。"两个维护"要体现在坚决贯彻党中央决策部署的行动上,体现在履职尽责、做好本职工作的实效上,体现在党员、干部的日常言行上。新形势下,要大力加强对党忠诚教育,发挥检察机关红色资源优势,形成具有检察机关特点的党内政治文化。带头做到"两个维护",既要体现高度的理性认同、情感认同,又要有坚决的维护定力和能力。提高政治定力和政治能力,要靠学习,更要靠政治历练和实践锻炼。检察机关党员领导干部要坚持底线思维、增强忧患意识、发扬斗争精神,在防范化解风险上勇于担责、善于履责、全力尽责;要创造条件让检察人员在实践中经风雨、见世面、长才干、壮筋骨,不断增强践行"两个维护"的政治定力和政治能力。

三、讲政治的切实践行

（一）坚持政治与业务的辩证统一

检察机关的政治和业务是辩证统一的。政治必须和业务结合在一起，才有持续的生命力。空头政治文不对题，让人心生反感，是形式主义。讲政治必须落在一件件案件业务上，没有虚的、空的。案件办不好、业务抓不实，老百姓不满意，对司法不信任，进而对党有怨言，还能说自己讲政治吗？

检察工作讲政治也是抓业务。要持之以恒、加大力度抓业务，不要怕讲抓业务是不是就不讲政治了，业务抓不好，党交给的任务没完成，是最不讲政治。特别是一些基层检察机关办了百分之八十左右的案件，不少案件质量是不够高的，主要原因在于没有把讲政治与抓业务结合起来，在于班子成员自己业务能力不够高。领导班子和领导干部要带头办案，带头办重、难、新、大案件，起到示范作用，带领全院干警一起往前奔。如一些基层院每年汇编职责岗位最佳实践成果，把工作经验总结出来，大家感觉非常有收获，这是业务收获，也通通都是政治文件，是把讲政治落到了实处。抓业务，关键在各级院党组，在"一把手"。检察长要身体力行，在业务上着力往前推。有的地方案件量相对较少，那要把时间花在业务学习上。特别是在"转隶就是转机"的背景下，有些同志的责任重了，要求不一样了，构建新的工作机制必须利用转隶把它解决好，在这个过程中都会有新的发展进步。这就是政治责任感落到了工作和行动上，体现了讲政治与干业务的辩证统一。

（二）抓好政治性极强的业务工作

检察机关推进业务建设，首先是要从思想上把讲政治与抓业务统一起来。检察工作是政治性极强的业务工作,也是业务性极强的政治工作。如果业务能力不行,案件办不好,人民群众不满意,法定的义务没有完成,就是不讲政治,就是形式主义的空头政治。各级检察机关和全体检察人员要意识到,讲政治和抓业务决不能"两张皮",必须辩证统一起来,才有持续的生命力。因而,要从讲政治的高度抓业务,把业务建设当作政治性工作下大力气抓紧抓实抓好。近年来特别是 2018 年以来,全国检察机关按照最高检党组提出的"讲政治、顾大局、谋发展、重自强"的总要求,化转隶为转机,狠抓业务建设,取得了明显成效。但也应看到,与党中央的要求和人民群众的期待相比,检察机关的业务建设还有不少短板和弱项,需要下大力气去抓紧抓好。尤其要对标对表党中央的要求部署,结合检察工作实际去强化业务建设。在防范化解重大风险方面,习近平总书记的重要讲话指出了一些领域、一些部门在防范化解风险中不能适应的种种问题,检察机关和检察人员要对号入座,看看自己工作有没有懈怠、有没有不适应、素质能力是否跟得上,通过查找不足有针对性地补齐业务短板。特别是对敏感案件、敏感情况,要提前谋划、做好预案,管好自己的人,看好自己的门,做好自己的事,不让"黑天鹅"飞起来,不让"灰犀牛"靠过来。①

(三)做好业务性极强的政治工作

加强政治和思想建设。认真落实《中共中央关于加强党的政治建设的意见》,扎实开展"不忘初心、牢记使命"主题教育,增强"四个意识"、坚定"四个自信"、做到"两个维护"、当好"三个表率"、建设"模范机关"。尤其是坚决反对和整治一切形式主义、官僚主义,全面落实中央办公厅印发的整治形式主义为基层减负的通知,切实解决文山会海

---

① 检察日报社评:《以空前力度推进政治性很强的业务建设》,《检察日报》2019 年 2 月 11 日。

和督查检查考核过多、过滥等突出问题,让干部切实从文山会海、迎评迎检、材料报表中解脱出来,轻装上阵干实事。严格落实中央办公厅关于统筹规范督查检查考核工作的要求,按照"统筹、规范、高效、服务"原则,做好相关"减法""加法""乘法",以优质服务提升工作效能,切实帮助地方发现问题、解决问题。加强干部队伍建设。坚持党的好干部标准,着力培养选拔忠诚干净担当的高素质干部,认真落实《中共中央办公厅关于进一步激励广大干部新时代新担当新作为的意见》,推动建立健全正向激励、容错纠错、尽职免责机制,旗帜鲜明为敢干事、能干事的干部撑腰鼓劲。深入推进党风廉政建设。坚决落实中央八项规定及其实施细则精神,坚持严管就是厚爱,持之以恒纠治"四风"。巩固"以案为鉴、营造良好政治生态"专项治理成果。深化运用好监督执纪"四种形态",对腐败问题坚决做到"零容忍",维护风清气正的政治生态。

(四)防止游离于业务工作搞空头政治

检察机关首先是政治机关,是政治性极强的业务机关、业务性极强的政治机关。如果没有政治性极强的业务能力、业务能力极强的政治意识,不可能办理好经手的具体案件,还可能给党和国家的大局带来负面影响。要把政治和业务结合起来,用法律的手段解决好带有政治敏感性的问题,用政治意识处理好疑难复杂的法律问题,争取政治效果、社会效果、法律效果的统一。

要把讲政治融入到司法办案中。坚持依法惩治妨害社会生产生活秩序的相关犯罪,依法妥善化解涉疫矛盾纠纷,依法保护企业正常生产经营活动,加大知识产权司法保护力度,依法惩治破坏金融管理秩序犯罪,依法维护有利于对外开放的法治化营商环境。认真落实"少捕慎诉少监禁"刑事政策,重点办好不诉不捕案件,防止小问题酿成大事件;依法合理采取更加灵活务实的司法措施,加大对涉民营企业各类案件的法律监督力度。做到准确防范风险、化解风险,坚持化解风险与办案同步展开,确保矛盾不上交,问题化解在基层。坚持和发展"枫桥经验",积极参与基层社会治理,有效化解矛盾,维护社会和谐。

(五)防止业务工作"一俊遮百丑"

"一俊遮百丑"的一个风险点就是"一叶障目",只看到某一方面工作的优点,而忽视对政治思想提升的严要求。从基层实践看,还存在着"重业务轻学习",化解"工学矛盾"不力,出现学用脱节"两层皮"的现象,需要反复抓抓反复。业务工作好并不代表政治学习抓得实,业务工作表现精也不代表政治学习抓得好。无论对干部选拔还是评优,都要全面看,不能"一头热",不能业务好政治方向犯迷糊,也不能因为业务精,就忽视了查不足提要求,要本着对检察人员高度负责的态度,"红脸出汗""洗澡治病",防止"能人腐败"的现象出现,做到干部追求德才兼备,党员追求又红又专,决不能只论一点不计其余。"一俊遮百丑"的另一个"风险点"在于"马太效应",堵塞后来者居上,评议成了论资排辈,凭印象识人,流于表面化形式化。"马太效应"一个最大问题就是一好百好,是与不是都归功于领先者;一坏百坏,是与不是都归罪于后进者。这种"标签化"的看人识人方式,看不到事物总是变化发展的,以往的领先者也可能不再优秀,以往的后进者也可能争先。要用联系的、发展的、动态的眼光看待、评议一个人,给后进者以鞭策和鼓励,给领先者以引领和激励。①

(六)在处理疑难复杂法律问题时坚定政治意识

善于用法律手段解决好带有政治敏感性的问题,在处理疑难复杂

---

① 参见《民主评议党员要防止"一俊遮百丑"》,共产党员网,https://tougao. 12371. cn/gaojian.php? tid=2860250。

法律问题时坚定政治意识,扛起推进、实施中国特色社会主义法治的责任。坚持把讲政治体现在每一个刑事案件的办理实效方面。坚持将贯彻落实党的政策和严格执法结合起来,用法律手段解决好带有政治敏感性的问题,用政治意识处理好疑难复杂法律问题,力求在更高水平上实现执法办案政治效果、社会效果、法律效果的统一。既要反对只讲法律效果不讲社会效果,机械办案、机械执法,也要反对只讲社会效果而不讲法律效果,甚至损害法治原则和权威。任何只求某种单一的执法效果而忽视甚至牺牲其他效果的观念和行为都是错误的。尤其是面对重大执法活动更要慎重。必须注重政治效果和社会效果,统筹考虑具体公平正义与社会公平正义,考虑执法活动的社会评价和导向作用。切实提高用政治意识处理好疑难复杂法律问题的能力,坚持对执法办案政治价值、社会价值、法律价值的一体追求。

第 六 章

顾大局：检察工作的发展主旨

检察机关要围绕党和国家工作大局、以人民为中心履职尽责，把顾大局作为新时代检察工作的主旨。各级检察机关要把服务保障经济社会高质量发展的要求落到实处，紧紧围绕国家重大战略实施，创新服务保障的方式方法，以法律监督工作的高质量保障经济社会发展的高质量。

一、顾大局的基本内涵

（一）满足人民美好生活需要

党的十九大报告指出，中国特色社会主义进入新时代，我国社会主要矛盾已经转化为人民日益增长的美好生活需要和不平衡不充分的发展之间的矛盾。正确理解社会主要矛盾发生变化的现实根据、把握人民群众日益增长的美好生活需要的深切内涵，并在此基础上谋求社会主要矛盾的有效解决，以期最大限度满足人民群众日益增长的美好生活需要，是新时代发展中国特色社会主义的本质要求。人民日益增长的美好生活需要是伴随我国社会主要矛盾的变化而逐渐凸显出来的。

社会主要矛盾是一个国家生产力发展水平和社会发展阶段的客观反映,只有正确认识社会主要矛盾,才能据此制定与之相适应的路线、方针、政策,从而促进社会矛盾解决,推动社会发展。

最高检党组强调,要顾大局,更好满足人民日益增长的美好生活需要。各级检察机关要把服务保障经济高质量发展的要求落到实处,紧紧围绕国家重大战略实施,创新服务保障的方式方法,以法律监督工作的高质量保障经济发展的高质量。在司法办案中准确把握法律政策界限、罪与非罪界限,优化企业营商环境,加强产权司法保护,保障科技创新。充分履行检察职能,服务保障打好三大攻坚战。要把维护社会大局稳定的要求落到实处,履行好批捕、起诉等职责,严厉打击暴力恐怖、涉枪涉爆等犯罪,依法开展扫黑除恶专项斗争,深化电信网络诈骗犯罪专项打击,加大涉医犯罪惩治力度,坚决惩治严重危害中小学生身心健康的欺凌和暴力犯罪。深入推进检察环节社会治安综合治理,完善检察官以案释法制度,既当"护法的卫士",又做"普法的先锋"。要把保障和改善民生、增进民生福祉的要求落到实处,始终把人民放在心中最高位置,高度重视、强化危害食品药品安全犯罪等民生案件的办理,并注重监管环节渎职犯罪行为的追诉。加强对特殊群体的法治关爱,进一步加大对性侵、拐卖、虐待儿童犯罪的打击力度,实现农民工讨薪问题专项监督常态化。①

把人民对美好生活的向往作为奋斗目标,把人民的各种美好生活的需要作为各项建设的动力和源泉,自觉做到发展为了人民,把增进人民福祉、提高人民生活水平和质量、促进人的全面发展作为根本出发点和落脚点,把实现好、维护好、发展好最广大人民根本利益作为发展的根本目的;发展依靠人民,把人民作为发展的力量源泉,充分尊重人民

① 参见王治国:《讲政治顾大局谋发展重自强　努力答好新时代检察工作人民满意答卷》,《检察日报》2018 年 3 月 28 日。

主体地位,充分尊重人民群众首创精神,不断从人民群众中汲取智慧和力量;发展成果由人民共享,制定科学合理的分配制度,逐步缩小地区之间、行业之间、城乡之间的差距,使发展的成果真正惠及全体人民,不断满足和提升人民的获得感、幸福感和安全感,促进人的全面发展,逐步实现共同富裕。

(二)健全社会公平正义法治保障

健全社会公平正义法治保障制度是党的十九届四中全会首次提出的重大命题,是坚持和完善中国特色社会主义制度、推进国家治理体系和治理能力现代化的重要一环,是检察机关新时代贯彻全面依法治国、建设法治中国的重要任务,也是检察工作发展与奋斗的方向和目标。维护社会公平正义,归根结底就是要保障人民群众的各项权利和自由,尊重人民群众的人格和尊严,满足人民群众日益增长的要求,提高人民群众的获得感、幸福感和安全感,不断满足人民群众对美好生活的向往。

党的十九大以来,司法体制改革不断向纵深发展。扩宽了改革的广度,实现了司法体制改革向政法改革转变,改革已从司法领域扩展到党委政法委、公安、国家安全、司法行政等各领域,辐射到政法工作各方面、各环节。加快推进司法体制综合配套改革,为构建权责一致、公正高效的司法权运行新机制提出了一系列的改革目标和举措。下一步应当根据党的十九届四中全会的精神,继续推进司法体制综合配套改革,进一步优化司法职权配置,完善司法权运行机制,加强人权司法保障,为实现"两个一百年"宏伟目标提供有力法治保障。[1]

检察人员必须明确,公平正义是人民群众的公平正义。首先,维护社会公平正义最终是以保障人民群众的权利和自由为依归,要以人民

---

[1] 参见陈卫东:《健全社会公平正义法治保障制度》,《光明日报》2020 年 1 月 15 日。

群众的获得感、幸福感和安全感作为维护社会公平正义成效的核心评判标准。人民群众的权利和自由有保障，获得感、幸福感和安全感就高，社会公平正义就获得了保障。其次，社会公平正义不是片面的，而是全方位的；不是抽象的，而是具体的。我们不仅要在整体上维护社会公平正义，还要在每一次行动中维护社会公平正义，不仅要在制度建设上维护社会公平正义，还要在具体行动中维护社会公平正义。再次，社会公平正义不仅是一种结果正义，也是一种程序正义。维护社会公平正义首要的是结果上的公平正义，但过程正义也是社会公平正义的重要一环，没有过程正义的社会公平正义是不完整的。这要求我们在追求社会公平正义上既要追求结果，又要讲方法、重程序。最后，社会公平正义最终体现为全体社会的公平正义。社会公平正义不是个别人的公平正义，也不是少数人的公平正义，而必须是整个社会的公平正义。

（三）服务经济社会高质量发展

"十四五"规划擘画了新发展阶段高质量发展的宏伟蓝图。高质量发展标定中国经济发展新方位，是有着科学内涵的理论概括和发展要求。高质量发展首先是宏观层次的。宏观经济状况体现一个国家经济的总体水平。只有实现宏观层次的高质量发展，才能在全面建成小康社会的基础上，实现社会主义现代化和中华民族伟大复兴。检察机关需要高屋建瓴，站在法律的角度保障经济宏观上的健康发展。

经济高质量发展的最终目的是满足人民对美好生活的需要。在这一层面上，检察机关必须严格把关，对提供不符合法律法规质量要求产品的生产经营者依法提起诉讼，追究其造成严重社会危害的法律责任。经济转向高质量发展，必须落实到社会民生事业的高质量发展上。这主要表现在：第一，教育、医疗、养老、社会保障等社会公共产品的数量和质量能够满足全体居民的需要。第二，能够创造较为充分的就业机会，形成基本合理的收入分配体制机制，使居民总体收入稳定提高，中等收入群体不断壮大,基本消除贫困。第三,社会风气积极向上,文化事业蓬勃发展,人们精神生活日益丰富,社会文明程度不断提高,社会氛围公平、公正、民主、和谐。第四,绿色发展理念深入人心,生态环境得到充分保护,居民生活环境美好宜居,人与自然和谐相处。社会民生事业的良好环境还有赖于检察工作的顺利进行,引导社会风尚,提倡遵纪守法,倡导公平正义,宣传惩恶扬善。高质量发展是建成富强民主文明和谐美丽的社会主义现代化强国的重要基础。

在服务高质量发展的过程中,检察机关要立足司法办案的主责主业,多办案、办好案,监督纠正一批社会反映强烈的产权纠纷申诉案件。一个案例胜过一沓文件,要用实实在在的办案成效写好服务大局这篇文章。要提高政治站位,围绕服务保障打好三大攻坚战,稳妥处置非法集资、网络传销、内幕交易等经济犯罪,依法严惩扶贫项目实施、扶贫资金管理中的职务犯罪,突出惩治破坏生态环境犯罪,为经济发展创造安全的政治环境、稳定的社会环境、公正的法治环境、优质的服务环境。①

二、顾大局的实践逻辑

社会主义法治的重要使命就是保障和服务建设社会主义强国这一根本目标。检察工作的重大政治责任,就是充分发挥宪法和法律赋予的法律监督职能,保障和服务以人民为中心的经济社会发展大局。顾大局的实践逻辑,就是要求各级检察机关和检察人员必须紧紧围绕党和国家大局开展工作,立足本职,全面正确履行职责,致力于推进国家治理体系和治理能力现代化,确保国家长治久安和经济社会高质量发展。

---

① 参见《立场坚定顾大局 奋发有为护民生——三论深入学习贯彻全国两会精神推动检察事业创新发展》,《检察日报》2018 年 3 月 30 日。

（一）正确处理顾大局与依法履职的关系

检察机关和检察人员作为执法者，严格依法履行职责，是服务大局的首要前提。既不能离开法定的职能去服务大局，又不能不顾大局去"发挥"职能。服务大局的重要手段和前提是依法正确履行职责、充分发挥职能作用。违背这一前提，职责履行不好、作用发挥不好，就会影响服务大局的效果，甚至适得其反，给大局添乱。检察机关领导干部要善于通过工作汇报、提出工作建议等方式，让党委、政府的决策和指令，与检察机关服务大局的职责要求相一致，尽力避免一些不合法、不正确、不恰当的工作任务和要求，确保正确服务大局而不是最终妨碍大局；不能借口服务大局把什么事都包揽过来，甚至于一些明显超出检察机关法定职能的事。同时，也要坚决防止和纠正单纯业务观点，孤立看待检察工作，割裂检察工作与改革发展、与党和国家大局的关系，脱离保障服务目标孤立地抓检察工作的错误思想和做法。要防止和纠正把服务大局单纯理解成只讲服从忽视检察工作和法治建设自身规律、原则和发展创新的要求，消极被动，无所作为，不敢理直气壮地依法履行职责，甚至有法不依、执法不严、违法不究等不利于保障和服务大局的思想倾向和做法。

（二）正确处理全局利益与局部利益的关系

正确处理好全局利益与局部利益的关系，是顾大局的题中之义。法律是全国人民共同意志的体现，代表着人民群众的共同愿望和整体利益，必须坚持法制的统一性原则，坚决克服执法中的地方和部门保护主义。绝不能为了某个地方、部门、单位的局部利益，置全局利益和法制统一于不顾，搞执法特殊化，破坏社会主义法治，妨碍和影响大局。政法机关、政法工作作为一个整体，在执法活动及推进体制机制改革中，必须坚决防止和克服部门利益驱动，确保服从服务于整个法治建设目标与党和国家的大局。

（三）正确处理法律效果与社会效果的关系

检察执法的法律效果与社会效果具有内在一致性。任何时候，我们的检察活动都应当追求法律效果与社会效果的有机统一。检察执法活动首先应当以执法的质量和水平来衡量，法律效果是最基本的标准，坚决不能做执法违法的事。但也绝不能就案办案，造成企业和社会不稳定，经济发展受影响，人民群众不满意。检察人员在执法办案中必须讲政治，尤其是面对重大执法活动更要慎重。执法办案的根本目的是保障和维护广大人民群众的根本利益，执法活动必须注重社会效果，统筹考虑具体公平正义与社会公平正义，考虑执法活动的社会评价和导向作用，接受人民群众和社会各方面的监督。因此，检察机关既要反对只讲法律效果不讲社会效果，机械办案、机械执法，也要反对只讲社会效果而不讲法律效果，甚至损害法治原则和权威。任何只求某种单一的执法效果而忽视甚至牺牲其他效果的观念和行为都是错误的。必须坚持依法办事，并力求取得最好的社会效果。

三、顾大局的重要举措

（一）推进更高水平的平安中国建设

落实总体国家安全观，统筹发展和安全，健全检察环节危害国家安全犯罪惩防机制，促进防范和化解影响我国现代化进程的各种风险。全力配合做好涉疆涉藏安全维稳工作。完善检察环节贯彻实施香港特别行政区维护国家安全法工作机制。推动扫黑除恶常态化，坚持省级检察院对涉黑和重大涉恶案件统一把关、地市级检察院对其他涉恶案件统一把关制度。始终保持对严重刑事犯罪高压态势，提高对影响群众安全感突出问题的精准打击力度。积极参与网络综合治理,网络犯罪高发地的省级检察院逐步设立惩治网络犯罪、维护网络安全研究指导组,完善网络犯罪追诉证据标准和规则。服务常态化疫情防控,提升依法处置突发公共卫生事件中相关案件的能力。

(二)保障创新驱动发展、推动构建新发展格局

——全面推开主动告知被侵权企业诉讼权利制度。推进知识产权案件跨区域集中管辖。探索整合知识产权刑事、民事、行政检察职能。制定侵犯知识产权案件证据审查指引。探索建立知识产权检察研究基地。依法审慎办理涉科研经费案件,从严把握刑事追诉标准。对重大科研活动与管理中的职务犯罪依法慎用强制措施,捕、诉须层报省级检察院审批。推动完善激励创新创业的容错机制。

——更实支持企业经营发展。平等保护国有、民营、外资等各种所有制企业合法权益。持续落实服务民营经济 11 项检察政策。深入开展涉企"挂案"清理。对接受社区矫正的企业人员赴外地从事生产经营活动的,会同司法行政机关探索简化审批程序和方式。对非公企业及其负责人涉经营类犯罪,依法能不给予刑事处罚的,建议有关部门给予经济处罚。加大对以刑事案件名义插手民事纠纷、经济纠纷问题监督力度。坚决防止、纠正司法办案中的地方保护主义,推动形成全国统一、公平竞争、规范有序的市场体系。

——依法惩治和预防经济金融领域犯罪。持续加大惩治预防新型非法集资犯罪力度,配合有关部门最大限度追赃挽损。加大惩治洗钱犯罪力度,办理上游犯罪案件时必须同步审查是否涉嫌洗钱犯罪。研究制定骗取贷款、证券期货犯罪法律适用意见。探索在证监会建立派驻检察工作机制。加强证券期货检察办案基地建设。探索建设有影响力的金融犯罪预防教育平台。

——助力巩固拓展脱贫攻坚成果。落实刑事案件涉扶贫领域财物

依法快速返还机制。用好司法救助制度,坚持"应救尽救"大力推进上下级院联合救助、与扶贫等部门多元化救助。

——促进绿色发展。深化"专业化监督+恢复性司法+社会化治理"生态检察工作机制,全面推开"河长(湖长、林长)+检察长"制度。务实深化长江经济带、黄河流域和沿海地区检察协作,探索跨流域案件集中管辖。积极参与打击长江流域非法捕捞专项整治,制定服务长江十年禁渔检察政策。

——服务区域协调发展战略实施。支持京津冀检察工作协同发展,支持雄安新区检察院建设,统筹长三角检察工作更好服务一体化发展,推动建立粤港澳大湾区司法合作平台,支持川渝检察机关融入双城经济圈建设,促进辽吉黑检察机关协同服务东北全面振兴。

——服务更高水平对外开放。推动完善与"一带一路"沿线国家和地区司法协作机制,善用国际规则保护重点项目安全和人员安全。服务保障自由贸易试验区、海南自由贸易港建设。

(三)在强化检察职能中提升国家治理效能

积极参与市域社会治理现代化。坚持和发展新时代"枫桥经验",探索司法办案、信访风险评估、矛盾化解同步推进,努力将矛盾化解在基层、化解在首办环节。全面推开检察听证,原则上地市级、县级检察院每年都要开展,有条件的院每年每项业务都要开展,充分用好中国检察听证网。全面推开每季度主要业务数据公开发布,同时发布典型类案、发案趋势,及时预警预防、促进动态治理。建立法律监督年度报告专题报告制度,当好党委和政府法治参谋。精准提出社会治理类检察建议,四级检察院协同、持续跟踪落实最高人民检察院发出的检察建议,不断丰富新的内在要求,促进源头治理、系统治理。深化落实"谁执法谁普法"的普法责任制,完善检察官以案释法和法律文书说理制度。

在反腐败斗争中有效发挥检察职能作用。配合监察委员会进一步规范监察与刑事司法衔接程序。会同有关部门规范缺席审判、违法所得没收程序适用。进一步提升职务犯罪案件证据审查、量刑建议、庭审指控能力。健全线索移送机制,检察机关在法律监督中发现党员涉嫌违反党纪或者公职人员涉嫌职务违法职务犯罪线索,及时移送纪检监察机关处理。

第 七 章

谋发展：检察工作的内生动力

与时俱进谋发展，是新时代检察工作的关键所在。检察机关要坚定不移探索、创新、践行新时代中国特色社会主义检察道路。深刻认识国家监察体制改革是事关全局的重大政治体制改革，把思想认识统一到党和国家这一重大政治制度改革上来，完善职务犯罪检察工作机制，与监察机关、审判机关互相配合、互相制约，在依法惩治腐败犯罪中继续发挥重要职能作用。

一、谋发展的体制向度

（一）完善中国特色社会主义检察体制

中国特色社会主义检察体制是我们党领导人民在建设中国特色社会主义事业中的伟大创造，检察机关要始终坚持制度自信，坚定不移走中国特色社会主义政治发展和法治建设道路；忠实履行法律监督职能，坚持严格公正司法，不断发展完善中国特色社会主义检察体制，为全面深化改革、全面推进依法治国作出新的更大贡献。

综观各国检察体制，其实没有统一模式。一种检察体制好不好，关键看它是否适应本国经济、政治、社会和文化发展的需要，是否适应国家民主法治的进步，是否适应国家政治体制和司法体制的内在要求。中国特色社会主义检察体制是以马克思主义为指导，在紧密结合我国国情，总结我国社会主义检察实践成功经验，借鉴其他国家有益做法的基础上建立起来的，是我们党领导人民在建设中国特色社会主义事业中的伟大创造，具有历史必然性、内在合理性和明显优越性。

中国特色社会主义检察体制必须随着时代的发展而不断改革和完善，才能永葆生机与活力。发展完善中国特色社会主义检察体制，是发展完善中国特色社会主义的应有之义，也是全体检察人员应当肩负起的历史使命。深化司法体制改革为发展完善中国特色社会主义检察体制提供了重要契机。检察机关要抓住这一契机，按照中央司法体制改革的总体部署，积极稳妥有序地推进各项司法改革和检察改革，推动中国特色社会主义检察体制自我完善和发展。要紧紧围绕法律监督来推进各项检察工作，加强刑事诉讼监督，要持之以恒纠防冤假错案；加强民事行政检察工作，要着力破解制约民事诉讼监督的难题；抓好公益诉讼工作，既要严格执行诉前程序，积极推动行政机关主动履职纠错，又要抓住典型，实现起诉一起、警示一片、教育和影响社会面的良好效果。谋发展，就是大家共同来研究、探讨新时代检察工作如何更好地发展。要特别强调立足我国国情，少一些无谓争论，多一些解决实际问题的思考、谋划，找准创新发展的着力点。我们是中国特色社会主义制度，不能老拿西方的那一套来对标、约束我们的思考。

（二）发挥人民检察制度优势

法律监督机关宪法定位是检察制度最鲜明的特色，也是新时代检察工作谋发展的逻辑起点。需要注意的是，我国检察机关虽然是法律监督机关，但法律监督的内涵与苏联本源意义上的法律监督已经有所不同。列宁的法律监督思想，其主要特色在于必然包含一般监督。我国检察机关的法律监督,其重心还是在诉讼领域,并从刑事扩展到民事、行政和公益诉讼领域,体现了检察监督更加全面、协调、充分的发展。

我国检察制度自身所独有的特色和优势,大致有:(1)法律监督机关的性质与宪法定位。(2)上下级的领导体制和由同级人大产生对其负责并报告工作。(3)内部决策机制上的检察委员会制度。(4)在刑事诉讼中我国检察机关行使较长时间的审前羁押权(批捕权)。在职权方面,一是职务犯罪侦查权大幅收缩,仅保留了检察院在诉讼活动法律监督中发现司法工作人员利用职权实施的侵犯公民权利、损害司法公正的犯罪的侦查权。二是代表公共利益这一身份定位而行使的公益诉讼职权在扩张,诉讼外检察监督的范围不甚明确,这方面的"特色"尚需在实践中积累沉淀。

(三)落实人民检察制度的基本规范

第一,完善、落实检察领导制度。上级检察院要改进领导方法、提升领导能力,下级检察院要增强组织观念,自觉服从领导。要完善系统内请示报告制度。明确需向上级检察院请示报告的重要事项及时限要求。建立新类型、争议性案件请示报告机制。建立业务规范性文件备案审查制度,防止不同地区办案标准不合理差异。建立重大创新举措报备制度,影响性创新举措层报省级检察院把关,涉及司法检察制度的改革报最高人民检察院审批。要完善领导班子成员双重管理制度。加大对下级检察院领导班子协管力度。上级检察院党组要加强日常深度考察,协助党委建立辖区检察院班子成员信息库、优秀年轻干部库,主动提出配备和调整建议。健全与党委对下级检察院班子共同考核机制。完善省级检察院党组对分院党组的领导体制。健全上级检察院对司法办案工作的领导机制。要健全指令纠正或者依法撤销、变更下级检察院错误决定制度。落实统一调用检察人员制度。健全接续监督机制,对于同级监督未能纠正的突出问题上级检察院接续进行监督。要完善省以下检察院人财物统一管理。深化省以下地方检察院政法专项编制统一、动态管理,向人均办案量较大的院倾斜推进检察官员额省级统筹,评估检察官工作量饱和度,根据需要在总额度内对员额进行调配。探索省、市级检察院统筹使用辖区高级检察官职数,因地制宜、稳妥推进省以下地方检察院财物统一管理,完善检察经费保障体制。

第二,完善检察组织体系。深化铁路检察改革,理顺业务关系。深化与行政区划适当分离的司法管辖制度改革,探索省级检察院派出机构管辖跨行政区划案件。建立与跨行政区划案件规律特点相适应的办案机制和管理模式。完善对最高人民法院巡回法庭、专门法院和新型法院的法律监督机制。

第三,完善法律监督手段和方式。充分用好调查核实权,研究细化行使调查核实权的范围、方式、程序以及被调查人员或单位不配合调查的法律责任,为完善立法提供依据,优化多元化监督方式,坚持敢抗、善抗、抗准,提升抗诉案件质量,规范书面纠正违法适用,提高检察建议质量,跟踪落实情况,到期未回复的逐件评估。跟进监督,努力把检察建议做成刚性、做到刚性。探索重大监督事项案件化办理模式。探索建立类案监督机制,完善类案不同判发现、纠正和处理程序。

第四,推动检察法制建设。立足检察本职,配合立法机关做好相关立法的修改研究工作,适应经济社会高质量发展、全面依法治国落实和刑事犯罪结构变化,及时提出完善刑事立法、健全刑事司法政策的建议。积极参与监狱法、看守所法等刑事执行领域立法,完善刑事执行检察工作制度,积极推动公益诉讼检察专门立法:对于条件成熟的领域,推动制定或修改相关部门法时授权检察机关提起公益诉讼;继续推进省级人大常委会出台加强公益诉讼检察工作的决定。

回望历史,检察制度在波折中成长、前行。虽然这一制度尚未完全成熟定型,但检察制度不可或缺,检察官作为"法治的守护人",已是法治国家的基本共识。把法律监督机关的性质和功能定位与代表公共利益的身份定位结合起来，可能是我国检察制度在新时代探索、创新的有效路径。中国检察制度一定会在法治进步的历程中渐进改进、内生性演化，成为公正高效权威的司法制度的重要部分，发挥其应有作用。中国检察制度，从渊源上看，从孕育诞生之时起就具有政治上的红色基因和职能上的监督色彩。尽管检察体制和检察职权多有变化，但正是这种渐进改进、内生性演化，折射出制度的成长性和生命力。从这个意义上说，既要看到中国检察制度的波折过程，更要看到中国检察的美好前景。

二、谋发展的工作向度

（一）把握检察工作发展意涵

检察工作的发展意涵在于检察机关的法律监督不仅在国家司法权力配置中起到枢纽性的作用，更是现代国家治理与社会治理体系中的重要一环。当前，检察机关正处于恢复重建 40 多年来前所未有的深刻变局之中，这一变局实际上主要是检察权运行机制的发展，而非检察权的法律监督性质的转变。我国检察权形成和变革的规律已经昭示了未来的发展方向，即在坚持检察权的法律监督权这一定性不变的前提下，根据时代任务和历史使命的不同，对检察权的外延和行使方式进行动态调整，从而构建中国特色社会主义检察体系的理论方案。

检察权的定性问题是完善检察权体制机制的宪法性前提。在中国特色社会主义语境下，检察权在国家权力结构中的定性依然是法律监督权，这一根本属性未曾改变，也不会改变。尤其是在多种重大改革举措相继出台，检察机关行使法律监督权的形式发生重大变化的背景下更是如此。国家监督体系的完善需要检察机关的法律监督作为我国议行合一体制下重要的监督支点。检察权在这一国家权力架构中的重要性决定了其法律监督本质不会发生改变。而具体到诉讼体制和诉讼制度领域,司法体制改革需要强化检察机关作为公权力的监督制约者地位。典型的是以审判为中心的诉讼制度改革,随着这项改革的推进,在案件的办理上将呈现出以审判权为顶点的权力运行体系。检察机关通过案件办理,向前加强对侦查权的控制,向后强化对审判权的制约,其"双重把关者"的角色将更为突出。因此,推进我国的各项改革,需要加强对检察权作为法律监督权这一根本定性的认识。检察权运行形式的变化,是检察机关在坚持法律监督定位的基础上,创新各种检察权实践机制的变化,其目的是适应国家和社会的发展进步,从而更好地实现其维护国家法制统一、保障法律的正确实施的价值追求。①

(二)坚持检察工作的发展原则

第一,坚持检察工作的统一性原则。我国是单一制国家,法律体系是统一的。维护国家法律的统一性是法治建设中面临的一项重大课题。检察机关是为了维护法制的统一而专门设置的法律监督机关,在维护国家法制的统一性方面具有重要作用。但是当前受制于司法的地方化,检察机关在维护国家法制的统一性方面还有改进的空间。应当通过去地方化改革重塑检察权发展的体制机制,更好地发挥检察权维护国家法制统一性的功能。

第二,坚持检察工作的合规性原则。检察工作发展有其自身规律,这是由检察权的特质所决定的。其中,检察权发展的根本规律是,检察一体下的检察官独立,即检察官在独立行使职权的基础上,受检察一体的指挥监督。检察官的独立性是首要的,检察一体的指挥监督是次位的。因此,亟须推进检察权发展的合规律性,提升检察权的科学化、规

---

① 周新:《论我国检察权的新发展》,《中国社会科学》2020年第8期。

范化水平。当前,影响检察权发展合规律性的首要问题是检察权运行的行政化问题。强化检察权发展的合规律性,需要在司法体制综合配套改革这一背景下,着力从体制和机制入手推进检察权发展的去行政化改革。

第三,坚持检察工作的专业性原则。检察工作的专业化是检察权科学性的重要标志,也是畅通检察权运行机制的前提。检察权的专业化需要在业务的专业化、人员的专业化方面持续推进。只有业务的专业化才会有检察权的独立性和科学性,而人员的专业化则是确保检察权独立、规范运行的制度环境基础,从这一角度看,专业化即职业化。当前,检察机关通过员额制改革、人员分类管理基本实现了办案人员的专业化,下一步需要进行综合配套改革,巩固改革的成果。而在检察业务的专业化方面,当前通过内设机构改革,对检察机关内部的业务按照刑法的逻辑进行了更为专业化的划分。随着社会、经济的发展,检察机关面临的业务也更为复杂、专业,下一步要及时因应社会形势的发展,进一步推进检察业务的专业化。

第四,坚持检察工作的有责性原则。检察工作的有责性首先体现为社会责任,即通过检察权运行过程的公开性和结果的公开性而向社会负责。其中,检察权运行结果的公开性,不单包括法律文书公开,更是指法律文书说理,即公开作出决定的理由和根据,便于当事人和社会公众的监督制约。检察权的有责性第二个层面体现为办案责任,当检察权存在滥用时,需要承担相应的纪律惩戒责任。检察权的社会责任是事前制约,而办案责任是事后惩治,两者密切配合,共同加强对检察权的监督制约。完整的办案责任体系,需要有明确的检察官承担办案责任的情形、科学的惩戒机构设置以及完备的惩戒程序。这些都需要继续在司法责任制改革下推动相关制度机制的健全完善。

（三）找准检察工作发展的切入点

从检察机关职权配置的层面看。检察权的运作需要协调好检察权在整个国家权力体系中的关系，协调好检察机关与行政机关、审判机关和立法机关等国家机关的关系，加强相互之间的监督和制约。检察工作创新发展的切入点应注意以下三个方面：一是加强检察权法律监督的功能。检察机关法律监督机关，检察改革应当保障检察机关的法律监督职能。我国检察权的改革则要坚守住宪法给予检察机关法律监督机关的定位，加强法律监督职能。二是保证检察权运作的独立性。检察权运作的独立性是保障司法公正和司法权威的前提。虽然我国现有法律也对检察权的独立运作作出了规定，但是实践中由于制度设计和保障的欠缺使得该项原则贯彻得不够彻底。检察权的运作体现了地方化和行政化的特色。三是要符合权力配置规律。检察权只是国家权力的一部分。检察权的运行也要坚持权力制约原则。加强检察机关内部制约机制的建设。检察机关的内部制约机制主要在于上级检察机关对下级检察机关的制约、对检察机关内部的纪律监督部门的监督。加强检察机关外部制约机制的建设。检察机关外部制约机制主要包括人大、行政机关、审判机关的监督和人民群众的监督。国家机关的监督既要避免对检察权的独立运作进行干扰，又要发挥其在权力运行中的监督制约作用，保障检察权的运作体现公平和正义。

从"四大检察"的定型发展的层面看。在当下"四大检察"布局逐渐形成并深化的监督格局下，检察工作创新发展的切入点在于准确把握各项检察业务的关键，切实提升法律监督的质效。第一，刑事检察工作要依托专业化刑事办案机构，在调整刑事立案监督机制的前提下，注重在办案过程中实现对刑事诉讼活动监督的全面覆盖，致力于提高刑事案件繁简分流的现代化水平。第二，民事检察工作应当细化民事检察精准监督的具体要求，加大对虚假诉讼的监督力度，切实维护人民群众的合法权益以及司法活动的公信力。第三，行政检察工作作为专门对公权力进行监督的检察活动，应当重点针对行政诉讼立案难、审理难、执行难等问题，以及行政机关履职中存在的突出问题。第四，公益诉讼检察工作要科学确定公益诉讼案件范围、妥当处理检察公益诉讼与其他诉讼之间的关系，特别是根据行政公益诉讼、民事公益诉讼以及刑事附带民事公益诉讼的实际特点，建立健全相应的协同运行机制，保障公益诉讼的持续高效发展。

三、谋发展的切实践行

（一）跳出"一亩三分地"看改革

方向决定道路，道路决定命运。检察机关推进改革，要坚持正确的方向。搞改革、办事情、抓工作，首先要把握住方向，只有方向对了，才能到达目的地，否则就会南辕北辙。检察改革的方向，就是在习近平新时代中国特色社会主义思想指引下，坚持党对检察工作的绝对领导，坚持以人民为中心的发展思想，坚持检察机关的宪法定位，坚定不移走中国特色社会主义法治道路。确保改革的路不走偏，要注意把握两个方面：一是要防止食"洋"不化。对于改革过程中出现的一些争论，检察机关要保持政治定力，增强"四个意识"、坚定"四个自信"，深刻认识中国特色社会主义制度的优越性，排除改革杂音、噪音，坚定不移走中国特色社会主义法治道路，决不能机械照搬西方模式、西方观点。二是要有大局意识。主动从全局出发，就能引领改革、促进改革；更多考虑个人得失、局部利益，就会被改革推着走、拖着行，处处被动。检察机关推进改革，必须树立大局观，坚决防止和纠正个别人的"一亩三分地"思维，切实按照党中央确定的全面深化改革总目标，严格遵循宪法、法律精神，紧紧围绕经济社会发展，紧紧围绕人民根本利益，紧紧围绕提高司法质量、效率和公信力去思考、论证、谋划和推进。

（二）完善行使法律监督权的方式

完善行使法律监督权的方式，是检察工作谋发展的必然要求。如捕诉合一模式的探索和确立，就是完善行使法律监督权方式的重要体现。在既往捕诉分开、各管一截的方式下，对案件负责任的动因就可能不足，导致效率低、专业性不强。实践中，批捕的时候，一般是只要有一个罪名、一件犯罪事实扎实就行，能不能整体诉出去那不是考虑的范畴。但是捕诉合一、又捕又诉，就会把出庭的经验、法庭的标准，精准地融入批捕环节。在批捕时，就以能不能最终诉出去的基本要求严格把握、引领侦查取证工作。这样在起诉环节，就已经对相关证据十分熟悉，效率就能提高。而且从批捕阶段开始跟进，始终和公安人员建立联系机制，有些证据问题在侦查期间就已经解决了，案件质量也有保证。

在捕诉合一模式的探索中，人们担心捕诉一体会不会弱化内部监督制约。这就要认真分析是不是外部监督反而更有用。实践中，除了可以强化案件管理等部门的监督外，还可以在机构设置时，由其他业务部门履行对不捕、不诉的复议复核职能。有人认为，捕诉合一后机构太大，与别的部门不平衡。这个要通过专业化去解决，可以按照职务犯罪、普通犯罪等进行分类，多设几个刑事检察部门。还有人认为，会不会对批捕把关过严，造成实际办案障碍。其实，检察官处理案件，批捕时应该把握什么标准，起诉时应该把握什么标准是必须清楚的，如果公安机关对批捕工作有疑问，检察长要主动沟通、做好解释。捕诉合一改革的实践告诉我们，必须坚持问题导向，从法律监督实际出发，只要利于维护程序公正，提高司法监督效率，就应积极探索、大胆实践，完善行使法律监督权的方式，这是新时代检察工作谋发展的要求使然。

（三）以专业化为导向落实改革规划

无论是实施"十三五"还是擘画"十四五"检察改革规划,都要坚持以专业化为检察改革的重要导向。面对新时代人民群众更高的法治需求,面对当前法律新问题、难点问题不断出现的现状,检察机关必须努力推动法律监督工作向更加专业更加精准的方向发展,使检察机关法律监督能力同步适应经济社会快速发展步伐。

改革规划中体现专业化发展的举措很多。在刑事检察方面,主要是按照习近平总书记"注重培养专业能力、专业精神"的要求突出专业化建设,坚持"一类事项原则上由一个部门统筹、一件事情原则上由一个部门负责",综合考虑提高办案质量效率、强化更实监督制约、落实司法责任制以及与监察、侦查、审判、刑罚执行机关工作联系衔接等各方面因素,按照犯罪类型重新组建专业化刑事办案机构,实行捕诉一体办案模式。在民事行政检察方面,主要是建立完善类案监督机制。以抗诉为例,不在于多,而在于精、准。选择那些具有典型意义、在司法理念方面有纠偏、创新、进步、引领性的案件,抗诉一件可以促进解决一个方面、一个领域、一个时期司法理念、政策、导向的问题,发挥对类似案件的指导作用,通过优化监督实现强化监督。除此之外还有其他一些措施,例如,建立完善专家委员会制度。对于检察机关办理的案件,必要时邀请法学专家、专家型法官、律师以及有法律背景的人大代表、政协委员参加评议、咨询和研判,促进提升检察官司法办案能力和水平,强化办案质量和效果。又如,对于涉及金融、经济、环保、食药等专业性较强领域的案件,与有关行政机关、金融管理部门等开展干部交流,辅助检察人员办案,提供相关领域专业知识咨询。再如,加强政治培训和业务培训,落实检察官教检察官制度,加强对办理互联网、金融、知识产权等新领域、新类型案件的培训。完善"检答网"建设,畅通上下级检察机关业务沟通平台,加强上下级检察机关业务交流和工作指导等。

公益诉讼检察是宪法和法律赋予检察机关的一项新职能。相对于其他检察工作来说，这项工作新的理念还没有完全建立起来，专业性和工作经验还不足，需要在推进中不断完善。做好公益诉讼检察工作，重点是要依靠党委和政府的支持，因此检察机关要坚持"双赢多赢共赢"理念，主动与相关部门沟通协调，形成良好的互动关系。一是充分发挥诉前程序作用。建立健全诉前沟通机制，收到案件线索后，根据线索的来源、涉及问题的性质等因素，及时与政府部门进行沟通，需要进入诉前程序的，依法发出检察建议并努力协调促进落实。二是健全人民检察院与人民法院、行政执法机关工作协调机制，建立行政执法与提起公益诉讼衔接平台，规范完善公益诉讼办案方式，构建配置科学、运行高效的公益诉讼检察机构职能体系。三是探索"外援"辅助办案机制。就是前文提到的，特别是在办理环保、食药领域公益诉讼案件时，涉及一些专门性知识，可以探索从相关行政机关聘请具备专门知识的人，与检察人员共同办案，或提供相关领域专业知识咨询，共同保护公益。①

---

① 《最高人民检察院法律政策研究室负责人就〈2018—2022 年检察改革工作规划〉答记者问》，最高人民检察院官网，http://www.spp.gov.cn/xwfbh/wsfbt/201902/t20190212_407707.shtml#3。

第 八 章

重自强：检察工作的发展基础

重自强就是全面提升检察机关和检察人员的整体素质和履职能力。新时代检察工作对检察人员的政治素质、业务素质、职业道德素质有新的更高要求，必须在现有基础上把队伍建设提升到新层次。各级检察机关和检察人员一定要有压力，并设法通过各种途径去提升，这样才能真正适应新时代新要求。

一、重自强的基本内涵

（一）在应对新时代的挑战中重自强

党的十九大提出全面推进依法治国的总目标，明确了中国特色社会主义法治建设新要求，推动全面依法治国迈出新步伐。检察机关在全面依法治国这一国家治理的深刻革命中肩负着重要职责，在"科学立法、严格执法、公正司法、全民守法"等领域和层面均有进一步创新发展的作为空间，尤其在司法体制改革进入"精装修"、转隶工作顺利完成、三大攻坚战吹响号角、国家利益和社会公共利益代表的角色定位已经确立的新时代，检察工作面临前所未有的挑战，也迎来提速发展的机遇。新时代检察工作面临的挑战：

一是宪法定位挑战。长期以来，检察机关立足自身职能，在法律监督方面做了很大努力，对国家法律的统一正确实施作出了重要贡献。但是，由于具体监督程序、监督手段缺乏，监督刚性不足，诉讼工作任务繁重，人员能力不足等原因，一定程度上存在不敢监督、不愿监督、不会监督，以及监督力度依赖于职务犯罪侦查工作等问题，检察机关的宪法定位屡受质疑，围绕检察权属性展开的一系列检察制度基础理论问题始终是理论界的热点，几度引起法学界和法律实务界的广泛关注。在法学学者和检察实务工作者的共同努力下，对检察权基本属性的观点逐步趋同，法律监督机关的宪法定位也得到党和人民的肯定，有关检察机关法律监督的法律支撑日益强化。然而，随着我国监察体制改革的逐渐深入，检察机关职务犯罪侦查及预防权移交于监察委员会，检察机关迎来自恢复重建以来最大的一次变革。职务犯罪侦查权因其是通过直接对涉嫌职务犯罪的履行国家公权力人员的刑事追究实现对国家公权力的法律监督，历来被认为是检察机关行使法律监督权的重要方面。这部分权力随转隶而不再归属于检察机关，则检察机关法律监督不仅在内容上出现缺口，而且必然对原本就存在刚性不足问题的监督体系带来新的冲击。依法治国进程中是否需要检察机关作为法律监督机关发挥特定作用，检察机关如何发挥法律监督作用，既需要理论研究瓶颈的突破，也需要检察机关在实践中，围绕新时代依法治国的新方略新要求，通过依法充分行使检察权，有效促进依法治国，不断巩固自身法律监督的宪法定位。

二是职权变化挑战。监察体制改革反推检察工作格局再造。随着监察体制改革及法律修改、相关司法文件出台，转隶工作的迅速推进和全面完成，检察机关职能发生了重大变革，对检察权的发展完善产生深远影响。一方面，职能的削减要求检察司法办案和监督工作理念必须从根本上转变。反贪、反渎、预防部门的整体转隶，不仅使检察机关失去了一大批一专多能的骨干力量,而且使检察机关监督的范围相应缩小,原来通过直接对涉嫌职务犯罪的履行国家公权力人员的刑事追究来监督国家公权力的功能不复存在,并附带取消了刑事执行监督部门对监管人员职务犯罪侦查职能。同时,与职务犯罪侦查权相关的检察职权相应减少:控告申诉检察部门的举报线索受理职能随转隶而一并移转,原专司职务犯罪案件线索管理的举报中心职能不复存在;检察技术部门负责职务犯罪案件审讯同步录音录像及有关文痕检、司法会计和技术鉴定的职能消失;检察机关司法警察职能大幅度削减等。这些机构、人员的职能需要重组和重新定位。检察机关原来与查办职务犯罪紧密相关的监督手段和方式必须从根本上加以改变。另一方面,近年来刑事和民事诉讼法律的修改,最高人民法院和最高人民检察院出台的一系列司法解释和文件,不仅为检察机关开辟了新的监督领域,也在一定程度上强化了检察机关的监督职能。一是公益诉讼制度正式确立。[①] 对生态环境和资源保护、食品药品安全等领域的违法行为开展监督,民事行政公益诉讼将成为检察机关作为国家利益和社会公共利益代表的重要职能体现。二是检察机关非法证据排除职能得到确认和强化。在 2012 年修改后《中华人民共和国刑事诉讼法》实施的基础上,2017 年 6 月 27 日,最高人民法院、最高人民检察院、公安部、国家安全部、司法部联合发布了《关于办理刑事案件严格排除非法证据若干问题的规定》,强化了检察机关非法证据排除职能,[②]上述两个方面共同发生作用,犹如关闭了一扇大门的同时,又打开了一扇新的大门,推动检察机关履行监督职权的方式全面转变,从原来的以打击促监督,

---

① 2017 年 6 月 27 日十二届全国人大常委会第二十八次会议通过了关于修改《中华人民共和国民事诉讼法》和《中华人民共和国行政诉讼法》的决定,明确将检察机关提起公益诉讼写入这两部法律,检察机关提起公益诉讼职能成为重要的新增职能。

② 文件对驻所检察人员核查犯罪嫌疑人身体检查,检察机关在庭审前自行排除非法证据等职能作出明确规定。

转变为依靠自身的专业能力和职业化水准、依靠精准有力的监督行为和得到社会认可的监督效果来保证监督权威和监督力度。可以说，在诉讼法律不断完善的基础上，监察体制改革强力推动了检察机关的法律监督工作的转型升级。

三是体制改革挑战。检察工作运行格局面临再整合。在司法体制改革方面，以"四项重点改革项目"为标志的改革主体框架已经确立，司法改革业已进入以司法责任制改革为核心的"精装修"时代。但是，与既有体制机制的冲突和利益格局调整的阶段性和不稳定性是一切改革的固有属性，检察体制改革也不例外。其一，司法责任制改革突出了检察官在检察司法办案中的主体地位。伴随司法责任制的落地实施，原来由检察机关统一行使的检察职权，通过权力清单，以检察长授权的方式赋予员额检察官行使，虽然这些职权源自检察长的授权，但实际上这些权力按照权力清单形式一经赋予，被授权的检察官就已经并且应当具有独立行使这些司法权力并承担相应责任的地位，形成了员额检察官独立行使部分检察权与检察机关作为整体独立行使检察权并行的状况，这就在一定程度上导致了实践中院领导和部门领导不敢放权、员额检察官不敢用权的问题。同时员额检察官司法办案权限的扩大，也对检察机关的内部监督制约机制提出了新的挑战和要求。其二，全国检察机关以"大部制"为主要表现形式的机构改革已取得重大突破，但在机构设置上是否体现为诉讼职能与监督职能的分离，内设机构的设置理应与检察职能建立起对应关系，从而在人员配置等方面发挥制度优势，体现司法改革的扁平化、专业化要求，尚有不同看法，需要在理论和实践中进一步统一。如何实现既保证员额检察官独立行使被赋予的司法办案权，又保证检察机关的内部有效管理和集中统一领导，仍有相当大的探索实践空间。同时，由于具有独立办案权的员额检察官较之改革前的检察官在人数上大幅减少，员额检察官工作量和责任较改革前明显增加，而且在基层，由于大量部门合并，员额检察官必须身兼多重任务,办案、监督任务繁重,对实现法律监督工作的精细化、专业化构成了新挑战。其三,员额检察官、检察辅助和司法行政人员进退流转、晋升和保障机制有待健全。新型办案组织的搭建方式和内部运作机制还有待完善。按照落实司法责任制需要,检察辅助人员和书记员仍有大量缺口,难以满足党和人民对提高司法效率和维护司法公正的实际需求,急需根据工作需要,迅速补充相关人员。

四是形势变化的新挑战。工作能力面临再提升。检察机关的性质和宪法地位决定了其不仅在惩罚犯罪保护人权方面肩负重大职责,更在维护国家政治安全、社会大局稳定、生态环境保护、满足人民生活需求方面任务艰巨。其一,平安中国建设对检察工作提出新要求。建设更高水平的平安中国,离不开防范化解重大风险。检察机关在依法惩治刑事犯罪中的重要职责决定了其在扫黑除恶专项斗争中负有重大使命,也对检察机关严格把握法律政策界限、结合地方特点把握打击重点、加强诉讼监督确保不枉不纵提出了更高要求。其二,生态环境保护为检察机关职能延伸打开新思路。检察机关在生态环境保护方面行使检察职能涉及刑事检察、诉讼监督、公益诉讼等多项具体的检察职能,对检察机关内设机构间织密生态保护法网、加强配合、形成保护合力,进而将检察机关职能触角延伸至社会治理热点领域是一个重大挑战。其三,以审判为中心的刑事诉讼制度改革仍需深入推进。检察机关如何建立符合以审判为中心要求的证据规格、证据体系和证据合法性标准,以及重新审视并改良检警、检法、检律关系,构建法律职业共同体,将是今后检察机关在检察改革中面临的主要挑战。其四,检察机关的自身建设任重道远。检察队伍素质能力建设始终是检察机关常抓不懈的重大基础性工程,虽然取得了一定成效,但与检察职能面临的重大调整和肩负的重大任务相比,尚存在不断补足的空间。其一,在人员的整体结构上,需要补足补强专业人才、骨干人才。其二,在工作的强度要求上,如何使监督的刚性不弱反强是摆在检察机关监督工作中的重大课题。其三,在信息化建设的普适性上,投入对智慧检务的认识和地方财政的支持度均存在差异,另外专业的技术信息人才缺乏始终制约着智慧检务工作的推进。因此,加强这方面人才资源投入,也是势在必行。①

(二)全面提高政治、业务和职业道德素质

最高检党组提出,要坚持正规化专业化职业化方向,提升法律监督能力,建设一支过硬检察队伍,解决检察工作的根本保障问题。根据新时代检察工作的新形势和最高检党组对检察教育培训的总要求,新时代检察教育培训工作在方向上首先要做到三个转型:一是培训价值取向要向强化政治培训转型;二是培训内容要向刑事检察、民事检察、行政检察、公益诉讼检察全面平衡充分发展转型;三是培训对象要向员额检察官、检察辅助人员、司法行政人员等分级分类实施专业化、精准化培训转型。简而言之,检察教育培训要根据司法改革、内设机构改革、以审判为中心的诉讼制度改革进行转型。

一切事物都是有结构、有层次的,新时代检察官教育培训要有三个层次的目标:一是让检察官掌握承担司法责任的法律技术、信息技术等检察技能和司法本领。二是让检察官掌握办案方法和司法智慧。最高检党组强调要用政治智慧和司法智慧来解决疑难复杂案件,检察教育培训就要教给检察官破解疑难复杂案件的方法,授人以渔。所谓司法智慧就是司法中的度量衡,就是分寸和适当,就是遇到疑难复杂问题的时候,恰如其分的分寸把握和水到渠成的关系融通。法律监督理念上要实现"双赢多赢共赢",没有司法智慧就是空谈。三是让检察官掌握习近平法治思想的精髓,养成职业操守。促使检察官信仰法律、有职业

---

① 参见赵东岩:《新时代检察工作面临的挑战及应对》,《深化依法治国实践背景下检察权运行——第十四届国家高级检察官论坛论文集》,中国检察出版社2018年版,第256页。

良知、坚守公平正义的价值追求,让以人民为中心的检察理念,"讲政治、顾大局、谋发展、重自强"的总要求真正入脑入心。既然明确了新时代检察教育培训的方向,那就必须按照科学合理、切实管用的标准实施举措。

要有力度、有深度、有温度地搞好政治培训。传统的政治培训是你讲我听、你弹我唱,很难触及灵魂。我们当前面临的关键问题是让政治培训真正实现学思践悟,培养出忠诚、干净、担当的检察官队伍。应当说,政治培训怎么强调都不过分,这是政治站位问题,是政治方向问题。同时,也应当认识到,怎么搞好政治培训,同时也是一个科学问题。干部是选出来的,更是培养出来的。西方国家选人主要靠投票,有时会选上来一批没有从政经验的政治素人,有时甚至会选出利用和刺激民粹情绪的政治投机者,存在很多不确定性。我们党坚持一层层考验、递进式培养干部,这是我们的制度优势。干部培养,要遵循干部成长规律和政治培训的科学规律,不能搞大水漫灌,更不能任其自然生长,要精耕细作,加强田间管理,及时施肥浇水、修枝剪叶、驱虫防病。突出政治培训,重点是学习党的理论特别是习近平新时代中国特色社会主义思想,学习党的革命历史和优良传统。政治培训不可能毕其功于一役,不是搞几次培训就万事大吉,要持续用力、久久为功,这是力度、深度的问题。而有温度地搞政治培训,则更值得深入思考和探索。《共产党宣言》里设想的共产主义除了物质极大丰富、按需分配之外,还强调人的全面发展。"人的全面发展",习近平总书记在党的十九大报告中提了3次。"人的全面发展"不是一句冷冰冰的口号,而是要切实关注、观照人性。政治培训要有温度,就首先要把学员当成有温度的人来对待,将心比心、换位思考。同时,要突出业务实战培训。深入贯彻"以办案为中心"的工作理念,聚焦法律监督主责主业,突出"在办案中监督、在监督中办案"的业务技能培训,举办公益诉讼、侦监业务、出庭支持公诉、刑事执行检察新媒体业务、民行监督案件办理、未成年人综合司法保护等主题的培训班等,全面提高业务实战能力。

(三)全面提高检察改革系统集成水平

系统集成要求落实司法责任,促进制度生长,推动司法体制改革在新起点上实现新突破。党的十九大提出,深化司法体制综合配套改革,全面落实司法责任制,努力让人民群众在每一个司法案件中感受到公平正义。历经党的十八大以来的9年奋斗,司法体制改革的主体框架已经确立,今后面临的主要任务在于采取综合配套和整体推进的方式,逐步破除掣肘改革进展的消极因素,通过系统集成来提高整体性能,使司法体制更加科学完善。

一是强调并坚持司法责任制在深化司法体制改革中的核心地位。落实司法责任制是构建公正高效的检察权运行机制的关键,是检察权运行机制的转型升级的制度依据和基础,在祛除三级行政审批弊病,组建扁平化、专业化办案组织,构建公平合理的司法责任认定、追究机制,实现"谁办案谁负责,谁决定谁负责"的权责统一机制方面起到了关键性作用。同时,司法责任制改革因其内容上涉及诸多重大利益调整和重要关系变更,在制度磨合阶段尚存在一系列需要破解的难题。因此,在综合配套改革和整体推进的过程中,必须始终坚持司法责任制的改革核心地位不动摇,推动完善相关法律,进一步突出检察官的主体地位,进一步合理调整工作布局与利益分配,确保各项改革全面落实。

二是着力解决司法体制改革推进过程中的制约性、瓶颈性问题。要从立法层面为员额检察官独立行使部分检察权与检察机关作为整体独立行使检察权并行不悖提供法律支撑,同时,通过全面发挥检察委员会的决策权,全面加强案件管理,构建强有力的案件管理和质量监控机制,放权与监督并重,扁平化与有效管理并重,实现员额检察官独立行使部分检察权与检察机关作为整体独立行使检察权的有机统一。要根据各层级检察机关和不同条件地区检察工作的实际,综合考虑参考管辖范围、人口数量和工作量,以立法方式确定合理员额数量和比例,为案多人少的检察机关配备更高比例的员额。按照新修订的《中华人民共和国检察官法》,尽快落实检察官单独职务序列等级确定后与行政级别的脱离,建立起职务序列等级与行政级别的对应关系,对检察官向其他国家机关调转时的职级转换作出统一规定。进一步完善员额检察官、检察辅助人员的考核细则,建立办案与办事相结合,统筹兼顾各业务条线工作性质繁重程度的科学绩效考核机制和程序监督机制,进一步激发员额检察官、检察辅助人员和书记员等三类人员的工作积极性。进一步加强顶层设计对内设机构改革的指导力度,结合转隶后检察职能的调整,对内设机构的设置作出科学合理的设计,对诉讼与监督职能在内设机构上的体现形成具有普适性的指导意见,采取政府雇员等多种方式补充检察辅助人员和书记员缺额,切实构建科学合理的检察司法办案和监督组织。

三是加快推进检务科技由信息化向智能化的转变,确保司法体制改革实现效能提升。根据检察工作重心的调整,紧密围绕监督职能的发挥和办案组织设置,立足"一体两翼"的监督格局,调整和充实智慧检务工程内容,以"两法(行政执法与刑事司法)"衔接平台和其他监督平台建设为切入点,加强与其他司法机关和被监督机构的沟通协调,打破数据和信息壁垒,积极构建统一的司法和监督大数据的应用平台,不断升级完善统一业务应用系统,在确保数据准确、有效应用的基础上,不断扩大刑事和民事行政监督的线索来源,为提高检察司法办案和监督质量和效率打牢信息化、智能化基础。

(四)全面提升检察机关法律监督质效

检察工作的开展始终要贯穿法律监督这条主线,立足专门性、独立性、制衡性、程序性等检察机关法律监督的特点,发挥好既区别于最高国家权力机关的监督,又区别于监察委员会的监督的独特作用。在坚持宪法定位的基础上，检察机关应进一步认清形势，明确任务。虽然监察体制改革减少了一部分检察机关的监督领域和手段，但近年来三大诉讼法的修改，已经赋予了全新的监督内容，不仅拓展了法律监督的新领域，而且丰富了监督的手段，一定程度上完善了监督的程序和机制，体现了宪法对检察机关的法律监督机关定位，并展现了将这一宪法定位逐步落实的光明前景。这就要求在检察工作实践中，我们应当以正在不断完善的法律特别是诉讼法律体系为基础，按照现行法律和法律监督发展机理，构建新时代完备的法律监督体系，全面落实检察机关的宪法定位和宪法价值。

就目前法律授权和检察司法实践而言，新时代的检察机关体系，现阶段主要有如下重点内容：一是刑事诉讼监督，主要包括侦查监督、审判监督和执行监督。二是民事诉讼监督，主要包括审判监督、执行活动监督和民事审判违法行为监督。三是行政检察监督，主要包括行政诉讼监督和行政强制措施及行政违法行为监督。体系的完备需要各监督要素的协同发力、协调运作。一方面，新拓领域需要发力。民事行政公益诉讼的法律化使诉讼监督之外的监督形式更加活跃，行政检察监督从单纯的诉讼领域扩展到部分一般行政行为，由于其法律赋权恰与职务犯罪侦查权的剥离交替进行，未来行政公益诉讼的走向不仅影响到法律监督体系的发展空间，而且肩负着填补职务犯罪侦查权缺口，发挥检察机关在依法治国进程中作用的重大使命。另一方面，完备的法律体系不仅体现在宪法的文本价值、国家机关的制衡价值上，更体现在保障法律统一正确实施的实践价值上。检察机关必须将这个监督体系落到实处，作为今后一个时期的工作重点，以实际的监督活动和监督成效，在实践中充分体现和证明自身不仅具有并能够有效承担法律监督机关的宪法定位。要完成新时代赋予检察机关的法律监督任务，首先必须更新监督理念。传统上，诉讼监督是我国检察机关法律监督职能的重要组成部分，在法律监督中占据绝对主体地位，凸显了我国法律监督专门性的显著特色,但是,新时代的法律监督体系不仅在范围上超过了传统的诉讼监督,而且在工作中要求检察机关必须从以办案为中心转变为以监督为中心,在监督方式上由"办案"向"办事"转变,围绕监督定位,咬定职业化、专业化方向不放松,认真总结作为法律监督传统主业的诉讼监督工作的经验教训,深入研究和把握各项检察业务中监督工作的关键环节和法律授权、诉讼程序的结合点,有针对性地提升自身的专业能力和职业化水准,在提高监督的精准性上下功夫,在敢于、善于运用法定监督程序和手段上下功夫,在巩固和扩大监督成果上下功夫,以诉讼监督作为基本支撑,突破传统领域划分,构造一个立体、开放、多元的法律监督体系,使法律监督真正成为检察权运作的核心。同时,要以司法公正方面党和人民关切的突出问题为切入点,积极争取党委领导、人大监督和政府有关部门的配合,通过加快实施智慧检务工程、积极推动立法和司法解释的完善、强化刑事司法与行政执法的衔接,有效化解具体监督程序、监督手段缺乏,监督刚性不足,诉讼工作任务繁重,人员能力不足等问题,推动检察机关的法律监督工作在宪法和法律体系构建中不断完善和强化。

二、重自强的基本要义

(一)增强法律监督能力

适应新形势新任务新要求,必须着力增强法律监督能力。最高检党组指出,能力是有效监督的前提。当前法律监督最突出的问题是检察监督能力不足,实际上差得很远很远。比如打击网络犯罪、经济金融犯罪,检察机关的法律监督能力能否适应;涉众型案件的定性,检察干警的专业能力能否适应;大量民事行政申诉案件,我们提出多少精准抗诉等,都体现能力的不足。再比如,退回补充侦查提纲,从全国检察机关找几个范例都比较困难,这都是监督能力不足的表现。检察监督和党委监督、纪委监委监督不一样,党委监督、纪委监委监督是有最终决定权的,可以直接给予处理。检察监督是提出问题和建议,就必须更讲究监督智慧和方式方法。说到底,这就是一种监督能力。检察监督绝不仅仅是为了哪一个案件、哪一件事情办好,而且为了人民的利益、国家的利益。如果检察监督到位,公安减少错案、法院避免错案,最终公安、法院获得赞赏,得到人民更大信任,这就是我们制度的优势。既然监督者和被监督者的目标一致,那么我们把这些道理讲清楚,工作中运用好,被监督者是肯定能够接受的,关键就是我们做得怎么样。就像公益诉讼,我们反复强调诉前解决问题是最佳司法状态,实践看效果很不错,得到公众支持,党委和政府肯定。监督智慧要在实践中摸索、提升,以谦虚的态度、商量的口吻,坚持法律规定的原则,把监督事业向前推进。还有个案监督怎么做的问题,不是简单地向被监督单位提出问题。最高检要求每一个证据有欠缺的刑事案件都要写明继续侦查、补充侦查的方向,需要把什么证据找来,目的是什么,要证明什么,把这些讲清楚;如果属于一类、系列的问题,就整体去协调。至于有同志反映的监狱提请减刑假释问题,法院改变司法行政部门提出的意见达50%以上,这就不能搞一件件个案监督,而是要作为类案问题、类型化的问题,或者协调有关部门,或者向党委、常委、政法委报告,通过沟通协调加以解决。这些都是监督方式方法。加强检察监督,我们还要求落实好、运用好我们的体制优势——党的领导,这也是我们的政治优势。有了党的坚强领导,法律监督工作一定能有更大的作为。

(二)增强重大风险防控能力

检察机关作为国家法律监督机关,必须切实担负起"防控风险、服务发展"的重大职责。习近平总书记就政法工作作出重要指示强调,

"要把防控风险、服务发展摆在更加突出位置,为经济社会发展提供有力保障"①。中央政法委员会、最高人民检察院也就服务经济发展新常态、依法打击经济领域犯罪、平等保护企业合法权益等提出明确要求。② 增强重大风险防控能力,首先,要做到树立大局意识,强化责任担当。要进一步增强忧患意识、责任意识,把思想和行动统一到中央对形势的分析判断和决策部署上来,准确把握、认真研判新常态下经济领域犯罪活动的规律特点,主动适应新常态带来的新要求新挑战。树立服务意识,强化职责定位。其次,要坚持把司法办案作为服务的基本途径和主要手段,努力为经济发展提供有力司法保障。再次,要促进检察理念、检察方式、检察机制的三大转变,做到帮忙不添乱、参与不干预、到位不越位、服务不代替,积极建设合法受保护、违法受打击、公平有秩序、利益可预期的法治化环境,树立规范意识,强化法治思维。有效防范应对新常态下各类风险,是服务发展大局的重要内容。检察机关必须认清当前形势,坚定发展信心,提高司法水平,既要立足职能保障稳增长、促改革、调结构、保民生,又要在司法办案中妥善应对经济下行可能带来的问题和风险,高度重视规范司法行为和改进办案方式方法,严格区分罪与非罪界限。

(三)增强群众路线工作能力

坚持以人民为中心的检察理念,就要始终关注群众最直接、最根本、最关心的利益,把加强群众工作摆在最为重要的位置,把群众工作贯穿于执法办案的全过程,努力克服工作中遇到的各种困难,切实增强

---

① 《习近平就政法工作作出重要指示强调 防控风险服务发展 破解难题补齐短板 提高维护国家安全和社会稳定的能力水平》,《人民日报》2016 年 1 月 23 日。
② 参见顾玫帆:《深刻把握防控风险重大责任 充分履行服务发展检察职能——在地方经济战线的主战场吹响检察工作的嘹亮号角》,《马鞍山日报》2016 年 3 月 12 日。

群众观念，坚持群众路线，维护群众利益，自觉从思想上尊重群众、从感情上贴近群众、从工作上依靠群众、从生活上关心群众，不断增强使命感和责任意识，树立检察机关一心为民、公正公信的良好形象。

增强群众路线工作能力就是要提高联系群众和服务群众能力。检察工作是维护社会公平正义的一道防线，只有在思想上尊重群众，怀揣包容之心，才能从牢骚话中找寻"表达意境"，从质疑声中听出"画外之音"，在抨击语里发现"诉求真意"。做好群众工作任重道远，既要学习如何不断增强群众感情，也要学习如何提高群众工作能力，保障工作效果。坚持将办案工作与服务群众工作有机结合，积极探索释法说理方式，不断拓展适用空间，在坚持案中说理的同时，把释法说理主动向前，致力开展超前说理，丰富说理载体。最大限度发现可能引起当事人不满的因素，将可能诱发的不稳定因素消除在萌芽状态。将释法说理对象由针对案件当事人逐步向侦查机关、相关部门、发案单位以及群众拓展，进一步提高执法办案的透明度和认同感。

（四）增强拒腐防变自律能力

人民检察院作为国家法律监督机关，面临着继续强化法律监督、强化自身监督、强化队伍建设和加强自身反腐倡廉工作的艰巨任务，进一步取得反腐倡廉工作实效。

全面落实党风廉政建设责任制。检察机关要根据自身检察工作和检察队伍面临的新情况、新问题，围绕执法办案、队伍建设、检务管理、办案安全、廉洁从检等各个方面和各个环节，进一步细化党风廉政建设的责任目标要求，层层签订党风廉政建设责任书，人人作出廉洁从检承诺，从而形成一级抓一级、一级向一级负责、全员上下齐抓共管、部门干警个个参与的党风廉政责任制格局。严格管理，严格要求，严格监督，看好自己的门，管好自己的人，办好自己的事，做到业务工作强，党风廉政好。加强责任分解、强化责任考核、加大责任追究力度。把党风廉政、纪检监察工作与整体工作同步研究,同步推进。

加强反腐倡廉教育和廉政文化建设。检察机关要认真抓好以"为民务实清廉"为主要内容的群众路线教育实践活动,组织干警认真学习党的十八大关于反腐倡廉的重要论述、中央关于作风建设的"八项规定",学习《中国共产党党员领导干部廉洁从政若干准则》《检察机关领导干部廉洁从检若干规定》和检察机关执行纪律的"四条规定""十个严禁"等廉洁自律各项规定。自觉增强政治意识、大局意识、责任意识、法律意识和廉洁意识,牢固树立正确的人生观、世界观、价值观、权力观,切实打牢廉洁从检的基础。做到警钟长鸣,始终保持自觉、自醒、自警、自律的状态,营造"以廉为荣、以贪为耻"的良好氛围。

加强从严治检,严肃处理检察人员违纪违法案件。检察机关要把查办检察人员违纪违法案件放在自身反腐建设的突出位置,坚持"有案必查、有腐必惩",杜绝侥幸心理。要抓早抓小,防微杜渐,对苗头性、倾向性问题,及时谈话提醒、警示教育,防止小错酿成大错。同时,也要坚持实事求是、惩处与保护相结合,及时为受到诬告的检察人员澄清事实,保护检察人员秉公执法、干事创业的积极性。

强化纪律作风建设。严格执行党的政治纪律、组织纪律、工作纪律、财经纪律和生活纪律等各项纪律,克服组织涣散、纪律松弛现象。认真落实中央八项规定精神,持之以恒纠正"四风"。严禁用公款互相宴请、赠送节礼、违规消费。严肃查处党员领导干部到私人会所活动、变相公款旅游问题。重点纠正利用各种名义收受案件当事人和有利害关系单位和个人的礼金行为。加大执纪检查力度,及时查处违纪违规行为,点名道姓通报曝光。

加强检察机关惩治和预防腐败体系建设,积极推进阳光检察工作。围绕执法办案这个中心,突出重点部门、重点岗位、重点人员、重点环节,认真排查风险点,健全防范措施,构筑制度防线,切实把教育的说服力、监督的制衡力、惩治的威慑力、纠正的矫正力、制度的约束力、改革的推动力有机结合起来,有序推进廉政风险防控机制建设,进一步增强惩治和预防腐败体系建设的综合效能。

三、重自强的切实践行

(一)强化大规模素能培训

党的十九大作出了两个重要判断,一是中国特色社会主义进入新时代,二是新时代我国社会的主要矛盾已经转化为人民日益增长的美好生活需要和不平衡不充分的发展之间的矛盾。面对新时代、新矛盾,全面依法治国具有基础性、保障性作用,在统筹推进伟大斗争、伟大工程、伟大事业、伟大梦想,全面建设社会主义现代化国家的新征程上,要加强党对全面依法治国的集中统一领导,坚持以习近平法治思想为指导,坚定不移走中国特色社会主义法治道路,更好发挥法治固根本、稳预期、利长远的保障作用。这些事关全局的历史性变化和时代性任务,为新时代检察工作锚定了时代坐标,也提出了更高的任务要求。新时代检察工作和创新发展面临这些新情况、新变化、新问题,检察教育培训工作就应当紧盯和紧跟这些新情况、新变化、新问题,通过以问题为导向、以需求为导向、以目标为导向,不断开拓新时代检察教育培训工作。

要全面平衡地搞好业务素质培训。当前检察业务领域存在着"三个不平衡":一是刑事检察与民事检察、行政检察、公益诉讼检察工作发展的不平衡。二是刑事检察中公诉部门的工作与侦查监督部门、刑事执行检察部门的工作发展不平衡。三是最高检、省级检察院的领导指导能力与市、县(区)检察院办案工作的实际需求不适应、不平衡。我们应当精准应对这些不平衡问题:首先,全面均衡制定刑事检察、民事检察、行政检察、公益诉讼等业务培训计划,推动实现"四轮驱动"格局;其次,同步强化公诉、侦查监督、刑事执行检察等刑事检察综合能力培训,积极聚焦民法典各分编草案、刑事诉讼法等修改,着重补齐学员业务中的不足、短板和弱项;最后,紧跟形势,及时对热点法律问题和人民群众高度关注的问题开展研讨,加强检察专业化建设,突出检察职业化、专业性特色。

(二)拓展智慧检务效能

最高检党组于 2018 年提出"智慧检务建设要聚焦科学化、智能化、人性化",对"智慧检务"进行了全面和深刻的诠释。"科学化",就是要符合新时代中国特色社会主义建设和发展规律,体现以人民为中心的思想,符合国家智能化、信息化建设的要求,符合司法办案规律和检察机关办案规律,并最终体现在办案质量效率提高、办案能力提升上;"智能化",就是要把自然科学形式逻辑和社会科学辩证逻辑结合起来,把需求、经验与软件程序设计深度融合起来,在科技应用中融入政治智慧、法律智慧;"人性化",就是要寓监督于服务,落实服务理念,打造开放、共赢、可持续发展的科技创新体系。

智慧检务建设不是一夕之功。当前,满足新时代检察工作需要和人民群众新需求,智慧检务建设还存在一些短板和弱项。一是科学化不够。民事检察、行政检察信息化较为薄弱。软硬件建设发展不均衡,无法支撑信息化长远发展。二是智能化不强。大数据、云计算、人工智能、5G 等新技术应用实践不够,信息共享和业务协同应用不深入,无法有效支撑法律监督。三是人性化不足。系统开放性不够,建设与应用未形成良性循环,迭代升级慢。在新时代深化智慧检务建设,必须坚定理念、聚焦问题、对症下药。《论语》有云:"志于道,据于德,依于仁,游于艺。""志于道",就是坚持正确方向,把以人民群众感受到更好的办案效果作为最终评价标准,把智慧检务放在国家信息化建设发展大局中通盘考虑,推动解决科学化问题;"游于艺",就是精通技能才艺,努力打破部门间、系统间的信息壁垒，强化业务协同应用，加强大数据、人工智能等新技术转化，推动解决智能化问题；"据于德，依于仁"就是保持人文情怀，立足实用管用，紧紧围绕检察办案的实际需求做工作，围绕人民群众的迫切需求做工作，在办案中监督、在监督中服务，推动解决人性化问题。

　　按照规划和设想，"十四五"期间检察机关将全面实现"全业务智慧办案、全要素智慧管理、全方位智慧服务、全领域智慧支撑"的智慧检务总体架构，形成信息动态感知、知识深度学习、数据精准分析、业务智能辅助、网络安全可控的"大平台共享、大系统共治、大数据慧治"的信息化格局。一是智慧办案更加有效。统一业务应用系统 2.0 全面应用，办案流程持续优化，辅助办案工具灵活可配、动态扩展，知识服务更加全面，政法协同和线上全流程办案得以实现。移动办案、远程视频深入应用，办案方式更加多样、快捷。二是智慧管理更加科学，案件管理评价的信息化支撑不断健全，"人、事、财、物"信息化管理平台进一步完善。三是智慧服务更加深入，办案系统与对外服务平台有效对接，信息公开、网上信访、公益诉讼线索举报等更加便捷有效，检察听证网全面应用，远程送达、异地阅卷等服务更加丰富，"互联网+检察工作"全面提升。四是智慧支撑更加巩固。检察网络设施全面优化，以大数据基础平台、能力中心、分析中心和知识中心为核心的"一平台、三中心"检察大数据体系全面建成，信息化支撑服务能力全面增强。①

（三）发挥案例指导作用

　　建立中国特色的检察机关案例指导制度，是我国司法体制改革的一项成果。根据 2019 年 3 月最高人民检察院第十三届检察委员会第

---

① 参见张雪樵：《以科技强检创新实践　开启智慧检务新篇章》，《检察日报》2020年 8 月 1 日。

十六次会议审议修订的《最高人民检察院关于案例指导工作的规定》（以下简称《规定》）要求，检察指导性案例应当符合四个方面的条件：案件处理结果已经发生法律效力；办案程序符合法律规定；在事实认定、证据运用、法律适用、政策把握、办案方法等方面对办理类似案件具有指导意义；体现检察机关职能作用，取得良好政治效果、法律效果和社会效果。检察指导性案例一般有以下特征：一是最高人民检察院发布指导性案例，是作为最高司法机关行使司法权的体现，本质上是办案工作的延续。指导性案例不同于一般意义上的案例，不同于各级检察院发布的典型案例。指导性案例是对办案工作进行指导，是对检察办案工作中形成的规律、规则的分析、提炼、总结，具有司法性和专业性。二是指导性案例应提炼适用于类案的司法规则。指导性案例反映的问题应确属检察办案中在理解适用法律政策或司法解释上带有疑难性、分歧性和复杂性，需要明晰界限、统一标准，或者规范程序、明确方法，且带有一定普遍性的问题。这些问题通过指导性案例予以总结、提炼，上升为类案适用规则予以发布。指导性案例确定的规则在检察工作中应当被参照适用。三是指导性案例是经过严格程序筛选后发布的案例。指导性案例应由各级检察院逐级报送，最高人民检察院各业务部门认真筛选、深入研究、广泛征求意见，并经最高人民检察院案例指导工作委员会讨论和最高人民检察院检察委员会审议通过，最高人民检察院检察长签批，并在《最高人民检察院公报》和官网正式发布。

为不断加强和改进指导性案例工作，推进检察机关办案能力不断提升，应从以下五个方面进一步提升指导性案例工作质量，提高指导性案例应用效果：一是进一步认识案例指导工作的重要意义，发挥好指导性案例特有的功能作用。各级检察院检察官应当进一步重视案例指导、培养案例意识、加强案例总结分析。二是拓宽指导性案例覆盖面，加快指导性案例发布频次，强化指导性案例应对解决实践问题的针对性、及时性。三是夯实指导性案例工作基础，推进指导性案例成为最高人民检察院对各级检察院业务工作开展指导的重要方式。最高人民检察院和省级检察院要进一步采取措施,提高基层检察院及各个方面报送推荐指导性案例素材的积极性,拓宽指导性案例素材来源渠道。鼓励各级检察院检察官不仅要办好案,还要有"慧眼"识别好的案例"苗子",用"工匠精神"雕琢、总结案例"胚子",及时向上级部门推荐、报送。四是提升指导性案例质量,推进指导性案例回应、解决、说明办案中的疑难问题,强化指导性案例的实践应用。五是运用指导性案例讲好检察故事,构建良性检察公共关系。检察机关应结合案件办理特别是结合指导性案例发布,对案件的普法意义予以挖掘、宣传。检察机关应积极主动地运用指导性案例以及其他典型性案例,加强与相关单位、部门的工作沟通,使其从案例中受到启发和触动,在改进工作、加强管理、预防犯罪等方面吸取经验教训,实现法律监督的"双赢多赢共赢"。

(四)重视业务数据分析

公布检察业务数据,是落实以人民为中心的发展思想,提升检察工作透明度的重要举措。将数据所蕴含的案件质量效率信息、司法管理信息等信息发掘出来,及时释放出去,加深人民群众对检察工作的了解和认同,以业务数据公开促进司法公开,以司法公开促进司法公信。同时,检察业务数据真实反映检察机关解决群众的操心事、烦心事、揪心事,不断回应人民群众对检察工作的新要求新期待,公布检察业务数据,可以进一步提高人民群众对检察工作的满意度。公布检察业务数据,是指导检察业务工作的有效手段。深入挖掘检察业务数据的内在价值,充分发挥业务分析研判服务对领导业务决策和指引办案实践的参谋职能作用,可以不断提升"四大检察""十大业务"工作质效,更好地服务于经济社会发展全局和检察工作大局。"工欲善其事,必先利其器。"公布检察业务数据,真正倒逼各级检察机关更加主动地统计数据、分析数据、运用数据,不断增强检察业务数据分析研判的能力,有针对性地改进办案工作,形成全国一盘棋的业务数据分析研判工作格局。公布检察业务数据,是进一步推动和创新检察理论研究的重要途径。检察业务数据动态展现检察业务运行态势,是检察理论研究丰富而鲜活的检察实践源泉。公布检察业务数据,可以借力"外脑",团结学界,从理论上阐释和指引数据中呈现的检察机关办案中的"真问题",使检察理论研究真正"接地气",为做好新时代检察工作提供强有力的理论支撑。用数据说话,用数据决策。大数据时代,检察业务数据已经成为评价检察工作的"晴雨表"和指导检察业务发展的"风向标",唯有主动公布检察业务数据,打破数据、信息壁垒,才能确保新时代检察工作实现司法活动的公开、透明、可预期,努力让人民群众在每一个司法案件中感受到公平正义。①

---

① 《公开检察业务数据 回应人民群众关切》,《检察日报》2019 年 10 月 31 日。

第 九 章

总基调:稳进、落实、提升

　　稳进、落实、提升的检察工作总基调,是最高人民检察院根据党和国家当前和今后一个时期经济社会发展总基调而确定的。这个总基调的要义是:把握稳进这个大局,依法保障经济社会持续健康发展,紧紧围绕稳增长、促改革、调结构、惠民生、防风险、保稳定,立足检察职能积极作为、精准服务;把握落实这个重心,推进重大部署落地生根,凡是党中央作出的重要决策部署,都要结合检察工作实际坚决贯彻,一丝不苟、一抓到底;把握提升这个目标,新时代检察工作要有新气象新作为。①

一、把握稳进大局

(一)党和国家稳进大局的含义

　　行稳方能致远。稳中求进,稳是基础、稳是大局。这既是有效应对外部环境深刻变化和国内经济下行压力的需要,也是扎实推进经济社会持续健康发展的前提。当今世界,经济形势处于低迷期,贸易保护主

---

① 张军:《最高人民检察院工作报告——2019 年 3 月 12 日在第十三届全国人民代表大会第二次会议上》,最高人民检察院官网,https://www.spp.gov.cn/zdgz/201903/t20190319_412292.shtml。

义、单边主义等问题此起彼伏,不确定不稳定的因素明显增多;就国内而言,面对艰巨复杂的改革发展稳定任务,全面深化改革进入攻坚期,经济下行、资源环境约束、民生建设短板等各种压力汇聚。越是在闯关夺隘的关键时刻,我们越是要看大势、明大局,稳住阵脚,筑牢基础,稳扎稳打,以稳求进,牢牢坚持高质量发展道路。

稳中求进,进是方向,也是目标,核心是依靠改革,主动求新求变。我们要在稳的基础上,在关键和重点领域敢于进取和突破,将解决前进中突出的问题作为打开新局面开创新事业的突破口,把外部压力转换为内部发展动力,实现以进固稳。对此,我们有丰富的历史经验。正如习近平总书记所指出的,"我国 40 年改革开放是全面的也是渐进的,摸着石头过河,坚持试点先行,取得经验后再在面上推开"①。在 40 多年改革开放的坚实基础上,我们要进一步激发创新创造活力,为进一步积蓄和培育新力量、试验和探索新路径,为实现经济社会发展增添新活力、创造新动能。

(二)稳步推进检察高质量发展

把握稳进大局,首先要依法惩治犯罪维护社会安定。针对大事多、喜事多、敏感节点多的情形,重中之重在于保稳定,以稳求进、以进固稳。各级检察机关要切实担负起维护国家政治安全、确保社会大局稳定的职责任务,做好各类风险防范化解工作。特别是,对于突出风险点,要保持清醒认知、增强斗争精神,强化检察环节保安全、护稳定各项措施。② 与此同时,要为打赢三大攻坚战提供有力司法保障。切实履

---

① 《习近平同党外人士共迎新春》,《人民日报》2019 年 1 月 29 日。
② 比如,依法深入推进扫黑除恶专项斗争,紧盯涉黑涉恶重大案件、黑恶势力经济基础、背后"关系网"和"保护伞"不放,在打防并举、标本兼治上下功夫。坚决惩治以报复社会为目的的个人极端暴力犯罪,对群众反映强烈的"两抢一盗"、电信网络诈骗等犯罪有针对性加大打击力度。从严惩治教育、医疗和食品药品安全等民生领域犯罪,增强人民群众安全感、幸福感。

行"四大检察"职能，深度参与、精准服务。在防范化解重大风险方面，既要提升专业办案能力，大力惩治经济金融犯罪，尽最大努力追赃，减少群众经济损失；也要确保"群众来信件件有回复"，运用新时代"枫桥经验"有效化解矛盾，缓解群众焦虑情绪。在精准脱贫方面，要研究如何把办理扶贫领域腐败案件和扶贫项目分开，把司法救助支持精准脱贫的相关意见落细落实。在打好污染防治攻坚战方面，要持续加大对各类破坏环境资源犯罪行为的打击力度，促进生态环境综合保护。特别是进一步做好环境公益诉讼工作，着力办理一批有影响力的案件，助力打好蓝天、碧水、净土三大保卫战。还要看到，民营企业是促进经济高质量发展的重要力量，民营经济能否顺利发展，关乎大局稳定。检察机关要从严惩治侵犯知识产权等严重破坏市场经济秩序犯罪，为民营企业发展提供良好法治环境。① 为此，要坚持稳字当头，坚决维护稳定，着力防范化解风险，真正在学习贯彻习近平总书记重要讲话精神上见行动、求实效，以更实更优的工作服务大局，为全面建成小康社会营造安全稳定的政治环境和社会环境。

（三）持续防范化解金融风险

2019 年，最高人民检察院针对检察机关办理的金融犯罪案件对金融安全、社会稳定造成的影响，聚焦金融防范化解工作，发出"三号检察建议"。该建议起因是，2019 年，全国检察机关在为金融安全护航中，起诉金融诈骗、破坏金融管理秩序犯罪40178 人，同比上升25.3%。为此，最高检向中央有关部门发出"三号检察建议"，推动强化监管、源头防控。

---

① 比如，要把《充分发挥检察职能服务保障"六稳""六保"的意见》确定的 11 条检察政策落实到具体工作中，依法平等保护民营经济合法权益，尤其重视保护企业家人身和财产安全，审慎采取强制措施，坚决杜绝差异性、选择性司法，给企业家吃下持续经营发展的"定心丸"。

抓好"三号检察建议"防范化解金融风险,要突出一个"准"字。金融工作千头万绪,检察机关防范化解金融风险不能"漫无目的满屋子乱转",而是要找准检察职能与服务保障打好防范化解金融风险攻坚战的结合点,综合运用打击、预防、监督、教育、保护等措施,充分发挥检察职能作用,为金融安全提供法治保障。一是办案重点要准。针对当前金融犯罪案件高发多发的状况,要依法惩治证券期货犯罪、涉众型经济犯罪以及洗钱、地下钱庄、网络传销等犯罪,积极参与互联网金融风险专项整治,努力提供更多更优的金融法治产品。对有案不立、有罪不究、以罚代刑和裁判不公等问题,对金融监管部门不履行职责、怠于监管或造成国家和公共财产重大损失的,要积极运用检察建议督促其依法履行监管职责,依法与有关部门协作严惩背后的滥用职权、玩忽职守等职务犯罪。二是办案尺度要准。金融证券活动专业性、创新性强,法律政策规定较为复杂。在办理金融领域案件时,既要依法持续加大对金融犯罪的打击力度,也要坚持罪刑法定的基本原则,慎重对待金融领域出现的新情况、新问题,正确区分罪与非罪、此罪与彼罪的界限,正确区分金融创新与金融犯罪,在惩治犯罪的同时依法保护创新发展。三是预防建议要准。早识别、早预警、早发现、早处置是防范和化解金融风险的关键一环。检察机关要结合办案针对金融监管环节出现的问题和漏洞提出精准的检察建议,促进相关部门堵漏建制,完善相关预防预警措施。

抓好"三号检察建议"运用检察力量助推防范化解金融风险,要突出一个"专"字。近年来,新型金融案件疑难复杂程度明显加大,呈现出犯罪手段不断翻新,隐蔽性和迷惑性增强;犯罪影响面广、处置难度大;犯罪手段呈网络化、专业化发展等特点。针对这些特点,检察机关必须在"专"字上下功夫,以高标准、专业化的办案服务保障打好防范化解金融风险攻坚战。一是要加强专业研究。办理金融案件,既要熟悉检察业务,也要有专业的金融知识。因而,检察办案人员要加强对金融犯罪的研究,深化对金融创新的理解认识,厘清新型金融形态和金融犯罪的界限,提高办理金融犯罪案件的质量、效率和效果。涉众型金融犯罪欺骗性强,涉案人员多,社会危害大,办案人员就要研究如何把对案件的查办和化解风险、追赃挽损、维护稳定结合起来,防止引发次生风险。同时,要注重风险评估预警,做到依法处置、舆论引导、社会管控"三同步",实现办案的政治效果、社会效果和法律效果相统一。最高检以金融犯罪为主题发布的第十批指导性案例,具有很强的指导性。一线办案检察官要重视对指导性案例的学习研究,将案例研究作为夯实法律适用根基、研究解决法律疑难问题的标本,通过精研案例提升办案能力。二是要借助专业力量。提升办理金融案件的专业化水平,既要内部挖潜,也要借助"外脑"。检察机关通过邀请金融行业专家参与新型、疑难、复杂金融案件的研讨,可以突破办案难题、提高办案质效。要健全完善与银保监会等金融监管部门的沟通衔接机制,借助专业力量加强办案和犯罪预防,形成防范化解金融风险的合力。三是要打造专门办案团队。办理金融案件,人才是关键。要以深入推进司法责任制改革为契机,进一步加强金融案件办案组织和办案团队建设,通过金融案件办理专项培训、拓展干部双向挂职交流等形式,努力培养一批精通金融检察业务的专门人才。

防范化解金融风险,事关广大群众切身利益,事关金融安全、社会稳定和国家安全,是实现高质量发展必须跨越的重大关口。各级检察机关要切实重视起来、行动起来,把习近平总书记关于防范化解重大风险的一系列重要指示精神落实好,进一步提升服务保障打好防范化解金融风险攻坚战的能力水平,为经济社会健康发展贡献检察力量。

二、把握落实重心

习近平总书记指出,"一分部署,九分落实"。短短八个字,深刻揭示了抓落实的极端重要性。学习贯彻习近平新时代中国特色社会主义思想,践行习近平总书记关于狠抓落实的重要论述精神,抓好党中央决策部署的贯彻执行,既是坚持以人民为中心检察发展理念的客观要求,也是开创新时代检察工作新局面的根本举措。

(一)深刻认识狠抓落实的重要意义

抓落实是坚持马克思主义认识论和实践观、做到知行合一的内在要求。马克思主义深刻阐明了认识与实践的辩证关系,认为认识来自实践,最终还要回到实践中去。抓落实是主观见之于客观的过程,只有通过抓落实,才能把"知"变为"行",把理论变为实践,达到知行合一的目的。这是共产党人认识世界、认识工作规律的哲学基础。具体来说,最高人民检察院党组提出的"讲政治、顾大局、谋发展、重自强"的总体要求、推动"刑事、民事、行政、公益诉讼四项检察全面协调充分发展"的具体部署,都属于在实践基础上新的理性认识,只有把这些新认识再返回到实践中去,也就是抓落实,才能推动各项工作创新发展。

抓落实是改进检察工作作风,破解发展难题的现实要求。总体上看,面对党中央作出的一系列重大决策和宪法法律赋予检察机关的工作职责,各级检察机关抓落实是认真的、富有成效的。但个别机关存在口号式、留痕式、克隆式、传球式、选择式、造假式落实等问题。对此,我们不仅要看到表象,更要找准根源。站在政治和全局的高度分析,其深层次的原因是:面对新形势新要求,思想准备还不够充分;面对改革发展的新实践,理论准备还不够充分;面对上下一体的领导体制,组织准备还不够充分;面对司法体制改革带来的发展变化,制度机制准备还不够充分;面对人民群众对司法公正公信的热切期盼,作风准备还不够充分;等等。我们就是要直面这些问题,敢作敢为,敢抓敢管,崇尚实干,埋头苦干,破解制约检察发展的难题和梗阻,勇做新时代检察工作的出色"干将"。

(二)正确理解狠抓落实的主要任务

抓落实要着眼新时代检察工作全局。眼界决定境界,高度决定力度。抓落实必须打开眼界,提升境界,高点定位,全面谋划。习近平总书记特别强调,要善于处理局部和全局、当前和长远、重点和非重点的关系。落实这个总体要求,最重要的是深入学习贯彻习近平新时代中国特色社会主义思想,全面加强检察业务工作、不断提升检察队伍建设水平。大力推进人才强检、科技强检和改革强检。在调职能、转方式、求质效、转作风上实现新突破。

抓落实要全面履行各项检察职能。检察机关是国家法律监督机关,承担惩治和预防犯罪,对诉讼活动进行监督的职责,是保护国家利益和社会公共利益的重要力量。抓落实就要把习近平总书记对检察机关的职责定位执行好,把宪法赋予的法律监督职能履行好。这既是政治使命,也是法律责任。必须按照党和人民要求,把刑事检察这个传统强项做得更强,把民事、行政检察这两个短板补齐,把公益诉讼这个新职能做实,真正实现各项检察工作全面协调充分发展。新时代法律监督工作要走高质量发展之路,就要坚持以人民为中心的检察理念,把检察为民作为最重要的职业良知,依靠人民推进公正司法,通过公正司法维护人民权益。坚持把促进社会公平正义作为核心价值追求,努力让人民群众在每一项执法活动、每一个司法案件中感受到公平正义。

抓落实要做好与监察执法的有效对接。在侦查、预防职能整体转隶的背景下,法律赋予检察机关查办司法工作人员相关职务犯罪的职责,对监察机关移送起诉的案件进行审查,对职务犯罪案件依法提起公诉。这是反腐败惩治职务犯罪、维护司法公正的重大制度设计。各级检察机关要认真学习、深刻领会习近平总书记关于监察执法要"有效衔接司法"的重要指示精神,增强使命感和责任感,敢于担当,认真履职。深刻认识职务犯罪检察是反腐败斗争的重要环节,具有很强的政治性、政策性和法律性。实践中切实贯彻执行《中华人民共和国监察法》和修改后的《中华人民共和国刑事诉讼法》,加强与监察机关的工作衔接,既紧密配合又相互制约,确保所办的每一起案件都经得起历史检验,推进反腐败工作法治化、规范化。

抓落实要加大各项改革攻坚克难力度。加大改革攻坚克难力度,要集中力量打攻坚战,激发制度活力,激活基层经验,激励干部作为,扎扎实实把各项改革措施落实到位。

抓落实要建设好过硬检察队伍。当前,检察工作的主要矛盾在于法律监督能力与新时代党和人民的更高要求不相适应。解决好这个主要矛盾,必须按照习近平总书记强调的革命化、正规化、专业化、职业化建设要求,努力打造一支高素质检察队伍。检察人员要把理想信念作为政治灵魂,坚定正确方向、站稳政治立场;把执法为民作为最重要的职业良知,增强群众观点,践行群众路线;把法治信仰作为履职之本,切实履行好宪法法律赋予的各项法定职责。要围绕抓实党风廉政建设提出的一系列要求,教育干警把清廉作为人生的宝贵财富,把不公不廉作为最大的耻辱,不仅在重大问题上严守纪律,也要在日常小事上守住底线。做政治过硬、业务过硬、责任过硬、纪律过硬、作风过硬的新时代检察官。

(三)全面把握狠抓落实的工作方法

抓落实,既是一种履职行为,也是一种履职方法。讲方法是抓落实的必然要求。实践中,一样的政策,一样的环境,一样的条件,落实的结果"两重天"的现象并不少见。也就是说,抓落实重在实干,但实干不是蛮干,实干要有思想、有策略、有方法。

思想开路抓落实。只有思想上破冰才有行动上的突破,抓落实首先要解决好思想问题。现实中存在的一些不落实问题,仔细分析原因,真正拒不执行、顶着不办的是极少数,大多数还是思想认识问题。说到底,就是在执行党的思想路线上还有不足。因此,必须开启思想的总闸门,自觉把思想认识从部门局限、惯性思维、陈旧观念的束缚中解放出来,让思想观念更加契合新时代,让抓落实的思路更加宽阔,让解决问题的方法更加多元。当前,关键是把理念变革作为解答时代课题的金钥匙,以中国特色社会主义进入新时代为历史逻辑起点,以习近平新时代中国特色社会主义思想为理论逻辑起点,以坚持和发展中国特色社会主义检察制度为实践逻辑起点,持续更新工作理念,为创新发展提供强大的思想武器。

明确目标抓落实。坚持科学的世界观和方法论,确保抓落实有正确的道路。习近平总书记多次强调,我们党是马克思主义政党,学习和运用马克思主义是我们党领导人民进行革命、建设和改革的优良传统和制胜法宝。在实践中,只有牢牢把握马克思主义的人民立场,才能解决好抓落实的价值取向问题;只有牢牢把握普遍联系的基本观点,才能解决好抓落实的主要任务问题;只有牢牢把握物质和意识的基本原理,才能解决好抓落实的根本方法问题;只有牢牢把握事物矛盾运动的基本规律,才能解决好抓落实的根本动力问题;只有牢牢把握量变和质变的辩证关系,才能解决好抓落实的可持续性问题;只有牢牢把握马克思主义政党建设思想,才能解决好抓落实的组织保证问题。掌握了马克思主义立场、观点、方法,抓落实就有了坚实的立足点,就有了强大的动力,就有了正确的道路和明确的目标,落实中的各种问题也就迎刃而解了。

领导带头抓落实。领导干部是组织者、管理者、推动者,抓落实要做到率先垂范。习近平总书记强调领导干部是"关键少数"。领导职务越高,抓落实的责任就越大。领导干部带头想了,带头干了,一般干部的积极性就容易调动起来。因此,在抓落实过程中,各级领导干部都要勇于挑最重的担子、啃最硬的骨头,不仅要协调指挥,更要亲力亲为,放眼新时代的历史使命、放眼事业发展的长远征程,思考该干什么、怎么干好。

突出重心抓落实。当下，抓落实仍是基层突出的短板，必须始终强调抓基层打基础。检察工作的重心在基层，抓落实的重点自然就在基层。必须以规范执法、狠抓办案为中心，大力加强基础工作，强化基本素质和基本保障。必须努力为基层减负，把基层从"痕迹管理"中解脱出来，严格控制各种检查、报表的总量和频次，让基层把更多时间用在抓工作落实上。对事业发展中的重大问题要主动思考、深入研究，看准了的就要敢于去干，按客观规律和实际情况创造性地把工作做好，创造性地把各项工作抓出成效。

结合实际抓落实。各地检察机关情况千差万别，落实工作不能照抄照搬，要把上级精神与本地实际结合起来，把对上级负责与对下级负责结合起来，创造性地开展工作，努力在结合中出思路、出特色、出成效。对于上级决策部署比较原则性的，要主动思考、深入研究与本地具体实际对接；只要符合上级决策精神，看准了的，要敢于去干。唯有如此，才能做到按客观规律和实际情况办事，真正把工作做好。大凡抓落实的先进典型，大到"枫桥经验"，小到扫黑除恶、扶贫攻坚等专项工作中涌现出来的先进单位，无一不是把上级的决策部署和本地本单位实际结合起来的结果。

三、把握提升目标

新时代，检察工作要与人民群众对公平正义更高水平的需求相适应，就必须在提升上下功夫。各级检察机关和全体检察人员要以习近平总书记系列重要讲话精神为指引，把握提升目标，进一步加强检察队伍建设、提高法律监督能力，以永不懈怠的精神状态和一往无前的奋斗姿态，展现新气象、实现新作为，努力为人民提供更实更优的法治产品、检察产品。

(一)监督要强化,必须讲政治

检察机关既是宪法规定的法律监督机关,又是党领导下的司法机关。人民检察制度创立90多年来,面对严峻复杂的斗争形势与波澜浩荡的历史沉浮,一路走来,最根本的就是讲政治,注意抓好政治性很强的业务建设,业务性很强的政治建设。唯此,才能强化新时代法律监督,提升检察监督的质量和水平。

把握提升目标的前提是旗帜鲜明讲政治、坚决做到"两个维护"的根本要求。旗帜鲜明讲政治,是做好新时代检察工作第一位的任务。讲政治最根本的就是要坚决维护习近平总书记党中央的核心、全党的核心地位,坚决维护党中央权威和集中统一领导。"两个维护"是我们党的重大政治成果、宝贵政治经验和重要政治规矩。旗帜鲜明讲政治、坚决做到"两个维护"是最重要的责任担当。检察机关如果不狠抓落实,就算不上讲政治;如果不狠抓落实,就算不上讲规矩;如果不狠抓落实,就算不上讲担当。因此,最关键的是以实际行动把习近平总书记对检察工作的一系列重要指示精神落实好,把党中央重大决策部署落实好。

把握提升目标,实现新时代检察工作的创新发展,必须坚持以人民为中心的发展理念,坚持人民至上的政治意旨,把党的领导落实到各项检察业务中,在检察监督各项工作中认真贯彻落实党的方针政策。应当特别强调的是,党中央根据新的时代要求,颁布了政法工作条例、党组工作条例等重要党内法规,检察工作讲政治,就要落实好两个条例,充分发挥党对政法工作和检察工作核心领导和政治保障功能,切实增强检察机关讲政治、顾大局的主动性和自觉性,在开创新时代检察工作新局面过程中不断提高各级人民检察院党组的政治领导能力和组织管理水平。

(二)工作要提升,关键靠队伍

把握提升目标,实现新时代检察工作高质量发展,关键在提升检察工作主体的整体素质和水平,必须将检察队伍政治业务建设抓得紧而又紧。当前,检察工作的主要矛盾在于法律监督能力与新时代党和人民的更高要求不相适应。解决好这个主要矛盾,必须按照习近平总书记强调的革命化、正规化、专业化、职业化建设要求,努力打造一支高素质检察队伍。

要深入学习贯彻《中国共产党政法工作条例》,扎实开展"不忘初心、牢记使命"主题教育,推动习近平新时代中国特色社会主义思想学习研讨融入日常工作,把党的政治建设抓得更实。要把政治性很强的业务培训领悟好、落实好,大力推进高质量高标准业务培训,培养专业能力、弘扬专业精神。严管就是厚爱,要坚定不移落实全面从严治党,完善从严监督管理体系,加强内部警示教育,让领导干部管好自己、管好自己的人,让每一名检察人员珍惜自己的声誉、名誉和政治生命。

检察人员要把理想信念作为政治灵魂,坚定正确方向、站稳政治立场;把执法为民作为最重要的职业良知,增强群众观点,践行群众路线;把法治信仰作为履职之本,切实履行好宪法法律赋予的各项法定职责。要围绕抓实党风廉政建设提出的一系列要求,教育干警把清廉作为人生的宝贵财富,把不公不廉作为最大的耻辱,不仅在重大问题上严守纪律,也要在日常小事上守住底线。做政治过硬、业务过硬、责任过硬、纪律过硬、作风过硬的新时代检察官。

(三)事业要发展,动力在改革

把握提升目标,必须坚持检察改革永远在路上,坚持贯彻解放思想、实事求是、与时俱进的马克思主义思想路线,推进"四大检察"全面协调充分发展。改革是当代中国最鲜明的特色,是我们党在新的历史时期最鲜明的旗帜。推动新时代检察工作创新发展,最根本的途径就是深化改革。要落实《2018—2022 年检察改革工作规划》中提出的 46 项主要改革任务,加快推进内设机构改革,尽快按照地方检察权运行新机制运转起来。推进员额制改革要处理好"进"与"出"的关系,入额人员积极性与未入额人员积极性的关系,放权与监督的关系,确保放权不放任、有权不任性。

要加大改革攻坚克难力度,集中力量打攻坚战,激发制度活力,激活基层经验,激励干部作为,扎扎实实把各项改革措施落实到位。要充分发挥捕诉一体在提升办案质量效率方面的优势,健全司法办案、工作指导、监督制约等配套机制。要下大气力补齐民事、行政检察短板,以内设机构改革为契机,加强民事、行政检察办案力量,全面落实精准监督理念,加大对民事诉讼中深层次违法问题监督力度,加强行政诉讼监督,着力办出具有示范指导意义的典型案件。要完善公益诉讼检察制度,不断扩展公益诉讼范围、加大办案力度,开展办案质量效果"回头看"工作,积极促进检察建议落实,实现"双赢多赢共赢"。

(四)实现新提升,重点在基层

基础不牢、地动山摇。实现提升目标,必须坚持不懈抓基层打基础。基层检察院处在司法为民第一线,要投入精力建好建强,在政策上要予以倾斜。建好建强基层院,推进基层院在参与社会治理、保障民生幸福、维护公平正义、开创检察事业新局面上展现新作为,当好"排头兵"。

(五)实现新发展,保障要跟上

第一,提高经费保障水平。积极争取增加中央财政转移支付资金,落实地方财政投入,完善县级检察院公用经费保障标准,建立正常增长机制。突出经费保障重点,充分保障检察业务、检察改革、教育培训、科技强检经费需求。强化预算绩效管理,提高资金使用效益。牢固树立过"紧日子"思想,常态化推进节能降耗,建设节约型机关。

第二,强化科技装备建设。修订县级检察院基本业务装备配备标准,逐步完善省、市级检察院业务装备配备标准。五年投入200亿元以上,重点加强检察业务基本装备,法医、物证、声像资料和公益诉讼支持等检察技术装备建设;加强密钥管理系统建设;完成检察机关国产化替代工程,健全科技装备建设与应用、运行与维护等管理制度。

第三,完善基础设施建设。会同有关部门修订人民检察院办案用房和专业技术用房建设标准。按照新的建设标准对现有"两房"设施予以规范,确有必要改扩建和新建的,列入地方政法机关基础设施建设规划,争取中央预算内投资予以支持。继续推进国家检察官学院分院建设,加强民族地区双语培训基地建设。严格执行国家建设标准、严禁超标准超规模建设。制定实施检察机关基础设施建设管理办法。

第四,优化智慧检务建设。遵循科学化、智能化、人性化原则,更加贴近一线检察办案,推进智慧检务工程建设,加强大数据人工智能、区块链等新技术应用。全面推进统一业务应用系统应用,持续优化流程办案、辅助办案、案件管理、数据应用和知识服务功能。建成覆盖四级院的检察工作网。推进远程提审、远程庭审、远程送达系统建设。推进检察大数据中心建设。推进检察信息系统集成、兼容。参与跨部门大数据办案平台建设。完善网络安全保障体系。加快推进智慧检务创新平台、检察知识服务平台、融媒体平台建设,提升检察工作智能化水平。

第五,加强检察技术工作。落实技术性证据专门审查制度,建立司法办案中检察技术协作配合机制。完善检察公益诉讼等业务工作技术支持体系。进一步发挥大数据分析研判在民事行政诉讼监督等案件中的智能辅助作用。加强侦查技术建设应用。修订人民检察院鉴定规则、鉴定机构登记管理办法,鉴定人登记管理办法。加强实验室建设,建立资质能力分级评定制度。省级检察院要加强对技术资源统筹布局,发挥辐射带动作用。

第六,深化阳光司法。完善检务公开的内容、程序和方式并动态调整。各级检察院设立新闻发言人,健全新闻发布常态化机制。落实重大案件信息发布制度,探索检察机关立案侦查的职务犯罪案件移送审查起诉时统一对外发布机制。修订案件信息公开工作规定,持续优化案件程序性信息查询方式,拓展可查询案件类型,扩大法律文书公开范围。推进检务公开与便民服务集约融合,优化门户网站和"12309"检察服务中心功能。

第 三 篇
新时代检察政治建设

政治建设是我们党凝心聚力的看家本领。离开政治建设，检察业务就没有灵魂。各级检察机关要切实抓好新时代检察机关政治建设，强化党的政治领导，夯实政治根基，涵养政治生态，防范政治风险，永葆政治本色，提高政治能力，确保检察工作始终沿着正确方向前进。

第 十 章

新时代检察政治建设观

新时代检察政治建设观,就是着眼于宪法赋予检察机关的法律监督职能的充分有效发挥和以人民为中心的本质要求,坚持和完善党的绝对领导制度,保证检察工作的根本方向;坚持和完善习近平新时代中国特色社会主义思想指导制度建设,加强检察工作的理论武装;坚持人大及其常委会的监督和纪检监察监督,确保检察权依法规范运行;加强检察机关党的建设,推进检察工作和检察队伍建设高质量发展。

一、政治建设的核心是维护党的领导和权威

政治建设的核心是维护党的领导和权威,维护党的领导和权威首先是维护以习近平同志为核心的党中央的领导和权威。牢固树立政治意识、大局意识、核心意识、看齐意识,把维护党中央权威和集中统一领导作为最高政治原则和根本政治规矩来执行,是检察机关政治建设的首要任务。

(一)习近平总书记是党中央的核心、全党的核心

党的十八大以来,习近平同志在领导全党全军全国人民进行新的

173

伟大斗争实践中,以其个人魅力和卓越成就,"立德""立功""立言",客观上已经成为党中央的核心、全党的核心。因此,明确习近平总书记党中央的核心、全党的核心地位,是历史的选择,当之无愧、名副其实、众望所归。①

立德——具有崇高的理想信念、独特的人格魅力。党的十八大以来,习近平总书记高扬我们党的信仰的旗帜,反复强调革命理想高于天。针对一些人宣扬的共产主义缥缈论,他一针见血地指出,这如果不是意识形态的偏见,就是历史的短见。"我们不能因为实现共产主义理想是一个漫长的过程,就认为那是虚无缥缈的海市蜃楼,就不去做一个忠诚的共产党员。革命理想高于天。实现共产主义是我们共产党人的最高理想,而这个最高理想是需要一代又一代人接力奋斗的。"②他以强烈的责任担当,率先垂范,以逢山开路、遇水架桥的勇气,强力推进治党治国治军、改革发展稳定、内政外交国防各领域的工作,啃"硬骨头"、涉"险滩"。在反腐倡廉建设上,力挽狂澜,"老虎""苍蝇"一起打,使党风政风明显改善。

立功——以卓越的领导能力带领全党和全国人民取得了中国特色社会主义事业的新成就。习近平同志从政经历遍及村、县、市、省、直辖市和中央党政军主要岗位,在每一个岗位,都取得卓越的政绩。党的十八大以来,以习近平同志为核心的党中央统筹推进"五位一体"总体布局,协调推进"四个全面"战略布局,构建基于合作共赢的新型国际关系,加快国防和军队现代化建设,中国的经济实力、科技实力、国防实力、国际影响力迈上了一个大台阶。与此同时,习近平同志还领导党中央以非凡的勇气和果断的举措,从严治党管党,推进党的制度建设,严肃党内政治生活,净化党内政治生态,以实实在在的工作成绩,赢得了

---

① 本节参见祁金利、阎国平:《自觉维护以习近平同志为核心的党中央的权威》,《红旗文稿》2017 年第 9 期。

② 《十八大以来重要文献选编》(中),中央文献出版社 2016 年版,第 321 页。

党心、军心、民心。

立言——提出治国理政新理念新思想新战略。党的十八大以来，习近平同志围绕治党治国治军、改革发展稳定、内政外交国防发表了系列重要讲话，提出一系列新理念新思想新战略，深化了我们党对共产党执政规律、社会主义建设规律、人类社会发展规律的认识，发展了当代马克思主义，开辟了马克思主义中国化新境界。围绕坚持和发展中国特色社会主义这一主线，提出"中国梦"、"两个一百年"奋斗目标、"五位一体"总体布局、"四个全面"战略布局、新发展理念、经济发展新常态、"一带一路"倡议、新型国际关系和人类命运共同体等一系列富有创见的新思想新观点新论断。他的系列重要讲话深刻回答了新的历史条件下党和国家发展的重大理论和现实问题，是中国特色社会主义始终沿着正确方向前进的思想纲领和行动指南，显示了非凡的理论勇气和深厚功底。

（二）坚持党的领导必须维护党中央的领导权威

中国共产党已经成立100年，连续执政70余年。这样长的党龄和执政时间，在世界政党史上屈指可数。这其中原因很多，但毫无疑问，坚强的领导核心、成熟的领导集体、中央的高度权威，都是不可或缺的重要因素。中央坚强有力，就能提出科学的理论，凝聚党心民心；就能做出正确的决策，取得一个个胜利；就能令行禁止，使党步调一致。

今天，中国共产党有着9500多万党员，在14亿多人口的大国执政，进行具有许多新的历史特点的伟大斗争，面临的挑战和困难前所未有。尤其是党长期面临执政考验、改革开放考验、市场经济考验和外部环境考验，要抵御精神懈怠危险、能力不足危险、脱离群众危险和消极腐败危险，更是压力巨大。党肩负的重大责任和使命，需要党中央的集中统一领导，更需要坚决维护以习近平同志为核心的党中央权威。

坚决维护以习近平同志为核心的党中央的权威，必须坚持"四个服从"，即坚持党员个人服从党的组织，少数服从多数，下级组织服从上级组织，全党各个组织和全体党员服从党的全国代表大会和中央委员会，核心是全党各个组织和全体党员服从党的全国代表大会和中央委员会。必须牢固树立"四个意识"，即政治意识、大局意识、核心意识、看齐意识，自觉在思想上政治上行动上同党中央保持高度一致。做到党中央提倡的坚决响应、党中央决定的坚决执行、党中央禁止的坚决不做。

党的十八大以来，中央政治局常委会、中央政治局多次听取全国人大常委会、国务院、全国政协、最高人民法院、最高人民检察院党组工作汇报和中央书记处工作报告，并将这项工作写入《关于新形势下党内政治生活的若干准则》和《中共中央政治局关于加强和维护党中央集中统一领导的若干规定》。实践证明，这是坚持党中央权威和集中统一领导的重要制度安排，十分必要、很有意义，必须坚持下去。

把维护党的领导和权威落实在实际行动中。维护党的领导和权威，决不能只是喊口号、说套话，必须落到实处，落到具体岗位、具体职责、具体工作中，落到司法办案各环节。要深刻认识到检察机关首先是政治机关，始终把党的绝对领导作为检察工作的最高原则、最大优势，切实增强"四个意识"、坚定"四个自信"、做到"两个维护"，确保检察工作始终沿着正确方向胜利前进。要坚持正确处理党的绝对领导和依法独立公正行使检察权的关系，坚决抵制西方错误思潮，坚定不移走中国特色社会主义法治道路，推动中国特色社会主义检察制度更加成熟、更加定型。要坚持把党的绝对领导贯彻到检察工作各方面，把执行党的政策与执行国家法律统一起来，严格执行向党委请示报告重大事项等制度，确保党的基本理论、基本路线、基本方略在检察工作中不折不扣落到实处。

(三)坚持用党的科学理论引领和指导检察工作

党的十九大报告从马克思主义世界观和方法论的高度，用"八个明确"的理论支撑和"十四个坚持"的基本方略,阐明了习近平新时代中国特色社会主义思想的逻辑内涵和精神实质。并在党章中把它同马克思列宁主义、毛泽东思想、邓小平理论、"三个代表"重要思想、科学发展观一道确立为党的行动指南,实现了党的科学理论的又一次与时俱进。习近平新时代中国特色社会主义思想,不仅是引领我们实现"两个一百年"奋斗目标和中华民族伟大复兴中国梦的光辉旗帜和行动指南,而且为全球治理体系改革和建设贡献出中国智慧和中国方案,彰显出新时代马克思主义科学社会主义理论的蓬勃生机。

坚持用党的科学理论引领和指导检察工作,就要牢牢把握习近平新时代中国特色社会主义思想的根本立场。这个立场就是中国共产党的党性立场和人民性立场。即始终站在人民大众立场上,一切为了人民、一切相信人民、一切依靠人民,全心全意为人民谋利益。党性是人民性的集中体现,人民性是党性的价值依归。坚持中国共产党的党性立场和人民性立场,就要不断强化忠诚核心、拥戴核心、维护核心、捍卫核心的思想自觉、政治自觉、行动自觉,在政治立场、政治方向、政治原则、政治道路上同以习近平同志为核心的党中央保持高度一致,把保障人民安居乐业,实现社会公平正义作为价值目标;把维护国家法治统一实施,巩固党的执政地位,维护国家政治安全作为职责使命。始终坚持以人民为中心、以人民为动力、以人民为尺度、以人民为目的,矢志不渝做新时代中国特色社会主义事业的建设者、捍卫者。

牢牢把握习近平新时代中国特色社会主义思想的基本观点。这个观点,是贯穿于新时代中国特色社会主义思想对人类社会实践与时俱进的科学认识;是决胜全面建成小康社会、实现中华民族伟大复兴中国梦时代主题的科学内涵。其主要包括:坚持党的领导和以人民为中心;坚持全面深化改革和新发展理念;坚持人民当家作主和全面依法治国;坚持培育和践行社会主义核心价值观;坚持总体国家安全观和党对人民军队的绝对领导;坚持推进祖国统一和构建人类命运共同体;坚持勇于自我革命,从严管党治党等。这些基本观点,来自对中国特色社会主义进入新时代和主要矛盾发生历史性变化的重大政治判断,蕴含着以习近平同志为核心的党中央治国理政大格局、大战略、大逻辑。我们要把检察工作放到基本观点形成的总体格局中来谋划,放到党的十九大关于全面依法治国、深化依法治国论述中来实践,放到坚持厉行法治的决策部署中来定位。

牢牢把握习近平新时代中国特色社会主义思想的基本方法。这个方法就是解放思想、实事求是、与时俱进的科学思想方法和工作方法,是我们检察工作实现新时代目标使命和发展主题的路径选择。

以战略思维方法把握服务大局的政治方向,围绕加快建设创新型国家,聚焦法律监督主责主业,充分发挥打击、保护、监督、预防、教育等多元功能,实现服务大局促发展、打击犯罪保稳定、强化监督促公正、维护法治树权威、化解矛盾促和谐等多元价值。为经济社会发展创造安定有序的社会环境、诚实守信的经济环境、清正廉明的政务环境、公平公正的司法环境。

以历史思维方法把握检察制度的发展规律,从理论逻辑和实践逻辑上正确认识人民检察事业与国家法治实践同步发展的内在品质,转变靠侦查威慑强化法律监督的执法理念,在敢于监督、善于监督、准确监督上下功夫;在优化对公安机关的侦查监督、对监察机关的调查监督、对行政机关的公共监督上下功夫;在更加准确有力地打击犯罪、最大限度的保障人权上下功夫,不断拓展检察机关法律监督的新视野、新境界。

以辩证思维方法把握履行法律监督职责中的重大关系。在侦查监督、刑事公诉、审判监督、执行监督、公益诉讼等执法活动中,正确处理法律效果与政治效果、社会效果的关系,打击犯罪与预防犯罪、保障人权的关系,办案数量与办案质量、办案效果的关系,协调配合与监督制约的关系,司法效率与社会正义的关系等,不断提高检察司法的法治化、科学化水平。

以创新思维方法完善检察监督体系、提高检察监督能力。健全完善侦查监督、公诉、死刑复核监督、刑事执行监督工作机制；建立健全反腐败执法与司法协调配合机制；健全"民事诉讼监督、支持起诉、民事公益诉讼"协调发展的多元化民事检察工作机制。坚持行政诉讼监督与行政违法行为监督并举，构建符合我国国情的行政检察制度。完善集信访、举报、纠错、赔偿、救助于一体的控告申诉检察工作机制，提升化解矛盾纠纷能力。

以人本思维方法加强新时代检察队伍建设，检察工作的创新发展，要靠用马克思主义中国化理论武装起来的全体检察干警来实现。人是生产力的第一要素，这是马克思主义一个最基本的观点。要按照政治过硬、业务过硬、责任过硬、纪律过硬、作风过硬的要求建设检察队伍，坚持以党的建设带动队伍建设，坚持不懈深化纪律作风建设。弘扬党的事业至上、人民利益至上、宪法法律至上的价值追求，永葆忠于党、忠于国家、忠于人民、忠于法律的政治本色，努力建设一支信念坚定、执法为民、敢于担当、清正廉洁的新时代检察队伍。

二、政治建设的主题是不忘初心、牢记使命

检察机关政治建设的主题是不忘初心、牢记使命。这一主题把党的集中教育活动提升到一个新的高度和境界，抓住了新时代检察机关政治建设的工作核心。"不忘初心、牢记使命"，体现了党领导下检察机关的高度清醒与自觉。初心决定使命，使命成就初心，这个初心和使命包含了深刻内涵。

（一）不忘初心就要不忘党的旗帜

十月革命一声炮响，给中国送来了马克思列宁主义。马克思主义

传入中国,为中国共产党的成立作了最重要的理论准备。马克思主义在中国之所以能产生这样大的作用,是因为中国社会有这种需要,是因为同中国革命实践发生了联系,是因为被中国人民掌握了。任何思想,如果不和客观实际相联系,如果没有客观存在的需要,如果不为人民群众所掌握,即使再好,也不可能发挥出作用。实践证明,马克思主义为中国革命、建设、改革提供了强大思想武器,历史和人民选择马克思主义、中国共产党把马克思主义写在自己的旗帜上是完全正确的。旗帜就是方向,旗帜就是形象,旗帜凝聚意志,旗帜彰显力量。中国革命、建设、改革一刻也不能离开马克思主义的指导。新时代全面建设社会主义现代化国家、实现中华民族伟大复兴,一刻也不能离开马克思主义的指导。

党的旗帜是新时代应对"四大考验"的法宝。改革发展稳定任务之重、矛盾风险挑战之多、治国理政考验之大前所未有。我们党要始终保持统一的思想、坚定的意志、协调的行动、强大的战斗力,始终赢得优势、赢得主动、赢得未来,必须始终高扬马克思主义伟大旗帜不动摇,始终坚持思想建党、理论强党不动摇。新时代思想建党、理论强党的根本任务,就是要下大功夫、花大气力抓好用习近平新时代中国特色社会主义思想武装全党的工作。这是新时代高扬马克思主义伟大旗帜、高举中国特色社会主义伟大旗帜最重要的体现。要以党和国家正在做的事情为中心,坚持理论联系实际,以习近平新时代中国特色社会主义思想为指导,把主要精力用到统筹推进"五位一体"总体布局和协调推进"四个全面"战略布局上,用到解决新时代党和国家发展面临的重大问题、紧迫问题上。

(二)不忘初心就要不忘党的优势

中国共产党是具有优良传统和独特优势的党。实事求是、群众路线、独立自主,这是贯穿于毛泽东思想,贯穿于邓小平理论、"三个代表"重要思想、科学发展观,贯穿于习近平新时代中国特色社会主义思想的立场、观点、方法,也是我们党的优良传统和独特优势。不忘初心,就不能忘了我们党的优良传统和独特优势,始终坚持实事求是的思想路线,始终坚持群众路线的根本工作路线,始终坚持独立自主的立党立国重要原则。

实事求是是马克思主义的根本观点,是中国共产党人认识世界、把握规律、追求真理、改造世界的强大思想武器,是我们党的基本思想方法、工作方法、领导方法。不论过去、现在还是将来,我们都要坚持一切从实际出发,理论联系实际,在实践中检验真理和发展真理。新时代,我们党要更好地坚持实事求是的思想路线,清醒认识和正确把握当今世界和当代中国发生的深刻变化,清醒认识和正确把握时代、实践和科学的发展趋势和进程,清醒认识和正确把握我国社会主义初级阶段的基本国情和新时代的社会主要矛盾,清醒认识和正确把握我们的战略目标和战略重点。

群众路线是我们党的生命线和根本工作路线,是我们党的重要传家宝。作为马克思主义执政党,不论过去、现在还是将来,我们都要坚持一切为了群众、一切依靠群众,从群众中来、到群众中去。我们要永远保持贯彻执行党的群众路线的自觉性,做好每一个环节的工作,把党的正确主张变为群众的自觉行动,把群众路线贯彻到治国理政的全部活动中,始终保持党同人民群众的血肉联系。

独立自主是中华民族的优良传统,是中国共产党、中华人民共和国立党立国的重要原则。我们党在领导革命、建设、改革的长期实践中,一贯坚持独立自主地开拓前进道路。这种独立自主的探索和实践精神,这种坚持走自己的路的坚定信心和决心,是我们党全部理论和实践的立足点,也是党和人民事业不断从胜利走向胜利的根本保证。中华民族实现强起来的伟大飞跃,是一个历史进程,不可能一蹴而就,不能急于求成,要准备走曲折的路,准备走前人没有走过的路。必须保持高度的战略清醒、战略定力,始终把国家和民族发展放在自己力量的基点上,既要高瞻远瞩,又要脚踏实地。这是党和国家在新时代应对重大挑战、抵御重大风险、克服重大阻力、化解重大矛盾、解决重大问题的前提和基础,也是新时代深化改革、扩大开放的前提和基础。

(三)不忘初心就要不忘党的使命

中国共产党的诞生是开天辟地的大事变。这一大事变深刻改变了中华民族发展的方向和进程、中国人民和中华民族的前途和命运,也深刻改变了世界发展的趋势和格局。在我们党的领导下,中华民族实现了从"东亚病夫"到站起来的伟大飞跃,实现了从站起来到富起来的伟大飞跃,迎来了从富起来到强起来的伟大飞跃。这三次伟大飞跃以铁一般的事实证明,只有社会主义才能救中国,只有中国特色社会主义才能发展中国,只有坚持和发展中国特色社会主义才能实现中华民族伟大复兴。不忘初心,就不能忘了我们党的历史使命,始终坚定社会主义、共产主义的崇高理想信念,始终保持和发扬共产党人的奋斗精神。

党的十九大作出了分两步走全面建成社会主义现代化强国的战略安排。第一步,在 2020 年全面建成小康社会的基础上,再奋斗 15 年,基本实现社会主义现代化;第二步,从 2035 年到本世纪中叶,在基本实现现代化的基础上,再奋斗 15 年,把我国全面建成富强民主文明和谐美丽的社会主义现代化强国。这是党和国家新的战略目标,无论在广度还是在深度上,都将是一场更广泛、更深刻的革命。对此,我们要有充分准备。迎接这场新的伟大革命,需要许多条件。对我们党来说,理想信念和精神状态特别重要。全党同志要以老一辈革命家为榜样,永远坚定社会主义、共产主义的崇高理想信念,永远保持建党时中国共产党人的奋斗精神,永远保持对人民的赤子之心。在新时代,我们特别要发扬革命战争时期的那样一股劲,那样一股革命热情,那样一种拼命精神;特别要发扬我们党培育的红船精神、井冈山精神、长征精神、延安精神、西柏坡精神;特别要发扬中国人民的伟大创造精神、伟大奋斗精神、伟大团结精神、伟大梦想精神。毛泽东同志说,人是要有一点精神的。一个人是这样,一个民族是这样,一个国家、一个政党也是这样。在重大历史机遇期尤其是这样。精神在、魂魄在,力量就在、生机就在。一个由健康向上、旺盛饱满、昂扬奋发、充沛磅礴的伟大精神武装起来的党,一个由这样的党领导的伟大国家和伟大民族,必定无往而不胜。

(四)不忘初心就要不忘党的宗旨

我们党是在人民群众中成长和发展起来的。习近平总书记强调,一切向前走,都不能忘记走过的路;走得再远、走到再光辉的未来,也不能忘记过去,不能忘记为什么出发。新时代是中华民族迎来强起来的伟大时代。伟大时代从来不会风平浪静。正如习近平总书记谆谆告诫的,"中华民族伟大复兴,绝不是轻轻松松、敲锣打鼓就能实现的。全党必须准备付出更为艰巨、更为艰苦的努力"①。特别重要的是,在新时代新使命新征程面前,全党同志一定不能忘了人民。不忘初心,归根到底是不能忘了我们党全心全意为人民服务的根本宗旨。

不忘党的根本宗旨,要始终坚信人民是真正的英雄,人民是决定党和国家前途命运的根本力量;始终坚信党的根基在人民、血脉在人民、力量在人民,把人民立场作为根本立场;始终把人民放在心中最高位置,坚持为人民谋幸福;始终尊重人民群众的主体地位和首创精神;始终代表中国最广大人民的根本利益;始终坚持以人民为中心的发展思想,把人民对美好生活的向往作为奋斗目标;始终抓住人民最关心最直接最现实的利益问题,在更高水平上实现幼有所育、学有所教、劳有所得、病有所医、老有所养、住有所居、弱有所扶,让发展成果更多更公平惠及全体人民,不断提高人民的获得感、幸福感、安全感;始终保持党同

---

① 《习近平谈治国理政》第三卷,外文出版社 2020 年版,第 12 页。

人民群众的血肉联系;始终坚持党的领导、人民当家作主、依法治国有机统一,更加充分地调动人民的积极性、主动性、创造性;始终把群众路线作为党的生命线和根本工作路线,坚持一切为了群众、一切依靠群众,从群众中来、到群众中去,把党的群众路线贯彻到治国理政的全部活动中;始终坚持自觉拜人民为师,自觉接受人民监督,不断提高人民思想觉悟、道德水平、文明素养;始终把人民拥护不拥护、赞成不赞成、高兴不高兴、答应不答应作为衡量一切工作得失的根本标准;始终把人民群众作为力量源泉和胜利之本。只要我们不忘初心、牢记使命,永远同人民在一起,永远与人民同呼吸、共命运、心连心,永远为人民利益而奋斗,我们就什么风险都能战胜、什么困难都能克服、什么高峰都能攀登。

(五)不忘初心、牢记使命的检察担当

不忘初心、牢记使命,最基本的要求就是要把法律监督职能履行好。这既是政治使命、人民期盼,也是法律责任。为了促进全面履行法律监督职能,最高检提出推进刑事检察、民事检察、行政检察、公益诉讼检察"四大检察"全面协调充分发展。2019 年的全国两会,将"四大检察"第一次写进人大决议,以法定的形式,明确了检察工作的发力方向。法律监督新格局获得国家最高权力机关肯定。全国各级检察机关内设机构改革已经全部到位,通过内设机构系统性、整体性、重塑性改革,检察机关法律监督总体布局实现了刑事、民事、行政、公益诉讼检察并行推动,单设了专司民事检察、行政检察、公益诉讼检察的机构,刑事检察进一步突出了专业化。各级检察机关组建起了上下相对应的办案机制,为法律监督职能全面发展提供了充分的组织机构保障。修改后的《中华人民共和国人民检察院组织法》规定了检察机关的调查核实权、有关单位的书面回复义务。修改后的人民检察院组织法、刑事诉讼法赋予检察机关部分职务犯罪侦查权,为检察机关法律监督工作的全

面发展提供了制度机制保障。

履行检察职能、担当法律监督使命要把心紧紧贴住人民群众。党的十九大报告开宗明义："中国共产党人的初心和使命,就是为中国人民谋幸福,为中华民族谋复兴。"①这一论述直指内心。检察机关和检察人员,直接面对人民群众,办理的每一个司法案件,不论大小都关系着千家万户,关系着群众的利益。群众利益无小事,群众观点须臾不可忘记,维护群众利益更是丝毫不可懈怠,司法实践中必须坚持以人民为中心,不仅尽职尽责,更要尽心尽力。同时,由于我国社会主要矛盾发生了历史性变化,人民群众在民主、法治、公平、正义、安全、环境等方面的要求日益增长。在基层司法实践中,人民群众求发展、要公平、想参与的愿望日益增强,对社会稳定和公共安全提出更高标准,对高品质、高效率的法律服务保障需求不断凸显,要自觉在社会主要矛盾发生变化的新论断指引下,在公正、高效、开放、便民等方面深入探索、踏实工作,努力在每一个司法案件中让人民群众感受到公平正义。

---

① 《习近平谈治国理政》第三卷,外文出版社2020年版,第1页。

第十一章

坚持党对检察工作的绝对领导

　　习近平总书记指出,中国特色社会主义最本质的特征是中国共产党领导,中国特色社会主义制度的最大优势是中国共产党领导,党是最高政治领导力量。党政军民学,东西南北中,党是领导一切的。① 检察机关作为党领导下的法律监督机关和司法机关,坚持党对检察工作的绝对领导,就要从理论和实践的结合上深刻把握其基本原理、科学内涵和制度构建,把党对检察工作的绝对领导落到实处。

一、党对检察工作绝对领导的原理

(一)党的领导是历史的选择、人民的选择

　　伟大的事业需要坚强的领导核心。党的十八大以来,习近平总书记多次强调,党是我们各项事业的领导核心,始终是领导全国各族人民坚持和发展中国特色社会主义的核心力量。中国共产党百年波澜壮阔

---

① 习近平:《中国共产党领导是中国特色社会主义最本质的特征》,《求是》2020 年第 14 期。

的伟大历程雄辩证明：党的领导地位不是自封的，是由党的性质和宗旨决定的，是历史和人民的选择。

历史和人民选择中国共产党，是因为中国共产党是一切为了人民、全心全意为人民服务的党。我们党在百年的探索奋斗中，始终代表最广大人民的根本利益。中国共产党是中国工人阶级的先锋队，同时也是中国人民和中华民族的先锋队。党不仅代表中国工人阶级的利益，而且代表整个中华民族和中国最广大人民的根本利益。从诞生的那一天起，党就把最广大人民的利益放在第一位，把全心全意为人民服务作为自己的根本宗旨，把实现好、维护好、发展好最广大人民的根本利益作为自己一切行动的根本出发点和落脚点。这是中国共产党区别于近代以来中国政治舞台上其他政党和政治力量的根本标志。中国共产党干革命、搞建设、抓改革，归根到底都是为了让人民过上幸福生活，并把检验一切工作成效的标准，落实到人民是否真正得到实惠，人民生活是否真正得到改善，人民权益是否真正得到保障上面。更为重要的是，党坚持人民群众是创造历史和改变自己命运的根本力量，始终同人民群众保持血肉联系，这是任何政党和政治力量都无法比拟的独特优势。党始终坚持一切为了群众、一切依靠群众，从群众中来、到群众中去的工作路线，先后形成了井冈山精神、长征精神、抗战精神、延安精神、西柏坡精神、铁人精神、雷锋精神、焦裕禄精神、改革创新精神、抗震救灾精神、载人航天精神等伟大精神。这些用牺牲和奋斗铸就的伟大精神，无不深深感动着、激励着、凝聚着人民群众。没有哪一个政党能够做到这一点！正是因为中国共产党全心全意为了人民，把人民这个创造历史的主人紧紧地团结在自己的周围，才赢得了历史和人民的选择，才从50多名党员发展到今天拥有9500多万党员的世界第一大政党，党长期执政的群众基础和核心地位才得以不断巩固。

历史和人民选择中国共产党，是因为中国共产党是坚持科学理论武装、先进性特征鲜明的党。我们党在百年探索奋斗中，始终自觉肩负起民族复兴的崇高使命,引领着历史前进的方向。近代以来,争取民族独立、人民解放,实现国家富强、人民幸福,是中国人民必须完成的两大历史任务。在中国共产党成立以前,各种政治力量为此进行了不同的探索和尝试,但都失败了。民国初年,中国政坛共出现了 682 个新兴团体,其中基本具备近代政党性质的团体便有 312 个,各种主义和救国方案"你方唱罢我登场",不仅没有改变国家和人民的前途命运,反倒是乱象丛生、闹剧连连,军阀混战、民不聊生。国民党不可能领导人民完成近代以来的两大历史任务,最终在两种命运、两个前途的大决战中被历史和人民淘汰了。中国共产党是由科学理论武装起来的先进政党,从成立那天起,党就把马克思主义、把走社会主义道路鲜明地写在自己的旗帜上。党立足于中国实际,在不同历史时期,准确把握时代主题,根据人民意愿和事业发展需要,不断推进马克思主义中国化、时代化、大众化,科学提出并完成了每个历史阶段的奋斗目标。经过 28 年浴血奋斗,完成了彻底的反帝反封建的历史任务,夺取了新民主主义革命胜利,建立了人民当家作主的新中国,实现了民族独立和人民解放。在确立社会主义基本制度以后,带领人民艰苦奋斗,建立起独立的比较完整的工业体系和国民经济体系,取得了社会主义建设的基础性成就。在改革开放新时期,带领人民全面开创社会主义现代化建设新局面,坚持和发展了中国特色社会主义。党的十八大以来,以习近平同志为核心的党中央紧紧围绕坚持和发展中国特色社会主义这一主题,举旗定向、谋篇布局、攻坚克难、强基固本,开辟了治国理政新境界。中国共产党如此波澜壮阔的历史征程、如此震古烁今的辉煌成就、如此披荆斩棘的巨大勇气,必然赢得历史和人民的选择!

历史和人民选择中国共产党,是因为中国共产党是经受得住各种风险考验、不断成熟自信的党。我们党在百年探索奋斗中,始终坚持真理、修正错误,沿着正确的道路把中华民族伟大复兴的事业不断推向前进。事实证明,我们党总是能够依靠自己和人民的力量在危难之际绝处逢生、挫折之后毅然奋起、失误之后拨乱反正、磨难面前百折不挠,沿着正确的道路不断开拓党和人民事业的新局面。中国共产党百年奋斗的根本成就,就是探索开拓和坚持发展中国特色社会主义道路。这条道路,是实现国家富强、民族振兴、人民幸福的人间正道。坚持走这条道路,我们比历史上任何时期都更接近中华民族伟大复兴的目标,比历史上任何时期都更有信心、有能力实现这个目标。同时,我们必须清醒地认识到,党的核心地位既不是与生俱来的,也不是一劳永逸的,我们必须切实加强党的先进性和纯洁性建设,切实增强政治意识、大局意识、核心意识、看齐意识,使党始终成为团结带领全国各族人民实现中华民族伟大复兴中国梦的主心骨和中流砥柱,继续创造无愧于历史、无愧于人民的新的更加辉煌的成就。

(二)党的领导是我国宪法的基本原则

《宪法》总纲第一条第二款明确规定,"中国特色社会主义最本质的特征是中国共产党领导",标志着党的领导成为我国宪法的一项基本原则。宪法作为国家的根本法,承担着对国家根本制度和根本任务、领导核心和指导思想、发展道路和奋斗目标等事关全国人民根本利益的重大全局性问题作出规定的主要任务。在当今中国,党政军民学,东西南北中,党是领导一切的,是最高政治领导力量。确定党在国家中的领导地位是我国宪法的题中应有之义。

我国宪法是同党团结带领人民进行的实践探索紧密联系在一起的,随着时代进步、党和人民事业发展而不断完善。中华人民共和国成立以来,先后制定、颁布了4部宪法,每部宪法都在序言中回顾总结了党领导人民进行革命、建设的奋斗历程和根本成就。从中可以得出一条基本结论:党的领导地位不是自封的,更不是强加的,而是历史的选择、人民的选择。4部宪法正是根据这一历史逻辑,在序言中确认了党领导人民进行革命、建设的伟大斗争和根本成就,同时也确定了党在国家中的领导地位。

从坚持和完善中国特色社会主义制度的历史进程来看,我国改革的过程是实现社会主义制度自我完善、不断推进国家治理体系和治理能力现代化的过程,也是把实践中已见成效的体制机制和做法及时上升为党和国家制度的过程。当前,党总揽全局、协调各方的领导核心地位在国家运行机制和各项制度中得到了充分体现。比如,坚持党对国家政权机关的领导,坚持党对多党合作和政治协商制度的领导,坚持党对统一战线的领导,坚持党对经济、政治、文化、社会、生态文明建设的领导,坚持党对人民军队的绝对领导,坚持党对外交工作的领导,等等,已经形成一套坚持党的领导的制度规范和工作机制,并转化为国家治理有序、事业发展高效、社会和谐稳定的制度优势,使中国特色社会主义制度显示出了无可比拟的优越性。宪法将坚持党的领导从具体制度层面上升到国家根本制度层面,使之具有更强的制度约束力和更高的法律效力,推动党的领导通过社会主义制度的执行有效落实到国家治理的各个领域、各个环节、各个方面。

从我国法治的发展进程来看,坚持党的领导、人民当家作主、依法治国有机统一,是贯穿始终的一条指导方针。党领导人民制定宪法和法律,党领导人民执行宪法和法律,党领导人民捍卫宪法和法律尊严,同时,宪法也要为坚持党的领导提供有力法律保障。在宪法序言确定党的领导地位的基础上,进一步在宪法总纲规定的国家根本制度中充实"中国共产党领导是中国特色社会主义最本质的特征"的内容,使宪法"禁止任何组织或者个人破坏社会主义制度"的规定内在地包含"禁止破坏党的领导"的内涵。这样,就能够进一步强化党的领导地位的法律权威,有利于增强全国各族人民、一切国家机关和武装力量、各政党和各社会团体、各企业事业组织坚持党的领导、维护党的领导的自觉性,有利于对反对、攻击和颠覆党的领导的行为形成强大震慑,并为惩处这些行为提供明确的宪法依据。

（三）党的领导由检察机关的性质任务所决定

检察机关是宪法规定的国家的法律监督机关,依法行使刑事、民事、行政、公益诉讼四大检察职能。依照《中华人民共和国人民检察院组织法》的规定,人民检察院的职责任务是:通过行使检察权,追诉犯罪,维护国家安全和社会秩序,维护个人和组织的合法权益,维护国家利益和社会公共利益,保障法律正确实施,维护社会公平正义,维护国家法制统一、尊严和权威,保障中国特色社会主义建设的顺利进行。检察机关的职责任务从根本上说,就是维护人民当家作主的政权,巩固党的执政地位。因此,依法履行检察职能,全面承担检察职责,都要在党的领导下进行。

从检察机关的性质看,作为国家法律监督机关,旗帜鲜明讲政治是第一要求,必须把坚持党的绝对领导作为开展法律监督工作的立足点和落脚点,始终在政治立场、政治方向、政治原则、政治道路上同以习近平同志为核心的党中央保持高度一致,坚持人民至上,坚守人民立场,把以人民为中心落实到法律监督工作中。检察机关作为人民民主专政的工具之一,是党依法执政的职能部门,必须按照党的主张和原则办事,必须贯彻党的路线方针和政策,必须在政治上同党中央保持高度一致。牢牢把握实施法律监督的宪法定位,全面维护国家法制统一正确实施;牢牢把握守护公平正义的价值定位,让办案过程和结果全面体现公平公正;牢牢把握参与社会治理的职责定位,做到"辨明是非、定分止争""息诉罢访、案结事了""促进管理、创新治理",达到参与社会治理的最佳效果。

从检察机关的职责看,刑事侦查、审查逮捕、审查起诉、诉讼监督等检察权的行使,离不开党的思想政治领导、方针政策指导和党组织的关心、支持与监督。没有党统一而坚强的领导,检察机关单靠自身是无法完成法律所赋予的巩固共产党执政地位、维护国家长治久安、维护社会公平正义、保障人民安居乐业、促进经济社会发展的重大历史责任和使命的,特别是在改革开放进入攻坚阶段,各种社会矛盾相互交织,检察工作面临复杂的任务和环境的形势下,没有党总揽全局、协调各方的领导作用,检察工作就会举步维艰。所以,只有不断加强和改进党对检察工作的领导,才能保证检察机关全面发挥好维护国家安全、化解矛盾纠纷、打击预防犯罪、管理社会秩序、维护公平正义、服务改革发展的职能,才能保证检察机关坚持执法为民、切实维护最广大人民的根本利益,为在全社会实现公平正义、构建社会主义和谐社会发挥更加积极的作用。

二、党对检察工作绝对领导的内涵

习近平总书记指出:"党的领导是中国特色社会主义最本质的特征。"①党的领导是社会主义法治之魂,是社会主义法治最根本的保证。自觉坚持党对检察工作的领导,对于检察机关准确定位,充分履职,更好发挥检察机关在法治中国建设中的重要作用,具有极其重要的意义。

(一)党的领导是检察工作的根本原则

中国共产党是执政党,党的领导是做好各项工作的根本保证。只有旗帜鲜明地把检察工作置于党的领导之下,才能确保检察工作始终沿着正确方向前进。

坚持党的领导有着深厚的历史渊源和牢不可破的法律依据。中国共产党作为中华人民共和国的缔造者和执政者,其领导地位和执政地位是历史和人民的选择。我国宪法以根本法的形式,确立了中国共产党的领导地位,党的领导具有毋庸置疑的法律依据。党的领导是人民当家作主和依法治国的根本保证,是社会主义法治的根本要求。司法

---

① 《十八大以来重要文献选编》(中),中央文献出版社2016年版,第298页。

机关是国家政权的重要组成部分,坚持党对司法工作的领导,是中国特色社会主义司法制度的本质特征。有的人简单地以西方国家所谓司法独立、司法远离政党政治的标准,来衡量我国司法制度,甚至质疑党对司法工作的领导,这是对历史的否定和对宪法法律权威的漠视。正确认识党的领导的历史渊源和法律依据,检察机关坚持和维护党的领导就有了坚强定力,才能更好地肩负起社会主义法治国家建设者推动者的责任。

坚持党的领导关系到检察事业的正确政治方向。中国特色社会主义检察制度是中国共产党领导人民在建设中国特色社会主义实践中的伟大创造,是中国特色社会主义法治体系不可或缺的重要组成部分。有人盲目推崇西方检察制度,对我国检察制度提出种种质疑,甚至进行攻击,企图否定我国社会主义检察制度,否定党对检察工作的领导。与西方国家通过党派对立和三权分立实现权力制衡不同,我国是在人民代表大会制度下,"一府两院"依法行使权力,检察机关作为国家法律监督机关,专司法律监督职能,保证国家权力在法治轨道上正确运行。这体现了我国社会主义制度下加强权力监督制约的客观要求,也体现了党的领导的政治优势和制度优势。对此,我们必须坚定制度自信,保持清醒,坚定不移。既要借鉴外国法治文明优秀成果,又要坚决抵制错误思潮,坚定不移走中国特色社会主义检察道路,不断完善中国特色社会主义检察制度。

坚持党的领导是实现依法独立公正行使检察权的保证。习近平总书记指出:"保证司法机关依法独立公正行使职权,是党的明确主张。"①坚持党的领导和司法机关依法独立行使职权,是我国宪法规定的原则,二者目标一致、有机统一。有的人把坚持党的领导与检察机关

---

① 《习近平主持中央政治局会议　审议〈中国共产党政法工作条例〉》,新华网,http://www.xinhuanet.com/politics/2018-12/27/c_1210025588.htm。

依法独立公正行使检察权对立起来,认为坚持党的领导就难以实现依法独立公正行使检察权,这种观点是错误的。实践证明,党的领导是检察机关依法独立公正行使检察权的保证。一方面,党的领导是大政方针的领导,体现在政治、思想、组织领导上,并不涉及具体案件及司法程序,不影响司法权的独立行使。至于个别领导干部干预司法活动、插手具体案件,则是超越法定职权的非组织行为,要依纪依法追究其责任,不能以此为借口,把依法独立公正行使检察权与坚持党的领导对立起来。另一方面,坚持党的领导,有利于推进各级党政机关和领导干部带头尊重和维护宪法法律权威,排除来自各方面的干扰和阻力,确保人民检察院依法独立公正行使检察权的司法环境;有利于各级人大、政府、政协、相关部门相互支持和配合,形成整体工作合力,营造维护司法和法治统一权威的良好氛围。

(二)党的领导是政治、思想、组织领导的统一

党对检察工作的领导是政治领导、思想领导、组织领导的有机统一。其中,政治领导是核心,思想领导是基础,组织领导是保证,三者相辅相成、密不可分。

坚持和维护党对检察工作的政治领导。党对检察工作的政治领导,主要是政治方向、政治原则、重大决策的领导。检察机关坚持和维护党的政治领导,就是要通过执法司法活动,贯彻落实党的决策部署,为党和国家中心工作提供司法保障。讲政治、顾大局是对检察机关和检察人员的基本要求,但也有少数人政治观念淡化,对党委决策部署,合意的就执行,不合意的就自搞一套。坚定正确的政治立场、政治方向和政治观点,始终保持政治上的清醒和坚定,对检察机关至关重要。中央和各级党委的重大决策部署,必须在检察工作中得到不折不扣的贯彻落实;检察工作的重要安排和重要事项,必须及时向党委请示报告。要自觉把检察事业放到全局工作中来思考、谋划和推进,紧紧围绕"四

个全面"战略布局,主动适应经济发展新常态,切实找准履职尽责的切入点和着力点,更好地维护社会大局稳定、促进社会公平正义、保障人民安居乐业。要正确处理依法履职与服务大局的关系,正确把握法律政策界限,切实运用法治方法,努力实现执法办案法律效果、政治效果和社会效果的有机统一。

坚持和维护党对检察工作的思想领导。党对检察工作的思想领导,就是以党的理论为指导,坚持实事求是、解放思想、与时俱进的思想路线,加强对检察机关和检察人员的思想教育,把思想统一到党的理论上来,在思想上行动上始终与党中央保持高度一致。当前,我国意识形态领域包括政法意识形态领域发生了深刻变化,一些错误思潮常常以各种形式混淆视听,一些别有用心的人动辄以司法个案为由头,借机炒作,否定我们党在政法领域的领导地位。牢牢掌握政法领域意识形态斗争主动权,才能有话语权、主导权。要加强科学理论武装,用马克思主义理论、中国特色社会主义理论体系特别是习近平总书记系列重要讲话精神武装头脑,旗帜鲜明地反对各种错误政治观点、法学观点,在原则性、根本性问题上形成价值共识与思想认同。要坚持党的思想路线,运用科学理论、法治思维和法治方法,正确认识和解决检察工作的新情况、新问题。要大力弘扬检察职业道德规范,加强检察文化建设,使忠于党、忠于祖国、忠于人民、忠于法律成为每个检察人员的自觉思想和行动。

坚持和维护党对检察工作的组织领导。党对检察工作的组织领导,就是在检察机关贯彻党的组织路线,坚持党管干部原则。检察机关选什么样的人,用什么样的人,建设什么样的队伍和班子,关系检察事业的科学发展。当前,一些地方检察机关在选人用人上还存在不正之风,有的不讲政治条件,唯票取人;有的个人说了算,凭喜好用人。在全面依法治国的新形势下,检察机关要自觉贯彻党的组织路线,坚持党管干部和德才兼备的原则,把好政治关,真正把政治上靠得住、工作上有本事、作风上过得硬、人民群众信得过,善于运用法治思维和法治方式开展工作的干部选拔到领导岗位上来,努力打造一支正规化、专业化、职业化,政治过硬、业务过硬、责任过硬、纪律过硬、作风过硬的检察队伍。

(三)正确处理党对检察工作领导的几个关系

正确处理党的领导各个层次的关系。检察机关既有司法属性,又有行政属性,还有监督属性。检察职能的多种权力属性,决定了必须始终坚持和维护党中央的集中统一领导,自觉坚持上级检察院对下级检察院的领导,自觉坚持地方党委的领导,充分发挥检察机关党组的领导核心作用。坚持党中央的集中统一领导是最根本的政治要求,坚持上级检察院对下级检察院的领导是最基本的工作要求,坚持地方党委的领导是检察机关履职尽责的重要保障,发挥党组的领导核心作用是实现党的领导的重要组织形式和制度保证。实践中,有的地方检察院特别是一些基层检察院往往顾此失彼,处理不好各层次的关系。有的把坚持地方党委领导与上级检察院领导对立起来,把听命于党委负责人当作接受地方党委领导;或以坚持上级检察院领导为名,把检察工作置于地方经济社会发展大局之外;或片面强调发挥党组领导核心作用就是坚持党的领导。只有处理好党的领导各个层次的关系,才能从思想上、制度上和行动上把党对检察工作的领导落到实处。要在党中央的集中统一领导下,既自觉坚持上级检察院和地方党委领导,立足职能,服务大局,又注重发挥党组领导核心作用,大胆工作,依法履职。同时,还要充分发挥机关党组织和党员作用,完成党的任务,体现党的领导和执行力。

正确处理党性与人民性的关系。检察工作具有政治性、人民性、法律性的特质。从本质上说,坚持党性就是坚持人民性,坚持人民性就是坚持党性。习近平总书记指出:"党性和人民性从来都是一致的、统一的。"①但

---

① 《习近平谈治国理政》,外文出版社 2014 年版,第 154 页。

也有些检察人员受经济利益多元、价值选择多向、思想意识多样的影响,党性观念、宗旨意识淡薄了。有的就案办案,忽视执法办案效果;有的高高在上,不愿接触群众,对群众诉求无动于衷,甚至侵犯群众合法权益;极少数人把党性和人民性割裂开来、对立起来。我国检察制度建立在社会主义制度基础上,具有鲜明的政治性和人民性。执法为民是我们党全心全意为人民服务的根本宗旨和立党为公、执政为民的执政理念在检察工作上的体现,党的一切工作包括检察工作都以最广大人民的根本利益为最高标准。毋庸置疑,党的宗旨与执法为民是一致的。坚持党的领导,就要坚持党的宗旨。检察机关要把我们党以人为本、执政为民的思想贯穿执法办案的全过程,坚持执法为民,依法规范公正文明,让人民群众在每一个司法案件中都感受到公平正义。

正确处理深化检察改革与坚持党的领导的关系。坚持党的领导,是深化检察改革的题中应有之义,不仅不能削弱,而且要不断加强和改进。要防止以"去行政化""去地方化"为由,削弱或否定党的领导。党对检察工作的领导,既是一个政治原则,也是一种领导方式,还是一种监督途径。依法独立公正行使检察权,不能只讲独立,要全面理解和运用。党中央对司法体制和检察改革的总体部署,就是要破除体制性、机制性、保障性障碍,确保依法独立公正行使检察权。要牢牢把握中国特色社会主义检察制度的本质特征,准确把握检察工作制度特质和职权属性特点,在党的领导下推进检察改革,确保检察工作在依法治国、建设社会主义法治国家的进程中发挥应有作用,为协调推进"四个全面"战略布局作出新的更大贡献。

三、落实党对检察工作的绝对领导制度

2019年1月中共中央颁布实施的《中国共产党政法工作条例》,是我们党建党以来关于政法工作的第一部专门的党内法规。这部党内法

规的颁行,为加强党对检察机关的绝对领导提供了基本遵循。落实党对检察工作的领导制度,就是把条例的各项规定落到实处,实现党的领导的制度化、规范化、法制化。

(一)党中央和各级党委对检察工作领导制度

依据《中国共产党政法工作条例》,党中央对最高人民检察院工作实施绝对领导,决定检察工作大政方针,决策部署事关检察工作全局和长远发展的重大举措,管理检察工作中央事权和由中央负责的重大事项。党中央对检察工作的全面领导包括:1. 坚持以习近平新时代中国特色社会主义思想为指引,为检察工作坚持正确方向提供根本遵循;2. 确立检察工作的政治立场、政治方向、政治原则、政治道路,严明政治纪律和政治规矩,为检察工作科学发展提供政治保证;3. 研究部署检察工作中事关国家政治安全、社会大局稳定、社会公平正义和人民安居乐业的重大方针政策、改革措施、专项行动等重大举措;4. 加强政法系统组织建设和党风廉政建设,领导和推动建设忠诚干净担当的高素质专业化政法队伍,为检察工作提供组织保证。

依据《中国共产党政法工作条例》,县级以上地方党委领导本地区检察工作,贯彻落实党中央关于检察工作大政方针,执行党中央以及上级党组织关于检察工作的决定、决策部署、指示等事项。县级以上地方党委应当以贯彻党中央精神为前提,对本地区检察工作中的以下事项,落实领导责任:1. 统筹检察工作中事关维护国家安全特别是以政权安全、制度安全为核心的政治安全重要事项;2. 统筹维护社会稳定工作,及时妥善处理影响社会稳定的重要事项和突发事件;3. 统筹规划平安建设、法治建设与经济社会发展,做到同部署、同推进、同督促、同考核、同奖惩;4. 推动政法单位依法维护社会主义市场经济秩序,为经济高质量发展提供法治保障;5. 组织实施党中央关于政法改革方案,推动完善社会主义司法制度和检察工作运行体制机制;6. 完善党委领导、政府负责、社会协同、公众参与、法治保障的社会治理体制,提高社会治理社会化、法治化、智能化、专业化水平;7. 完善党委、纪检监察机关、党委政法委员会对政法单位的监督机制,保证党的路线方针政策和党中央重大决策部署贯彻落实,保证宪法法律正确统一实施;8. 加强党对政法队伍建设的领导,完善党委统一领导、政法单位主抓、有关部门各司其职的政法队伍建设工作格局;9. 改善执法司法条件,满足检察工作形势和任务的需要;10. 推动完善和落实保障政法干警依法履职、开展工作的制度和政策;11. 本地区检察工作中的其他重要事项。

(二)党委政法委和人民检察院党组领导制度

依据《中国共产党政法工作条例》,中央和县级以上地方党委设置政法委员会。中央政法委员会职能配置、内设机构和人员编制方案由党中央审批确定。地方党委政法委员会职能配置、内设机构和人员编制规定,由同级党委按照党中央精神以及上一级党委要求,结合本地区实际审批确定。乡镇(街道)党组织配备政法委员,在乡镇(街道)党组织领导和县级党委政法委员会指导下开展工作。省、市、县、乡镇(街道)社会治安综合治理中心是整合社会治理资源、创新社会治理方式的重要工作平台,由同级党委政法委员会和乡镇(街道)政法委员负责工作统筹、政策指导。

依据《中国共产党政法工作条例》,党委政法委员会在党委领导下履行职责、开展工作,应当把握政治方向、协调各方职能、统筹检察工作、建设政法队伍、督促依法履职、创造公正司法环境,带头依法依规办事,保证党的路线方针政策和党中央重大决策部署贯彻落实,保证宪法法律正确统一实施。主要职责任务是:1. 贯彻习近平新时代中国特色社会主义思想,坚持党对检察工作的绝对领导,坚决执行党的路线方针政策和党中央重大决策部署,推动完善和落实政治轮训和政治督察制度。2. 贯彻党中央以及上级党组织决定,研究协调政法单位之间、政法单位和有关部门、地方之间有关重大事项,统一政法单位思想和行动。3. 加强对政法领域重大实践和理论问题调查研究,提出重大决策部署和改革措施的意见和建议,协助党委决策和统筹推进政法改革等各项工作。4. 了解掌握和分析研判社会稳定形势、检察工作情况动态,创新完善多部门参与的平安建设工作协调机制,协调推动预防、化解影响稳定的社会矛盾和风险,协调应对和妥善处置重大突发事件,协调指导政法单位和相关部门做好反邪教、反暴恐工作。5. 加强对检察工作的督查,统筹协调社会治安综合治理、维护社会稳定、反邪教、反暴恐等有关国家法律法规和政策的实施工作。6. 支持和监督政法单位依法行使职权,检查政法单位执行党的路线方针政策、党中央重大决策部署和国家法律法规的情况,指导和协调政法单位密切配合,完善与纪检监察机关工作衔接和协作配合机制,推进严格执法、公正司法。

7. 指导和推动政法单位党的建设和政法队伍建设,协助党委及其组织部门加强政法单位领导班子和干部队伍建设,协助党委和纪检监察机关做好监督检查、审查调查工作,派员列席同级政法单位党组(党委)民主生活会。8. 落实中央和地方各级国家安全领导机构、全面依法治国领导机构的决策部署,支持配合其办事机构工作;指导政法单位加强国家政治安全战略研究、法治中国建设重大问题研究,提出建议和工作意见,指导和协调政法单位维护政治安全工作和执法司法相关工作。

9. 掌握分析政法舆情动态,指导和协调政法单位和有关部门做好依法办理、宣传报道和舆论引导等相关工作。10. 完成党委和上级党委政法委员会交办的其他任务。中央和地方各级党委政法委员会指导、支持、督促政法单位在宪法法律规定的职责范围内开展工作。中央政法委员会指导地方各级党委政法委员会工作,上级党委政法委员会指导下级党委政法委员会工作。

依据《中国共产党政法工作条例》,人民检察院党组(党委)领导本单位或者本系统检察工作,贯彻党中央关于检察工作大政方针,执行党中央以及上级党组织关于检察工作的决定、决策部署、指示等事项。人民检察院党组（党委）在领导和组织开展检察工作中，应当把方向、管大局、保落实，发挥好领导作用。主要职责任务是：1. 贯彻习近平新时代中国特色社会主义思想，执行党的路线方针政策和党中央重大决策部署，维护党对检察工作的绝对领导；2. 遵守和实施宪法法律，带头依法履职，推进严格执法、公正司法，维护国家法制的统一、尊严和权威；3. 研究影响国家政治安全和社会稳定的重大事项或者重大案件，制定依法处理的原则、政策和措施；4. 研究推动本单位或者本系统全面深化改革，研究制定本单位或者本系统执法司法政策，提高执法司法质量、效率和公信力；5. 履行全面从严治党主体责任，加强本单位或者本系统党的建设和政法队伍建设；6. 完成上级党组（党委）和党委政法委员会交办的其他任务。人民检察院党组（党委）应当建立健全在执法办案中发挥领导作用制度、党组（党委）成员依照工作程序参与重要业务和重要决策制度，增强党组（党委）及其成员政治领导和依法履职本领，确保党的路线方针政策和宪法法律正确统一实施。

（三）向党委请示报告和决策执行制度

依据《中国共产党政法工作条例》，中央政法委员会、最高人民检察院党组（党委）在党中央领导下履行职责、开展工作，对党中央负责，受党中央监督，向党中央和总书记请示报告工作。中央政法委员会、最高人民检察院党组（党委）和县级以上地方党委、党委政法委员会、人民检察院党组（党委）按照党中央关于重大事项请示报告的有关规定，严格执行请示报告制度。人民检察院党组（党委）向同级党委请示报告重大事项和汇报重要工作，一般应当同时抄报同级党委政法委员会。

依据《中国共产党政法工作条例》，最高人民检察院党组（党委）应当及时向党中央请示以下事项：1. 检察工作重大方针政策、关系检察工作全局和长远发展的重大事项；2. 维护国家安全特别是以政权安全、制度安全为核心的政治安全重大事项;3. 维护社会稳定工作中的重大问题;4. 检察工作重大体制改革方案、重大立法建议;5. 拟制定的政法队伍建设重大政策措施;6. 检察工作中的其他重大事项。

最高人民检察院党组(党委)应当及时向党中央报告以下事项:1. 党中央决定、决策部署、指示等重大事项贯彻落实重要进展和结果情况;2. 对影响党的路线方针政策和宪法法律正确统一实施重大问题的调查研究报告;3. 具有全国性影响的重大突发案(事)件重要进展和结果情况;4. 加强政法队伍建设的重大举措;5. 半年和年度工作情况;6. 党中央要求报告的其他事项。检察工作总体情况、中央政法委员会牵头办理或者统筹协调的重大事项情况,由中央政法委员会统一报告党中央,最高人民检察院协助做好相关工作。最高人民法院党组、最高人民检察院党组按照有关规定,严格执行向党中央报告工作制度。各省(自治区、直辖市)党委按照有关规定,向党中央请示报告检察工作重大事项。

最高人民检察院党组(党委)和省(自治区、直辖市)党委政法委员会应当向中央政法委员会请示以下事项:1. 涉及检察工作全局、需要提请中央政法委员会研究决定的重大事项;2. 有关地区、部门之间存在分歧,经反复协商仍不能达成一致,需要中央政法委员会协调的重大事项;3. 重大政法改革方案和措施;4. 出台重要执法司法政策性文件、司法解释,提出涉及重大体制和重大政策调整的立法建议;5. 党中央交办的重大事项和需要中央政法委员会统筹研究把握原则、政策的重大事项;6. 检察工作中涉及国家安全特别是政治安全等重大事项的相关政策措施问题;7. 拟以中央政法委员会名义召开会议或者印发文件;8. 应当向中央政法委员会请示的其他重大事项。

最高人民检察院党组(党委)和省(自治区、直辖市)党委政法委员会应当向中央政法委员会报告以下事项:1. 全面贯彻党的基本理论、基本路线、基本方略,贯彻落实党中央决策部署情况;2. 贯彻落实党中央关于检察工作的重要指示精神情况;3. 贯彻落实中央政法委员会工作部署、指示和决定情况;4. 重大工作部署以及推进情况,年度工作情况;5. 重大政法改革部署以及推进情况;6. 检察工作中涉及国家安全特别是政治安全的重大事项处理情况;7. 履行全面从严治党主体责任情况,落实党建工作责任制、党风廉政建设责任制、政法领域意识形态工作责任制等情况;8. 领导干部干预司法活动、插手具体案件处理情况;9. 应当向中央政法委员会报告的其他事项。

县级以上地方党委政法委员会、人民检察院党组(党委)每年应当向同级党委报告全面工作情况,遇有重要情况及时请示报告。地方党委政法委员会参照上一级党委政法委员会有关规定,确定同级人民检察院党组(党委)、下级党委政法委员会请示报告重大事项范围、内容和程序等。

人民检察院党组(党委)应当按照集体领导、民主集中、个别酝酿、会议决定的原则,在各自职责权限范围内,及时对以下事项研究作出决定、决策部署或者指示:1. 涉及贯彻落实党中央以及上级党组织、党委政法委员会关于检察工作的决定、决策部署和指示的重要事项;2. 下级党委、党委政法委员会、人民检察院党组(党委)请示报告的重要事项;3. 本单位在履行职责中需要决策的事项。决策时,应当先行调查研究,提出适当方案,充分听取各方面意见,进行风险评估和合法合规性审查,按照规定提请相关会议讨论和决定。

对于党中央以及上级党组织决定、决策部署、指示等,人民检察院党组(党委)必须坚决贯彻执行。提出请示报告的人民检察院党组(党委)在贯彻执行党中央以及上级党组织决定、决策部署、指示等过程中,认为原请示报告事宜需要作出调整的,必须按照谁决策、谁审批的原则,报原决策单位审批,但在批准前应当坚决执行。

人民检察院党组(党委)应当按照有关规定召开党组(党委)会议,讨论和决定本单位或者本系统检察工作和队伍建设重大事项;应当坚决贯彻执行党中央以及上级党组织决定、决策部署、指示等事项,确保工作落实。人民检察院党组(党委)成员对党组(党委)集体决策应当坚决执行;如有不同意见,可以保留或者向上级党组织反映,但在决策改变前应当坚决执行。

(四)党对检察工作领导的监督和责任制度

依据《中国共产党政法工作条例》,各级党委应当将领导和组织开展检察工作情况纳入党内监督体系,实行党内监督和外部监督相结合,增强监督合力。党委政法委员会应当指导、推动人民检察院建立健全与执法司法权运行机制相适应的监督制约体系,构建权责清晰的执法司法责任体系,完善程序化、平台化、公开化管理监督方式。人民检察院党组(党委)应当依法依规将检察工作情况纳入党务政务公开范围,依法有序推进审判执行公开、检务公开、警务公开、司法行政公开、狱(所)务公开,完善人民检察院之间监督制约机制,确保检察工作在依法有效监督和约束环境下推进。

依据《中国共产党政法工作条例》,加强对检察工作全面情况和重大决策部署执行情况的督促检查:1. 党委应当加强对党委政法委员会、人民检察院党组(党委)和下一级党委领导和组织开展检察工作情况,特别是贯彻落实党中央以及上级党组织决定、决策部署、指示等情况督促检查,必要时开展巡视巡察,并在一定范围内进行通报;2. 党委政法委员会应当推动完善和落实政治督察、执法监督、纪律作风督查巡查等工作制度机制,全面推进检察工作特别是党中央以及上级党组织决定、决策部署、指示等贯彻落实;3. 人民检察院党组(党委)应当建立健全向批准其设立的党委全面述职制度和重大决策执行情况的督查反馈机制,确保党中央以及上级党组织决定、决策部署、指示等在本单位或者本系统得到贯彻落实。

依据《中国共产党政法工作条例》,党委应当加强对党委政法委员会、人民检察院党组（党委）和下一级党委常委会履职情况的考评考核，其结果作为对有关领导班子、领导干部综合考核评价的重要内容和依据：1. 结合领导班子年度考核、民主生活会等，定期检查和考评考核党委政法委员会履职情况；2. 建立健全听取人民检察院党组（党委）主要负责人述职制度，加强对人民检察院党组（党委）及其成员履职情况考评考核；3. 在考核下一级党委常委会领导开展工作情况时，注重了解领导开展检察工作情况。党委政法委员会应当建立健全委员述职制度，全面了解、掌握委员履职情况，及时提出指导意见。党委政法委员会在统筹推动人民检察院开展常态执法司法规范化检查中，对发现的人民检察院党组（党委）及其成员不履行或者不正确履行职责，或者政法干警执法司法中的突出问题，应当督促加大整改力度，加强执法司法制度建设，保证全面正确履行职责。有关地方和部门领导干部在领导和组织开展检察工作中，违反《中国共产党政法工作条例》和有关党内法规制度规定职责的，视情节轻重，由党委政法委员会进行约谈、通报、挂牌督办等；或者由纪检监察机关、组织人事部门按照管理权限，办理引咎辞职、责令辞职、免职等。因违纪违法应当承担责任的，给予党纪政务处分；涉嫌犯罪的，依法追究刑事责任。

（五）检察党员干部接受纪检监察制度

检察党员干部接受纪检监察监督制度，主要落实在中央纪委国家监委和地方纪检监察机关派驻最高检和地方检察机关纪检监察组的工作职责上。检察机关纪检监察组的基本职责，就是督促检察院领导班子落实全面从严治党主体责任，履行对检察院全面从严治党的监督责任；检查检察院党组及其成员遵守党章和其他党内法规，全面贯彻党的基本理论、基本路线、基本方略，遵守政治纪律和政治规矩以及贯彻执行民主集中制、选拔任用干部、加强作风建设、依法行使职权和廉洁从检等情况，发现重要问题及时向纪委报告；经纪委批准，初步核实反映检察院领导班子及中管干部的问题线索;参与调查检察院领导班子及其他干部违犯党纪的案件;负责调查检察院管理的领导班子及其成员和厅级干部违犯党纪的案件,必要时可以直接调查处级及以下干部违犯党纪的案件。受理对检察院党组织和党员的检举、控告,受理检察院党组织和党员不服处分的申诉;对检察院各级领导班子履行全面从严治党主体责任不力、造成严重后果的,提出问责建议;承办中央纪委交办的其他事项,负责纪检组干部日常管理和监督,协助检察院做好巡视工作。

第十二章

坚持人大对检察工作的监督

人民代表大会对检察工作的监督,是中国特色社会主义基本政治制度决定的。我国宪法规定,人民行使国家权力的机关是全国人民代表大会和地方各级人民代表大会,宪法明确了检察机关法律监督的性质定位。作为产生检察机关的国家权力机关,人民代表大会对检察工作的监督,实质上是人民监督。

一、人大对检察工作监督原理

人民代表大会制是我国的根本政治制度。人民检察院由人大产生,就必然对人大及其常委会负责,并接受其监督。我国《宪法》规定,"最高人民检察院对全国人民代表大会和全国人民代表大会常务委员会负责。地方各级人民检察院对产生它的国家权力机关和上级人民检察院负责。"《中华人民共和国各级人民代表大会常务委员会监督法》也规定,各级人民代表大会常务委员会听取和审议本级人民检察院的工作报告,组织执法检查。人大及其常委会对人民检察院的监督制度由此确立。

(一)检察机关对人大负责、受人大监督

第一,人民代表大会是人民检察院的权力来源。在我国,人民的主体地位是通过人民代表大会制度实现的。在人民代表大会制度下,国家的一切权力属于人民,人民代表大会代表人民统一行使国家权力,所有的其他国家权力都只能来源于人民代表大会。人民代表大会制度这一根本政治制度决定了人民检察院必须由各级人民代表大会产生,人民检察院的权力也来源于人民代表大会。人民检察院的检察权是不同于行政权、监察权和审判权的专门国家权力。

第二,检察机关必须对人民代表大会负责。这里的负责既包括人民检察院作为一级组织向人民代表大会负责,也包括人民检察院的检察长和人民检察院的其他组成人员向人民代表大会负责;既包括人民检察院对产生它的人民代表大会负责,也包括人民检察院对产生它的人民代表大会常务委员会负责。根据《宪法》和《人民检察院组织法》的规定,人民检察院向人民代表大会负责、接受监督的方式或者途径,包括向人民代表大会报告工作,向人大常委会报告专项工作,接受人大常委会组织的执法检查,接受人民代表大会代表或者常务委员会组成人员就检察工作中的有关问题提出的询问或者质询,接受人民代表大会对其组成人员的罢免等。

第三,检察机关必须接受人大的工作监督。我国《宪法》第一百零四条规定了县级以上的地方各级人民代表大会常务委员会"监督本级人民政府、监察委员会、人民法院和人民检察院的工作"。《各级人民代表大会常务委员会监督法》不仅规定了各级人大常委会行使监督权的原则、内容、基本规范和程序,还规定了"一府两院"等国家机构接受人大及其常委会监督的义务。这些规定表明:人大监督是宪法和法律赋予的职权,是依法开展的监督,是以国家意志进行的监督,也是具有最高法律权威的监督。在人民代表大会制度的政治体制下,检察机关

由权力机关产生,当然要对权力机关负责,接受权力机关的监督。人大及其常委会监督检察机关的工作,体现了权力来源对由其派生的权力之间的关系,从根本上是体现了人民主权。

(二)人大对检察工作监督的理论依据

中国特色的人民代表大会制度理论认为,社会主义共和国必须建立通过选举产生的人民代表机关作为国家统一的、最高的权力机关,并以此体现人民主权。人民代表大会制度作为我国的根本政治制度和政权组织形式,是马克思主义人民代表机关理论在中国的应用和发展。在人民代表大会制度下,国家的一切权力属于人民,人民代表大会代表人民统一行使国家权力。人民代表大会的组织形式和活动方式决定了它主要负责反映和集中人民的意愿,作出决策,并监督决策的贯彻实施。它组织起行政机关并要求其依法行使各项行政管理职权,组织起国家监察机关对所有行使公权力人员的履职行为和职业操守进行监察,组织起审判机关和检察机关维护社会公平正义,组织起军事机关来维护国家的安全和利益。

作为人民代表大会制度理论基础的民主集中制理论,是我国宪法的理论基础,也是与分权制衡理论对立的一种政体理论。民主集中制理论认为,在社会主义国家,国家机关与人民群众之间的关系、权力机关和其他国家机关之间的关系、中央与地方之间的关系以及各个国家机关内部的关系都必须既是民主的,又是集中的,即按照民主集中制的原则来确定和调整,都必须实行在民主基础上的集中,在集中指导下的民主。"只有这个制度,才既能表现广泛的民主,使各级人民代表大会有高度的权力;又能集中处理国事,使各级政府能集中地处理被各级人民代表大会所委托的一切事务,并保障人民的一切必要的民主活动。"①民主集中制

---

① 《毛泽东选集》第三卷,人民出版社 1991 年版,第 1057 页。

理论从学理上决定了国家权力机关与检察机关的关系,检察权在执政党的领导和权力机关的监督下、在民主集中制的原则下依法规范运行,永葆人民性的本质特征。

(三)人大对检察工作监督的基本特点

第一,人大监督代表了人民意志,具有直接的人民性。人大监督的主体是人民,人民群众是人大及其常委会行使监督权的力量源泉。人民通过自己选出的代表实施监督,同时,还通过申诉、举报、信访等形式向人大及其常委会直接传递监督信息。人大监督都是由人大代表或常委会组成人员直接行使的,人民代表大会或常委会会议所形成的决议、决定,也是由人大代表或常委会组成人员集体作出的。因此,人大监督代表了人民意志,具有直接的人民性。

第二,人大监督体现了国家意志,具有最高的权威性。从法律地位看,人大及其常委会的监督所依据的是宪法和有关基本法律的规定,这就决定了它在各种形式的监督中具有最高的权威性。从行使监督的形式看,人大及其常委会是单向监督,即整个监督活动中,人大及其常委会是监督的主体,始终居于主导地位,本级"一府两院"只有接受人大监督的义务,而没有制约它的权力。

第三,人大监督是按照法律规定实施的,具有法律的强制性。人大及其常委会的监督,是国家意志力的体现,被监督机关必须无条件接受。在监督手段上,如听取工作报告、询问、质询、罢免、撤销不适当的决定等都有规定的法律程序,带有很大的强制性。人大监督是依照法定程序进行的,具有严格的规范性。比如质询,地方组织法对提出质询案的主体、程序、审议、决定、处理都有明确的规定,并且规定这种监督形式只能在人大及其常委会举行会议期间才能行使。

二、人大监督检察工作的制度安排

（一）在听取专项工作报告中加强监督

听取工作报告是人大及其常委会对国家机关进行监督的最常见方式。听取工作报告，可以使人大在短时间内集中了解国家机关的工作情况，保障了人大监督的高效和权威。①《中华人民共和国人民检察院组织法》第九条规定："最高人民检察院对全国人民代表大会及其常务委员会负责并报告工作。地方各级人民检察院对本级人民代表大会及其常务委员会负责并报告工作。各级人民代表大会及其常务委员会对本级人民检察院的工作实施监督。"《监督法》第八条规定："各级人民代表大会常务委员会每年选择若干关系改革发展稳定大局和群众切身利益、社会普遍关注的重大问题，有计划地安排听取和审议本级人民政府、人民法院和人民检察院的专项工作报告。"各级人大常委会听取检察机关工作报告的议题，也已经在《监督法》第九条中有较为详细的规定，具体为：1. 本级人民代表大会常务委员会在执法检查中发现的突出问题；2. 本级人民代表大会代表对人民政府、人民法院和人民检察院工作提出的建议、批评和意见集中反映的问题；3. 本级人民代表大会常务委员会组成人员提出的比较集中的问题；4. 本级人民代表大会专门委员会、常务委员会工作机构在调查研究中发现的突出问题；5. 人民来信来访集中反映的问题；6. 社会普遍关注的其他问题。另外，根据《监督法》的相关规定，在听取人民检察院的工作报告前，本级人大常委会可以就拟听取报告的专项事项进行视察或专项调查研究；还可将各方面对该项工作的意见汇总提前交予人民检察院研究，并要求

① 韩大元:《论国家监察体制改革中的若干宪法问题》，《法学评论》2017 年第 3 期。

人民检察院作报告时对这些意见予以回应。

（二）在组织相关执法检查中加强监督

根据《监督法》的相关规定,所谓执法检查,是指人大常委会就某些重大问题,设立执法检查组,检查某些法律法规的执行状况,包括法律法规的实施情况、实施效果、法律法规实际运行过程中出现的问题等。执法检查既是为人大及其常委会的立法和修法进行准备的工作,也是对法律执行状况进行调查,进而监督相关国家机关的有效手段。近年来,执法检查由于其主动、真实、有的放矢且具有立法和监督的效果等特点而在学界备受推崇,实践中也越来越多地被采用。检察机关作为法律监督机关,既是法定的诉讼参与人,又对诉讼活动实行法律监督,即维护司法公正和司法权威,又为社会公平正义提供法治保障。人大对检察机关的执法检查是对检察履职最有力的监督和支持,既有利于检察机关履职的独立性,又有利于防止检察监督权的不当行使,促进检察监督高质量发展。

（三）在开展询问和质询中加强监督

询问和质询是人大代表(包括常委会组成人员)发挥其个人作用,监督国家机关工作的重要渠道。县级以上各级人民代表大会及其常务委员会举行会议时,人民代表大会代表或者常务委员会组成人员可以依照法律规定的程序,就检察工作中的有关问题提出询问或者质询。这里所谓询问,是指人大代表在人大或人大常委会听取国家机关的有关报告时,就其中的相关问题,向列席的国家机关相关负责人进行提问。所谓质询,是指一定数量的人大代表以质询案的方式,书面向国家机关提出问题,要求国家机关作出相应答复。根据《监督法》相关规定,对于询问,由列席人大或人大常委会会议的国家机关相关负责人口头直接答复;对于质询案,则既可以要求国家机关负责人到会口头答复，又可以要求其书面答复，且对于答复不满意的，人大常委会可以根据情况，要求机关负责人再次答复。质询和询问直接针对议案或国家机关工作报告中的某一问题，是人大及其常委会拥有的最为具体的监督方式之一。这种方式缩小了问题，又可以形成"当面对质"，有利于人大代表真正了解真实情况，避免"假大空"的汇报和恣意的判断，可以有效地监督人民检察院的工作。

（四）通过对检察人员的选举与任免强化监督

根据《宪法》和《人民检察院组织法》相关规定，各级检察机关的检察长由本级人大选举产生，副检察长、检察委员会委员和检察员由检察长提请同级人大常委会任免。这一制度直接涉及检察机关工作人员的个人职务，使各级人大及其常委会对同级检察机关产生了理论上的强大影响力，在一定程度上保证了人大及其常委会的权威。虽然对人员的选举和任免不能算是纯粹的监督权，更多的是对人大监督权行使的保障。但根据前述监督权的手段性原理，对检察机关人员的选举与任免保证了监督行为与后续结果的衔接，在一定意义上也可以纳入人大及其常委会对人民检察院监督的方式中。监督的内涵是丰富的，形式是多样的。

三、人大对检察工作监督制度的落实

（一）提高接受人大监督的自觉性、规范性、有效性

应该说，宪法法律为人大及其常委会加强对检察工作的监督作出了较为科学的制度安排，检察机关接受人大监督的方法和途径也基本明确。要充分发挥人大监督的制度效能，在很大程度上取决于被监督对象的检察机关的决心和态度，不断增强接受监督的自觉性、规范性和

有效性。

注重接受人大监督的自觉性。人民检察院在党委领导下接受人大及其常委会的监督,是坚持我国社会主义宪政体制的重要内容,是坚持党的领导、人民当家作主和依法治国有机统一的必然要求。各级检察机关对此要始终保持清醒认识。要组织全体干警认真学习《宪法》和《地方组织法》等法律法规,提高思想认识。通过教育,进一步提高广大检察干警对检察机关与人民代表大会的认识,增强接受监督的宪法观念;进一步提高坚持党的领导与接受人大监督关系的认识,增强服务大局的观念;进一步提高向法律负责与向人民负责关系的认识,增强执法为民观念。

注重接受人大监督的规范性。检察机关应该根据职能范围,加强有关制度建设,检察机关接受人大监督的长效和规范机制。对人大交办案件的办理、人大代表的意见和建议的处理反馈、人大代表视察评议的接待等从制度层面方面都做出明确细致的规定,确定具体承办部门和责任人,把自觉接受人大监督纳入规范化、制度化的轨道,从而确保接受人大监督的各项工作真正落到实处。如江苏省连云港市赣榆区人民检察院,近年来先后制定了《关于自觉接受区人大及其常委会监督的实施办法》《关于实行党组成员与机关、镇人大代表联系的办法》《关于加强同省市区人大代表联系工作的方案》等制度,逐步形成制度化、规范化接受人大监督的工作机制。同时,司法改革后就公益诉讼等工作向区人大常委会作专题性汇报,以此推动检察业务的科学发展。

注重接受人大监督的实效性。检察机关要根据人大决议、决定、审议意见以及代表意见建议,不断加强和改进检察工作,努力使检察工作更加符合人民的要求。工作中,要坚持和完善执法办案、社会调查、检察建议"三位一体"工作模式,不断提升和扩大法律监督效果,特别是基层检察院,要积极争取地方党委、人大支持,进一步夯实本地区法律监督工作的基础。认真办理及书面答复人大代表在两会期间对检察工作提出的意见和建议,做到件件有落实,事事有回音,最大限度地保障人大代表对检察工作的知情权、参与权和监督权。在这方面,基层检察院可以针对人大代表提出的开展刑事救助以及帮助弱势群体和人民群众反映强烈的突出问题开展监督,增强监督的针对性和时效性。当前,要把开展扫黑除恶和环境资源保护作为强化法律监督的重要内容和有力手段,积极查办大案要案和涉及群众切身利益的案件,做到取信于民。同时,妥善处理人大代表关注的群众来信来访,将处理结果及时向人大报告,争取将调查和处理工作让人大代表肯定,信访人满意。

(二)建立接受人大监督的平台和机制

搭建多样宣传平台,主动接受群众监督。每年一次的人民代表大会是人大代表代表广大人民群众依法行使管理国家权力的最主要形式,检察机关要把它作为联系人民群众,接受群众监督的重要形式,同时把向人大报告工作作为宣传检察工作成绩、听取检察工作意见的一次极好机会和有效途径。通过检察长向人民代表大会作报告的机会,提前组织和印制检察宣传画册发放到每位参会代表手中,主动把检察机关的重要工作、重大事项、重大活动纳入人大的监督视线,让人大深入了解检察工作,增强监督的针对性。

筑牢监督平台,加大开门接受监督力度。检察机关可以探索尝试从企事业单位、基层组织和社会各界人士中聘请人大代表担任人民监督员、廉政监督员,通过赠阅反映检察日常工作的《检察日报》等系统内报刊和宣传资料,让人大代表更全面更好地了解检察职能和检察工作。不定期邀请人大代表对办理的损害群众利益的案件进行案后回访,听取案发单位和群众对检察干警在执法作风、廉洁自律等方面的反映;邀请人大代表参加检察院各类重大活动等形式,接受民主监督和评议。同时,进一步扩大检务公开范围,不断延伸深入基层,执法为民的触角。检察机关领导干部可以采取集中走访、定期约见、日常接待等多种形式,加强与镇、街道人大代表组和党员群众的联系,征求基层群众对检察机关的意见和建议,接受群众控告申诉等。

搭建普法宣传平台,加强对损害群众利益行为的监督。检察机关在开展法律宣传时,可以邀请法律知识深、解疑释惑能力强、群众工作好的人大代表一起开展法律宣传进企业、进乡村、进学校、进机关和进社区工作,共同宣传普及法律知识,引导群众依法保护自身利益,鼓励群众积极检举和揭发损害群众利益、侵占公共资源、破坏环境资源、危害食品安全等群众身边的违法犯罪行为。聘请人大代表作"公益保护的宣传员""司法办案的监督员",不断提高检察机关的司法公信力和司法知晓度。

(三)创新拓展人大代表联络形式

检察机关要加强与人大代表的联系,创新和拓展与人大代表联系渠道,进一步密切与人大代表的沟通交流和联络关系。

创新拓展沟通长效机制。作为基层检察院,要根据代表层次、代表类型、单位及职务、党派、文化程度等将辖区内各级代表进行分类汇总,结合检察工作重点,与刑检、民行、未检等部门业务深度融合,制定切实可行的联络方案。在高度重视加强两会期间接受人大代表监督的同时,检察院领导要定期上门走访各级人大代表组,通报工作情况,真诚听取对检察工作的意见和建议。坚持重大检察工作情况通报和重大案件安排人大代表旁听庭审,邀请人大代表、记者参与专项检查活动和参加座谈,不断拓展人民群众和新闻媒体对检察机关执法办案和队伍建设情况监督的途径,从而建立相互沟通对话的长效机制。

创新拓展座谈访谈形式。基层检察院可根据联络方案,定人、定时、定点开展联络活动,以座谈会、"代表话检察"微访谈、专题调研等形式,根据联络方案分批次邀请省、市、区、(乡)镇级人大代表来检察机关调研视察指导工作,了解检察工作情况,广泛收集社情民意,诚恳征求人大代表对检察机关的意见和建议,进一步加强和改进各项检察工作。根据走访过程中收集整理的意见和建议,认真研究落实办理,适时组织召开意见、建议问题反馈会,有针对性地召开检察工作通报会,努力提高代表满意度。

创新拓展互动联络平台。探索建立线上交流平台,邀请人大代表加入检察机关"代表联络群"微信群,进一步加强与人大代表的互联互通和双向交流。同时,开展线下交流,积极创造条件,在检察机关打造代表联络平台,可以建立"代表委员学习交流驿站""代表委员风采展示长廊""代表委员体能活动中心"等形式,发挥平台媒介作用,丰富与代表联络方式、内容,多邀请、多互动、多沟通、多交流,进一步拓宽联络方法和途径,丰富联络活动的载体和内容,通过"走出去"和"请进来"相结合,积极争取人大代表对检察工作的理解和支持,实现多赢共赢,不断加强和改进检察工作。

增强检察机关接受人大及其常委会监督的自觉性、主动性,强化监督就是支持的观念,是实现检察公正与效率,树立良好形象的客观需要,是检察机关正确履行检察职能,依法办案、公正检察的可靠保证,也是促进检察干警增强政治素质和业务素质,提高执法水平和公信力,开创新时代检察工作新局面的有力措施和有效途径。

第十三章

检察机关党的建设高标优质发展

一、检察机关党的建设高标优质发展原理

中国特色社会主义最本质的特征是中国共产党的领导，中国特色社会主义制度的最大优势是中国共产党的领导，这是党的十八大以来以习近平同志为核心的党中央关于中国共产党历史地位的两个全新论断。这两个科学论断深刻揭示了党的领导与中国特色社会主义的关系，反映了以习近平同志为核心的党中央对共产党执政规律、社会主义建设规律、人类社会发展规律认识的深化。是中国特色社会主义理论逻辑、历史逻辑、现实逻辑有机统一的必然结论。①

（一）党的建设反映中国特色社会主义的本质特征

从科学社会主义基本原则来看，党的建设反映中国特色社会主义本质特征。科学社会主义的核心观点是社会主义必然代替资本主义。马克思、恩格斯对社会主义的实现条件和途径进行了深入研究和系统

---

① 丁俊萍：《党的领导是中国特色社会主义最本质的特征和最大优势》，《红旗文稿》2017 年第 1 期。

阐述,认为社会主义代替资本主义必须通过无产阶级革命运动来实现。无产阶级只有建立代表自己阶级利益的先进政党,才能最终完成其阶级解放和人类解放的历史任务。马克思主义创始人将这个党命名为共产党。这一事实本身就说明了共产党的领导是科学社会主义的题中应有之义,是科学社会主义最本质的特征。中国特色社会主义是马克思主义与当代中国实际和时代特征相结合的产物,是中国共产党团结带领人民经过百年的奋斗、创造、积累的重大成果,是党和人民必须倍加珍惜、长期坚持、不断发展的重大成就,是植根于当代中国的科学社会主义。中国共产党之所以能够团结带领人民坚持和发展中国特色社会主义,是因为中国共产党是中国工人阶级的先锋队,同时是中国人民和中华民族的先锋队,是中国特色社会主义事业的领导核心,能够代表中国先进生产力的发展要求,代表中国先进文化的前进方向,代表中国最广大人民的根本利益。坚持和发展中国特色社会主义,必须坚持中国共产党领导。离开党的领导,中国特色社会主义就会缺乏根本的政治保证,就会失去正确方向。

(二)党的建设开创和引领中国特色社会主义建设

从中国特色社会主义的形成发展来看,中国共产党是中国特色社会主义事业的开创者和引领者,党的建设必然开创和引领中国特色社会主义建设。在理论上,中国共产党坚持把马克思主义与中国实际相结合,不断推进马克思主义中国化,分别形成了毛泽东思想和中国特色社会主义理论体系这两大理论成果。前者系统回答了在一个半殖民地半封建的东方大国,如何实现新民主主义革命和社会主义革命的问题,并且对建设什么样的社会主义、怎样建设社会主义进行了艰辛探索,以创造性的内容为马克思主义宝库增添了新的财富,为新的历史时期开创中国特色社会主义提供了理论准备;后者系统回答了在中国这样一个十几亿人口的发展中大国建设什么样的社会主义、怎样建设社会主义,建设什么样的党、怎样建设党,实现什么样的发展、怎样发展等一系列重大问题,是对毛泽东思想的继承和发展,为中国特色社会主义道路的开辟和拓展提供了科学的理论指导。在实践上,中国共产党紧紧依靠人民完成了新民主主义革命和社会主义革命,建立了新中国,确立了社会主义基本制度,建立了独立的比较完整的工业体系和国民经济体系,积累了社会主义建设的宝贵经验。在此基础上,进行了改革开放新的伟大革命。改革开放以来,中国共产党坚持解放思想,实事求是,一切从实际出发,认真吸取其他国家社会主义建设的经验教训,科学总结我国社会主义建设的历史经验,既不走封闭僵化的老路,也不走改旗易帜的邪路,积极探索和正确选择了适合中国国情的发展道路,取得了改革开放和社会主义现代化建设的伟大成就,开创、坚持、发展了中国特色社会主义。历史和现实、理论和实践都证明:没有中国共产党的领导,就不可能有中国特色社会主义事业的开创和推进,党的领导是坚持和发展中国特色社会主义事业的根本政治保证。发展中国特色社会主义是一项长期而艰巨的历史任务,必须准备进行具有许多新的历史特点的伟大斗争。习近平总书记在 2016 年"七一"重要讲话中强调:"要时刻准备应对重大挑战、抵御重大风险、克服重大阻力、解决重大矛盾,坚持和发展中国特色社会主义,坚持和巩固党的领导地位和执政地位,使我们的党、我们的国家、我们的人民永远立于不败之地。"[1]

(三)党的建设凝聚中国特色社会主义核心力量

从践行社会主义本质的现实来看,中国共产党是团结带领全国各族人民实现社会主义的核心力量,党的建设正是对核心力量的维护和凝聚。社会主义的本质包括解放和发展生产力,消灭剥削,消除两极分化,最终实现共同富裕,也包括实现国家富强民主文明和谐、实现人的

---

[1] 《习近平谈治国理政》第二卷,外文出版社 2017 年版,第 32 页。

全面而自由的发展等。为了实现社会主义的本质,中国共产党在不同历史阶段提出不同的历史任务和行动纲领。以习近平同志为核心的党中央把握时代大势,回应实践要求,团结带领全党全国各族人民同心协力、苦干实干,树立和贯彻创新、协调、绿色、开放、共享的新发展理念,坚持以人民为中心的发展思想,统筹推进"五位一体"总体布局和协调推进"四个全面"战略布局,不断推进中国特色社会主义事业的发展。回顾中国共产党成立以来中国社会主义革命、建设和改革的发展进步,可以得出一个基本结论:办好中国的事情,关键在中国共产党。党具有巨大的思想优势、政治优势和组织优势,有信心有能力随时准备应对重大挑战、抵御重大风险、克服重大阻力、解决重大问题。实现社会主义的本质,离不开中国共产党的领导,必须毫不动摇地坚持中国共产党的领导。

(四)党的建设是实现中国梦的根本性建设

从当代中国的历史任务来看,中国共产党的领导是实现"两个一百年"奋斗目标、实现中华民族伟大复兴中国梦的根本保证,党的建设理所当然地成为实现中国梦的根本性建设。近代以来,中华民族最伟大的梦想就是实现国家富强、民族振兴、人民幸福。中国共产党自成立以来,就肩负起实现中华民族伟大复兴的历史使命。中国共产党豪迈地提出,要在中国共产党成立一百年时全面建成小康社会,在中华人民共和国成立一百年时建成社会主义现代化强国。实现这"两个一百年"奋斗目标和中华民族伟大复兴的中国梦,必须坚持走中国道路,弘扬中国精神,凝聚中国力量。为此,我们的国家和民族必须有一个坚强的领导核心,这个领导核心只能是中国共产党。中国共产党的领导核心地位,归根到底是由党的先进性质决定的。党在领导人民进行革命、建设和改革中经历过艰难曲折,也犯过许多错误,但从总体上说,党以马克思主义为指导思想,一切从中国实际出发,在中国社会主义革命、建设、改革的各个发展阶段,都提出了符合中国实际的纲领、路线、方针和政策,团结带领中国人民不断推进社会主义事业的发展。同时,也不断加强自身建设,坚持真理,修正错误,不断提高党的领导水平和执政能力,保持和发展了党的先进性和纯洁性。中国共产党的领导核心地位,是在中国社会主义革命、建设、改革的长期实践中逐步形成并巩固起来的,是历史和人民的选择。正是在中国共产党成立并担负起救亡图存、建设和发展中国特色社会主义的历史使命之后,中国人民才走上了争取民族独立、人民解放的光明道路,踏上了实现民族复兴、国家富强、人民幸福的壮丽征程,并在中国这片古老的土地上,书写了人类发展史惊天动地的壮丽史诗。

二、检察机关党的建设高标优质发展内涵

检察机关是党领导下的法律监督机关,党的建设是检察队伍建设的灵魂,是检察事业发展的根本保证。切实加强检察机关党的建设,就要按照全面从严治党和"两学一做"学习教育常态化制度化要求,推进党组建设、机关党委建设、党支部建设、党员队伍建设,以党的建设引领检察队伍建设,以党建工作促进检察工作发展。

(一)加强党组建设,发挥领导核心作用

检察院党组是党在各级检察机关设立的领导机构,是实现党对检察机关领导的重要组织形式和制度保证,在推动检察事业发展中发挥领导核心作用。各级检察院党组要切实加强自身建设,着眼观大势、掌全局、议大事、抓大事,提高决策能力和水平,确保党的路线方针政策贯彻执行。要讲政治,确保方向。讲政治,是党组的首要任务和基本要求,就是要做到政治坚定、方向坚定。要认真学习习近平总书记系列重要讲话精神,特别是关于政法工作、检察工作的重要指示,用以武装头脑、指导工作。要强化"四个意识",自觉维护以习近平同志为核心的

党中央权威,不折不扣贯彻执行党的路线方针政策。要讲大局,服务中心。紧紧围绕"五位一体"总体布局和"四个全面"战略布局开展检察工作,自觉把检察事业融入中国特色社会主义事业的全局中来思考、谋划和推进,为经济社会发展提供法治保证和服务。要讲规矩,严守纪律。严格执行党的政治纪律和政治规矩,知敬畏、守底线,知止不逾、知止而定。严格执行重大事项请示报告制度,按纪律规矩办事。检察工作重要部署、重大决策及时向党委请示报告,并进一步完善对党中央和各级党委重大决策部署在检察机关贯彻落实的监督检查机制。用好民主集中制这个法宝。民主集中制是我们党的根本组织制度和领导制度,是我们党最大的制度优势,是检察机关领导工作的法宝。党组作决策,要广泛听取干警意见,集中班子成员意见,形成集体决策。检察委员会,要坚持少数服从多数。检察长办公会,要贯彻民主集中制精神,坚持在民主基础上的集中。班子成员要坚持集体领导与个人分工负责相结合,有分工有合作,努力维护班子团结,认真做好分管工作,主动配合协管工作,支持班子成员工作,积极思考全面工作,协助一把手把工作做好。切实履行党组主体责任。党组要抓好班子带好队伍,认真落实全面从严治党主体责任、党建工作主体责任、意识形态工作主体责任。坚持全面从严治党、从严治检不动摇,加强对党员的教育管理和监督,规范司法行为。落实党建工作责任制,形成良好的党建工作格局。抓好意识形态工作,旗帜鲜明抵制错误思潮。

(二)加强机关党委建设,发挥协助和监督作用

机关党委是机关党建工作的实施主体,在本单位发挥协助和监督作用。要立足职能,提升工作水平,推动基层党组织思想观念、工作方法、活动方式的改进和创新。加强党员队伍的教育管理。紧紧抓住党性教育这个核心,组织党员参加党内集中教育活动。当前,要协助党组认真抓好"两学一做"学习教育,引导广大党员养成学习自觉、党性锻

炼自觉,做合格党员。经常性开展党员活动,把主题教育、主题党日、精神文明创建、检察文化建设相结合,组织形式多样的文体活动、志愿服务和公益行动。严格落实党内管理监督制度,发现问题及时提醒、及时纠正。真心实意为党员、干部服务,及时了解党员需求,帮助解决实际困难和问题。协助党组推动各项检察工作落实。坚决按照党组决策和部署推进各项检察工作,积极协助抓好落实。紧紧围绕司法办案这个中心,主动加强与检察业务部门的沟通联系,听取和征求业务部门意见建议。党建工作的计划方案、形式载体、方式方法,都要紧贴法律监督实际,符合司法办案规律。引导党员干部立足岗位创先争优,开展党员示范岗、党员责任区等活动,推广机关干部下基层、结对帮扶、"一站式"服务等做法,带动党员干部投身检察事业,履行岗位职责,圆满完成各项任务。做好干部思想政治工作。根据党员、干部的思想状况,建立党风廉政建设和队伍思想动态分析制度,做好谈心谈话工作。当前,要把思想政治工作贯穿司法体制改革始终,引导广大检察人员更加自觉地拥护和参与改革,在改革中发挥带头作用,按照司法责任制运行机制开展工作,切实履职,用好检察权,维护社会公平正义。

(三)加强党支部建设,发挥战斗堡垒作用

基层党支部的活力,决定了检察机关党建工作的活力;基层党支部的战斗力,决定了整个机关的战斗力。要树立党的一切工作到支部的鲜明导向,把支部建好,发挥战斗堡垒作用。健全党的基层组织。省、市、县检察院中的各单位都建有党的基层组织,发挥了重要作用。但一些基层检察院在机构改革后,有的组织体系不健全,有的运行机制不规范,有的没有发挥应有作用。要结合基层检察院内设机构改革,调整和加强党支部、党小组的设置,健全党的组织体系。落实支部书记"一岗双责"。党支部书记大多担任行政处室、科室负责人,要牢记自己的党内职务,切实履行"一岗双责",一手抓业务、一手抓党建,同部署同检

查同落实。发挥党支部工作优势,加强党员日常教育管理,深化基层党建"三级联创"。坚持和完善"三会一课"制度,认真开展谈心谈话,定期分析和民主评议党员,推动党内组织生活常态化。

(四)加强党员队伍建设,发挥先锋模范作用

检察队伍的骨干是共产党员,党员队伍建设是党的建设和推动检察工作的基础性工作。要教育和引导广大党员干警对标"四讲四有""四个合格"的要求,不管在什么时候、做什么事,都以党员标准要求自己、约束自己,保持共产党员先进性。做遵纪守法模范。要始终以党员标准对照检查,明确行为准则,校正行为偏差,自觉守纪律、守法律、守道德。做岗位业务能手。加强学习、加强实践,提高能力水平,做专业能手、业务标兵,做到又红又专,在平凡岗位上做出不平凡业绩。做群众榜样。不仅要自觉践行党的群众路线,执法为民,讲亲和、立公信,而且在机关内部也要处处走在其他干警前头。重大利益面前能正确对待,不计较个人名利和得失,严格要求作表率。做先锋战士。检察机关作为政法机关的重要组成部分,是党和人民掌握的"刀把子",肩负着强化法律监督、维护公平正义的责任,要忠于党、忠于人民、忠于国家、忠于宪法和法律。在大是大非面前,在关键时刻,敢于担当、挺身而出,维护国家安全、维护人民利益。不怕困难、不怕牺牲,为党增光添彩、奋斗终生。党员领导干部在任何岗位、任何时候都要牢记自己的第一身份是共产党员,第一职责是为党工作,把高标准、严要求作为基本品质,把走前头、作表率作为基本风范,层层示范、层层带动,形成效应。从而,推动检察机关党的建设和各项检察事业健康发展。

三、检察机关党的建设高标优质发展要求

党的十八大以来,以习近平同志为核心的党中央高度重视党的建

设工作。检察机关要始终坚持以习近平新时代中国特色社会主义思想为指导,深入学习贯彻习近平总书记系列重要讲话精神特别是在中央和国家机关党的建设工作会议上的重要讲话精神,进一步加强和改进机关党建工作,提高党建工作质量,并从以下几个方面作了深入阐述。

(一)忠诚党的建设要落在热爱党的建设

对广大检察人员来说,忠诚于党,进而忠诚于党的建设,是没有问题的。然而,有的同志认为这不是自己的责任,或不是自己的主责;有的同志一说起党建工作就觉得虚、空;有的领导同志也不能积极、主动落实各项党建任务。这些问题的根源,就在于没有深刻理解习近平总书记的重要指示精神,没有充分认识到党建工作的重大意义,没有形成对党建工作的热爱。全面贯彻党的十九大精神、认真落实新时代党的建设总要求,就要深刻认识到党的建设不是一般意义上的机关党委抓的某一项或某些具体工作,而是做好包括检察工作在内党和国家各项事业的基础和保证。检察机关要深刻领会习近平总书记"机关党的建设是机关建设的根本保证"的重要指示精神,全身心投入、热爱党建工作。真心、真正热爱党建工作,首先要充分认识党建对于加强党的领导、促进国家发展、实现中华民族伟大复兴的重大意义。《宪法》总纲第一条明确规定,中国共产党领导是中国特色社会主义最本质的特征。中国共产党作为中国特色社会主义事业的领导核心,为实现中华民族伟大复兴,带领全中国人民战胜了数不清的困难。这次新冠疫情防控,让我们深切感受到:没有中国共产党的领导,没有中国特色社会主义制度,就不可能有今天这样来之不易的防控效果和局面。历史和现实都告诉我们,面对世界百年未有之大变局,倘若没有中国共产党的坚强领导,实现"两个一百年"奋斗目标是绝无可能的。正是因为党的建设固本强基,千万个党组织发挥战斗堡垒作用,9500多万名党员发挥先锋模范作用,党的领导这座大厦才能够永远矗立,面对挑战更加顽强。检察工作亦如此。中国检察制度是世界上独一无二的,与其他社会主义国家不尽相同,与英美法系、大陆法系国家相比就更加不同。之所以能够将这样一个具有中国特色的检察制度坚持住,而且坚持得很出色,就是因为有了党对检察工作的绝对领导。实践证明,坚持走自己的政治、法治、检察制度发展道路是完全正确的,符合历史、国情、经济社会发展规律。但是,也有个别同志缺乏自信,在坚持中国特色社会主义法治道路、建设中国特色社会主义检察制度上缺乏底气。因此,我们要求必须更加务实、有针对性地抓好党的建设,这是方向性的问题,事关队伍政治素质、业务能力建设,直接影响办案中人民群众的切身感受,关系是厚植还是损害党的执政基础。这就是党建的重大意义,对检察工作的特殊重要意义。真抓、实抓、抓好党的建设,才能有坚定发展的底气、实现创新发展的目标,才能为党和国家中心工作提供更加优质的服务和保障。

抓好党建工作,一是政治上要明白。要始终牢记中国共产党领导是中国特色社会主义制度的最大优势。机关党的建设是机关一切建设的基础。抓不好党建工作,肯定抓不好业务工作;业务工作抓得有声有色,党建工作一定首先做得更加出色。最高检作为最高检察机关,是检察系统做到"两个维护"的第一方阵,必须走在前、带好头,把党的建设融入每一个基层组织、每一名检察人员、每一项检察工作。在这次疫情防控工作中,最高检党组始终强调党建引领,及时成立应对疫情工作领导小组和涉疫情防控检察业务领导小组,认真落实党中央部署要求,强调越是在疫情吃劲的时候,越要重视党建工作,把习近平总书记关于党建工作的重要指示精神,结合检察工作、疫情防控工作实际更生动地体现出来、更深入地落实下去,取得了良好的成效。二是责任上要担当。党建工作是每一位党的领导干部、每一名党员的根本责任,积极投身党建工作,是为党尽责、为党分忧、为党工作的最直接体现。所有党员领导干部,自己首先是党组成员、党员,然后才有各级各类行政、法律职务。不抓党建,就违背了党章规定的作为党的领导干部的基本责任,首先就不是一名合格的党员领导干部、党员,也不可能是称职的院领导、厅局领导、处领导。没有责任,不落实责任、不追究责任,就不会积极、主动去抓党建,也抓不好党建。三是情感上要认同。要把党建工作当成分内事,增强做好党建工作的主人翁意识,主动抓好党建各项工作。如果没有对党组织和党建工作的深厚情感,没有发自内心对党的热爱和认同,缺乏道路、理论、制度和文化的自信,怎么能心无旁骛、诚心诚意做好党建工作? 有了政治、思想、情感的基础和认同,就不会觉得抓党建是负担,自然会把党建融入检察履职日常工作中,尝到抓党建促工作事半功倍的"甜头"。

(二)努力形成、践行抓党建的高标准

习近平总书记特别强调党建工作"标准决定质量,有什么样的标准就有什么样的质量,只有高标准才有高质量"。党中央、中央和国家机关工委专门部署全面推进党的建设高质量发展工作。推进新时代检察机关党建工作高质量发展,首先就要有一个抓党建的更高标准——以高度的政治自觉、法治自觉和检察自觉做好党建工作,就是别等着党中央一再部署、反复要求,日常工作中就自觉把党章党规作为遵循,把管党治党责任扛在肩上、记在心里、抓在手中,认真、扎实践行党建责任。在统筹国际国内两个大局过程中,面对检察机关系统性、重塑性、根本性变革和"四大检察""十大业务"法律监督新格局,检察机关党建工作必须与时俱进、开拓创新,自觉适应新变化、体现高标准、追求高质量。党中央有了新部署和新要求,必须结合检察工作实际抓好落实,不用扬鞭自奋蹄。目前,党内法规日益完善,党章党规对党建工作怎么做、有什么标准,规定得很明确,检察机关要主动、自觉抓好落实。

讲政治、抓党建和强业务必须融为一体。业务工作要想强,党建必须强;党建工作做不好,业务工作不可能做好。党建工作到位的部门,

党员干部积极向上、奋发进取，大家一条心、拧成一股绳，业务工作肯定出彩。党建工作不到位的部门，党员干部思想不稳、作风漂浮，没有干事创业的良好氛围，具体检察工作不可能干好。检察机关自身建设的所有问题，归根到底都与党建工作不实有关；检察机关内设部门自身建设的所有问题，归根到底都可以从党的政治建设不到位上找到原因。比如，认罪认罚从宽制度落实，检察机关自我加压，强调2019年底要把2018年10月修改刑事诉讼法确立的这个重大诉讼制度落到实处，并提出具体适用目标。这种自觉的压力传导，使检察业务经受了考验。如果不重视党建引领，不想方设法强化内部监督，防止出现权力滥用和腐败，这项良好的制度可能会走向反面。中央纪委国家监委驻最高检纪检监察组十分敏锐、非常主动，从最高检党组部署这项工作开始，就一再提醒院党组要加强党的纪律建设，监督检察工作，而且专门提出具体建议，加强制度建设和内部监督管理，这就是自觉，既是抓党建，也是强队伍，当然促进了业务。再比如，检察官业绩考评工作，是业务抓手、队伍管理，也是党建工作。考核的目的就是把党中央的决策部署通过检察履职、日常工作落实到位。习近平总书记强调平等保护民营企业，最高人民检察院在考核中特别设置了办案效果作为加分项目，就是引导检察官做好这方面工作，落实党中央的决策部署。要进一步细化、实化党建工作考核标准，把考核结果作为评价党务干部、检察官优秀、称职和晋职晋级的重要依据，发挥好党建工作高标准的"指挥棒"作用。

（三）不仅愿做、更要会做善做党建工作

经过全面从严治党的洗礼，检察机关党员领导干部、专职党务干部不重视、不真抓党建的问题有了明显改变，但是个别机关不会抓、不善抓的问题日益凸显出来。党建工作的问题，说到底还是抓党建工作同志自己的问题。热爱、更高标准去做的问题解决后，怎么做好就成为根本和关键。抓党建，形式可以灵活多样，关键是要用心。真正用心去

做,党建、业务融为一体去做,用广大党员干部喜闻乐见的方式去做,同志们都会从中受益。比如,在疫情防控的关键时期,最高检机关及时组织各基层党组织通过视频会议召开专题组织生活会,最高检领导同志与所在支部同志一起交流思想和工作情况,引导党员干部牢记党员身份、检察官身份,正确认识网络乱象,规范自我言行,活动搞得有声有色,弘扬了正能量、提振了精气神,切实推动了疫情期间的各项工作。又比如,在推进落实检察官业绩考评工作过程中,能力欠强的干部担心跟不上,有特殊困难的同志担心顾不过来、掉了队,个别领导干部尚未抓住要领或者担心得罪人。各党支部把这项工作列为组织生活会的题目谈认识、提建议,有针对性地开展深入细致的思想工作,把政策解释清楚,就会促进自觉支持、落实到位,机关的氛围和风气就会更好,这既是党建方式创新,更促进工作开展。新时代,人民群众对民主、法治、公平、正义、安全、环境等方面有新的更高水平的要求。新时代,广大党员干部也对党建工作、党建方式、党建效果内涵更丰富、水平更高的要求。检察机关各级党组织要积极作为、善于作为,满足广大党员新的更高要求。

善做、会做党建工作,体现在方方面面。作为党支部书记,党建、具体业务都要熟悉,再结合大家的关注点,对党建工作深化研究,紧密结合业务去落实,能有效防止党建和业务"两张皮"。检察办案中,常有影响性案件引发社会各界尤其是法学界的广泛关注。相关支部可以结合这样的影响性案件,组织支部讨论,深刻认识纷争的本质、背后的问题,认真思考如何从中国特色社会主义制度、党的司法事业来认识司法改革、检察工作,引领法治建设,处理好司法实务中的具体问题,进而以更高站位、更大格局,促进实现新时代人民群众对民主、法治、公平、正义、安全、环境等方面新的更高水平的需求。党的建设,真正用心做,用大家喜爱的方式做,没有一刻不是工作。八小时内外、会上会下、工作生活、电话短信,不经意间都有党建工作,都是在做党建工作。疫情防控期间,检察机关许多部门都在加班加点工作,许多同志都在默默地奉献,党支部要帮助解决他们会遇到的各种思想问题和实际问题,这也是实实在在的党建工作,是在厚植党的执政基础,让广大党员干部都能和党一心,凝聚共识、共同"战"疫。

归根结底,抓党建就是做"人"的工作。做人的工作就要吸引人,吸引人要用真心、有热心,自己感兴趣,把自己摆进去。吸引人,党建工作的形式和内容要一致:内容决定形式,形式影响内容。离开稿子讲话形式很好,关键还要内容好,有思想、有逻辑、有内涵、有知识,党建效果、业务建设就会更好。吸引人,最终是为了改造人。党建工作要努力向着把每一名同志都塑造成优秀共产党员的目标来推进。对检察机关而言,还要努力朝着塑造检察官"大家"开展党建工作。这个"大家",就是政治上强、业务上精、系统内外广泛认可和推崇的专家型检察官。

(四)党建是责任,就要扛起来

习近平总书记特别强调,中央和国家机关党的建设必须走在前、作表率。最高人民检察院是全国检察系统的最高领导机关,必须按照党中央的要求,党的建设和各项工作都要努力走在前、作表率,建设让党中央放心、让人民群众满意的模范机关。实现最高检机关乃至整个检察系统党建工作更高标准、更优质量发展,走在前列、作好表率,必须紧紧牵住责任制这个"牛鼻子"。2020年3月,中共中央办公厅专门印发了《党委(党组)落实全面从严治党主体责任规定》,对主体责任内容、责任落实、监督追责提出明确要求。各级检察院党组书记,是落实全面从严治党、狠抓机关党的建设的第一责任人。其他院领导按照"一岗双责"要求,负重要领导责任,都必须始终把党建工作作为基本职责来落实,以身作则,以上率下。

机关党委、各支部书记、支部的每一位同志都是不同层次的党建第一责任人,要始终牢记抓党建是本职,不抓党建是失职,自觉、主动按照党章规定,对照支部工作条例,把党建主体责任扛起来。机关党建工作领导小组是党组抓全面从严治党的议事协调机构,要定期听取工作汇报,及时研究解决重大问题。机关党委作为机关党建工作专责机构,要聚焦主责主业,承上启下、加强协调,一方面协助院党组落实好主体责任,一方面推动各基层党组织履行好主体责任。机关党委不是仅指某一部门,而是包括机关党委委员在内的所有成员,是党建重责共担的集体。每个党委委员要从自己做起,齐心协力把机关党建工作推向新的发展阶段。

加强机关党的建设,要坚持严管就是厚爱,坚持不懈狠抓党的纪律作风建设。要坚决杜绝"老好人"心态。"老好人"表面看是对人"好",实际上往往导致违纪违法小事拖大、后果恶化,是严重不负责任,是党性不纯的表现。"老好人"不仅带坏了风气,更害了同志,实际上是党的事业的"大坏人"。对违纪违法行为要敢于斗争、善于斗争,抓早抓小,严肃执纪,这才是对组织、对干部本人负责,才是真正做到"两个维护",才是党的事业的"真好人"。

加强机关党的建设,要千方百计关心爱护党务干部,努力建设一支政治坚定、结构合理、精干高效、充满活力的党务干部队伍。要加大党务干部使用交流力度,把好的干部用在党建工作上,为提高机关党建工作水平提供有力的组织保障。全体党员干部也要进一步提高政治站位、强化政治自觉,用"以天下为己任"的情怀投身机关党建,自觉通过履职落实好党建责任和要求。以机关党的建设更高标准、更优质量,为新时代检察工作创新发展,实现中华民族伟大复兴的中国梦作出新的更大贡献。

第 四 篇
新时代检察业务建设

　　检察工作是政治性极强的业务工作,也是业务性极强的政治工作。没有单纯的业务,我们做的所有工作都涉及人民福祉、人民安危,都涉及每一个案件当事人的获得感、幸福感、安全感,要从这个高度去看检察业务建设,把为社会提供更优质的检察产品作为检察官的天职。

第十四章

新时代检察业务建设观

新时代检察业务建设应当以以人民为中心的检察理念为引领,实现"四大检察"职能全面协调充分发展、"十大业务"总体布局规范定型。全面强化法律监督职能,维护宪法法律权威,加强对法律实施的监督;有效维护社会公共利益,满足人民群众的安全感、幸福感、尊严感,让人民群众在每一个司法案件中感受到公平正义。

一、全面强化新时代法律监督

习近平新时代中国特色社会主义思想,是人民检察事业创新发展的根本遵循。党的十九大作出中国特色社会主义进入新时代,我国社会主要矛盾已经转化的重大战略判断,人民群众对民主、法治、公平、正义、安全、环境等方面有了更丰富、更高水平的需求。可以说,新时代检察机关肩负全面依法治国更为艰巨、更加光荣的政治和社会使命、宪法和法律责任。担当起新时代的使命和责任,最根本的就是以习近平新时代中国特色社会主义思想为指引,自觉研究把握新时代法治中国建设规律特点,切实履行好全面依法治国实践者、推动者的职责使命,保障宪法法律得以实施、法治得以践行,让全面依法治国在统筹推进"五

位一体"总体布局和协调推进"四个全面"战略布局中发挥规范保障
作用。

（一）维护宪法法律的尊严和权威

法治国家、法治社会,首先须有法律,更要严格实施。而权威性,就
是保证法律得以运行和实施的基础。我们国家是人民民主专政的社会
主义国家,法律就是通过法定程序成为国家意志的党的主张,是人民根
本意志的反映。维护宪法法律权威就是维护党和人民共同意志的权
威,捍卫宪法法律尊严就是捍卫党和人民共同意志的尊严,保证宪法法
律实施就是保证人民根本利益的实现。政法机关承担着执法司法的重
任,是确保宪法法律统一正确实施的中坚力量,在维护宪法法律权威中
起着关键性作用。宪法法律的统一有效实施,需要监督。保证制度是
刚性的、是真正的笼子,保证人在制度规范下行动。从这个意义上讲,
维护宪法法律权威是法律监督的重要任务,法律监督是实现宪法法律
权威的重要保障。

我们党在设计法律监督制度时有一个创举,就是将检察机关确定
为专门的国家法律监督机关。我国《宪法》第一百三十四条明确规定:
中华人民共和国人民检察院是国家的法律监督机关。这个定位,不仅
仅是司法制度层面的,更重要的是国家制度层面的。检察权是与行政
权、监察权、审判权并立的国家权力,具有独立的宪法地位。习近平总
书记在 2017 年 9 月致第二十二届国际检察官联合会年会暨会员代表
大会的贺信中深刻指出,"中国检察机关是国家的法律监督机关,承担
惩治和预防犯罪、对诉讼活动进行监督等职责"。

检察机关是宪法规定的国家法律监督机关,肩负着神圣职责,维护
宪法法律权威是法律监督的重要任务。首先要做到与党同心,就是要
用检察实际行动增强"四个意识"、坚定"四个自信"、做到"两个维
护"。最高检党组提出"讲政治、顾大局",就是要做到与党同心。其次

要做到与民同心,就是把习近平总书记反复强调的以人民为中心落到实处,不忘初心、牢记使命。与民同心、以人民为中心,新时代给我们的检察工作提出了新的更高要求,社会矛盾在一些领域、一些时候可能更严峻更复杂,老百姓的诉求远远走到了司法机关能够提供的法治、检察产品前面,我们的工作要跟上形势的发展,努力把检察工作提升到一个新水平。再次要做到与法同心,就是紧紧、正确把握准宪法法律的本质,在检察业务中落实好宪法法律内在的精神,检察机关是国家法律监督机关,监督法律统一正确实施,就得了解法律的本质是什么,这样才能通过检察有力、正确履职,让人民群众在每一个司法案件中感受到公平正义。与党同心、与民同心、与法同心,就是我们党一直强调的坚持党的领导、人民当家作主和依法治国的有机统一。

(二)加强对法律实施的监督

党的十九届四中全会审议通过的《中共中央关于坚持和完善中国特色社会主义制度、推进国家治理体系和治理能力现代化若干重大问题的决定》明确要求,加强对法律实施的监督。随着我国法治发展,随着中国特色社会主义法治体系日益完备,对于加强法律实施监督的要求愈加迫切。

法律是人民意志的反映,记录着人民关于国家权力的主张。人民对于国家权力的要求是由法律来记载、反映和体现的。国家权力的人民属性决定了它的法治属性。因为法律是人民意志的集中体现,是其最清晰的表达,也是其最重要的载体。因此,国家权力的拥有者是否忠于人民,就要看其是否忠于法律。忠于法律就是忠于人民。法律成为国家机关及其公务人员的行为准则,成为法律化的政治标准。这也是人民民主的体现,也是法治的要求。

人民检察院是我国宪法确认的国家法律监督机关。宪法将人民检察院设定为国家的法律监督机关,并授权其依照相应组织法的规定,通过行使检察权,追诉犯罪,维护国家安全和社会秩序,维护个人和组织的合法权益,维护国家利益和社会公共利益,保障法律正确实施,维护社会公平正义,维护国家法制统一、尊严和权威,保障中国特色社会主义建设的顺利进行。人民检察机关依法对有关刑事案件行使侦查权;对刑事案件进行审查,批准或者决定是否逮捕犯罪嫌疑人;对刑事案件进行审查,决定是否提起公诉,对决定提起公诉的案件支持公诉;依照法律规定提起公益诉讼;对诉讼活动实行法律监督;对人民法院判决、裁定等生效法律文书的执行工作实行法律监督;对监狱、看守所的执法活动实行法律监督;等等。我国法律对于人民检察院监督职能的设定,就表明了它的法律监督机关性质。其职能作用的发挥对于法律实施具有重要影响,是我国不可或缺的法律监督机制。检察机关应当以高度的政治自觉和检察担当,为加强对法律实施的监督,推进国家治理体系和治理能力现代化作出应有贡献。

(三)在反腐败格局中发挥检察职能

检察机关继续发挥在反腐败工作格局中的职能作用,是新的时代条件下反腐败斗争的必然要求。监察体制改革之后,职务犯罪侦查权整体转隶监察委。检察机关在惩治职务犯罪中履行提前介入、审查起诉、提起公诉和审判监督职责,同时对司法工作人员14种职务犯罪可以行使侦查权。这就使检察机关主动适应,跟上变革,更新思想,积极融入社会主义法治变革的大潮,推进职务犯罪检察工作全面发展,着力巩固党的执政地位。要努力实现办案政治效果、法律效果和社会效果的有机统一,高质高效完成职务犯罪案件的审查逮捕、审查起诉和出庭支持公诉、抗诉工作,推动反腐败法治进程。

加强与监察机关的法法衔接,把办案作为职务犯罪检察工作的基础和核心。始终把办理职务犯罪大案要案作为工作重点,严把案件质量,认真审查涉案事实、证据,提出正确的法律适用意见。高度重视出庭公诉工作,高质量完成指控犯罪、认罪服法教育和释法说理工作,促使被告人认罪悔罪,强化案件办理的教育引导作用。加强办案制度机制建设,健全完善职务犯罪检察工作规范,完善相关程序,制定《人民检察院提前介入监察委员会办理职务犯罪案件工作规定》等工作规范。要强化责任担当,积极参与扫黑除恶、破网打伞,深挖彻查"保护伞",营造安全稳定的社会环境。要结合本地实际,积极参与打击防范化解重大风险中的金融类犯罪、污染防治中的失职渎职犯罪、脱贫领域职务犯罪,配合有关部门做好依法追缴、处置涉案财产工作和扶贫领域涉案款物快速返还工作。要综合统筹,同步规划,配合污染防治攻坚战,积极参与打击长江经济带生态环境职务犯罪,落实好检察一体协作机制,统一司法标准,形成办案合力。深度参与反腐败国际治理,积极参与"天网"行动,一体推进追逃防逃追赃工作,充分发挥违法所得没收程序作用。①

二、有效维护社会公平正义

(一)新时代社会主要矛盾和人民群众新期待

以习近平同志为核心的党中央一再强调,要坚持人民立场,坚持人民主体地位,坚持以人民为中心的发展思想,在一切工作中都要以人民的根本利益为出发点和落脚点。树立新时代检察理念,必须坚持反映人民愿望、保护人民权益、增进人民福祉。

新时代我国社会主要矛盾已经转化为人民日益增长的美好生活需要和不平衡不充分的发展之间的矛盾。人民群众对美好生活的新需

---

① 参见尹伊君:《充分行使检察职能　为反腐败斗争作出贡献》,《人民检察》2019年第3期。

要,无论是民主法治、公平正义,还是安全环境,每一项都与检察工作息息相关。

时代给检察机关出的考题是全新的。党的十九大报告明确提出,中国特色社会主义进入新时代,我国社会主要矛盾已经发生转化。人民群众物质文化方面的需求由过去"有没有"向"好不好"转变,这是一个根本性的变化。新时代人民群众在民主、法治、公平、正义、安全、环境等方面有内涵更丰富、水平更高的新需求。如何满足人民群众的新需求,这就是时代给出的考题。目前法律监督供给与人民群众对检察工作、对美好生活的新需求还很不相适应,供给的法治产品不足、供给的产品质量不高的问题还比较突出。

检察机关要精准把握新时代人民群众司法需求的转变,深入查找当前检察工作与人民的司法需求不相适应的突出问题,包括在机构设置、力量配备、精力投入等方面的问题,深入分析问题背后反映的认识局限、理念偏差,坚决纠正、彻底摒弃,并以人民群众的新需求为导向引领加强和改进检察工作,重新审视调整检察机关内设机构设置,科学调配人力资源,切实把传统职能做优,把短板职能补强,把新增职能做好;同时紧紧围绕民生需求,聚焦民生焦点,加强民生检察工作,深入推进检察产品供给侧结构性改革,为人民群众提供更加丰富、更为优质的法治产品、检察产品。

(二)满足人民群众的安全感、幸福感、尊严感

满足人民群众的安全感、幸福感、尊严感,要从增强"四个意识"、坚定"四个自信"、做到"两个维护"的高度,认真贯彻落实党中央改革决策部署,对照全面深化司法体制改革推进会作出的部署,细化任务清单,排出重点问题,以敢于担当的精神啃硬骨头、闯难关,不断取得突破性进展。在加快推进以"四大检察"职能和检察机构改革重塑基础上,抓紧完善新的工作体制和运行机制,确保相关工作运转高效、保障

有力。

维护社会安宁是人民福祉所在,是满足人民群众的安全感、幸福感、尊严感的首要前提。检察机关要与相关执法、司法机关紧密配合,针对当前社会治安形势特点,深入推进反恐防暴、扫黑除恶、社会矛盾排查化解等工作,认真落实困难帮扶、教育疏导、安全防范等措施,严防发生个人极端暴力犯罪等案事件,增强群众安全感。要坚持围绕大局履行职责,依法保护产权、保障投资,平等保护各类市场主体和公民个人合法权益,为经济金融持续健康发展创造良好环境。

新时代人民对美好生活的需要有了新变化,人民群众在民主、法治、公平、正义、安全、环境等方面产生更高要求。检察工作应该怎样去跟上？这就需要供给侧结构性改革。人民群众的需求,无疑应该努力去满足,我们还要进行许多创新才能跟上。更不要说人民群众应该有但现在还没提出来的新需求,比如在办案的效率上、办案的实体质量上,我们能不能走在前面去满足。如果我们做到了,老百姓就会感受到中国特色社会主义法治确确实实是以人民为中心。我们要从政治上、全局上做好检察工作,为社会和人民群众提供更加优质、及时的"法治产品""检察产品",满足人民群众越来越高的获得感、幸福感、安全感,落实好党的十九大、习近平总书记给我们提出的要求。

(三)让人民群众在每一个司法案件中感受到公平正义

最高人民检察院强调,立足新时代人民群众在民主、法治、公平、正义、安全、环境等方面提出的新的更高要求,检察机关要认真思考如何把习近平总书记反复强调的以人民为中心融入到具体检察工作中、体现在司法办案各方面,重新组建了十大检察业务机构,形成了刑事、民事、行政、公益诉讼"四大检察"并行的法律监督格局,在办案中监督、在监督中办案,努力让公平正义不仅实现,而且以人民群众更易感知的方式摸得着、看得见。

人民有所呼,检察有所应。对于严重危害人民群众安全感的犯罪,检察机关始终坚持依法从严惩治,据 2019 年的统计,全国检察机关共批准逮捕各类刑事犯罪嫌疑人 1056616 人,提起公诉 1692846 人。特别是对人民群众反映强烈的、每个人都可能遇见的电信网络诈骗犯罪,更是坚决依法予以严惩,2018 年起诉此类犯罪人数同比上升了 29.3%。比较典型的还体现在扫黑除恶专项斗争上,与以往相比,这次扫黑除恶专项斗争有着不同的时代背景,检察机关以高度的责任感投入扫黑除恶专项斗争。最高检会同有关部门发布通告、制定指导意见,明确 11 类打击重点,对一批重大涉黑案件挂牌督办。一批为非作歹、残害百姓的涉黑团伙受到严惩。检察机关还重拳"破网打伞",起诉黑恶势力犯罪"保护伞"350 人。

惩治犯罪、保障人权是公平正义的重要前提。在检察机关,惩治犯罪、保障人权始终得到平等关注。高度重视人权司法保障,坚持以事实为根据、以法律为准绳,有罪的依法追究,无罪的绝不冤枉。据 2019 年的统计,全国检察机关对不构成犯罪或证据不足的决定不批捕 168458 人、不起诉 34398 人,同比分别上升了 15.9% 和 14.1%。即便在更多人都强调"严惩"的扫黑除恶专项斗争中,检察机关始终如一的要求,是黑恶犯罪一个不放过,不是黑恶犯罪一个不凑数。这一年侦查机关以涉黑涉恶移送起诉,检察机关把关后依法不予认定的 9154 件;侦查机关未以涉黑涉恶移送的,起诉时依法认定的 2117 件。

如何让人民群众有更强的获得感、幸福感、安全感,检察工作各个方面都要下功夫。检察机关在服务大局、公益诉讼、未成年人检察、监狱巡回检察以及立足办案参与社会治理等方面都取得新进展。比如,针对近年来侵害未成年人的犯罪持续多发问题,最高检和各省级检察院均成立了未成年人检察工作的内设机构,这在政法单位是第一家。最高检还向教育部发出建院以来"第一号检察建议",促进防范治理校园性侵,同时 32 个省级检察院向主管教育的副省长和教育厅长送上附有本省情况的检察建议,并转上最高检的检察建议,25 个省区市党委和政府领导同志作出批示,教育部和各地教育行政部门采取有力措施落实。还比如,针对一些群众反映信访事项"石沉大海",最高检要求"将心比心"对待群众信访,建立 7 日内程序回复、3 个月内办理过程或结果答复制度。而且对于不符合受理条件或审查后不支持申诉的 58181 起信访案件,耐心释疑解惑,让当事人信服,使之感受到公平正义就在身边。

第十五章

深化检察改革"精装修"

深化检察改革"精装修"是对本轮检察改革基本框架的"求极致"。主要围绕检察机关宪法定位,突出法律监督主线,围绕"四大检察"健全法律监督体系,把树立科学监督理念贯穿检察工作始终。充分发挥认罪认罚从宽制度中的检察作用,在构建专业化办案模式中加强监督制约,确保办案质量和办案效率同步提升,通过深化检察改革,为新时代检察业务建设提供不竭动力。

一、检察机关系统性、重塑性、根本性变革

2018年12月4日,中央正式印发《最高人民检察院职能配置、内设机构和人员编制规定》后,最高检党组立即着手改革实施工作。这次改革是形势使然。怎样按照习近平总书记在党的十九大报告中提出的任务,从供给侧满足人民群众对民主、法治、公平、正义、安全、环境等方面的更高水平的要求,这是检察机关在新时代要解决的问题、要做的文章。深化司法改革和内设机构改革就是要把党的十九大的要求变成检察机关的实际行动。这次改革是重塑性变革,最高检对内设机构作了系统性、整体性、重构性的改革。这次改革具有形势使然、重塑性变

革、时代特征鲜明的特点。

这次改革时代特征鲜明:一是满足人民群众的需要;二是突出专业导向,习近平总书记提出要提升我们的专业能力,要有专业思维,检察机关是专门机关,必然要突出专业性;三是实行捕诉一体,优质、高效履行刑事检察职能;四是坚持统一规范,"以上率下",统一业务机构名称职能。最高检把改革重点放在检察业务部门,重新调整组建了十大检察业务机构,按数序统一命名,分别为第一至第十检察厅。按照案件类型重新组建4个专业化刑事办案机构,为第一至第四检察厅,分别负责普通犯罪、重大犯罪、职务犯罪、经济犯罪案件的办理和对下指导;调整刑事执行检察厅职能,将司法工作人员利用职权实施的非法拘禁、刑讯逼供、非法搜查等14个罪名案件的侦查职责划入,为第五检察厅;设立民事检察、行政检察机构,为第六检察厅和第七检察厅;专设公益诉讼检察机构,为第八检察厅;设立专门未成年人检察机构,为第九检察厅;将控告检察厅、申诉检察厅合并设立为第十检察厅。此外,撤销铁路运输检察厅,其原有部分职能继续由其他业务厅行使;将原司法体制改革领导小组办公室整合到法律政策研究室。

(一)"四大检察"职能全面协调充分发展

在新时代检察工作创新发展大调研中,内设机构设置已影响检察职能的发挥。为推进新时代检察服务供给侧结构性改革,更好满足人民群众新的更高水平的要求,最高检党组认真学习贯彻党的十九届三中全会精神,把内设机构改革作为突破口,形成了改革总的原则:突出专业化建设、促进专业能力提升,坚持"一类事项原则上由一个部门统筹、一件事情原则上由一个部门负责"。改变批捕、起诉职能分开行使致重复劳动、效率不高、内外衔接不畅等现状,做到捕诉一体;从检察机关受理的民事行政申诉持续上升,占比早已超过刑事申诉,最高人民检察院民事行政案件大量积压等实际出发,分别设立民事、行政检察机构；着眼于当好公共利益代表的崇高定位和法律赋权，专设公益诉讼检察机构。改革方案得到中央领导同志有力支持。根据中央印发的"三定"规定，最高人民检察院内设机构改革已经落地。从偏重反贪到检察职能全面协调发展，是检察机关恢复重建40年新的起步。通过这次检察机关内设机构系统性、整体性、重塑性改革，检察机关法律监督总体布局将实现刑事、民事、行政、公益诉讼"四大检察"并行，检察机关法律监督职能行使将进一步优化，推动"四大检察"全面协调充分发展。

做优刑事检察工作。在检察机关法律监督格局中，刑事检察一直明显更强。内设机构调整后，刑事检察突出的就是专业化。一类刑事检察业务，由一个机构、一个办案组、一个主办检察官办到底；同一案件的批捕、起诉，由同一名检察官负责到底。捕诉一体，捕与不捕是基础，优质高效诉出是目标。实践证明，实行捕诉一体，质量、效率都能够得到进一步保障提高。据统计，2017年吉林省检察机关实行捕诉一体，批捕和提起公诉的时间分别缩短了12.3%和12.4%。在扫黑除恶专项斗争中，一些地方实行捕诉一体，集中一个办案组去办批捕起诉的案件，效率质量都有大幅提升。针对"谁来监督"的问题，除了内部有办案指标外，检察机关正在做相关的调整，相关监督机制都会跟上。以后会有不同的方式，把内部监督进一步落实，会有机构的管理、检察指标的管理。同时，对于该捕不捕的情况，公安机关可以提请检察机关复议，对维持不捕有意见的，公安机关还可以向上一级检察机关提请复核，监督会更直接、更有力。此外，还有律师、当事人的监督制约等，"绝不会勉强定罪"。认罪认罚从宽制度是这次刑事诉讼法修改的一个重点。这个制度对实现刑事诉讼的公平正义有着广泛而深刻的影响，犯罪嫌疑人（及其辩护人）通过认罪认罚与检察机关达成一致的，刑事诉讼法规定法院一般应当采纳指控的罪名和量刑建议，公诉的审前主导作用更为突出。如何让量刑建议更加精准、符合案件实际和法律规定,对检察机关是个考验。检察机关、检察官要对法院以往判决的类似案件作分析,从中掌握量刑的规律,促进法律规定有效落实,助力人民群众在新时代对民主、法治、公平、正义的获得感、幸福感、安全感。

做强民事检察工作。民事、行政检察工作是短板。与其他检察相比确实是弱项。既要全面履行民事监督职责,更要在"深"字上做文章。检察院要认真研究、总结、发布这方面的指导性案例。2018年民事再审检察建议同比下降。如果是检察监督的质量问题,那就努力去提高。如果法院有错不纠,那就跟进监督,上级院依法提出抗诉! 不少人员还要求人民检察院加大惩治虚假诉讼力度。"假官司"发现难。但只要是假的,定有蛛丝马迹。要总结虚假诉讼的特点和规律,主动与有关部门协作配合,探索建立联合防范、发现和制裁机制。执行难是我国现阶段带有综合性的司法与社会治理问题,检察院要进一步加大监督、支持力度。要进一步拓宽思路、积极作为,将民事检察工作做得更实更富成效。各级检察院都要用好"外脑",充分发挥专家学者、律师、退休法官,有法律背景的人大代表、政协委员等作用,借助他们的实践经验、专业知识、法律和政治智慧,促进提升检察监督水平。市级以上检察院原则上都可以建起民事行政诉讼监督案件专家委员会。

做实行政检察工作。在整个检察工作中,行政检察是"弱项中的弱项""短板中的短板"。行政检察总体仍处于"有没有"的阶段,多数地方有职能、无业务、无案件。随着全面依法治国深入推进,人民群众对公平正义的需求已在行政案件中得到越来越多的体现。现阶段,行政检察要围绕行政诉讼监督展开。要做到精准,抓好典型性、引领性案件的监督,做一件成一件、成一件影响一片。行政检察"一手托两家",既维护司法公正,又监督和促进依法行政,这是双重责任。

做好公益诉讼检察工作。我们转变并且树立起了通过诉前程序实现维护公益目的是司法最佳状态的理念。通过公益诉讼诉前程序,我们强化监督、沟通、协调,促进行政机关依法履职、适格主体主动维权,不仅有利于及时保护公益,而且可以用最小的司法资源获得最佳的"三个效果",这是司法的最佳状态。有些典型案件通过诉讼才能取得更深、更广的社会和法律效果,应以积极、负责的态度慎重诉诸法庭。通过庭审,更有力推动一类问题、面上问题的解决,促进依法治省、治市、治县区的落实。当前,公益诉讼检察工作仍然要加大力度。哪个地方都有涉及公益的问题,不是没得干,关键看想不想干、会不会干。工作比较落后的,就要问一问为什么?总体看,未来三五年应该是此类案件的多发、稳升阶段,之后稳平、稳降。检察机关要按照这个大方向去部署、研究、推动工作。还要探索检察建议的落实有什么标准,没有完全落实怎么解决,落实后的成效如何评估,能够通过一个建议解决的,就不要同时或者先后以多个建议去解决。要从一开始就把可能出现的问题预防住,把规矩立起来。最高人民检察院和省级检察院要认真总结,发现规律和问题,与法院和有关行政执法部门进一步加强衔接,完善顶层设计。但从当下看,政府及其部门行政执法不到位导致的公共利益得不到有效维护、保障的问题无疑更为突出,检察监督、公益诉讼的重点也就应当在这个领域更加着力。各省级检察院要认真分析本地案件结构,有针对性地加强指导,助推迎难而上,把担当精神落到实处。

(二)"十大业务"总体布局规范定型

2018 年底,最高检把内设机构的改革重点放在检察业务部门,重新调整组建了 10 个检察厅。这次改革,最高检对内设机构作了系统性、重塑性、重构性改革,重组十大业务机构,形成"四大检察""十大业务"并行的检察监督办案总体格局。其中的每一项检察业务都有很多需要研究的问题。刑事检察方面,构建一个什么样的刑事检察理论体系,才能深化、指引刑事法律的正确理解和使用,确保公正办理案件;捕诉一体运行机制如何深化,捕诉一体后如何强化诉讼监督职能。民事检察方面,如何破解案件受理层级"倒三角"问题,更好发挥基层检察院的作用,如何践行精准监督,如何通过抗诉、检察建议促进民事诉讼中的理念、政策、导向创新、发展、进步。行政检察方面,如何定位行政诉讼监督,如何实现"一手托两家",检察监督如何贯穿行政执法与行政诉讼,促进国家治理体系和治理能力的现代化?公益诉讼检察方面,如何优化案件类型结构,加大行政公益诉讼办案力度? 如何完善与行政部门的信息共享机制,督促检察建议落实、整改到位? 如何稳妥、积极推进公益诉讼检察"等"外探索? 此外,司法人员相关职务犯罪侦查、未成年人检察、控告申诉检察、案件管理、司法解释、国际司法协助等,都有很多需要深化研究的问题,不能成为检察改革的盲区。都必须开拓创新,自觉适应新变化、体现高标准、追求高质量。

(三)内设机构系统性、整体性、重塑性改革

2019 年 12 月,最高人民检察院内设机构改革落地,地方检察机关同步部署。刑事、民事、行政、公益诉讼"四大检察"法律监督总体布局有力推进。最高人民检察院内设机构的改革作了系统性、整体性、重塑性的改革。

内设机构改革的系统性、整体性、重构性。系统性,就是把刑事、民事、行政、公益诉讼检察职能整体做一个布局,做一个调整,满足新时代社会发展的需求;整体性表现在不仅最高检,地方各级检察机关也要统筹考虑内设机构的改革。原来的捕诉分开、控申分开,还有其他一些随着时代的发展相关职能部门的作用已不那么突出,需要重新调整、重塑,这就是重构性的体现。

二、新起点上深化检察改革"精装修"

（一）围绕宪法定位，突出法律监督主线

人民检察院作为专门的法律监督机关和司法机关，在"以审判为中心"诉讼制度改革、国家监察体制改革以及公益诉讼制度确立的背景之下，当立足宪法定位，突出法律监督主线，围绕刑事检察、民事检察、行政检察和公益诉讼检察健全检察机关法律监督体系，使各项法律监督职权全面、协调、充分履行。把双赢多赢共赢的监督理念贯穿检察工作始终，加强协商、沟通、协调等能力建设，促进有关部门依法履职。充分发挥检察官在认罪认罚从宽制度中的作用。把检察建议的柔性监督方式做成刚性。在构建专业化办案模式、实行捕诉合一改革中，要充分考虑如何加强监督制约，确保办案质量和办案效率同步提升，从而提升监督能力和效果，更好地履行法律监督职能。

准确把握改革创新的时代潮流，形成全方位深层次的检察改革新格局。全面推进检察机关内设机构改革，以党和国家机构改革的原则为指导，真正体现以办案为中心，把法律监督进一步落到实处，综合考虑提高办案质量效率、强化内部监督制约、落实司法责任制以及与侦查、审判、纪检监察、司法行政机关工作衔接等各方面因素，构建优化、协同、高效的内设机构。深化司法体制综合配套改革，统筹党的十八大、十九大部署的改革任务，在"四梁八柱"已经落地基础上搞好"精装修"，增强改革的系统性、整体性、协同性。

（二）围绕"四大检察"健全法律监督体系

为适应形势发展变化需要，推进新时代检察服务供给侧结构性改革，更好满足人民群众新的更高水平的要求，把内设机构改革作为突破

口,推动"四大检察"全面协调充分发展。"四大检察"全面协调充分发展的法律监督总体布局对新时代检察事业新发展具有开创性的重大意义。具体来说,在工作理念上首度将供给侧结构性改革理念引入检察环节,让更多法治产品、检察产品满足人民群众的需要。在职能调整上敢于顺应改革创新的时代步伐,推动内设机构改革、捕诉一体等多重改革,让偏重刑事的工作格局向刑事、民事、行政、公益诉讼全面发展转变。在工作思路上开出了"讲政治、顾大局、谋发展、重自强"的根本良方,让"四大检察"发展之路向做优、做强、做实、做好的要求迈进。强化刑事检察的程序主导责任,做优刑事检察。通过完善办案机制,把捕诉一体在办案质量和效率方面的优势发挥出来,充分履行捕、诉检察职能;在认罪认罚案件中积极履行主导责任。夯实民事检察的基层基础,做强民事检察工作。确定客观公正的诉讼监督标准,通过生效裁判监督案件强化监督基本功,发挥检察一体化时强化监督力度。拓展行政检察的监督手段,做实行政检察工作。探索对规范性文件的附带性司法审查,探索建立多元化诉讼衔接机制,探索建立合宪性审查程序机制。深化公益诉讼的监督效果,做好公益诉讼检察工作。科学设定公益诉讼效果评价标准,将公益诉讼案件范围拓展至"等"外,探索公益诉讼案件跨区域办理。新时代检察机关法律监督体系建设应紧紧围绕"四大检察",以人民为中心、以办案为重心、以改革为动力,以双赢多赢共赢为目标,以更好地保障经济的高质量发展,从根本上保护人民的利益。

(三)强化认罪认罚从宽制度的检察主导

在新时代刑事诉讼制度中,检察机关在刑事诉讼中具有主导作用是由中国特色的社会主义诉讼制度、检察机关本身的功能定位与职权配置、司法改革不断进步等多重因素共同决定的。而检察机关在刑事诉讼中,尤其在办理认罪认罚案件中承担和发挥主导作用意义重大,必须深刻认识。检察机关以审查起诉权为核心,并行使批捕决定权、诉讼监督权等职权,在刑事诉讼包括认罪认罚案件的各环节中贯穿始终,可以形成前延至立案侦查,后展至裁判执行的全程参与,对刑事诉讼实现居中引导和全面监督,因此检察机关发挥主导作用是新时代刑事诉讼发展的必然选择,是坚持检察机关法律监督机关定位的必然要求,也是整个检察事业未来发展的必然趋势,检察机关责无旁贷。

检察官作为检察机关的工作人员,是在具体案件办理过程中实际履行检察职责的主体,因此在刑事诉讼包括认罪认罚案件中是发挥检察主导作用的,在刑事诉讼中发挥审查、指控、证明犯罪的主导作用是自己合法正当的职责,这一职责也只有检察官可以承担。每一个检察官在办理认罪认罚案件时,都应当主动积极履职,认识到自己作为法律监督的司法工作者的重要使命,要依法对犯罪嫌疑人的认罪认罚进行实质审查,防止出现犯罪嫌疑人因受侦查人员暴力、威胁欺骗、诱导,因生理缺陷、认知能力较一般人低,因虚假认罪、冒名顶替而认罪认罚等情形;要就犯罪嫌疑人的刑事处遇提出具体的量刑建议并在法定程序下完成案件审理;要依法对认罪认罚案件中侦查机关的执法行为和人民法院的审判活动进行法律监督。总之,要在具体案件办理过程中,形成并践行主导作用的意识,落实应有的检察担当,把握好新型诉侦关系、诉审关系,共同推进认罪认罚制度的有效运行。

(四)加强专业化办案模式中监督制约

落实全面从严治党必须坚定不移。当前,为适应审判中心制的诉讼模式,以落实司法责任制为核心,检察机关有一体化办案模式、专案组模式、专业化办案模式等多种专业化的办案模式。特别是在捕诉一体的办案机制下案件的办理,同一案件批捕、起诉由同一办案组织、同一检察官负责到底,如果不加强内部监督制约,必然会出问题。因此,在构建专业化办案模式中要抓紧健全司法办案、工作指导和监督制约等配套机制,进一步健全检察管理和监督制约机制,围绕授权、用权、制权等环节,合理确定权力归属,划清权力边界,厘清权力清单,强化权力流程控制,最大限度减少权力寻租空间。同步完善办案各环节之间、办案组织之间、办案组织内部的制约机制;深化司法办案信息公开,完善社会监督机制。强化案件管理等部门的监督;在机构设置时,可由其他业务部门履行对不捕、不诉的复议复核职能等从严监督管理措施。内部要加强警示教育,强化查处一案、警示一片的治本作用。加强对本地区本条线检察人员违纪违法情况特点、规律分析,结合司法责任制和内设机构改革,梳理廉政风险点及防控措施,完善内部监督制约机制。

(五)确保办案质量和办案效率同步提升

以人民为中心的发展理念决定了新时代检察机关应当牢固树立以办案为中心的检察理念。落实以人民为中心发展理念,就要把案件质量和办案效率作为司法办案的生命线。为推动诉讼质量与诉讼效果整体提升,引导检察官发挥主导作用,达致程序优化、诉讼便捷、效率提升、当事人满意的效果,需探索建立案件质量评价指标体系。由此,最高人民检察院研究制定了《检察机关案件质量主要评价指标》,作为新型的案件管理方式,建立了以"案-件比"为核心的案件质量评价指标体系。"案-件比"是观测评价检察机关办案运行态势、反映每一个办案环节是否将工作做到极致的重要指标,对于防止产生不必要的办案环节具有重要意义。这是推进检察监督体系和能力现代化的重要举措,也是推进检务管理体系和管理能力现代化的重要举措。

提升履职能力,坚守客观公正立场,既要靠检察官有公正之心,更要靠扎实过硬、公正办案的能力。这个能力,既体现在捕与诉、引导侦查取证、判断运用证据、准确适用法律规定、正确运用宽严相济刑事政策等过程中,也体现在诉讼监督、发现案件事实真相、指出纠正错误、监督纠正违法等过程中,是全方位的要求,加强业务能力建设,不断提高客观公正办案能力,追求最佳的办案质量、效率、效果。真正履行好法律监督职责,让人民群众在每一个司法案件中感受到公平正义。

(六)认真抓好检察业务信息化建设

随着司法体制改革和"四大检察""十大业务"的检察工作新格局的开展,检察业务的信息化建设就变得很重要。全面构建应用层、支撑层、数据层有机结合的新时代智慧检务生态,为检察办案、管理、服务工作提供实用、好用的现代工具,助力提升检察机关司法办案的法律效果、政治效果和社会效果。自2013年以来,全国检察机关相继有三大系统部署上线运行:统一业务应用系统、案件信息公开系统和电子卷宗系统。这三大系统覆盖全国四级检察机关,横到边、纵到底,为全国统一的司法办案平台首次塑型。随后,2016—2017年,覆盖全部检察工作的司法办案、检察办公、队伍管理、检务保障、决策支持、检务公开和服务的"六大平台"研发完成并陆续上线运行,"智慧检务"的"四梁八柱"已初具规模:"四梁"即全业务智慧办案、全要素智慧管理、全方位智慧服务、全领域智慧支撑四个领域;"八柱"即司法办案、检察办公、队伍管理、检务保障、检察决策支持、检务公开和服务、联合创新、安全运维八个平台。其中,按照"科学化、智能化、人性化"智慧检务建设原则,以"适应改革、落实理念""需求牵引、问题导向""继承发展、统分结合""数据共享、业务协同""标准开放、打造生态"总体研发思路的全国检察机关统一业务应用系统2.0版,是检察机关信息化发展的重要里程碑。作为推动"四大检察"全面协调发展的新时代科技办案工具,为检察工作提供多层次、全方位的技术支撑,以信息化推进检察工作的现代化。要认真抓好检察业务信息化建设,从而推动检察工作向新的更高层次迈进。

三、深化检察体制改革的举措

（一）落实政法改革意见和检察改革五年规划

为贯彻《中共中央关于全面推进依法治国若干重大问题的决定》，统筹推进党的十九大和党的十九届二中、三中全会部署的深化司法体制综合配套改革，中央制定了以贯彻落实《关于政法领域全面深化改革的实施意见》。深化检察体制改革要以此为主线，以重完善、抓配套、促落实、提质效为着力点，不断优化机构职能体系、完善工作体制机制、健全执法司法监督制度，落实新修订的《人民检察院组织法》，健全完善专业化刑事办案机构和民事、行政、公益诉讼检察机构，推动"四大检察"全面协调充分发展。把新时代检察工作提高到新水平，为全面建成小康社会创造安全的政治环境、稳定的社会环境、公正的法治环境、优质的服务环境。

最高人民检察院制定的《2018—2022年检察改革工作规划》，进一步明确了新时代检察改革的方向和路径，共确定了6个方面46项改革任务，明确了今后一个时期检察改革的总目标，即全面、充分履行宪法和法律赋予检察机关的法律监督职责，构建以刑事检察、民事检察、行政检察、公益诉讼检察为主要内容的检察机关法律监督职能体系，提升司法办案专业化、组织体系科学化、检察队伍职业化水平，构建与国家治理体系和治理能力现代化要求相符合，与建设中国特色社会主义法治国家相适应的新时代检察体制和工作机制。通过健全完善检察机关坚持党的领导制度、检察机关法律监督、检察权运行、检察人员分类管理、检察机关组织管理、法律监督专业能力专业素养提升六大体系，抓实检察改革五年规划，推动检察职能得到全面、充分履行，为人民群众提供更丰富、更优质的法治产品、检察产品。

(二)加强民事、行政、公益诉讼办案力量

以内设机构改革为契机,进一步加强民事、行政和公益诉讼检察工作专业化建设,切实提升民事、行政、公益诉讼检察监督能力。进一步优化民事、行政、公益诉讼检察机构和办案组织建设,充实民事、行政、公益诉讼检察办案力量,优化队伍专业结构,开展好分类培训和岗位练兵,培育办案能手。应用好"检答网",加强检察业务咨询交流,拓宽新型、疑难、复杂案件研讨渠道,促进办案能力的提升。谋划组建专业化机构或办案组,配强配齐民事、行政和公益诉讼检察办案力量。加强队伍专业化素能建设,全面提升检察官法律政策运用能力、风险防控能力、群众工作能力、科技应用能力和舆论引导能力。通过"请进来、走出去"倒逼能力提升,充分发挥"外脑"经验优势,提高监督水平。完善"专家咨询借智+大数据借力"的外部支持机制。积极借助"外脑",及时设立专家咨询委员会并发挥其实际作用,加强民事、行政、公益诉讼办案力量。

(三)完善员额检察官动态管理制度

为贯彻《关于政法领域全面深化改革的实施意见》,全面落实司法责任制,加强检察官革命化、正规化、专业化、职业化建设,促进检察官履职尽责办好案。员额制改革是一个重要成果。员额制实际上就是精英式检察官制度,少数更优秀的检察官在一线办案,以保障办案效果。应围绕提高检察官专业能力和专业素养,提高办案质量、效率,进一步深化员额制改革的目标、方向,完善员额检察官动态管理制度,

在办案资源调配方面,明确以案定额,使检察官员额配置向基层和办案一线、向案多人少矛盾突出的检察院倾斜,部分办案量大的检察院的员额比例可以按照中央政法专项编制的39%以上配置。预留检察官员额,用于动态调整,以及检察官遴选、交流和向社会公开选拔。同

时,根据工作需要,检察官、检察辅助人员和司法行政人员可以跨类别进行交流。采取挂职、借调等方式,对已经配置的检察官进行统筹调整使用。在检察官员额进入方面,强调检察官纳入员额制管理必须参加遴选,并坚持以政治素质为基础,突出对办案能力、司法业绩、职业操守的把关。在员额检察官退额方面,区分了个人申请退额、自然退额和应当退额。让不符合条件的检察官退出,符合条件的检察官补进。进一步压实检察官办案责任,形成能者上、平者让、庸者下的机制,激励和督促检察官更好地办案、监督履职。

(四)健全内部人员过问案件记录制度

建立检察机关内部人员过问案件记录制度和责任追究制度,是确保检察机关依法独立公正行使职权,防止和杜绝机关内部人员干预办案,确保公正廉洁司法的重要举措。中央政法委印发《司法机关内部人员过问案件的记录和责任追究规定》,最高人民检察院也出台相关文件,要求检察机关内部人员应当依法履行职责,严格遵守纪律,不得违反规定过问和干预其他人员正在办理的案件,不得违反规定为案件当事人转递涉案材料或者打探案情,不得以任何方式为案件当事人说情打招呼;检察机关办案人员应当恪守法律,公正司法,不徇私情。对于检察机关内部人员的干预、说情或者打探案情,应当予以拒绝;对于不依正当程序转递涉案材料或者提出其他要求的,应当告知其依照程序办理。

内部人员过问案件记录制度要求,对司法机关领导干部和上级司法机关工作人员因履行领导、监督职责,需要对正在办理的案件提出指导性意见的,应当依照程序以书面形式提出,口头形式提出的由办案人员记录在案;其他司法机关的工作人员因履行法定职责需要,向办案人员了解正在办理的案件有关情况的,应当依照法律程序或者工作程序进行;对司法机关内部人员过问案件的情况,办案人员应当全面、如实记录,做到全程留痕,有据可查。办案人员如实记录司法机关内部人员过问案件的情况,受法律和组织保护;司法机关内部人员不得对办案人员打击报复。办案人员非因法定事由,非经法定程序,不得被免职、调离、辞退或者给予降级、撤职、开除等处分。

落实内部人员过问案件记录制度,检察机关的记录、通报公开和责任追究制度要紧密衔接、层层递进,织密内部人员过问案件记录和追究的制度笼子,对案件承办人从法律层面予以保障,不断促进检察机关执法公正、规范和廉明。首先,应划定内部人员不可触碰的红线。为使检察机关内部人员过问案件记录和责任追究制度化规范化,有章可循,要制定符合检察实践、操作性强的"全程留痕"记录追究制度,必要时的通报公开制度,案件承办人违反规定不记录或不如实记录的责任追究制度等。其次,做到过问案件记录全覆盖。要不问过问目的,不管过问动机是出于公心还是基于私利,只要过问,则受规制。对所有过问案件的情形进行记录留痕,案件承办人对党组书记、检察长一把手到普通干警过问的案件都要一视同仁,应当全面、如实记录,做到全程留痕,有据可查,防止选择性记录。对于正常过问履行法定职责的情形,也要做到书面登记备案,真正做到将过问记录随案存档备查,形成威慑效应。再次,要加大过问案件责任追究力度。过问案件问责是内部人员过问案件记录制度的重中之重。于检察机关内部人员而言,不过问案件办理情况是纪律;于案件承办检察官而言,如实记录也是纪律。要把检察机关内部人员过问案件记录和责任追究规定细则作为纪律高压"红线",把这项纪律管到位、严到分,强化问责,用严起来的问责拉起内部过问的警戒线,通过公开倒逼不敢不能过问,这样司法才更有权威。最后,给予案件承办人组织和法律保障。对于案件承办人的履职记录,不经法定程序、无法定理由不得将案件承办人免职、调离、降职、开除等规定,真正从组织和法律制度层面对案件承办人予以保障,给予案件承办人强有力的支持。消除案件承办人的思想顾虑,敢于同内部人员的司法干预说不。

（五）以"案-件比"为核心的质量评价体系

为落实党的十九届四中全会精神,推进检察监督体系和能力现代化,推进检务管理体系和管理能力现代化,建立了以"案-件比"为核心的案件质量评价指标体系。"案-件比"是观测评价检察机关办案运行态势、反映每一个办案环节是否将工作做到极致的重要指标,对于防止产生不必要的办案环节具有重要意义。

案件办理是否公正,公正实现是否高效,是人民群众、案件当事人衡量司法机关办案活动的两把尺子。同一个"案",在诉讼中生成的"件"越多,意味着经历的办案环节越多、办理的时间越长,与此相应,当事人被"折腾"的次数也就越多,因诉累而产生的不满也会越强烈。设置"案-件比"这个"核心指标"的初衷,正是要求检察官站在人民群众的立场看问题,把不必要的办案环节挤掉,把"件"降下来,把质和效提上去,切实减少当事人的诉累,提升人民群众的司法体验和司法评价。"案-件比"的意义不止于此。把不必要的办案环节挤掉,要求检察官必须把必要环节的工作做到极致。"求极致"决非口头一说就能办到,也不是光有"司法为民"的责任感就可以实现,而是要求检察官必须有过得硬的真本事。因此,设置"案-件比"这个"核心指标",也是倒逼检察官主动提升素质、能力,主动适应新时代人民群众对检察工作更高要求的硬举措。

把"案-件比"作为案件质量的核心评价指标,同时也是节约司法资源的重要途径。那些被纳入"件"的办案环节,表面上看都有法律依据,之所以说它是不必要的,是因为如果把上一环节的工作做到极致,这些环节就可以避免。原本可以避免的环节在办案中出现甚至反复出现,必然导致不必要的程序空转,占用有限的办案力量,耗费大量司法资源。将其纳入负面评价对象,引导检察官在办案中把相应的空转环节挤掉,无疑将极大节省司法成本、节约司法资源。"案-件比"是新时代检察理念的一个重大转变,"跳出检察看检察",以人民群众、案件当事人的视角为着眼点,以人民群众、案件当事人的感受为基础,从质量、效率、效果上综合考量检察办案成效。这是检察机关落实习近平总书记"努力让人民群众在每一个司法案件中感受到公平正义"的要求,践行以人民为中心发展思想的务实之举。

(六)健全完善检察业绩考核

完善检察官业绩评价机制是检察改革五年规划的改革任务之一,是检察机关司法责任制改革的重要配套制度。切实完善对员额内检察官绩效评价体系是深化检察官办案责任制的重点和难点,也是促进检察机关办案质效提升、充分体现检察改革成果的重要方面。检察官业绩考核制度具有监督控制、双向激励、业务管理、价值引领等价值功能。检察官业绩考核结果不仅是检察官绩效考核奖金发放的直接依据,还是检察官评优评先、等级变动甚至员额退出的重要依据。因此,科学合理的检察官考核考评制度,能够充分调动检察官的工作热情和积极性,提高检察机关的工作效率,全方位促进检察工作迈上新台阶。

首先,在考核内容上,应当实行办案业绩考核与其他业绩考核相结合,以办案业绩考核为主,以调研、对下指导、文件材料、承办会议、督查督导、专项活动等其他工作为辅。其次,在考核方式上,应当实行正向考核计分和反向考核扣分相结合,以正向考核为主,以反向考核为辅。正向考核计分是检察官完成办案及综合工作任务后,获得每一个案件、每一项工作相对应的分值。反向考核扣分则相反,出现了所承办的案件在评查中被评为瑕疵案件或不合格案件、办案过程中超过规定时限、收到流程监控通知书等工作质量差问题;在办理案件中,未按照"三同步"要求开展执法办案风险评估预警和矛盾纠纷化解工作,引发群体性上访,或者导致矛盾纠纷激化,或者造成重大负面舆情的、办案中发生办案安全事故等情形的工作效果差问题;发生在办案中因违反工作纪律、保密纪律、群众纪律等受到诫勉谈话、通报批评问责或党纪、检纪轻处分情形的司法作风和组织纪律问题时,应予以扣分。两种方式相结合,才能准确、全面地反映检察官全年工作业绩情况。再次,在考核程序上,应当实行系统自动计分与个人自行填报相结合,强化数据审核。全国检察机关统一业务应用系统投入使用后,检察机关主要业务条线已经实现业务信息网上录入、业务流程网上管理、业务活动网上监督、业务质量网上考评。简言之,检察官的办案业务工作已经在系统上全程留痕。依托统一业务应用系统,各地检察机关都开发了检察官业绩考评系统,可以实现相关办案数据的自动抓取、自动计分,较大程度上保证了业绩考核的公平公正。同时,对于综合工作和一部分办案工作必须由检察官个人自行在业绩考评系统上申报,经审核确认后系统给予相应的分值。最后,在考核评价上,应当坚持量化考核评价标准。司法责任制改革后,检察官的办案职责和任务凸显。为了保证考核结果的公平公正,调动广大检察官多办案、办好案的积极性,应当坚持量化考核的评价标准。按照检察官业绩考核得分高低来评价工作成效、发放绩效奖金。

第十六章

完善"四大检察"法律监督体系

完善检察机关法律监督体系,健全"四大检察""十大业务"新格局,推进"四大检察"职能全面协调充分发展,是新时代检察业务建设的主体工程。十三届全国人大二次会议作出的"关于更好发挥人民检察院刑事、民事、行政、公益诉讼各项检察职能新要求"决议,充分肯定了最高人民检察院关于做优刑事检察、有力惩治犯罪,做强民事检察、保障公民合法权益,做实行政检察、促进依法行政,做好公益诉讼检察、维护社会公共利益的检察工作新格局。

一、做优刑事检察,有力惩治犯罪

刑事检察是检察机关的传统业务,要做强刑事检察这个最大存量业务,发挥批捕起诉职能在刑事诉讼程序中的"阀门"作用,运用不批捕、不起诉等终局性法定监督权,让符合法定起诉标准的案件进入审判程序,让不符合起诉标准的案件退回补充侦查、自行侦查,或者依法作出不起诉决定。借助捕诉一体改革契机,强化提前介入引导侦查和不捕案件跟踪监督,树立刑事检察监督权威,着力构建新型检警关系,探索大控方工作格局。

（一）加强刑事检察专业化建设

坚持以专业化为导向,以检察机关内设机构系统性、整体性、重塑性改革为契机,全面推进落实"捕诉一体"办案机制,做优刑事检察工作。做优刑事检察,关键在于突出专业化,而提升检察队伍的专业素能是突出专业化的核心内容。根据最高检的要求,要敏于从政治高度把握法律问题,善于把具体个案放到大局中去审视,注重法、理、情相结合,善于从法律视角阐释政治内涵,实现办案的法律效果、政治效果和社会效果的有机统一。在捕诉一体、认罪认罚从宽制度实施后,还必须提升对全案的掌控能力和量刑建议能力。

检察机关充分发挥职务犯罪检察职能,全力服务和保障党和国家工作大局。健全职务犯罪起诉、侦查机制。检察机关在具体办案中依法开展工作,从严把好职务犯罪案件逮捕、公诉质量关,规范职务犯罪检察工作流程,加强与监察机关的沟通,着力保障工作衔接顺畅。进一步完善案件沟通联络工作机制,相互配合做好指定管辖、提前介入、移送起诉各个环节的衔接工作,特别是每起中管干部职务犯罪案件均提前介入。检察机关提前介入,对案件的各项证据进行详细审查,对案件事实和定性进行深入分析和研究,与国家监委相关部门共同努力,提升案件质量。在审查起诉阶段,要严格依法审查案件,高标准履行职责。坚持证据裁判原则,深入细致审查全案证据,准确认定案件事实和犯罪情节,围绕关键事实、证据和法律问题深入研究论证,提出准确稳妥的起诉意见,认真把好案件质量关口。

（二）充分发挥刑事诉讼检察主导作用

随着全面深化司法体制改革的深入推进,强调要构建起诉讼以审判为中心,审判以庭审为中心,庭审以证据为中心的刑事诉讼新格局。这给检察机关在刑事诉讼中如何发挥好主导作用提出了新要求。刑事诉讼检察主导作用是基于检察机关的定位、定性、职责而言的。检察机关在刑事诉讼中起到承前启后的中坚作用，"前"是指侦查终结后要审查起诉，"后"是指审查起诉后必须要指控犯罪、负证明责任。从这个角度来讲，主导作用应该理解为一种职责、责任、担当，而不是权力的大小、地位的高低。

强化刑事诉讼检察主导作用，应从审前主导责任及庭审主导责任两方面强化。一是审前主导责任。检察机关在审前应承担裁判入口把关者之责任，通过引导侦查和审前过滤分流，确保提起公诉的案件基本符合审判之要求。检察机关作为刑事诉讼程序进展中决定性的过滤器，其审前主导责任之发挥，首先体现在对侦查的法律监督和引导上。侦查质量乃是审查逮捕、审查起诉、审判结果客观性与准确性之基础。检察机关虽不为"侦查程序的主人"，但可通过对侦查活动进行监督、提前介入引导侦查等方式，对侦查活动施加必要的影响，提高侦查质量以达到审判的要求。检察机关审前主导责任之发挥，还体现在审前的"筛漏"和"分流"功能上。一方面，检察机关可以通过起诉裁量权的有效行使，将无足够证据证明犯罪嫌疑人构成犯罪和虽构成犯罪但犯罪情节显著轻微、危害不大的案件先行过滤筛出，使其不再进入审判程序。另一方面，检察官可以通过认罪认罚从宽制度的有效施行，引导犯罪嫌疑人、被告人认罪认罚和参与程序选择，实现案件的繁简分流，提高诉讼效率。二是庭审主导责任。检察机关在庭审环节承担的主导责任就是指控犯罪、展示证据、证明犯罪、负证明责任，通过高质量的举证、质证、辩论来证明犯罪。这是支持公诉、保障庭审顺利进行的必要活动。检察机关在庭审中不是纯粹的一方当事人，而是负有客观公正义务的司法机关。其不仅应当支持公诉，还应当根据客观证据的变化，兼顾被告人无罪与罪轻的可能性，审视控诉的适当性，适时作出诉讼立场和观点的改变。

检察机关主导责任的承担是深入推进以审判为中心诉讼制度改革的很重要的一个环节。把主导作用发挥好、证据审查好、起诉工作准备好、在法庭的证明义务履行好,法院的审判才能顺利进行,从而更好地服务于"以审判为中心"的刑事诉讼制度。

(三)在深化中落实认罪认罚从宽制度

认罪认罚从宽制度在我国经历了宽严相济刑事政策阶段、认罪认罚从宽试点阶段后,于 2018 年 10 月正式确立于我国刑事诉讼基本法中。认罪认罚从宽制度核心是刑事犯罪的追诉者同犯罪嫌疑人进行认罪认罚的协商,即代表公权力的检察机关和犯罪行为实施者个人对定罪量刑进行协商,是由一系列具体诉讼程序组成的集合性法律制度,可以被理解为构建了一种对抗与合作二元并行的新的司法模式,是"我国刑事司法体系的自我修缮之路"。认罪认罚从宽制度在案件适用方面没有限制,所有类型案件均可以启用认罪认罚程序。此外,认罪认罚从宽制度贯穿刑事诉讼全过程,适用认罪认罚从宽制度也无诉讼阶段的限制,可适用于侦查、审查起诉、审判各个阶段。

检察机关主导控辩协商,是认罪认罚从宽的生命力所在,是认罪认罚从宽制度最核心的内容。因此,检察机关应提升诉讼效率、优化资源配置,着力推动认罪认罚从宽制度在落实中深化、在深化中落实。首先,对轻罪案件提出明确适用要求,探索重罪案件的适用机制。对于法定刑在三年以下有期徒刑或拘役的轻罪案件,大多数案件事实是清楚、行为性质争议不大,适用认罪认罚制度比例高,适用效果好。故对轻罪案件全面适用认罪认罚制度应提出明确的具体要求和指导意见。同时,对于重罪案件,也并不是适用认罪认罚制度的例外,但因重罪案件法益侵害严重、社会影响大,犯罪嫌疑人人身危险性较大,个别罪名从宽的空间有限,因此应就专门类型的重罪案件探索适用认罪认罚从宽的办案机制。其次,构建适用认罪认罚从宽制度工作机制。做好侦查阶段认罪认罚侦查监督工作。要与司法行政机关建立联合工作机制,审查起诉期间及时委托司法行政机关进行社会调查,搭建全流程社区调查工作机制。可与公安、法院等协调,探索类型案件集中刑拘直诉工作机制。积极配合围绕认罪认罚工作开展的工作安排,做好检察阶段衔接配合工作。最后,对于量刑建议应控制好幅度,提高量刑精准度。

(四)健全"捕诉一体"办案机制

实行捕诉一体是适应以审判为中心的刑事诉讼制度改革的需要;是落实司法责任制,完善检察权运行机制的需要;是进一步提高案件质量和效率的需要;是推进检察队伍专业化建设、提升检察官能力素质的需要。捕诉一体是检察权运行机制改革的重要内容。自 2018 年以来,检察机关全面实行捕诉一体办案机制。修订后的《人民检察院刑事诉讼规则》进一步将捕诉一体规范化制度化,完善了案件审查方式,强化了捕诉工作的衔接,确保案件事实证据经得起法律的检验,确保无罪的人不受刑事追究,有罪的人受到公正处罚,努力让人民群众在每一个司法案件中感受到公平正义。

"捕诉一体"办案机制就是按照一类刑事检察业务由一个机构、一个办案组、一个主办检察官办到底的办案机制,充分发挥刑事检察工作面广、量大、案件类型多的特点,通过自上而下对应、系统设立的办案组织,在实践中做好不同罪名批捕起诉的规律性研究,提出有针对性的业务指导要求。在具体办案中探索经验办法,形成可复制、可推广的经验,推动"捕诉一体"办案机制不断完善,办案质效不断提升。

(五)在抓好"精准量刑"上下功夫

常规意义上的量刑建议,是公权力行使的职责要求和职权体现。量刑建议是检察机关行使的一种建议权和求刑权。是检察机关对提起公诉的被告人,依法就其适用的刑罚种类、幅度及执行方式等向法院提出的建议。在当前立法上,针对认罪认罚案件采用的是"应当提出"方式的量刑建议。也就是检察机关必须对所有认罪认罚案件提出量刑建议。我国实践中的量刑建议方式,已发生了从探索早期的"幅度刑"式,到量刑规范化改革时期的"以幅度刑建议为主,以确定刑建议为辅"式,再到认罪认罚从宽制度施行时期的"以确定刑建议为主,以幅度刑建议为辅"式的两次转型。如此转型,既是量刑规范化改革与认罪认罚从宽制度改革对量刑建议的不同要求与体现,也是检察机关主导认罪认罚从宽制度的制度构建与运行方式的结果。因此,这种建议方式给检察机关"赋予了更重要职责"的同时也"提出了更高的要求",能否提出精准的量刑建议将是检察机关在认罪认罚从宽制度中是否真正发挥主导作用的关键。

首先是对量刑建议的幅度进行限制。《人民检察院开展量刑建议工作的指导意见(试行)》规定检察院的量刑建议要对主刑、附加刑、是否适用缓刑等提出建议,并要求一般应当提出确定的量刑建议。因此,对量刑建议的幅度需要进行限制。比如,法定刑为拘役的,量刑建议的幅度不能超过一个月;有期徒刑法定刑在三年以下的,量刑建议的幅度不能超过三个月;有期徒刑法定刑在三年以上七年以下的,量刑建议的幅度不能超过六个月。其次是掌握规范化量刑方法。认罪认罚从宽制度适用中,法院和检察院要在量刑上达成一致,必须要有一套共同适用的量刑方法和量刑指导意见。要通过学习、培训,熟练掌握规范化量刑方法。再次是总结非常见罪名的量刑。对于没有在常见犯罪量刑指导意见中规定的罪名,要根据犯罪的法定刑,结合犯罪情节,按照规范化量刑的适用原理确定量刑起点,并对此类案件予以总结。最后是审查报告中细化量刑建议的计算方法。把量刑建议的事实理由和计算方式方法作为审查报告一个独立部分,将量刑情节、减让幅度、计算公式等清晰列明,以审慎提出准确的量刑建议。

(六)健全刑事侦查、刑事审判相关监督机制

加强刑事立案和侦查活动监督。积极推进与地市级、县级公安机

关办案信息共享或者执法办案管理中心派驻检察,信息共享、实时监督。用好侦查监督平台。规范检察机关介入侦查引导取证机制。推进退回补充侦查提纲规范化。加大自行补充侦查力度,补查结果、存在问题向侦查机关反馈。建立非法证据排除逐案向公安机关通报、定期汇总后向上级检察机关报告制度。加强对另案处理的跟踪监督。以刑事拘留为重点,加强对剥夺、限制人身自由强制措施的监督。加强对查封、扣押、冻结财物等强制性侦查措施的监督。

推动行政执法与刑事司法衔接。深度应用与行政执法部门信息共享平台,完善行政执法与刑事检察、行政检察、公益诉讼检察信息共享机制。落实《行政执法机关移送涉嫌犯罪案件的规定》,完善案件移送标准和程序,实现行政处罚和刑事处罚无缝对接、双向衔接。对进入刑事处罚程序同时需要给予行政处罚或者达不到刑事处罚标准但需要给予行政处罚的,依法予以监督;对被不起诉人需要给予行政处罚、处分或者需要没收其违法所得的,提出检察意见,移送有关主管机关处理。

深化刑事审判监督。建立刑事裁判文书交叉评查、分类审查机制。加强对法院指令异地再审、自行启动再审后改判、二审不开庭审理案件监督。规范撤回抗诉程序,上级院撤回抗诉前应听取下级院意见;被害人申请抗诉的,撤回抗诉前应听取被害人意见。建立重大审判监督案件报告协调机制,地方检察机关遇有重大事项与法院意见不一致的,要及时报告同级党委政法委抄报同级人大常委会,并报告上一级检察院。

完善刑事执行监督机制。健全派驻检察和巡回检察职责分工、衔接配合制度。深化监狱巡回检察,常态化开展跨省、市交叉巡回检察。全面推开看守所巡回检察。探索对社区矫正机构巡回检察。完善审前未羁押罪犯交付执行监督机制。制定减刑、假释、暂予监外执行监督办案规范。强化假释提请、裁定的实质性审查和监督,促进依法扩大适用。推进与监管场所音视频监控及相关执法办案信息联网,推动建立社区矫正大数据信息共享平台。规范刑事执行派出检察员、派驻检察室建设,推行刑事检察部门统一安排派驻监管场所人员轮岗交流制度。

完善死刑复核法律监督机制。严格落实死刑案件报备和审查机制,省级检察院办理的在事实认定、证据采信、法律适用等方面存在实质争议的案件以及存在可能影响死刑适用情形的案件,应当及时向人民检察院报告。加强对死刑政策、证明标准研究。最高人民检察院梳理通报因证据问题不核准死刑的案件。

建立监督不到位问责机制。对于刑事立案、侦查和审判、刑罚执行及监管活动中的突出问题,检察机关应当依法发现、监督纠正而疏于监督,造成严重后果的,严肃问责追责。

(七)构建监察与检察顺畅衔接体系

在职务犯罪的查处中,进一步加强监察与检察全方位、多层次、常态化沟通、协作和配合,在案件办理、线索移送、社会治理等方面形成工作合力,不断巩固发展良性的监检关系。始终坚持党对反腐败工作的集中统一领导,依托各级反腐败协调小组,发挥监检联席会议、案件会商以及联络员等制度机制作用,采取定期就案件办理质量、监检衔接中的普遍性倾向性问题进行通报、向监察机关抄送职务犯罪检察年度工作报告、互聘业务骨干培训授课、监检会签出台规范性文件等措施,构建监察与检察顺畅衔接体系。

修改后的《中华人民共和国刑事诉讼法》在《中华人民共和国监察法》规定公职人员职务犯罪由监察委员会调查管辖的前提下,赋予检察机关可以对司法工作人员 14 种职务犯罪直接立案的侦查权。① 这既是监察体制改革和司法体制改革的重要成果,又是党和国家反腐执法的一项制度创新。当以高度的责任感、使命感和改革创新精神,担当

---

① 《中华人民共和国刑事诉讼法》第十九条第二款规定:"人民检察院在对诉讼活动实行法律监督中发现的司法工作人员利用职权实施的非法拘禁、刑讯逼供、非法搜查等侵犯公民权利、损害司法公正的犯罪,可以由人民检察院立案侦查。"

起检察机关应该担当的政治和法治责任。一是要健全相关职务犯罪侦查运行机制。如线索受理机制、初查程序机制、立案程序机制、互涉案件程序规范。二是要健全相关职务犯罪侦查保障机制。如探索建立线索搜集激励机制和责任制度、探索建立检察与监察协调联席会议机制。三是要建立健全信息技术保障机制,推进由传统的侦查模式向现代智能化的侦查模式转变,不断提升侦查统筹、科学取证、依法文明办案的能力和水平。四是要健全相关职务犯罪侦查人才培养机制。如实行"以老带新"的实战练兵、加强业务培训、加强侦查人员的选任和考核,培养出一批适应检察侦查工作的侦查人才和侦查专家。

二、做强民事检察,保障公民合法权益

民事检察是中国特色社会主义检察制度的重要组成部分,是检察机关法律监督职责在民事诉讼领域的具体体现。做强民事检察工作,要在"深"字上做文章。以精准监督理念为指引,不断优化生效裁判结果监督,切实提高监督的精准性和权威性;以深化监督为目标,不断加强审判人员违法行为监督,着力破解深层次违法行为监督不足难题;以双赢多赢共赢理念为指引,强化民事执行监督,推动解决"执行难"问题。突出加强虚假民事诉讼监督,实现虚假诉讼监督常态化。立足于民事检察监督职能,实现民事检察与服务大局、保障民生深度融合。

(一)贯彻实施保障公民权利的民法典

《民法典》是新中国第一部以"法典"命名的法律,开创了我国法典编纂立法的先河。它的颁布实施必将以法典的体系化效应对中国的经济、政治、文化、社会和生态文明等各个领域产生广泛而深远的影响,为国家治理体系和治理能力现代化注入新的法治力量。

民事检察工作要准确领悟推动民法典实施,以更好推进全面依法

治国、建设社会主义法治国家,更好保障人民权益的法治价值。深入学习贯彻习近平总书记系列重要讲话精神,必须充分认识颁布实施民法典的重大意义,以切实实施民法典为契机不断提高国家治理体系和治理能力现代化水平。民法典为民立典、坚持以人民为中心,写满了人民的生命健康、财产安全、交易便利、生活幸福、人格尊严等各方面民事权利,切实回应人民法治需求,处处彰显着增进人民福祉、维护人民根本利益的要求。

准确领悟推动民法典实施,就要把握民事诉讼监督的本质,是检察机关对法院行使审判权的监督。这是检察机关对公权力监督的重要内容之一。民事诉讼精准监督是对监督标准、监督质效等提出的更高要求。应科学界定民事诉讼精准监督的监督标准。合理设置民事诉讼精准监督的监督方式,细化界定抗诉、再审检察建议、检察建议等的适用范围。优化设计民事诉讼精准监督的监督程序,对案件实行繁简分流,根据具体情况分别适用简易程序和普通程序。推动民法典实施,要建立健全检察一体化工作机制,形成四级检察院分工负责、各有侧重的工作格局;建立科技借助工作机制,充分运用信息化智能化手段推进民事检察工作;健全借助"外脑"工作机制,充分发挥民事专家委员会的优势作用。

(二)加强民事检察专业化建设

应不断加强民事检察专业化建设,切实提升民事检察监督能力。其中,队伍建设和人才培养是提升民事检察监督质量的重要保障。一是不断加强民事检察队伍思想政治建设,切实提升思想政治素质。不断加强理想信念教育,弘扬新时代检察职业精神,大力培育践行"忠诚、为民、担当、公正、廉洁"的检察职业道德。二是不断加强民事检察队伍专业能力建设,切实提升民事检察监督能力。针对民事检察队伍建设不足和短板,部署开展民事检察业务建设年活动,设立民事检察大讲堂,由检察官教检察官,有针对性地开展分类培训和岗位练兵,培育综合型办案能手。要弘扬工匠精神,完善专业培训机制,加强对互联网、金融等新领域、新类型案件的办理的培训,增强培训的实用性和实效性。要改革创新司法人才引进、使用机制,通过招录、选调、遴选等途径充实民事检察办案力量,优化队伍结构。要大力开展调查研究,组建全国民事检察调研人才库,加强高层次人才培养。三是健全加强纪律作风建设机制,全面落实检察官办案责任制。要深入学习贯彻《中国共产党廉洁自律准则》《中国共产党纪律处分条例》,不断加强党风廉政建设,始终坚持把纪律规矩挺在前面。要严格防控风险点,规范接待当事人及其委托代理人,规范接收案件材料和转办案件程序,坚决落实过问干预办案登记制度,推广过问干预情况每案附表制度。要全面实行检察官办案责任制,构建科学合理的司法责任认定和追究制度,研究制定民事检察案件办理质量评价体系,做实对监督者的监督。

(三)精准化定标民事诉讼监督

最高检明确提出,民事诉讼监督要树立精准监督的理念,在精准监督上下功夫,通过优化监督实现强化监督。精准化定标民事诉讼监督,主要从以下几方面着力:

一是科学界定民事诉讼精准监督的监督标准。坚持法定性标准与必要性标准的结合。既要依据《中华人民共和国民事诉讼法》第二百条的相关规定来审查民事裁判结果和民事审判活动的合法性,又要结合监督的社会效果、裁判作出时的司法政策和社会背景等因素对监督的必要性进行审查。二是合理设置民事诉讼精准监督的监督方式。合理区分抗诉、再审检察建议、检察建议等的适用范围。三是优化设计民事诉讼精准监督的监督程序。如就所办理的民事复查案件、省级检察院提请抗诉的案件、最高人民法院诉讼结果监督案件实行繁简分流,根据具体情况分别适用简易程序和普通程序。四是找准"靶心",开展专项监督。通过运用大数据等高科技手段,查找和分析不同区域、层级法院存在的高发、频发性违法问题,重点开展专项监督,集中力量精准发力。五是借助"外脑",攻克复杂个案。创新咨询论证机制,建立全国民事检察案件咨询论证网络平台,兼具普通咨询与疑难复杂、新类型案件咨询论证功能。探索建立"检察官+外聘专家"办案模式,特邀法律专家加入办案组织,充分利用专家的理论优势辅助检察实务,精准进行个案监督。六是集合"问题",打造品质类案。一方面,发挥民事检察末端监督的"问题收集器"优势,运用大数据对大量个案监督中发现的问题进行汇集和类型化分析,精准制发民事检察监督白皮书,促进解决某个领域、某段时期的司法理念、导向性问题。另一方面,与法院建立电子卷宗、办案数据、司法信息共享平台,建立类案法律适用沟通协作机制,统一裁判尺度,出台类案监督标准指引,提高办案精准度。七是内外"加压",强化质量管理。实施精品工程,建立案件质量分析制度和常态化的案件评查机制,同时探索构建案件外部评价机制,听取法官、律师、当事人等对案件质量的反馈意见,"倒逼"检察人员在办案中追求极致、锻造精品。

(四)着力推进智慧民事检察

随着经济、社会的不断发展,人民在民主、法治、公平、正义、安全、环境等方面的要求日益增长。新时代,人民群众对司法的质和量都有新的需求,因此科技成为强有力的助力,通过科技可提升司法效率,促进司法公正。

对于新时代的民事检察工作,也需大力推动智慧建设。打造智慧民事检察,依靠科技手段建立信息沟通机制,创新优质案源发现和收集机制,完善监督分析机制,实现由传统监督向智慧监督的转型升级。加快推进法检之间大数据办案平台建设,破解检察机关获取监督信息渠道不畅的问题。深化民事检察工作与现代科技深度融合,充分运用信息化智能化手段推进民事检察工作。以政法领域全面深化改革推进会的召开为契机,积极推动法检之间大数据办案平台建设,打破法检之间信息对接壁垒,畅通信息对接渠道,并在此基础上充分依托人工智能、大数据等技术,统筹研发智能辅助办案和管理系统,完善关键信息自动抓取、类案分析、结果比对、办案瑕疵提示、超期预警等功能,促进法律统一正确适用,助力提高司法质量、效率和公信力。推动建立全国执行与监督信息法检共享平台,自动分析执行信息,加强动态监督,推动执行规范化。

(五)优化民事诉讼监督程序

实行案件繁简分流,优化监督程序,提高监督效率是贯彻落实精准监督理念的重要措施。对此,最高检第六检察厅于 2019 年 2 月制定了《第六检察厅关于实行案件繁简分流暂行工作办法》,明确规定对民事复查案件、省级检察院提请抗诉案件、最高法诉讼结果监督案件实行繁简分流;于 2019 年 5 月制定《第六检察厅办理最高人民法院生效裁判监督案件繁简分流办法》,对办理最高法相关案件的繁简分流程序作出细化规定。在上述两个文件的基础上,第六检察厅又制定了《第六检察厅适用简易程序办理民事诉讼监督案件若干规定(试行)》,规定相关案件中符合规定条件的不支持监督申请、终结审查、复查维持原决定的案件可以适当简化审查程序,并根据检察长授权可以由厅长审批结案。此外,为切实提高办案的精准度和监督的权威性,最高人民检察院民事检察部门已发通知要求省级检察院对提请最高人民检察院抗诉的民事诉讼监督案件,必须经过本院检察委员会讨论和专家咨询委员会咨询论证。进一步规范省级检察院提请抗诉案件的办理程序,最大限度地发挥民事诉讼监督效能。

三、做实行政检察,促进依法行政

行政检察是检察机关法律监督职能的重要组成部分,它与刑事检察、民事检察、公益诉讼检察共同构成"四大检察"并行的法律监督格局。行政检察要围绕行政诉讼监督展开,做到精准,抓好典型性、引领性案件的监督,做一件成一件、成一件影响一片。多与审判机关、行政机关沟通,争取双赢多赢共赢的效果。

(一)把握新时代行政检察价值取向

把握新时代行政检察价值取向,就要坚持以理念变革为引领,为做实行政检察工作谋实策。行政检察工作的本质就是为大局服务,为人民司法。这就要求行政检察紧紧围绕稳增长、促改革、调结构、惠民生、防风险、保稳定,立足行政检察职能积极作为、精准服务。自觉将行政检察工作融入"五位一体"总体布局和"四个全面"战略布局,主动服务保障打好"三大攻坚战""一带一路"建设、京津冀协同发展、推进长江经济带发展等党和国家工作重心。重点办理涉及扶贫救助、社会保障、土地林地管理、教育医疗卫生、知识产权、减税降费、治安处罚、违章建筑拆除等领域的行政诉讼监督案件。切实发挥"一手托两家"作用,建立行政检察年度报告制度,结合办理案件,每年分析行政诉讼和行政诉讼监督态势,分析监督工作中发现的行政审判和执行的特点和存在的问题,分析监督工作中发现的行政机关执法中存在的问题,总结行政检察工作中的好经验好做法,对促进依法行政、公正司法提出意见和建议,在监督人民法院公正司法的同时,在促进行政机关依法行政方面有更大作为,主动当好党委和政府的法治参谋。要坚持以办案为中心,在办案中监督,在监督中办案,全面履行行政诉讼监督职能。行政检察的核心是监督办案,只有心无旁骛抓办案,一心一意谋监督,才是做实行政检察工作的正道。

(二)加强行政检察专业化建设

突出加强专业化建设,是做实行政检察工作的重要保证。落实好重自强的要求,就要首先从自身找差距,把专业化建设作为当前和今后一个时期加强行政检察队伍建设重中之重的任务来抓,通过苦练内功重自强,全面提升行政检察队伍整体素质和业务能力。加强加大教育培训规模,突出实战、实用、实效导向,围绕培养更强的专业素质、专业能力、专业思维和专业精神,加强分级分类培训、岗位练兵、实践磨砺,全面提升行政检察人员的法律政策运用能力、群众工作能力、防控风险能力、科技应用能力、舆论引导能力。充分运用好检答网,打造行政检察业务学习、研讨交流、业务指导的线上综合性平台,使广大行政检察人员养成办案遇到难题在"检答网"上查询、提问的习惯,提升职业素养丰富办案知识,解决疑难问题。加强行政检察理论研究,尤其是对行政检察内涵与外延、职权配置与运行规律等重大问题的研究,为行政检察工作创新发展提供理论引领与支撑。

(三)以行政诉讼监督为基础

行政诉讼监督是行政检察工作的基础和核心。综合运用抗诉、再审检察建议、检察建议等监督方式,全面协调履行裁判结果监督、审判违法行为监督和执行监督等行政诉讼监督职能。必须要坚持依法监督的原则,运用法治思维,把握监督边界,特别是要把法律适用的审查监督放在突出位置,严格执行程序规定、监督规则和法律适用规则,守住法治底线。探索类案监督工作机制,结合办案,围绕重点领域和重点环节,有针对性地提出意见建议,达到办理一案警示教育一片的效果。突出加强案例指导,紧紧围绕检察环节案件审查、调查核实、法律适用、政策把握、监督跟踪等重点环节选编指导性案例和典型案例,发挥引领、示范和指导作用。

(四)以行政争议实质性化解为抓手

面对行政案件当事人诉求强烈,服判息诉难的问题,行政检察工作应以行政争议实质性化解为抓手,提高行政诉讼监督的质效。一是做好不支持监督申请后的服判息诉工作。行政诉讼监督政治性、法律性、专业性都很强,涉及行政管理领域广,涉及法律法规点多面广量大,因此对不支持监督申请案件的释法说理尤为重要。二是探索行政检察前端参与社会治理机制,着力推动解决行政案件程序空转、行政争议实质性化解难的问题。破解行政案件诉讼程序空转难题,除了健全协商、调解、仲裁、行政裁决、行政复议、行政诉讼、行政检察有机衔接、互相协调、多元化的行政纠纷解决机制外,还应当探索建立检察机关对行政违法行为的监督机制,使监督关口从目前的末端监督纠正,转向前端预防提醒,减少行政争议的发生,促进行政机关依法履职,严格规范文明执法,克服行政诉讼周期长的弊端。

(五)以非诉执行监督为补充

面对行政裁判结果监督"倒三角"、基层院作用发挥难的问题,深入推进行政非诉执行监督作为行政检察监督工作的有利补充。即推动形成最高检、省级院、市级院以办理裁判结果监督案件为主,基层院以办理审判违法和执行监督案件为主,四级检察院各有侧重、全面履职的多元化行政检察工作格局。特别是基层检察院要把行政非诉执行监督作为重要抓手,作为解决基层院行政检察发挥作用难的突破口。行政非诉执行既涉及行政决定能否得到执行,又涉及行政相对人的合法权益保护,理应成为行政检察监督的重点。目前,法院受理行政非诉执行案件总量已经远超行政诉讼案件总量,且此类案件一般由基层法院受理、审查、裁定和实施。2018年最高检部署了专项监督活动,取得了明显成效。2019年继续深化,特别是要围绕减税降费、国土资源、社会保障、环境保护、食品药品安全等重点领域,结合各地特点适时开展"小专项"监督活动,促进解决一些地方非诉执行难、执行乱的问题。

（六）行政检察与相关监督职能的衔接

完善行政检察一体化机制,充分发挥上级院行政检察部门指导协调作用,建立行政申诉案件移送、职务犯罪线索移送反馈等机制,形成检察监督合力。在助力防范化解重大风险方面,对那些可能引发社会稳定风险的重大行政诉讼监督案件,强化执法办案风险评估预警,探索行政检察官会同控告申诉检察官联合接访机制,坚决避免因办案释法说理不够引发重大信访风险乃至社会稳定风险。完善行政检察与控告申诉检察衔接机制,完善公开审查、听证机制,探索检察宣告制度,深化律师参与化解和代理工作,有效化解社会稳定风险。

四、做好公益诉讼检察,维护社会公共利益

中国的公益诉讼检察制度是一项年轻的制度,源头是党的十八届四中全会通过的《中共中央关于全面推进依法治国若干重大问题的决定》提出的"探索建立检察机关提起公益诉讼制度",是党中央和习近平总书记亲自决策、亲自部署、亲自推进的重大改革举措。从制度建立到全面实施以来,案件数量已超过 20 万件,呈现出不同于其他国家的鲜明特点,成为一项具有鲜明中国特色的公益诉讼检察制度。公益诉讼检察是法律监督职能的时代回应,是因应新时代人民群众对美好生活的新需要,检察机关以诉讼方式履行宪法赋予的法律监督职能,更好地促进国家治理,维护社会公共利益。

（一）以新理念引领公益诉讼检察新发展

理念转变到位,公益诉讼检察自然就有新思路、新方法、新局面。检察公益诉讼作为一项年轻又具有鲜明中国特色的制度,应牢固树立正确的工作理念。一是双赢多赢共赢理念。其核心是要共赢。这一理

念蕴含着中国传统"和"文化的精髓,追求和谐而不是对抗。用监督促进司法、行政,建立与其他部门良性、互动、积极的工作关系,在监督过程中实现双赢多赢共赢。二是"一把手"工程。公益诉讼是一项新职能,需要与方方面面协同,特别是需要党政机关支持、行政机关配合,所以需要一把手亲自抓,以调动整个检察系统的力量。三是精准监督。根据各地的具体情况确定监督的重点领域,突出重点事项、重点案件的办理,做到办理一案警示教育一片,教育引导社会面。四是智慧借助。智慧借助包括借助"外脑"、社会力量,还有借助科技。

(二)加强公益诉讼检察专业化建设

加强自身建设,打造专业化公益诉讼检察队伍。加强一线办案组织和办案力量建设。强化业务培训,探索和打造适合公益诉讼业务特点的"培训+办案+研究"新型培训方式,提升业务能力。及时发布指导性案例和典型案例,充分运用"检答网"指导基层办案。深化智慧借助,加强与行政机关双向干部交流,发挥公益诉讼研究中心和技术专家库的作用,深化对公益诉讼检察基础理论及办案实务的研究。探索运用大数据信息平台、无人机取证等科技手段辅助办案,促进提高办案能力。

(三)突出解决重点领域损害公益问题

做好公益诉讼检察。坚持稳数量、调结构、提质效、拓领域,以诉的形式履行法律监督本职。最高检、省级检察院每年要直接办理重大影响性公益诉讼案件。

突出解决重点领域损害公益问题。加强与行政机关全国性专项整治协同,强化与中央环保督察、审计、监察等衔接。推动公益诉讼与生态环境损害赔偿制度衔接。地市级、县级检察院要实现生态环境和资源保护、食品药品领域公益诉讼办案常态化,增强民事公益诉讼惩戒功能,探索生态环境、食品药品安全领域民事公益诉讼惩罚性赔偿适用,促进落实食品安全行业从业禁止,依法办理涉及国有财产保护、国有土地使用权出让领域的公益诉讼案件。

坚持把诉前实现维护公益目的作为最佳司法状态。建立行政公益诉讼磋商程序,发挥提醒、沟通、督促功能,推动行政机关主动履职整改。严格诉前检察建议制发程序,推广圆桌会议第三方评估、宣告送达、公开听证等公众参与机制,探索重要诉前检察建议向党委、人大、被建议单位上级主管部门等抄送备案制度。推动将落实情况纳入本地区法治建设考核。

将提起诉讼做成生动法治课堂。对经诉前程序公益损害问题未能解决的,逐案研判,应当提起诉讼的依法提起诉讼。优化公益诉讼起诉案件结构,提升行政公益诉讼起诉案件比重。判决前整改落实到位的,应当撤回起诉。

创新公益诉讼检察办案机制。探索建立公益志愿者线上线索举报与评估、专业建言等机制平台。建设公益诉讼检察大数据应用平台,与全国环境监测网、中国科学院空天信息平台等实现数据共享。健全公益诉讼一体化办案机制,推进省级、地市级公益诉讼检察指挥中心建设。研究制定公益诉讼重大案件标准、类案证据指引、调查取证和出庭工作规范。健全公益诉讼检察管辖与审判管辖衔接机制,按照公益损害结果发生地管辖优先原则,推进跨行政区划公益诉讼案件指定管辖、移送管辖等制度。探索公益诉讼检察建议、判决整改落实情况第三方评估机制。对诉前检察建议逾期未落实、存在起诉障碍的,由上级院提办或者指定其他检察院办理。探索建立公益诉讼专项鉴定基金,完善先鉴定后收费机制。建设公益诉讼技术、法律专家咨询网。积极推动制定公益诉讼损害赔偿金管理制度。

规范拓展案件范围。积极稳妥办理公共安全、安全生产、公共卫生、文物和文化遗产保护、生物安全、特殊群体权益保护、个人信息保护、扶贫、质量安全、证券、涉军等领域公益损害案件,办好地方人大立法、专项决定等支持探索的新领域案件。落实新领域案件审批、备案审查机制。

(四)提升公益诉讼检察整体质效

保持办案力度,提升办案质效。紧盯生态环境和食品安全,以"啃硬骨头"的勇气和打"持久战"的韧劲,着力推动解决人民群众身边的公益侵害问题。常态化开展公益诉讼"回头看",把公益诉讼检察工作做得更实更规范,着力增进民生福祉,以实实在在的办案效果增强人民群众的获得感、幸福感和安全感。正确处理办案数量与质量效果之间的关系,把办案质量和监督的精准性放在更加突出的位置,进一步优化诉讼案件结构、司法的功能作用。正确处理专业与民主的关系,探索建立公益诉讼诉前程序检察建议落实标准及成效评估制度。借助"外脑"和第三方专业、民主方式,从行为要件上看违法行为是否得到有效制止,从结果要件上看受损的公益是否得到有效保护,从职权要件上看是否穷尽行政手段,准确判断行政机关是否依法全面履职决定是否需要提起诉讼,进一步增强检察公益诉讼的权威与公信。正确处理兜底与拓展的关系,稳妥、积极探索办理"等"外领域检察公益诉讼案件。

(五)协同推进配套制度机制建设

落实好党的十九届四中全会和全国人大、全国政协对公益诉讼检察工作的要求,推进配套机制建设。继续积极推动地方人大常委会出台公益诉讼专项决定,为解决突出问题提供具有可操作性的规范依据。继续与最高人民法院会商,完善有关诉讼程序规定,优化案件管辖。继续加强与行政机关的务实合作,健全重点领域公益诉讼检察与行政执法衔接机制。尽快出台公益诉讼检察办案规则,建立完善公益诉讼检察质量评价体系。

(六)建立与监察机关线索移送机制

随着"对外"领域的拓展,对内,公益诉讼检察必然要加强与刑事检察、行政检察的联系。对外,需要建立与监察委员会、行政复议以及人大监督的协作机制。细化落实部门协作机制,建立与监察机关线索移送机制。检察机关应当积极推动,建立稳定的沟通渠道和常态化的工作机制。在个案和类案探索基础上,助力补齐社会治理短板,进而就某地区某领域问题与相关行政机关建立信息共享、情况通报、线索移送、证据收集、结果反馈等沟通协作机制。例如定期向党委、人大报告公益诉讼工作,向政府及其部门通报工作情况,邀请代表委员开展视察调研,做实信息通报和线索双向移送。

五、"十大业务"全面精准发力

如果说"四大检察"是新时代检察监督体系的"四梁",那么"十大业务"就是"十柱"。新时代最高检党组进行了系统性、整体性、重塑性改革,形成"四大检察""十大业务"的布局,为推进国家治理体系和治理能力现代化有效发力。

(一)普通犯罪检察业务及其工作重心

普通犯罪检察业务负责对法律规定由人民检察院办理的普通刑事案件的审查逮捕、审查起诉、出庭支持公诉、抗诉,开展相关立案监督、侦查监督、审判监督以及相关案件的补充侦查。依法办理人民检察院管辖的相关刑事申诉案件。普通犯罪检察管辖主要涉及刑法第四、五、六、七、十章的罪名,包括侵犯公民人身权利、民主权利罪,侵犯财产罪,妨害社会管理秩序罪,以及危害国防利益罪、军人违反职责罪等在内共计 237 个罪名的审查逮捕、审查起诉、提起公诉、抗诉、诉讼监督等工作,指导地方各级人民检察院普通犯罪检察工作。

普通犯罪检察的特点是管辖罪名多,案件数量多,与人民群众人身财产安全、社会秩序稳定和谐息息相关,实践中应当注意保障民营经济、保护环境资源,对恶意欠薪不能放过,网络犯罪决不忽视,正当防卫决不含糊。如指导办理了福建赵宇正当防卫案、云南孙小果涉黑案、湖南操场埋尸案等一大批全国有重大影响、社会高度关注的案件。

(二)重大犯罪检察业务及其工作重心

重大犯罪检察业务负责办理危害国家安全、公共安全犯罪,故意杀人、抢劫、毒品犯罪等重大犯罪检察工作,负责死刑复核法律监督工作,指导地方各级检察机关重罪检察工作。作为重罪检察部门,在维护国家政治安全、确保社会大局稳定、促进社会公平正义、保障人民安居乐业方面肩负着重大职责。

重罪检察业务的特点是,管辖的罪名虽然不是最多的,但多数案件案情重大,疑难复杂且处理困难。维护国家安全,有效防范化解政治领域重大风险,是头等大事;保障公共安全,确保社会持续安全稳定,是重要职责;推进平安中国建设,切实增强人民群众安全感,是职责使命;严惩毒品犯罪,坚决打赢新时代人民禁毒战争,是时代重任;对死刑复核活动进行法律监督,确保死刑适用公正、准确,是特殊职能。重罪检察部门任务艰巨、责任重大,我们将依法主动履职,集中精力办理好重罪案件,同时多办精品案件,形成特色做法,努力打造重罪检察品牌。

(三)职务犯罪检察业务及其工作重心

职务犯罪检察业务负责办理国家监察委移送职务犯罪案件的审查逮捕、审查起诉、出庭支持公诉、抗诉,开展相关审判监督以及相关案件的补充侦查,指导地方各级检察机关职务犯罪检察工作。检察机关受理监察委移送的案件后,对定罪量刑证据存在问题的案件,要退回补充调查;对事实不清、证据不足,不符合起诉条件的,要依法作出不起诉决定。案件诉出去后绝非一诉了之,检察官要继续履行主导责任,指控证实揭露犯罪,促使被告人认罪服法,警示教育广大党员干部。无论是配合还是制约,目的都是保证案件质量、提升惩治腐败犯罪的政治效果、法律效果、社会效果。

党的十九届四中全会提出,健全党和国家监督体系,加强对权力的监督制约,构建一体推进不敢腐、不能腐、不想腐体制机制。检察机关在党和国家监督体系中履行司法监督的重要职能,是反腐败斗争法治化规范化的重要抓手,是惩治腐败犯罪的重要力量。职务犯罪检察业务责任重大,必须继续努力,担当尽责,为进一步巩固和发展反腐败斗争压倒性胜利作出应有贡献。

(四)经济犯罪检察业务及其工作重心

经济犯罪检察业务负责办理刑法第三章破坏社会主义市场经济秩序犯罪案件的审查逮捕、审查起诉、出庭支持公诉、抗诉,开展相关立案监督、侦查监督、审判监督以及相关案件的补充侦查。办理最高人民检察院管辖的相关刑事申诉案件。

在转方式调结构的关键时期,全球经济风云变幻,中国经济转型发展。经济犯罪却严重危害社会稳定和人民群众财产安全。改革发展稳定,离不开法治护航;经济社会建设,需要法治保护。经济犯罪检察业务当坚决贯彻落实党中央方针政策和最高检党组决策部署,胸怀国家大局,心系民生民意,依法惩治各类经济犯罪,全方位推进各项工作。维护人民群众"舌尖上"的安全,织密维护食药安全的"保护网";用法治温情护航民营企业发展;筑牢防范金融风险"防火墙";扎紧打赢"战疫"的法治防线;用心、用力、用情,做人民群众美好生活的守护者。

（五）刑事执行检察业务及其工作重心

刑事执行检察业务负责办理刑事执行检察和司法工作人员相关职务犯罪侦查两项检察职能。这是最高检党组在推进与深化法律监督现代化建设中的重要制度设计。刑事执行检察主要包括对刑事强制措施执行、刑罚执行和强制医疗执行三大执行领域的监督工作,具体职责包括对监狱、看守所和社区矫正机构等执法活动的监督,对刑事判决、裁定执行、强制医疗执行、羁押和办案期限的监督等。积极开展巡回检察,主要是对监狱执行有关法律规定、刑罚执行活动情况进行监督,重点是监管安全、罪犯教育改造和刑罚变更执行等工作。依法查办司法工作人员相关职务犯罪,是党风廉政建设和反腐败斗争的重要组成部分,对维护司法权威、促进司法公正具有重要意义。

（六）民事检察业务及其工作重心

民事检察业务负责办理对法院民事生效裁判监督、民事审判程序和审判人员违法监督、民事执行活动监督案件以及省级人民检察院提请抗诉等民事诉讼监督案件。民事检察是中国特色社会主义检察制度的重要组成部分,是检察机关法律监督职责在民事诉讼领域的具体体现。

新时代民事检察业务要重点抓好:优化生效裁判监督,积极引导全国民事检察部门优先选择在司法理念方面有纠偏、创新、进步、引领价值的典型案件,力争抗诉一件促进解决一个领域、一个地方、一个时期司法理念、政策、导向的问题,发挥对类案的案例指导作用。强化审判违法监督,从裁判结果监督向诉讼过程监督延伸,从实体违法监督向程序违法监督拓展,在对民事审判中违法送达、违法采取保全措施、适用审判程序错误等违法行为加强监督的同时,积极开展深层次违法监督。做好执行检察监督,与法院形成良性、互动、积极的工作关系,使法律监督在出发点和落脚点上、在主观和客观方面都发挥促进法院规范司法的作用,共同维护司法公正。

(七)行政检察业务及其工作重心

行政检察业务负责办理行政诉讼监督案件。担负着解决行政争议,保护人民群众合法权益,监督公正司法和促进依法行政的神圣使命。《中华人民共和国行政诉讼法》第十一条规定:"人民检察院有权对行政诉讼实行法律监督。"行政检察监督的范围,主要是"民告官"的案件,包括行政生效裁判结果监督,行政审判人员违法行为监督,行政裁判执行监督;另外,行政非诉执行作为裁判执行的延伸,也属于行政检察监督的范围。行政检察监督案件,往往是关乎老百姓切身利益的征地拆迁、工伤认定等案件。做好行政检察,归根结底是让人民群众有实实在在的获得感。

新时代民事检察业务要重点抓好行政非诉执行监督,针对法院受理行政非诉执行案件总量已经远超行政诉讼案件总量等情形,把行政非诉执行监督牢牢抓在手上,努力在深化行政非诉执行监督方面取得新成效。发挥"一手托两家"功能作用,在推进法治政府建设,促进依法行政方面发挥更大的作用。重视基层行政检察工作,推动形成最高检、省级院、市级院以办理裁判结果监督案件为主,基层院以办理审判违法和执行监督案件为主,四级检察院各有侧重、全面履职的多元化行政检察工作格局。

(八)公益诉讼检察业务及其工作重心

公益诉讼检察业务负责办理直接立案的生态环境和资源保护、食品药品安全、国有财产保护、国有土地使用权出让、英烈权益保护等领域公益诉讼案件等。

新时代公益诉讼检察业务要重点抓好诉前保护公益,诉前保护公益作为最佳司法状态,把督促行政机关堵塞监管漏洞,促进依法行政,保障严格执法,协同保护公共利益,作为公益诉讼检察工作的首要任务。依法履行诉讼监督职责,加大对损害公益行为的治理力度,这是具体落实国家治理体系和治理能力现代化的要求。围绕中央和最高检的新部署、新要求,在安全生产、未成年人保护、网络信息安全、扶贫、文物和文化遗产保护等领域探索办理典型案件,积极回应人民群众新期待。坚持以人民为中心,以公益之名守护人民群众的美好生活,努力让天更蓝、水更清、空气更清新、食品更安全、交通更顺畅、社会更和谐有序,为推进国家治理体系和治理能力现代化履行检察职责。

(九)未成年人检察业务及其工作重心

未成年人检察业务负责依法惩治侵害未成年人犯罪,保护救助未成年被害人,教育感化挽救未成年犯罪嫌疑人,综合保护未成年人合法权益,预防涉未成年人犯罪。

未成年人检察业务的总体要求是,聚焦人民群众反映强烈的未成年人保护热点、难点和痛点问题,加大未成年人检察供给侧结构性改革力度,切实增强人民群众的获得感、幸福感、安全感。具体职责是:依法对涉及未成年人的诉讼活动等开展法律监督,履行未成年人司法保护主导责任。严惩性侵未成年人犯罪,实行提前介入、询问被害人同步录音录像全覆盖。全面推行未成年被害人"一站式"询问机制。加强未成年人国家司法救助工作。督促落实强制报告、入职查询、从业禁止等制度从重从严惩治拉拢、胁迫未成年人参与有组织犯罪。加大对侵犯未成年人合法权益案件督促、支持相关组织和个人代为提起诉讼力度,涉及公共利益的依法提起公益诉讼。修改完善未成年人刑事检察工作指引,建立未成年人言词证据审查判断规则。稳步提升未成年人附条件不起诉适用率;推动完善罪错未成年人分级干预制度,依法惩戒、精准帮教。健全与专门学校衔接机制。加强青少年法治教育,做实检察官担任法治副校长工作。最高检、省级检察院每年发布未成年人检察工作白皮书。推动未成年人司法保护协作机制和社会支持体系建设，促进帮教维权平台建设。规范推进未成年人检察业务统一集中办理。完善未成年人案件集中管辖制度。

（十）控告申诉检察业务及其工作重心

控告申诉检察业务负责受理公民向检察机关的控告和申诉，承办检察机关管辖的国家赔偿、国家司法救助及部分刑事申诉案件。

新时代信访工作要巩固深化群众信访件件有回复制度，在提升答复质效、解决实际问题上下功夫。常态化清理、通报重复信访，努力使重复信访比例逐步下降。推广信访督查专员制度。落实涉法涉诉信访依法终结制度。实现领导干部带头接访包案常态化。首次提出的不服检察机关处理决定的刑事申诉，符合条件的实现听证全覆盖；当事人对下级院审查处理结论不服，或者案件疑难复杂、有重大社会影响的，尽可能进行检察听证。对重大申诉案件指定异地检察院办理。完善第三方参与机制，稳步提高律师参与接访比例，聘用退休法官、检察官等参与接访、化解矛盾。深化信访信息系统应用。建立与有关机关涉法涉诉信访信息互联互通机制，形成化解合力。将司法救助工作深度融入精准扶贫工程，为因案增贫、因案致贫、因案返贫的困难群众及时提供有效帮扶，重点救助严重暴力犯罪案件致伤致残被害人，特别是对家庭生活极为困难、未来需要大额支出医疗费或康复费的被害人；抓住重点环节，在检察机关办案第一环节实现"应救即救""应救尽救"。严格落实值班、领导接访、"日报告""零报告"等制度，对排查出来的矛盾和问题要有专人处理、有调处方案、有解决时限，努力把各类矛盾纠纷解决在基层，解决在当地，解决在萌芽状态。

第十七章

推进检务管理现代化

推进检务管理现代化是新时代检察队伍建设的重要抓手。应当加强对检察权运行的监督、制约、管理,破解权责平衡难题,全面强化司法检察责任。负责案管工作的部门要善于管理、敢于担当,想方设法支持、帮助业务部门更加优质高效办案,实现双赢多赢共赢。结合推进内设机构改革,健全完善检务督察机制,加快构建检察权运行监督制约新格局。

一、树立稳进中落实、落实中提升检务管理理念

最高人民检察院要求,加强检务管理,建立完善检察官考核和政策引导机制。要把中央的部署、最高检的要求以及省委、省政法委、省检察院的要求变成一个个科学的数据指标,形成检察官考核指标评价体系,加强对工作的引导。指标评价是指挥棒,就是要把政策、政治要求变成对检察官的计分考核,看得见、摸得着,直观感受到工作要求。

(一)加强检务管理的必要性

加强检务管理是以人民为中心检察发展理念的必然要求。检察机

关作为履行公共权力的司法机关,要实现以人为本、执法为民,就必须通过科学有效的检务管理,保障检察权的规范运行,实现检察工作的创新发展。邓小平同志曾经指出:要改革党的权力运行机制,使党的领导规范化、制度化、法律化,并"使这种制度和法律不因领导人的改变而改变,不因领导人的看法和注意力的改变而改变"。① 可见,加强管理机制建设实际是解决用制度管人管事的问题。这就要求我们检察机关充分尊重客观事物发展的普遍规律,加强管理机制创新,进一步调动人的积极性、创造性,发挥群体的优势,推进各项工作与时俱进。同时,当今社会科技进步日新月异,人才资源成为一个国家综合国力的重要指标,知识应用程度的高低决定着国家综合国力的高低。检察机关要跟上时代的发展,开创新的局面,也必须提高检务管理水平,通过科学管理把干警的聪明才智开发出来,实现每个人的自我价值。

加强检务管理是提高检察业务水平的理性选择。中央关于司法体制改革的决策部署对当前司法机关的现状有一个重要判断,就是社会日益增长的公正司法需求与现有的司法能力之间存在较大矛盾。究其原因,第一,社会法治建设深入推进与社会治理结构发生深刻变化的情况下,社会资源配置没有实现同步转移。市场经济实质是法治经济。随着依法治国方略的实施和民主法治进程的加快,越来越多的社会矛盾以诉讼形式进入司法领域,司法机关较以前承担着日益增加的越来越繁重的任务。随着司法体制和司法工作机制改革的深入推进,执法办案程序要求更加细致,执法规范要求更加严格,执法监督更加完善,执法中人权保障的要求更加提高。这就表明在多维上检察执法的任务日益加重,而社会资源配置并没有相应跟进。第二,资源具有有限性,任何时候都不可能实现充分保障。从社会经济成本来说,司法资源不可能无限扩张,充分保障是不可能的,任何时候都不可能达到理想状

---

① 《邓小平文选》第二卷,人民出版社 1994 年版,第 146 页。

况。依靠增加编制人数从规模上增加法律监督能力的空间已经非常有限。第三,资源不足与资源低效率运行状况同时存在。一方面,履行职责的基本条件不足,人力、财力和其他资源配置都趋紧,况且很多难题的破解,单纯依靠增加人数并不能真正解决问题;另一方面,存在现有资源低效率运行状况。第四,管理优化理念在管理层严重缺失。一定程度存在的不求甚解、低效无序、官僚主义、形式主义等陈旧意识,制约了检察工作的效能。通过管理优化来提高现有资源的配置和利用效率的理念严重欠缺。推动检察工作的科学管理,不但可以协调配置各种资源,充分发挥现有资源的效能,更重要的是调动好检察人员的主动性和创造性。这就是检察工作不断适应新形势、新任务的力量源泉所在。可以说,走以科学管理为核心的内涵型发展道路,是新形势下增强法律监督能力的客观要求和理性选择。

(二)加强检务管理的规范化建设

检务管理就是将检察机关各项工作纳入规范化的轨道,并给予实事求是的评价,从而激励检察人员忠诚履职、担当作为。加强检务管理规范化建设,一是要健全和完善机关各项规章制度。结合工作实际,修订和完善集体活动、考勤、值班、学习、档案借阅、财物管理、车辆、环境卫生、文印、印章管理、电脑使用、保密等机关管理机制,运用制度管权、管事、管人,让干警养成"八小时内行为规范、八小时外规矩做人"的检察职业习惯。二是要完善案件办理程序。各科室根据各自工作任务、要求和职责,将办案环节细化,使其目的明确,内容清楚,步骤分明,并将这些规定制成"办案流程图",明确从受理到结果每一个环节中的工作程序,理顺各类案件在本部门的流程走向。同时,将各部门工作职责、受案范围制作成面板,悬挂在醒目位置,在案管科设立案件查询系统,方便当事人查阅、了解案件所处的环节。

检务管理必须加强督查以保规范成效。应坚持严管理、重督查,突出制度在管理中的作用。注重把制度落实到平时,落实到每一个人、每一件事上去,把管理延伸到事前、事中、事后的每一个角落、每一个环节。每周对各部门督查不少于两次,检查情况及时通报。应建立奖惩机制,将执行机关管理规定与评先挂钩,凡违反规定的取消个人评先资格。一是在执行中针对出现的新情况、新问题,广泛征求全体干警意见,制定、修改各项管理制度并更加趋于合理,并让每名干警融入到管理中,做到既是被管理者又是管理者。二是自觉接受人大及其常委会和社会舆论监督,每年两会期间,党组成员带领部门负责人到各个代表团征求人大代表、政协委员及社会各方面对检察机关工作的意见和建议;每半年向人大代表、人民监督员发放征求意见函,对提出的意见和建议,及时落实,进一步改进检察工作。

(三)建立涵盖检察职能的业绩考评指标

业绩考评指标是加强检务管理的重要标准。没有科学的业绩考核指标,就不可能有科学的检务管理。最高人民检察院于2020年5月印发《关于开展检察官业绩考评工作的若干规定》(以下简称《规定》),进一步规范检察官业绩考评工作,内容涵盖检察官办理案件和其他检察业务的质量、效率、效果等的考核评价。这一《规定》是各级检察院开展检察官业绩考评工作的重要指导性文件。《规定》设置了涵盖"四大检察""十大业务"、分层分类的检察官业绩考评指标,确定了79类业务、160项质量指标、106项效率指标、46项效果指标,明确了三类指标的计分规则和方式,建立了以办案质量、效率和效果为基本内容的业绩评价指标体系和考评机制。

《规定》包括正文和两个附件。正文部分共6章33条,主要包括总则、考评内容、考评方法、考评组织实施、考评结果及运用、附则等内容;附件1为《检察官业绩考评业务类型》,规定了纳入考评的主要通用业务类型和各条线具体业务类型;附件2为《检察官业绩考评指标及计分规则》，以表格形式对各项考评指标的设置、含义及其计分规则作出详细规定。《规定》强调，各级检察院要切实贯彻落实《规定》的各项要求，坚持原则性和灵活性相结合，制定本地、本院的实施方案，并在执行过程中不断总结、健全、完善。各级检察院的实施方案要报上一级检察院备案。《规定》明确，检察官业绩考评的结果是作为确定检察官参加公务员年度考核等次的重要依据。检察官参加公务员年度考核的优秀等次，从年度业绩考评评定为优秀或者良好等次的人员中产生。检察官年度业绩考评不合格或者经考评不能胜任检察官职务的，其公务员年度考核应当评定为基本称职以下等次。

对检察官业务工作的考评，是评价是否胜任检察官职务的主要依据。检察官年度业绩考评不合格或者经考评委员会认定不能胜任检察官职务的，应当退出检察官员额。《规定》指出，完善检察官业绩考评机制是检察机关落实党的十九届四中全会精神，推进国家治理体系和治理能力现代化的重要举措，也是落实司法责任制改革和员额制改革的重要措施，要真正发挥好考评工作的"风向标""指挥棒"作用，推动检察官更加尽责履职，把案件办到极致、办到最好。

二、量化业绩考评指标，求极致、过得硬

（一）量化业绩考评应遵循的原则

一是以"智慧检务"为平台确保公平公正。制度的建立必须严格落实，不能朝令夕改。在工作中充分发挥"智慧检务"在检察官业绩考核中的应用，利用大数据对检察人员办案量进行分析统计，坚持信息化支撑，借用信息化手段确保结果真实客观。并根据本院工作实际制定一套可行性较强的考核制度，建立健全不同业务条线检察人员分别考核的新机制，不同业务部门之间建立业绩考核的可比性、均衡性，确立

符合司法责任制改革要求的业绩考核指标体系和方法,充分发挥正向激励和监控约束的双向效应,打破检察人员业绩考核的单一性和平均主义,确保考核的公平公正。

二是以规范考核为机制确保严格落实。考核可以采取多样性的考核办法,可通过本人自评,同事评价及领导评价的方式进行综合考量,具体分值可根据本院实际来确定,然后由本院负责考核的部门进行总体统计,确定考核分值等次,并进行公示,检察人员对于考核结果有异议的还可以进行合理的异议申请和复核,待结果复核后呈报院党组进行审核确定等次,程序必须公正、合理。

三是以综合评价为引领确保考核实效。在考核过程中与案件管理部门建立数据共享机制,由案管部门提供数据,政治部对数据进行统计分析,并根据案件的复杂度设置案件权重系数,根据具体情况确定切合实际的案件权重系数,且检察建议和纠正违法不能同具体案件一并确定为案件的办理数量,因为检察建议和纠正违法只能算是程序性的法律文书,所以在确定办案量时要单列出其百分比的核算办法,具体百分比根据具体情况而定。除此之外,还要将行政化工作纳入考核范畴进行综合考量。比如将课题研究质量及数量、业务竞赛获奖情况、专项活动开展情况、调研文章数量、信息宣传稿件数量、党建工作开展情况等行政化工作纳入考核范畴,并确定具体的考核分值,纳入总体考核范畴,形成具有可操作性的评判标准。

四是以强化结果为指导确保奖罚分明。考核结果要严格按照"优""良""差"三个等次进行区分,并且要严格按照考核结果分档发放,要确保拉开距离,不搞平均主义,避免出现吃"大锅饭"的局面,以此调动检察人员的工作积极性,充分体现多劳多得的业绩评价考核原则。只有奖罚分明,才能进一步激发一些想干事、能干事、肯干事的检察干警,并进一步提高他们的个人素能,塑造他们良好的职业形象以及实现社会公平正义。

（二）建立绩效考评量化指标体系

落实最高人民检察院《关于开展检察官业绩考评工作的若干规定》，一些基层院结合基层检察工作实际积极开展了检察官办案考评量化指标体系的探索。通过"四个结合"，量化检察官业绩评价标准，科学设定考评指标，建立重点突出、指向明确、简便易行的检察官办案绩效考核工作制度，深化司法责任制改革。主要从以下四个方面量化相关指标：

一是全院统筹与部门自主相结合，增强考核指标的合理性。采取部门自行考核为主，考核办统筹把关的方式，在对各项指标进行统筹量化基础上，给各业务部门留有空间，由其自行拟定一定比例的考评指标。成立考核专门机构统筹相关事宜。

为全面落实司法责任制改革要求，加强绩效考核管理工作，宿迁市检察院成立了绩效管理考核工作领导小组，由党组书记、检察长担任组长，下设考核办公室专门负责考核统筹协调、整体推进和督促落实等工作，抽调专人专项负责绩效考核工作。全面部署考核工作。根据最高检《规定》中关于"考核应当实行量化评分"要求，量化考核不能脱离司法办案实际，考核办主要负责考评体系框架搭建和总体分值分配把控，各条线考评指标由业务部门及检察官自行拟定，再由考核办统筹后调整各指标分值，确保客观合理评价检察官办案绩效。

二是办案主业与技能素养相结合，保障考核指标的全面性。考评指标以司法办案为核心内容，同时将司法作风、司法技能、职业操守纳入考核范围，全面衡量检察官办案业绩。

其一，办案主业占比最大。参照最高检《规定》中关于考评内容比例设定，在总分设置为100分的前提下，司法办案占比70%，分值为70分。其中，共性指标、个性指标、基础分项目、加减分项目中大部分考评指标均围绕司法办案这一主业斟酌设置。其二，司法作风分档考核。

司法作风占比10%,分值为10分。围绕宗旨意识、工作效率、办事态度、团结协作等四个方面内容,由院领导、部门负责人、本部门其他检察官、检辅人员分别按照40%、30%、20%、10%的分值权重,在0—10分档次范围内综合予以打分,并分出"好、较好、一般、差"四个档次。其三,司法技能计分考核。司法技能占比10%,分值为10分。主要为参加素能培训达到基本学时得1分、参加业务竞赛获奖的依等级不同累计加分不超过3分、完成新闻宣传任务的3分(未达到的予以扣分)。撰写信息调研按级别加分,总计不超过3分。其四,职业操守扣分考核。职业操守占比10%,分值为10分。主要结合职业道德、遵章守纪、廉洁自律等方面表现,根据违法违规情形,按次在0.5—10分档次范围予以扣分。

三是共性指标与个性指标相结合,彰显考评指标的科学性。考评指标合理考虑不同条线办案特点,有效突出每个部门检察官办案业绩。其一,明确指标设定原则。市级院考核领导小组经研究确定"只进行内部评比、不进行横向对比"的考评指标设定原则,避免各部门之间对考核权重分值设定发生较大争议和分歧,影响检察官办案积极性,甚至产生选择性办案的错误导向。其二,共性指标全体覆盖。共性目标参照高检院《规定》相关内容,将司法办案中的办案数量、办案质效、办案质量以及司法作风、司法技能、职业操守等统一设定考评指标,涉及4个一级指标、3个二级指标、19个三级指标。其三,个性指标有所侧重。设立个性指标主要为了解决各部门办案情况、职责权限不同,互相分数折抵所可能带来的问题,以部门为单位在三个指标下分别增加11项个性指标。如公诉部门将"提出抗诉获省院支持、抗诉成功、发现遗漏同案犯、遗漏罪行"等设定为个性考评指标,分别加3—5分不等。案管、研究室、预防部门采取项目量化,通过个性考评指标予以区分。

四是基础分值与加减分值相结合,突出考评指标的导向性。考评指标分设基础分项目、加减分项目,便于发挥绩效考核在奖勤罚懒导向上的作用。其一,合理确定指标分值。考虑到绩效考评应有助于提升检察官办案业绩,不过多牵扯检察官精力,确保考核工作便捷高效开展。宿迁市检察院在司法办案 70 分中设定了 50 分的基础分值和 20 分的加减分值,在有所侧重基础上,进一步简化考核内容,精选指标。其二,基础分值分配均衡。在司法办案 70 分中,设有基础分 50 分,包含履职情况 5 分、办案数量 10 分、办案质量 10 分、办案规范 10 分、办案效率 5 分、办案安全 10 分。这就意味着检察官只要认真履行岗位职责,依法开展司法办案工作,按照轮案规则完成办案数,未发生办案安全事故等,就可以得到 50 分基础分。其三,加减分项目甄选优劣。检察官业绩考核关键点在于加减分值涉及的考评指标。加分项、减分项各设定 20 分,即最高加、减分不超过 20 分(若发生重大办案安全事故或者冤假错案等较为严重办案问题的,则提交市院党组决定,不在上述考评指标范围)。其中,加分项主要激励检察官提升办案数量、办案质效业绩,减分项主要规制其在办案规范、办案安全方面出现瑕疵问题。通过加减分值设定引导检察官完成基本办案任务的同时,进一步提升司法办案业绩,同时作为年底奖优罚劣重要依据。

(三)优化绩效考评检务管理模式

绩效管理在现代职业管理中处于核心位置,作用十分重要但运行较为复杂。一般认为,绩效管理是指组织及组织成员为实现同一目标,共同参与开展绩效计划拟订、绩效辅导沟通、绩效考核评价、绩效结果应用、绩效目标提升等一系列循环往复的工作。现代管理学认为,绩效管理是一套全面、动态、持续的绩效干预引导机制,比传统的绩效考核(考评)内涵更为丰富。随着检察职业化的不断演进,引入检察绩效管理理念,构建适应检察工作实际的绩效管理体系,凸显"重考核更重管理""重结果更重程序"等绩效价值追求,使绩效工作从过去的"选马"(简单评定等次)变成"赛马"(引领队伍发展),是必要且迫切的课题。

检察绩效管理必须坚持"以人为本"的导向。一方面,检察队伍整体绩效的螺旋式上升循环,依托于检察机关和干警个体的一致愿景与共同努力,离开干警的参与、配合,绩效管理只能徒有其名;另一方面,检察办案工作有其自身独特规律,不同于流水线式的标准化大生产,必须最大限度调动以检察官为主体的办案人员的积极性。相应地,检察绩效管理要以人民为中心开展管理。要充分关切干警职业发展的愿望,激发干警的动力与潜力,使干警在绩效管理中与检察事业价值产生共鸣,进一步内化为自身不断追求卓越的动能,实现检察事业与个人发展的共赢。根据绩效管理的不同模块,其人本导向可具体展开如下:

1. 绩效目标设定体现参与性。在设定绩效目标、形成绩效方案时,要注意建立起通畅的信息流转、反馈渠道,积极汇集最广大干警的意见和建议,确保绩效方案在落地前获得大多数干警的公认。

2. 绩效辅导沟通增强契合性。绩效制度执行是刚性的,但绩效工作的初衷与目的要体现对人的关怀与尊重,那就需要在绩效管理程序中融入适度柔性。绩效管理与绩效考核的本质差异在于前者强调考核主体与考核对象的双向互动,要建立起"组织与个人之间的心理契约"。检察绩效方案在推行中,管理者要注意做好对干警的阐释辅导谈心工作,在坚持事业共同体立场基础上,解惑纠偏,提高干警岗位胜任力,形成"一荣俱荣"的心理认同感,为后续检察绩效实施工作铺平道路。

3. 绩效考核评估注重科学性。绩效考核量化是基础,但不是全部。对办案工作可量化的部分,要借助大数据、信息化手段,予以客观、及时量化反映。在量化过程中,要突出所在条线核心工作指标的权重,避免被非核心工作指标数据稀释、混淆。对不可量化的工作业绩(如工作态度、职业操守等),要坚持公平公正公开原则,结合条线特征和群体公认,听取业内资深检察官意见后公允鉴别。

4. 绩效结果运用突出引导性。绩效考核是方式与手段,而不是目的,其结果应合理运用好,使正向激励与反向鞭策相结合。通过有说服力的评价辅之以合理的奖惩措施,并与晋升、培养、培训等环节有效对接,使先进人员产生更大的动力,使后进人员在这种氛围环境下产生压力,方能最终实现绩效工作奖优惩劣功能。[1]

(四)健全"标准化"检务管理模式

健全"标准化"检务管理模式主要在刑事检察领域。在"四大检察"全面协调充分发展的新时代背景下,如何将刑事检察这项传统业务做优做出特色,一直是基层检察机关和刑事检察工作人员不懈追求的目标和法律监督实务创新的任务要求。山东省沂南县检察院围绕构建刑事案件捕诉一体办案机制框架下的内部监督机制,按照刑事检察办案工作流程,从案件受理、案件分配、审查批捕、审查起诉、诉讼监督等5个方面梳理出198个监督关键点,创新出"五大节点"流程化监督管理运行规则,建立起权责一致、制衡有效、运行顺畅、监督有力、管理科学的内部控制体系,为刑事检察办案质效提升提供了机制保障。

按照办案工作流程梳理"风险环节"。即在案件分配、案件办理、刑事执行检察、诉讼监督和监督管理等方面梳理出"五大风险环节"。如在案件分配环节,围绕确定承办部门及承办人为主,将审查是否属于本院管辖、审查受理的案卷材料是否齐备、查阅统一业务应用系统的案卡、流程、文书、数据等作为节点监督内容,再按照案由、犯罪嫌疑人(被害人)年龄、移送机关(部门)等要素设定优先顺序,确定承办案件的检察官。通过对该环节逐一明确基本规则、特殊规则和节点监督内容,做到风险分类细化,监督重点突出。

按照办案规律找准各环节"风险点"。通过梳理"五大风险环节",山东省沂南县检察院共在办案流程中查找出15项37小项线条中存在

---

[1] 参见张亮:《以人为本创新检察绩效管理》,《检察日报》2017年2月3日。

和潜在的 198 个"风险点"。如在案件办理环节的"讯问注意事项"中,查找出关键风险监督点 5 项,在刑事执行检察环节的"羁押必要性审查一般要求"中,查找出关键风险监督点 16 项,这些风险监督点不但具体而详细,更重要的是,可按照其风险内容将监督措施进行细化、实化,使规范性内控机制点、面、线条块分明,环环相扣,点面结合,既便于操作又运行有序。

对类案个案、线上线下筛查过滤。以司法责任制落实为基点,按照各环节办案流程,对所有办案人、办案程序实施动态监督。线上,以强化类案监督为重点,按照职责岗位、流程在线,采用信息化手段将各环节内控监督内容植入每个办案检察官电脑中,利用统一业务应用系统对案件数据进行分类监测,实行流程化监督管理;线下,以常态化落实权界清晰、分工合理、权责一致、协调配合、运转高效的职责体系为重点,理顺和细化业务工作中的办案工作流程,分别制定决策机制、执行机制和监督机制,并综合考虑案件类型、特点、繁简程度,明确监督责任与权力清单,着力解决在办案过程中如何"看好卷"、如何与当事人"见好面",在办案系统中如何"录好案"的常规性问题,有效推进"谁办案谁负责,谁决定谁负责"的司法责任制落实落地。

跟进自查自纠、联查联评监督考核。为补齐办案环节风险管控短板、实现流程化监督全覆盖,山东省沂南县检察院及时跟进监督考核与结果运用相应配套措施,既"内修外为、上下承接",做到自我检查与随机抽查相结合、日常监督考核与每季度案件质量评查相结合,更借助纪检监察、检务督察外在力量,按照"统一指导、统一标准、统一检查、统一考核"原则,由业务管理部进行"回头看",将内控机制自查自纠、联查联评、问题整改等情况纳入绩效考核,实行跟踪监督问效、问题督促整改,严格责任追究、考核结果通报,积极发挥绩效管理"考核棒"作用,引导办案检察官把"要我做"自觉变成"我要做",牵住了"谁检察谁负责,谁主管谁负责"内外双向控制的"牛鼻子"。

实现相互协调又相互制约的良性互动。将"案－件比"降低作为员额检察官年终考核的核心要素,通过修改完善检察官考评机制,全面落实捕诉一体化机制,使刑事检察"案－件比"由 1∶2.4465 降低到目前的 1∶1.3235,办案效率提高了 1 倍,案件退查率由 7% 降低到目前的 3%,量刑建议采纳率达到 97.56%,结合办案发出的 25 份检察建议采纳率实现 100%,检察建议监督刚性作用得到进一步增强。

通过办案流程化监督管理机制运行,不但能消除管理与被管理、监督与被监督之间的隔阂,更有利于形成决策、执行、监督既相互协调又相互制约的工作合力,做到"在办案中监督、在监督中办案",力促管理"标准化"与办案"专业化"同步提升。①

三、发挥检务管理科学考核的指挥棒作用

最高检强调,要通过优化检务管理,科学设置管理指标,发挥考核指挥棒作用,引领、促进各级检察机关、每位检察官自觉主动落实好党中央决策部署,提升人民群众对检察工作的满意度。

(一)考核指挥棒作用的实践言说

检察机关业绩考核评价制度的建立是检察机关不断创新发展的必经之路,是进一步深化司法体制改革和推进检察工作发展的"指挥棒"。建立一套科学有效的业绩考核动态管理制度,不仅可以客观公正地评价检察干警的工作能力,提升他们的职业素养,促进个人价值的实现,还可在此基础上更有力地提升干警队伍的专业化水平和办案积极性。

---

① 参见胡金华、张洪峰:《监督管理"标准化"　助力做优刑事检察》,《检察日报》2019 年 11 月 17 日。

（二）把"要我做"变成"我要做"

要进一步优化检务管理,把"要我做"的职能管理方式变成"我要做"的自我努力、进取方式,促进各项检察职能在稳进中落实、在落实中提升,实现新时代检察工作创新发展,向社会、为人民提供更实更优的法治产品、检察产品。

发挥考核指挥棒作用,要对照习近平新时代中国特色社会主义思想特别是习近平法治思想要求,对照新时代社会主要矛盾转化和国内外形势变化的要求。不少地方检察机关还处于传统的工作状态,没有做到求极致、过得硬,还不能适应新时代对检察工作新的更高要求。要通过优化检务管理,科学设置管理指标,发挥考核指挥棒作用,引领、促进各级检察机关、每位检察官自觉主动落实好党中央决策部署,提升人民群众对检察工作的满意度。要坚持问题导向。针对服务"三大攻坚战"、推进扫黑除恶专项斗争、保障民营经济发展仅有一般性工作部署等问题,要通过完善办案指标评价体系设置,革除简单指标管理的弊端,科学、动态设立检务管理指标,把内设机构改革、检察办案机制调整的成效、红利更好地释放出来,使各项工作部署更实地落下来。优化检务管理,要实现管理与被管理的良性互动。

要充分认识量化考评、绩效考评、"标准化"管理考评等检务管理模式各自的特点,消除标准化管理和人性化管理之间的隔阂,推进科学化、合理化管理。优化检务管理,要形成工作合力。要夯实信息数据这个基础,发挥好各级检察院领导的统筹和业务部门的关键作用,发挥好案管等综合业务部门的保障作用。优化检务管理,要科学设定以"案-件比"为基础的管理指标和具体、动态的分值和比率。特别是要从司法规律出发,把"要我做"的职能管理方式变成"我要做"的自我努力、进取方式,让检察官在办案中切实负责,把案件办到极致,办到最好。

（三）健全案件管理机制

强化案件管理功能是发挥考核指挥棒作用的重要内容。最高检强调,检察机关以办案为中心的要求,决定了案件管理自然是检察权监督管理的重中之重。案件管理部门承担着案件流程监控、质量评查、案件信息公开和检察统计等职能,负责对案件从入口到出口的集中统一监督管理。因此必须多策并举规范案件管理。

一是以流程监控为抓手,实现全方位监督。以案件信息填录、文书制作和使用、办案期限、诉讼权利保障、涉案财物入库和出库等工作为重点监控内容,发现问题,及时督促整改。对于网上操作不规范、案卡填录错误等违规情节轻微的,向承办人提出口头通报,限时整改;对口头通报后仍不整改或未及时整改的问题,向承办人发送案件流程监控通知书,承办人收到流程监控通知书后,于10个工作日内将核查、纠正情况回复案管部门;对违规情节严重的,向业务科室发送书面通报,记入检察官绩效考核档案。通过对统一业务应用系统内全案、全员、全过程的监督,发现案件办理中存在的不规范问题,防止案件错误受理和办理,实现案件管理的规范化。①

二是以案件信息公开为抓手,规范检务公开。案件信息公开工作是反映检察官办案水平的一面镜子,也是公众实现查询、监督权力的保障。甘肃省景泰县检察院严格按照《甘肃省检察机关案件信息公开工作细则》的规定,将案件信息公开作为日常工作的重要组成部分,通过统一业务应用系统对全院案件信息公开工作进行统计、审核,对判决生效后10日内未及时公开或者公开不规范等问题,第一时间督促公开或者退回文书并说明理由,要求重新公开;对于不应当公开的案件,严格审查不公开理由;及时对统一业务应用系统中公开的法律文书信息进

---

① 参见张兴娟:《规范案件管理强化内部监督制约》,《检察日报》2019年1月22日。

行导出,并对导出的数据进行"回头看",确保案件信息上传准确、无遗漏;建立通报制度,定期对公开不规范及出现的典型问题进行通报,各业务科室建立沟通探讨机制,最大效率地实现法律文书公开的及时与规范。

三是以案件质量评查为抓手,督促规范办案。案件质量评查工作是检验检察官办案质量的重要手段。甘肃省景泰县检察院依托统一业务应用系统,严格按照《人民检察院案件质量评查工作规定(试行)》的具体要求,精确统计应评查案件量,确保案件评查率达到100%。结案评查采用检察官自查、科室负责人复查、案管部门评查三个环节,综合重点评查和专项评查等方式,及时发现办案过程中存在的不规范、不严格、不公正问题,形成书面问题汇总,督促检察官整改、纠正;建立案件质量互评机制,对案卷评查中存在的界限不清、无明确规定等拿捏不准的问题,及时组织互评,探讨评查方案,为最终的评查结果提供明确指导,确保问题不遗留,评查标准能够统一;制作重大问题台账,对评查出问题比较严重的案件进行通报,计入年底检察官绩效考核减分项。通过严密高效的案件质量评查工作,不断推动办案业务水平的提升。

四、检务管理的重大创新:科学设定"案-件比"

"案-件比"究竟是一项什么样的评价指标? 创设意图何在? 检察机关推出这项评价指标,会给案件当事人带来哪些便利? 又会给新时代检察工作带来怎样的变化? 2020年初召开的全国检察长会议强调,要全面推开、落实检察官考评办法,把"案-件比"落到检察机关、把责任落实到检察官。

(一)"案-件比"的含义

"案-件比"中的"案",指的是发生在人民群众身边的具体的案件,

"件"则是指这些具体的案件进入司法程序后所经历的有关诉讼环节统计出来的件数。为了让当事人能最大限度地感受到"案子"办理过程中的公平正义和效率,最高检党组提出,要"跳出检察看检察",把人民群众、当事人对司法办案活动的实际感受作为评价检察办案工作成效的一项重要因素,建立以"案-件比"为核心的案件质量评价指标体系,引导各地检察机关通过提高办案质量,将上一诉讼环节的工作做到极致,减少不必要的诉讼环节,以最少的司法投入、最少的诉讼环节、最短的办案时限办结当事人的案子,从而节约司法资源,提升人民群众的司法评价。这是创设"案-件比"评价指标的初衷,是检察机关落实以人民为中心发展思想的重要体现。

"案-件比"是观测评价检察机关办案运行态势,反映每一个办案环节是否将工作做到极致的重要指标,对于防止产生不必要的办案环节具有重要意义。从检察机关的角度,哪些环节可以做到极致,哪些是可以压缩的"件",要不断进行研究完善,《检察机关案件质量主要评价指标》的出台,正是探索的成果体现。在《检察机关案件质量主要评价指标》的附件《关于"案-件比"指标测算使用的说明》中,对于"件"的选取范围作出了明确规定,比如在刑事检察中,将批捕(不批捕)申诉、不批捕复议、不批捕复核、两退三延(两次退回补充侦查、三次延长审查起诉期限)、不起诉复议、不起诉复核、不起诉申诉、撤回起诉、法院退回、被告人上诉、检察机关建议延期审理、国家赔偿等16项纳入检察机关"件"的范围。

需要说明的是,这里的"件"被赋予了特殊含义,是检察官把工作做到极致,就可以减少或者避免的"件"。对于因客观原因存在的"件",并不是"案-件比"评价指标中要挤压掉的"件"。比如,检察机关依法作出不批捕决定是正确的,但公安机关可能会对该决定不满,进行复议、复核,被害人会申诉。现在在"案-件比"评价指标下,检察官会在依法办案的基础上,加强释法说理,让公安机关和被害人清晰理解作出不批捕决定的原因,避免后面环节的发生,节约司法资源。这些本可以避免的环节,才是要挤压掉的"件"。

(二)"案-件比"创设的意义

"案-件比"的意义可以归纳为三个方面。首先,从司法为民角度出发,可以减少人民群众的讼累。比如刑事案件中,对于不必退补和延长审查起诉期限的案件不再退补和延期,让案件尽快有结果,对于犯罪嫌疑人来说,不被反复折腾,对于被害人,该得到的赔偿或者补偿能够及时得到。其次,可以引导检察官提升办案能力,提高办案效率。要求案件办理质效兼顾时,能力必须得提升,"求极致"绝非口头一说就能办到,也不是光有司法为民的责任感就可以实现,而是要求检察官必须有过得硬的真本事。因此,设置"案-件比"这个核心指标,也是倒逼检察官主动提升素质、能力,主动适应新时代人民群众对检察工作更高要求的硬举措。再次,也是节约司法资源的重要举措。那些被纳入"件"的办案环节,表面上看都有法律依据,之所以说它是不必要的,是因为如果把上一环节的工作做到极致,这些环节就可以避免。原本可以避免的环节在办案中出现甚至反复出现,必然导致不必要的程序空转,占用有限的办案力量,耗费司法资源。将其作为负面评价,引导检察官在办案中把相应的空转环节挤掉,无疑会节省司法成本、节约司法资源。

"案-件比"的推出,对检察机关司法办案产生了重大影响。最高人民检察院领导在谈到加强检务管理和科学考评时指出:"我们提出的'案-件比',大家应该都很清楚。谁的环节给下个环节无端制造了一个案件,让老百姓到司法机关的案子又多了一个统计上的'件',谁就要承担责任。批捕、起诉的案件,最后法院作出了无罪判决,如果确实是因为办案有问题,就要追责。"这段生动而形象的话语揭示了最高检科学设定"案-件比"的科学内涵和实践价值。

（三）发挥"案-件比"的制度效能

2020 年 1 月 20 日，最高人民检察院正式将"案-件比"设置为案件质量的核心评价指标。"案"是指发生在人民群众身边的具体的案件，"件"是指这些具体的案件进入司法程序后所经历的有关诉讼环节统计出来的件数。"案-件比"中"件"数越高，说明"案"经历的诉讼环节越多，办案周期越长，当事人对办案活动的评价相对越低，办案效果越差。"案-件比"直接关系办案的政治效果、社会效果、法律效果和当事人对司法机关办案水平和效率的切身感受，直观反映刑事案件的司法办案质效。

就基层检察院而言，严格落实最高检要求，就要深入学习《检察机关案件质量主要评价指标》，制定具体的《"案-件比"的实施意见》，多措并举降低"案-件比"，以达到提高办案质量与效率，让人民群众在每一个司法案件中尽快感受到公平正义的目的。同时，要将"案-件比"纳入考评考核内容，制定各检察部年度联合考核方案，规范管理和客观评价侦查监督、公诉、未检、申诉工作推进情况，通过正向激励和反向限制的方式，营造"比、学、赶、超"的良好氛围，持续提升司法办案效能。

转变传统思维方式，提升检察办案政治站位。坚持问题导向，定期组织召开部务会、检察官联席会等，通报"案-件比"数据，对照问题抓整改，认真剖析工作推进中存在的短板，提出具体解决措施，使制约"案-件比"问题得到及时整改，确保最高人民检察院领导提出的"检察机关最优'案-件比'是 1∶1，进入检察程序后一次性办结"这一要求，以及检察院工作部署得到有效落实。

发挥引导侦查功能，确保"案-件比"稳步推进。发挥派驻公安机关执法办案中心检察室的作用，严把案件进口关，通过与办案人员沟通、参与案件讨论等形式，积极引导取证，强化固定证据。对于重大、疑难、复杂的案件全部做到提前介入。把好审查逮捕关，提高审查逮捕案件质量。利用"捕诉一体"办案机制的优势,在审查逮捕阶段即从庭审角度要求侦查机关侦查取证,充分利用逮捕后侦查时间,完善证据,进而缩短在审查起诉阶段的办案时间,降低退补率。

严格延期和退补审批,提升检察环节办案质效。进一步规范延期、退补等审批制度,严格补查标准、提高审批权限。补侦提纲要做到翔实、明确,办案人随时与侦查人员进行沟通,跟踪并监督侦查机关及时有效取证,确保证据收集的及时性和完整性,防止只退不查。进一步提升检察建议、纠正违法通知书释法说理的能力和水平,增强检察建议的规范性和刚性,强化对侦查机关补充侦查效率。

深入推进认罪认罚从宽制度的落实。要提高政治站位,充分认识认罪认罚从宽制度的重要意义和重要作用。将认罪认罚从宽制度落实到办理案件的各个环节,使其成为刑事案件办理的工作常态。以此减少发回重审、上诉和不服法院审判申诉审查等案件的发生,有效降低"案-件比"。

加强与法院的沟通,提升审判质量。一是加大与法院的沟通力度,同法院在定罪量刑上形成共识,提升审判质效,减少发回重审案件;二是注重维护裁判权威,严把抗诉案件质量关,严格适用抗诉案件标准,提高抗诉案件直接改判率。

加强释法说理,降低申诉案件数。坚持把释法说理贯穿到执法办案各个环节,特别是对有申诉苗头、信访隐患的案件,坚持公开审查、公开听证、公开宣告等工作,当面进行案情通报、听取意见诉求、宣告决定内容、送达法律文书,开展释法说理,实现案结事了。"案-件比"的评价体系的制度效能得到充分有效发挥。

第 五 篇
加强过硬检察队伍建设

新时代对检察人员的政治素质、业务素质、职业道德素质有新的更高要求,必须在现有基础上以更高站位、更宽视野、更实措施把过硬检察队伍建设提升到新层次。一定要有压力,要找到差距,然后想办法通过各种途径去提升,这样才能真正适应新时代新要求。

第十八章

新时代检察队伍建设观

　　新时代检察队伍建设是以人民为中心的新时代检察工作创新发展的组织保障。应当紧紧围绕维护社会大局稳定、促进社会公平正义、保障人民安居乐业的总任务,牢牢把握信念过硬、政治过硬、责任过硬、能力过硬、作风过硬的总要求,坚持中国特色社会主义检察队伍革命化、专业化、正规化、职业化目标方向,深入推进检察队伍政治素质、业务素质、纪律作风建设和教育管理创新,努力建设一支信念坚定、执法为民、敢于担当、清正廉洁的检察队伍。

一、以革命化、专业化、正规化、职业化为目标

(一)检察队伍革命化的要求

　　检察队伍革命化建设是检察队伍的根本性要求,体现着检察队伍的性质和宗旨,决定着检察队伍建设的方向和效果,对检察队伍坚定政治信仰、强化政治领导、提高政治能力、净化政治生态,实现党的政治建设的统领性,推动检察队伍忠诚履行职责、勇于担当作为、锐意改革创新。检察队伍革命化的基本要求是:

高举革命旗帜。中国共产党是马克思主义的坚定信仰者,是中华优秀传统文化的忠实传承者,也是中国特色社会主义先进文化的积极倡导者。中国共产党的领导是中国特色社会主义最本质的特征,是中国特色社会主义制度的最大优势。检察机关作为执行党的政治任务的司法和执法机关,要以政治建设为统领,牢固树立"四个意识",始终坚定"四个自信",坚决做到"两个维护",旗帜鲜明讲政治,始终在政治立场、政治方向、政治原则、政治道路上同党中央保持高度一致。要善于从政治上分析问题、解决问题,正确认识大局,自觉服从大局,坚决维护大局,认真贯彻党的基本理论、基本路线、基本方略,将党的领导贯彻到检察工作全过程和各方面,不折不扣抓好全面依法治国和新时代深化政法领域改革各项任务落实,推动党中央决策部署落地见效,推动实现良法善治。

弘扬革命精神。中国共产党在百年的光辉历程中,带领中国人民取得了革命、建设和改革的伟大胜利,同时铸就了具有丰富时代内涵和民族特征的革命精神。党的革命精神集中体现了党的性质、宗旨和任务。坚守和弘扬党的革命精神,让革命精神中蕴含的理想信念和精神品格在检察队伍中发扬光大,对于激励广大检察人员新时代新担当新作为具有重要意义。习近平总书记在党的十九大报告中指出,全面依法治国是国家治理的一场深刻革命,必须坚持厉行法治,推进科学立法、严格执法、公正司法、全民守法。这一重要论述深刻揭示了全面依法治国的革命性。我们要深刻认识到,深化依法治国实践,坚持厉行法治是党领导人民进行伟大社会革命的重要内容。坚定不移地推进全面依法治国,是一场具有新的历史特点的伟大斗争,充分发挥宪法法律固根本、稳预期、利长远的作用,需要下一番真功夫,不能喊口号、练虚功、摆花架,要坚持问题导向,敢于动真碰硬,坚决纠正和解决法治不彰问题,与各种危害法治、破坏法治、践踏法治的行为进行坚决斗争。

增强革命斗志。党的十八大以来社会治理的成功实践,充分证明了习近平总书记关于社会治理的重要论述的科学性、真理性。我们要深刻把握把党的领导和我国社会主义制度优势转化为社会治理效能的根本规律,更好地维护政治安全、社会安定、人民安宁,努力增强人民群众的获得感、幸福感和安全感。当前,维护国家安全和社会稳定的任务十分繁重,面临的风险和挑战十分严峻,这就要求我们增强斗争精神和革命斗志,时刻保持清醒头脑,不断加大攻坚力度,直面难点,敢于出招,善于出招,真正做到信念如磐、意志如铁、勇往直前,切实履行好维护国家政治安全、确保社会大局稳定、促进社会公平正义、保障人民安居乐业的职责任务。

勇于自我革命。勇于自我革命,是我们党最鲜明的品格,也是我们党最大的优势。检察机关要坚持刀刃向内,突出问题导向,凝聚改革共识,落实改革举措,以逢山开路、遇水架桥的智慧和韧劲,进一步破解制约政法事业发展的思维定式和体制机制问题,推动检察工作的质量变革、效率变革、动力变革。要把抓政法领域改革任务落实作为重大政治任务,不折不扣贯彻党中央关于政法改革的各项要求,在革故鼎新、守正出新中不断推动政法事业创新发展。要坚持刀刃向内,以"拿起手术刀"的自我革命勇气,紧紧围绕实现检察工作高质量发展,不断革除阻碍政法事业发展的体制机制弊端。认真落实严管厚爱各项措施,从教育培养、激励引导、管理监督等方面入手,促使广大检察人员新担当新作为。坚持"严"字当头,持之以恒正风肃纪,不断提高新时代检察队伍建设质量水平,为不断谱写政法事业发展新篇章提供坚强组织保证。

(二)检察队伍专业化的要求

在新时代,人民的美好生活需要日益广泛,不仅对物质文化生活提出更高要求,而且在民主、法治、公平、正义、安全、环境等方面的要求也日益增长。在这种情况下,检察工作要维护安全秩序、维护公平正义,就不能仅仅依靠检察权的强制力,更要靠法律和对法律的适用。法律不是冷冰冰的纸,法律是公正和善良的艺术。对法律的执行和运用,也是近乎于艺术的专业技能,不是仅凭一腔热血就行的。因此,在新时代,必须强调检察队伍的专业化。检察队伍不专业,不懂法律、不会运用法律,就注定不合格。

专业化建设贵在务实。要突出实战导向,就是检察队伍进行专业化建设要着眼于中国检察工作的实际环境,不搞脱离实际的专业化,要求检察队伍专业化必须立足国情。"徒法不足以自行,徒善不足以为政。"法律不会自动实施,实施法律的过程也要面临诸多现实条件的约束。因此,增强检察队伍专业化水平,就是在考虑诸多现实约束之后,提升检察人员在复杂的社会经济情况下最大限度实施法律的能力。要突出实用导向,就是检察队伍进行专业化建设,是用来提升日常工作水平的,不是用来"装门面""摆样子"的。检察队伍都是肩负繁重日常工作的检察人员等,提高检察队伍专业化水平,必须立足于检察人员手头正在从事的日常工作、服务于增强日常法律工作能力的考虑。不能把专业化建设变成检察人员日常工作之外的额外负担,更不能将专业化建设当成"形象工程"。要突出实效导向,就是要将检察队伍专业化建设的成果,真正体现在日常办案中,让人民群众在每个案件中都切实感受到公平正义。检察队伍专业化建设最大的成果不是论文和著作,而是一份份法律文件。这些判决书、起诉书等决定人民群众切身利益法律文书的法律运用、说理水平,是检察队伍专业化建设的最重要指标。

专业化建设要内外兼修。全面提升检察人员的法律政策运用能力、防控风险能力、群众工作能力、科技应用能力、舆论引导能力,是新时代检察队伍专业化建设的五大基本内容。这五大基本内容包含两个方面,一个是自身的内在专业水平,即法律政策运用能力、防控风险能力和科技应用能力,另一个就是说服他人的外在专业水平,即群众工作能力和舆论引导能力。这五大能力要求检察队伍内外兼修,不仅要自己有水平,也要有水平让人民群众相信自己的专业水平。

长期以来,我们在提及专业能力时,往往忽视展示自己专业水平的能力。但是,公正不仅要实现,也要以看得见的方式实现,更要以让人民群众心服口服的方式实现。检察工作本质上是社会矛盾化解工作,这不仅仅是冷冰冰的执法,也是入心入脑的说理和说服,后者更加重要。衡量检察工作的金指标是人民群众是否感受到公平正义,而不是检察机关自认为是否公平正义。因此,检察队伍专业化建设,要内外兼修,既要提升内在水平,也要提升外在说服、展示能力,最终的目标就是让人民群众感受到公平正义。

(三)检察队伍正规化的要求

检察机关作为法律监督机关和司法机关,检察队伍正规化建设是贯穿于全部检察工作主线。检察队伍正规化基本要求是司法行为规范化。司法实践中,如果司法不规范,就会挫伤群众的感情,损害司法的公信力,影响检察机关在人民群众心目中的形象。因此,必须把检察队伍正规化建设抓细抓实。

抓细抓实正规化教育。思想是行动的指南。推动执法规范化建设,首先必须解决思想认识问题。为此,检察机关要持续深入开展全面依法治国新理念新思想新战略教育,培育干警的法治理念、大局理念和民本理念,形成严格、公正、文明、规范执法的浓厚氛围,并增强干警对司法规范化建设的政治认同、情感认同、理论认识,使规范、文明、理性、平和司法成为干警的一种自觉行动和自发要求。同时,要加强检察机关法治文化建设,强化检察队伍的法律信念和法治精神,提升干警对法律条文的理解力、感悟力,做到党在心中、人民在心中、法在心中、正义在心中,让社会主义法治精神真正潜移默化地渗透进干警心底、融会于干警心灵、指导于干警行为,不断增强干警公正严格规范司法的水平。

抓细抓实正规化龙头建设。突出政治标准,把善于运用法治思维和法治方式推动工作的人选拔到领导岗位上来,把法治建设成效作为衡量各级领导班子和领导干部工作实绩重要内容,纳入政绩考核指标体系。把能不能遵守法律、依法办事作为考察干部的重要内容,在相同条件下,优先提拔使用法治素养好、依法办事能力强的干部。对特权思想严重、法治观念淡薄的干部要进行批评教育,不改正的要调离领导岗位。班子成员要适应"推进以审判为中心的诉讼制度改革"的理念,促使执法办案人员树立办案必须经得起法律检验的理念,确保批准逮捕、审查起诉的案件事实证据经得起法律检验,保证庭审在查明事实、认定证据、保护诉权、公正裁判中发挥决定性作用。以此,促使执法办案人员增强责任意识,通过法庭审判的程序公正实现案件裁判的实体公正,有效防范冤假错案产生。

抓细抓实正规化制度建设。用严格的管理保障执法规范。首先,转变传统执法模式。彻底摆脱"重口供轻证据"等思想影响,在审查案件的过程中,彻底杜绝采用刑讯逼供、精神折磨等非法方法获取口供问题。其次,改革办案体制机制。逐步推行复合化与专业化相结合的办案机制,通过强化培训、交流轮岗、考核激励等措施,提高司法干警的办案技能,提高队伍整体办案能力。强化办案保障措施,加大投入切实为办案干警配备必需执法设备,不断提高自查过程中现场证据采集的能力。坚持以管理促规范,如制定出台《案件流程监控管理工作规范》《规范化制度汇编》等规范意见,有效提升办案质量和司法水平;坚持以监督促规范,对公车封存、会风会纪、工作纪律等情况开展经常性督察,同时把对检察工作的外部监督落实到具体司法行为和关键办案环节中,有效提升司法公信力;坚持以公开促规范,积极推进 12309 检察服务中心建设,充分发挥新媒体优势,做到能公开的全部公开,增加检察工作的透明度,提升社会形象。

要加强检察人员招录工作。要针对当下一些基层检察院的招录计划未完成,业务骨干流失等问题,组织、人社、财政等相关部门共同研究,完善人员招录、待遇保障等多方面政策,健全完善人才招录政策和机制,制定符合基层检察院实际情况的招录政策,实行特殊情况特殊办理。特别是结合西部艰苦边远民族地区实际,合理设定招录条件,确保招得来、录得进,有条件的地方可探索实行特殊政策和绿色便捷直通车。针对各地案件数量不平衡的实际情况,对办案任务重的基层检察院适当提高员额配置比例。拓宽检察人才职业发展通道,加大人才交流力度,缓解人才难招难留问题。建立上级检察院从下级检察院遴选检察官,畅通基层检察官职业发展通道。在逐步推行检察官助理遴选机制过程中,扩大检察官助理在公务员遴选中的比例。协同有关部门抓紧出台拴心留人的配套保障措施,切实解决基层检察人员在住房、子女入学等方面的困难,真正让人才引得进、留得下、过得好。[①]

(四)检察队伍职业化的要求

检察队伍职业化建设是一个系统工程,既涉及体制、机制、编制问题,又涉及意识、素质、道德问题;既涉及国家的人事、财政政策,又涉及现行法律法规的修订和完善。其基本要求是:

增强职业化的思想意识。职业意识是现代社会条件下,从职人员对待职业的态度,代表对所从事职业的认可度和归属感。职业意识的强弱直接决定工作态度、工作质量和工作效果。因此,在检察队伍职业化进程中,必须着重培养队伍的职业意识,强化每一位检察人员的职业归属感和自豪感,使人人都能做到以岗为家,爱岗敬业,并充分发挥岗位职责。要树立"一荣俱荣、一损俱损"的危机感,从我做起,自觉维护检察队伍的整体职业形象。同时,检察队伍要始终将社会主义法治理

[①] 参见李春薇:《殷勇代表:基层检察人才"难招难留"问题亟待解决》,《检察日报》2020年5月23日。

念作为职业意识的根本,坚持依法治国、执法为民、公平正义、服务大局和党的领导,忠实履行党和人民赋予的神圣职责,永远做党和人民的忠诚卫士。

完善职业化管理体制。检察队伍作为国家的重要行政力量和司法力量,特殊的职能定位决定了其具有完全不同于其他政府机构和国家公务员队伍的特质。但是,长期以来,检察队伍层级过多,分工过细,行政机关化的倾向越来越突出。由此导致管理机构和管理人员越来越多,一线实战和执法人员严重不足,战斗实体和纪律化部队的性质日趋模糊,队伍的战斗力和工作效率受到了很大影响,越来越不符合作为国家安全保卫者、社会秩序维护者、法律制度捍卫者的职业属性。因此,检察队伍职业化建设应该首先从现行体制入手,按照职责任务的要求,探索建立职业化的管理体制,科学核定管理岗位,大幅减少管理机构和管理人员,增加一线战斗实体和执法力量,克服"行政化"倾向。要进一步明确队伍的职能定位,重新界定每个岗位的具体职责和工作范围,使其真正成为一支职责明确、作风严谨、高效率、纪律化的专业执法队伍。

健全依法履职保护机制。推动建立健全检察人员身份保障制度和履行法定职责保护机制,有效防范各类暴力袭警、暴力抗法等妨害执法的违法犯罪行为。健全完善武器警械和安全防护装备使用规定,保障检察人员履职安全。探索建立检察人员依法履职免责制度,健全履行职务受到侵害保障救济机制,保障和维护检察人员人格尊严和合法权益。加快推进检察人员参加工伤保险和人身意外伤害保险,建立因公负伤检察人员紧急救治绿色通道,提高职业风险保障水平。积极争取地方政府建立牺牲、伤残、特困检察人员资助资金制度。完善检察人员定期体检制度,健全心理服务和危机干预机制,提高检察人员身心健康水平。认真落实检察人员带薪年休假制度,完善检察人员疗养制度,切实保障检察人员休息权。认真落实检察人员抚恤优待等政策,关心因公牺牲、负伤致残以及困难检察人员家庭的生活,使广大检察人员感受到党和政府的关怀,全身心地投入到司法行政改革发展中。加强人文关怀,帮助解决检察人员在医疗、住房、子女入托、上学和家属就业等方面的实际困难,努力为检察人员履行职责创造良好条件。

二、在建设"五个过硬"高素质检察队伍上下功夫

建设"五个过硬"高素质检察队伍,就是以习近平新时代中国特色社会主义思想为指引,始终把过硬队伍建设作为基础性、战略性工程来抓,全面贯彻从严治检要求,以正规化、专业化、职业化为方向,努力建设一支信念过硬、政治过硬、责任过硬、能力过硬、作风过硬的检察队伍。①

(一)提升思想政治工作质效

落实意识形态工作责任制,每年向地方党委和上级院党组专题汇报意识形态工作。落实宪法宣誓制度,推进颁发检察荣誉章常态化,规范检察司法礼仪,增强职业荣誉感。加大先进典型培树力度,各业务条线每年推出一批优秀办案团队、优秀检察官,完善检察系统表彰奖励工作体系;深化文化育检,践行社会主义核心价值观,强化检察职业道德教育,培育检察职业精神,建设检察人员精神家园;拓展有影响力的检察文化传播平台;鼓励充分利用本地红色资源、地域特色文化开展检察文化建设,因院制宜建设院史馆、荣誉室。深入开展文明单位、"一院 N 品"(一个检察院结合自己的特点创建属于自己的一个或多个特色文化品牌)检察文化创建活动。

---

① 参见傅信平:《重自强练本领打基础 锻造"五个过硬"检察队伍》,《检察日报》2018 年 5 月 9 日。

（二）做实思想政治教育

始终把政治建设摆在首位。旗帜鲜明讲政治，筑牢党对检察工作绝对领导的思想根基，确保检察人员对党绝对忠诚，牢固树立"四个意识"，坚定"四个自信"，坚决维护习近平总书记党中央的核心和全党的核心地位，坚决维护以习近平同志为核心的党中央权威和集中统一领导。始终坚持党对检察工作的绝对领导，不折不扣地抓好中央、最高检和各级党委的决策部署的贯彻落实。

强化思想理论武装。只有保持思想上、理论上的清醒，才能确保政治上的坚定。要用习近平新时代中国特色社会主义思想武装头脑、指导实践、推动工作。弘扬马克思主义学风，推进"两学一做"学习教育常态化制度化，继续深化社会主义法治理念教育，重点学习习近平总书记关于全面依法治国的重要论述，引导广大检察人员坚定社会主义法治信仰，始终坚定中国特色社会主义检察制度自信。要认真组织开展"不忘初心、牢记使命"主题教育，推动全省检察机关更加自觉地为实现新时代党的历史使命不懈奋斗。

弘扬检察职业精神。建立健全检察职业道德教育长效机制，科学引领三类人员成长成才和职业发展预期，形成共同价值追求，开展尊崇职业荣誉教育，增强检察人员职业荣誉感和归属感。深入推进检察职业伦理教育，努力使广大检察人员养成坚定信念、恪守良知、理性公允的职业品格，树立英勇无畏、公平如度、清廉如水的浩然正气。大力加强检察文化建设，培育和弘扬检察职业精神，进一步增强检察人员职业荣誉感和归属感。

（三）大力实施人才强检战略

加强检察人才建设。探索实行检察人员招录全省统一报名，先考试后报职位。鼓励边远、民族地区拿出一定岗位招录本地人员。加大跨学科和民商事、行政检察人才招录力度,引进熟悉民事、行政审判工作的法官、资深律师、法学专家。最高检牵头,深化东西部检察院跨区域互派检察人员挂职交流机制;有序安排省内、市内经济发展和检察工作有明显差异的检察院干部交流。推进公、检、法机关办案人员互派交流,建立行政机关等部门专业人员兼任检察官助理制度。加强民族地区民汉双语检察人才培养。加快实施检察领军人才培养计划,建设各条线人才库;扩大全国检察业务专家规模,充分发挥在大案攻坚、难案咨询、理论研究、教育培训等方面的作用。

稳定基层检察人才队伍。深刻认识检察机关基层基础建设在检察事业发展中的战略性、全局性、基础性地位,牢固树立强基固本理念,坚持不懈地抓基层打基础,夯实检察事业健康发展的根基。坚持以推进检察工作任务落实在基层为核心,统筹推进检察业务、检察队伍、检务管理、检务保障四项重点建设,全面提升基层检察工作水平。深入实施基层院建设"4+1"工程,坚持以司法办案为中心,以队伍建设为根本,以司法改革为动力,以文化建设为引领,着力解决目前基层检察院仍然存在办案能力不足、工作方式简单、办案效果不佳、群众意见较大等问题,引领基层检察院牢牢把握新时代检察工作新使命,聚焦主责主业,切实提升法律监督能力和执行力。坚持人往基层走、钱往基层用、干部从基层出,进一步完善人财物向基层倾斜的政策保障体系。关心爱护基层干部,主动为他们排忧解难。

(四)推动从严治检向纵深发展

持之以恒正风肃纪。坚持"严"的主基调,压紧压实各级检察院党组党风廉政建设主体责任,抓早抓小。健全与派驻纪检监察组全面从严治党专题会商制度。规范领导干部配偶、子女及其配偶从业行为。常态化开展检察队伍教育整顿,坚决清除害群之马、整治顽瘴痼疾。持续狠抓过问或干预、插手检察办案等重大事项记录报告制度落实,健全对如实记录报告保护激励机制、对不如实记录报告督办追责机制。深化系统内巡视,5年内对省级检察院党组巡视全覆盖,积极配合、参与地方党委对市、县级检察院党组的巡察。持续抓好中央八项规定精神及纪律禁令执行情况监督检查。建立检察人员办理案件律师代理情况通报分析制度。探索建立检察官征信记录体系,纳入失信被执行人名单的取消评先评优、晋职晋级、检察官入额资格。

构建规范高效的检察权监督制约体系。落实案件分配机制,明确指定分案的类型和条件,健全记录和公示制度。加强上级检察院对下级检察院、检察长对检察官等上下级之间的领导和监督管理,划清依法行使监督管理职权与违规干预过问案件的界限。健全检察长、业务部门负责人对案件审核把关机制,完善审核案件的范围、程序和责任承担,行使监督管理职责须书面全程留痕。加强各级检察院检委会建设。全面推行刑事申诉、国家赔偿、无罪判决、撤回起诉、撤回抗诉等案件反向审视和分析报告制度。强化司法办案廉政风险防控,动态更新风险点。落实检察案件编号终身制。完善检务督察机制。落实检察官惩戒制度。建立司法责任与纪律处分、刑事责任追究衔接机制。完善、落实人民监督员制度。完善与各级律协沟通协作机制,构建新形势下良性互动"亲清"检律关系。

落实从优待检措施。推动落实与检察官单独职务序列配套的住房、医疗、车补、差旅、养老保险等待遇。协调解决异地交流干部配偶就业、子女入学、住房落户等配套保障政策。关心检察人员身心健康,落实定期体检、带薪休假、健康疗养、心理咨询等制度。健全党内关怀帮扶长效机制。建立检察官权益保障委员会,完善依法履职免责和容错纠错机制,健全受到侵害救济保障、不实举报澄清机制。推动建立健全检察人员因公伤残、牺牲特别补助金制度。

第十九章

加强检察领导班子建设

加强检察领导班子建设是检察队伍建设的引领和保证。新时代检察领导班子应当增强把握大势、胸怀大局、保障发展的能力,掌握规律、科学决策、民主决策的能力,增强公正司法、规范司法的能力,强调检察长带头抓落实、检察长带头办案,增强从严治检、科学管理、选贤任能的能力。

一、增强把握大势、胸怀大局、保障发展的能力

(一)认识和把握国内国际两个大局

认识和把握国内国际两个大局,是检察机关领导班子履行职责、带好队伍的重要前提。中国的发展离不开世界,世界的发展也需要中国。在当今世界,任何国家关起门来搞建设都是不能成功的。当前,国内外形势正在发生深刻复杂变化,放眼世界,我们面对的是百年未有之大变局,必须全面把握当今世界发展变化带来的机遇和挑战,既坚持独立自主、自力更生,又持续推动经济全球化,统筹好国内国际两个大局,不断夺取新时代中国特色社会主义新胜利。

国内国际两个大局是中国大发展与世界大变局之间的历史性交汇所形成的。从根本上说是来自国内和国际局势的两个大转折。一是国内的历史大转折,实际上它从党的十一届三中全会就形成了,直到在改革开放中基本实现社会主义现代化。这个大转折,正如邓小平同志说过的,"马克思没有讲过,我们的前人没有做过,其他社会主义国家也没有干过"①,实际上中国几千年历史上也没有过。这四个"没有",表明这是前无古人的伟大事业。二是世界的历史大转折,表现为一大批新兴大国和发展中国家快速崛起,崭露头角,开始成为知识、技术、信息的生产源和传播源,而延续几个世纪的"大西洋时代"结束了独大局面,世界演变为大西洋和太平洋"两洋"并举并重的新格局,是在一个相对较长的历史时期深刻影响人类历史发展方向和进程的世界大发展、大变化、大调整、大转折。

党的十八大以来,习近平总书记以高远的战略眼光、辩证的思维方式,清醒地看到前进道路上光明前景与风险隐患并存的客观态势,一直强调增强忧患意识、坚持底线思维、防控重大风险、维护国家安全、进行伟大斗争,提出一系列判断精辟、思想深刻、内涵丰富、指导性强的观点和论述,体现了新时代增强忧患意识、防控重大风险的战略思维、战略运筹、战略格局。面对急剧变化的国际环境、复杂敏感的周边形势、艰难繁重的改革任务,我们的忧患意识不能放松,而是要进一步增强;风险防控不能减弱,而是要准备应对更为严峻复杂的风险。要准备同时应对"黑天鹅"事件和"灰犀牛"事件,同时具有防范风险的先手和化解风险挑战的高招,同时打好防范和抵御风险的有准备之战和打好化险为夷、转危为机的战略主动战。

检察机关首先是政治机关,对检察班子成员来说,强化政治机关意识,不仅是政治要求,更应该是思想自觉和行动自觉。我们要从世界百

---

① 《邓小平文选》第三卷,人民出版社 1993 年版,第 258 页。

年未有之大变局战略高度出发,从国内国际两个大局出发,从我们所处的时代背景、历史方位出发,深入理解强化政治机关意识的重大意义、核心要义和实践要求,始终坚持党的绝对领导,把"首先是政治机关、首先必须讲政治"的要求真正落到实处。

胸怀大局是全面履行检察职责的前提。胸无全局者,不足以谋一域。检察领导班子尤其是各级检察领导干部必须要打牢服务大局的思想基础。要脑中想着大局、心中装着大局,增强服务大局的自觉性和坚定性。平时加强对重大工作和问题的学习与调研,提高把握大局的能力,尤其要认真学习和深刻领会党的路线方针政策,以及党中央、国务院和各级党委、政府的重大决策部署,牢牢把握社会主义经济、政治、文化、社会、生态文明建设的主要内容和基本要求,随时了解掌握新形势新任务对检察工作的新要求。只有这样,才能及时全面正确地为大局服好务。

善于围绕大局筹划部署工作。学会从大局出发,以大局着眼,自觉地把各项工作融入大局之中来思考、谋划和部署,把检察工作作为保障党和国家大局的必要环节努力做好,使各项工作切实体现服务大局的要求。凡有利于保障和服务大局的事情就全力以赴地去做,把服务大局真正落实到各项执法工作中。

善于结合实际创造性地开展工作。既全面认真地贯彻中央制定的路线方针政策,又科学、清醒地认识本地区的发展基础、优势条件、制约因素等切实做好检察工作与大局"结合"的文章。同时,适时根据形势的发展变化,研究工作思路,确定工作重点调整策略方法,增添工作举措,确保在服务大局中有更大作为。

(二)以新时代司法检察理念引领办案

狠抓以新时代司法、检察理念引领办案,是加强检察领导班子建设的必然要求。当前,我国社会主要矛盾已经转化,人民群众在物质文化生活总体得到极大满足后,在民主、法治、公平、正义、安全、环境等方面有了内涵更丰富、水平更高的要求。新一届最高检党组要求各级检察机关积极转变司法、检察理念,提出了"办实事、求极致、解难题、保本色"等一系列以人民为中心发展理念统领下的、具体的司法办案理念,强调用新的理念引领办案。

增强法律监督"求极致"意识。"要以追求极致的精神做好各项工作、提升办案质量,把让党放心、让人民满意落到实处。"最高人民检察院领导指出,司法为民是很具体的,是一件件具体案件、一个个办案环节、每个环节的具体细节。要自我加压,领导干部尤其是检察长要带头办案,带头阅卷,增强法律文书说理,倒逼提升检察办案质量,倒逼提高法律监督能力,促进提升整体执法司法水平。

但在检察实践中,一些检察院、检察人员的司法、检察理念仍没有根本转变,有的转变理念只停留在口头上。比如,少数检察院仍然粗放式办案,片面追求办案数量。又比如,有些案件事实清楚,法律规定也十分完善,甚至以老百姓朴素的正义感都能判断是非曲直,但检察办案人员还是畏手畏脚,甚至还存在消极司法办案、息事宁人的观念。必须认识到,更新和转变司法、检察理念不能只挂在嘴上、写在报告里,必须用以引领司法办案,在具体案件中进一步去落实、深化。比如,要深入思考如何敏于、善于把握和解决好个案背后的深层次问题、社会问题,不仅要做办好案的"工匠",还要努力成为司法检察政策把握运用的"大家"。同时,要通过办案引领方向,总结纠正存在的社会治理问题,推进司法解释的制定、健全、完善。又比如,要在精准监督上下功夫,聚焦司法理念、政策导向、法律适用方面有创新、引领价值的典型案件,深入思考如何落实以人民为中心担当起司法机关的责任,如何把握好立法原意办理核准追诉案件,把正当防卫等人民群众普遍关注的案件办准、办好。

增强检察官客观公正意识。以新时代司法、检察理念引领办案,必须把检察官客观公正义务理念落实在办案中。应当看到,这一理念不是现在才提出来,也不是检察机关自己发明创造的,而是由检察机关的宪法定位、检察官的职业特点等决定的。从宪法定位来看,检察机关作为法律监督机关,不仅仅是一个执法者、司法者,还是一个客观公正的监督者。这就决定了检察官无论是办案还是履行其他职责,都要秉持客观公正的立场。从职业特点来看,检察官依法行使国家检察权,代表国家进行公诉。这意味着,检察官不能只代表某一方的当事人,而应当承担起一个"护法者"的职责,以及确保司法公正的义务。

一直以来,检察机关都是按照这一原则在履行职责,检察官也是按照这样的立场办理案件。新修订的《检察官法》首次将检察官客观公正的义务以法律条文的形式确定下来,这就为检察官全面正确履行职责提供了更加清晰的遵循和依据。各级检察人员在办案过程中,尤其是在办理刑事案件中,要坚决贯彻客观公正理念,以事实为依据,以法律为准绳,严格坚持罪刑法定原则,尊重和保障人权,既要追诉犯罪,也要保障无罪的人不受刑事追究。在刑事立案环节,要通过履行立案监督、侦查监督职能,对不当立案或越权管辖的案件,以及证据和事实明显达不到法定证明标准不构成犯罪的案件,监督或支持公安机关撤销案件。在审查起诉环节,对一些证据不足、事实不清,或存在非法证据的"带病"案件,要加强审前把关和发挥过滤功能,确保不进入审判程序。在审判环节,既要指控犯罪,又要保障当事人和诉讼参与人的合法权益;既要提出有罪的证据,也要全面听取当事人及其辩护人关于无罪的辩护。在司法救济环节,如果发现有冤假错案,要及时自我纠错,提出抗诉或者再审检察建议,确保冤假错案能够及时得到纠正。

增强"以案例统一办案尺度"意识。以新时代司法、检察理念引领办案,要增强案例意识,用案例统一执法思想和司法尺度。司法、检察理念是动态的、发展着的,这就需要充分运用更加灵活、更有针对性的指导性案例来统一思想认识和办案尺度,与时俱进,把新时代检察理念落实到办案中。各级检察机关要充分意识到指导性案例的意义和作用，认真理解其中蕴含的新司法理念和精神要旨，重点掌握指导性案例在事实认定、证据运用、指证示证、法律适用、政策把握等方面的经验做法，在弄懂弄通的基础上用以指导和规范办案。最高检领导强调，适用认罪认罚从宽制度对我们司法能力提出新的考验。如果对法律不理解，或者领会不深，对案件的把握就不会到位。对案件的情况不了解，证据不完全熟悉，拿不出一些类似案例去讲，怎么能让犯罪嫌疑人认罪呢？怎么能让他认罚呢？这不是能力吗？犯罪嫌疑人认了，如果受害人那边还有不同意见，就得去做工作，这也是一个"谈判"的过程。这个谈判过程，就是我们对法律、对社会、对人情世故的把握，天理、国法、人情都要了解，如果我们都能讲出来，当事人就理解了，这个认罪认罚就容易了。这实际上就是一个化解矛盾，由对抗向和解的"调解"过程。我们要多讲一些案例，帮助大家去掉畏难情绪，培养、提升检察官的办案能力。

理念是行动的先导。各级检察机关领导班子要采取有力措施，切实将新时代司法、检察理念落实到办案中，以更好更优的办案效果为党分忧、为民司法，努力答好让党放心、让人民满意的新时代检察答卷。

（三）贯彻落实新时代检察工作总体要求

贯彻落实新时代检察工作总体要求，是加强检察机关领导班子建设的重要指引。落实新时代检察工作总体要求，强调"政治建设要抓实，服务大局要做实，检察发展要稳进，狠抓自强不放手"。①

政治建设要抓实。最高检领导指出，讲政治不是开会说说、文件写写，而具体工作不知道怎么去做。如果是这样，那就是习近平总书记批

---

① 《张军：把讲政治顾大局谋发展重自强落实到位》，中国共产党新闻网，http://cpc.people.com.cn/n1/2019/0107/c64094-30507585.html。

评的形式主义,实际上就是不讲政治。政治建设要抓实,就是要深入学习领会习近平新时代中国特色社会主义思想,紧密结合检察工作实际抓好落实。比如,扫黑除恶,抓好这项工作就是讲政治。新时代,我们要努力提供一个好的环境,让人民群众的获得感幸福感安全感有更实的感受。扫黑除恶是在全面依法治国的大背景下,要比以往的打黑除恶更加注重严格依法,做到事实清楚、证据确实充分,能认定的绝不放过,不能认定的绝不拔高。把保护网破掉,把保护伞打掉,实际上就是剑指腐败。扫黑除恶,抓案件背后的腐败,抓人民群众最痛恨的贪官,同时断了根,类似的犯罪今后就会少,可能更长时间就不会产生。

服务大局要做实。最高检领导指出,就扫黑除恶而言,既是讲政治,也是服务大局。因此,扫黑除恶还要进一步抓实、抓紧。同时,不能孤立地去开展扫黑除恶,要以此为契机把面上的骚扰老百姓、破坏社会稳定、危害社会秩序的犯罪一并扫掉,为经济社会发展提供一个更加良好的社会治安环境,这就是服务大局。还比如,我们为民企服务,就不是简单地依法办案,而是与当前的经济形势、国际形势有关,这既是政治问题、社会稳定问题,又是经济社会发展问题。

检察发展要稳进。检察工作要转型升级,首先是"稳",才能够"进"。要把党中央的部署要求、新出台的举措落实到位。不能今天创新、明天改革,后天又一个试点,而该落实的还没有落实到位。因此,最高人民检察院已经下发一个通知,各地的创新、改革要呈报最高检。绝不能中央部署的还没有落实到位,就这个地方一个新招,另外一个地方又一个新招,比如,最高人民检察院按照中央的要求落实内设机构改革。各地要结合本地情况落实到位。所有的检察机关内设业务部门一律称"部",不能你这儿叫"部",那块叫"局",另一个地方又叫"处"。这是法律规定的,就要落实,不要再创新,还创一个品牌。习近平总书记反复讲,一张蓝图绘到底。只要我们持续抓下去,就能够出成效,而不要好高骛远,博那个名声。

狠抓自强不放手。自强,就是政治上、业务上都要强,做到忠诚干净担当。天行健,君子以自强不息。新时代做好检察工作,必须自立自强,以过硬本领迎接前所未有的困难和挑战;苦练内功重自强,认真严肃地加强自身政治素质、业务素质和职业道德素质建设。近年来,检察机关紧盯自身监督、能力提升和党风廉政建设,树立了良好司法形象,司法公信力不断提升。但也要清醒地看到,与党中央要求和人民群众期待相比,检察机关在思想观念、业务水平、工作机制和工作方法上都还有提升空间。在中国特色社会主义进入新时代的历史坐标下,在国家监察体制改革和司法体制改革的历史交汇期,检察机关只有锲而不舍加强自身建设,不断地自我净化、自我完善、自我革新、自我提高,才能肩负起新时代赋予的新使命,才能担负起党和人民的重托,才能推进检察事业创新发展。

(四)坚持政治标准,严格干部培养使用

配齐配强各级检察院领导班子。主动向地方党委汇报,积极协调组织部门,优化选配程序,提高选任工作质效。主动争取党委及其组织部门支持,推动各级检察院至少按同级政府部门正职领导职务配备一名副职。上级院要留出一定职位从下级院选拔担任班子成员和部门负责人。拓宽选人用人渠道,逐步提高领导班子成员全日制本科和全日制法律专业学历占比,推进领导干部交流轮岗制度化常态化。统筹推进检察长和需重点培养的副职异地交流、跨部门交流,在同一班子中任职满 10 年的班子成员积极推动系统内外交流,分管同一工作满 5 年的一般应调整分工。畅通干部上下有序交流。

加大年轻干部培养使用力度。研究确定、跟踪培养一批优秀年轻干部,有计划加强全方位培养锻炼。争取党委支持,推动尽快在市、县级检察院分别配备一定数量 45 岁、40 岁左右的检察长。省、市、县三级检察院领导班子中,分别至少配备 1 名 45 岁、40 岁、35 岁左右的副

职。持续选派优秀年轻干部到基层特别是艰苦地区工作,自主选择挂职或任职,表现优秀的优先提拔使用或入额。

落实领导干部带头办案制度。进一步细化领导干部办案类型,带头办理重大复杂敏感案件和新类型案件、在法律适用方面具有指导意义的案件,健全不办案、挂名办案的监督发现、员额退出和责任追究机制。各级检察院领导主要办理信访申诉案件。领导干部办案必须阅卷。常态化落实检察长列席审委会制度。检委会应当由检察长主持。

二、增强公正司法、规范司法的能力

(一)检察长带头抓落实

新时代检察工作的使命任务、历史方位、总体思路已经明确,能否让习近平新时代中国特色社会主义思想在检察领域落地生根、开花结果,能否推动"四大检察"全面协调充分发展,能否实现新时代检察工作新的飞跃,关键要靠各级检察院检察长带领全院人员抓落实。比如,对党中央和最高检作出的决策部署,检察长要结合实际带头坚决贯彻,有针对性地作出工作安排,有力度地抓好落实。同时,要对部署的工作,跟踪总结,一丝不苟抓到底。对落实不力的,检察长要以追责的方式督促落实。

抓落实,领导干部要带头。比如,目前干预过问司法案件处理"三个规定"在各地执行得还不够好。最高检必须带头做好,这也是保护自己、保持本色、防止被围猎的一个重要举措。最近,最高检正在做一个登记表,大家在表上打钩即可。是干预、了解、过问,还是促进我们抓紧依法办案?是同学、上级领导还是其他人?打钩就可以。落实"三个规定"首先要从检察长做起,如果检察长做到了,部门主任就能做到,办案组就能做到。

抓落实,要创新方式方法。比如,如何降低退回补充侦查率,提高办案质量? 我们就要自我加压,所有的补充侦查提纲,无论捕或者不捕,都要把继续侦查的方向和取证意图写清楚。比如,如何提升刑事抗诉质量? 那就不能因为受害人上访、闹而不得已抗诉,必须下功夫做好受害方的工作,用好检察机关的司法救助。现在检察机关司法救助的使用率不是很高,我们不要等到审判阶段才去解决问题,应该在检察环节就把党的温暖、人民群众的关心送到受害人那里,最大限度保证社会安宁和谐。比如,如何提高公益诉讼案件质量? 要进一步规范诉前检察建议,制定几类模式,统一规范化表述,不能这个检察建议这样写,那个检察建议那样写。对于提起诉讼的案件,考虑到整体社会环境,一定要把沟通工作做到位。比如,如何办好民事申诉案件? 关键是要做到精准,聚焦普遍性问题加以纠正。对于多数没有问题的民事监督案件,要做好息诉服判工作,维护司法权威。特别是针对一些缠讼或者社会关注、有影响的案件,可以公开听证,邀请第三方参与。这样既可以通过当事人、律师、人大代表参与,更好地促进息诉服判,也可以提升我们的能力,还可以实现"谁执法谁普法",教育当事人依法行事,展示检察机关负责任的形象。

不抓落实,一切都是空谈。最高检领导以"一号检察建议"的落实情况为例作了深刻的阐述。强调:"一号检察建议"发出后,我们一直在狠抓落实。效果怎么样呢?《法制日报》一位资深记者在调查中发现,某省一个学校没有作任何传达,也没有任何贯彻。记者问学生"知道这个检察建议吗?",学生回答说"不知道"。又问"你们知道有没有性侵未成年人行为啊?"学生回答说"听说过"。这个学校还是省检察院推荐的,说这个学校很好,条件不错,落实得也很好,原来发生过几起案件,现在抓得很严。事实情况呢? 我们的记者直接闯入这个学校,才把欺瞒的情况揭示出来。可见,抓好一件工作,就必须按照习近平总书记强调的:"一分部署,九分落实!""一号检察建议"可不是在全国两会上向人大代表报告了就完事了,而是要持续狠抓落实,没完没了。也希望党委、政府、相关职能部门形成合力,共同把未成年人家庭保护、学校保护、社会保护、司法保护落实好,把未成年人综合保护落实到位。家庭保护不仅仅是家长的事,更要落实在学校、邻里、社区、同学家长中。学校保护重在老师、校园、周边,对学校周边危害孩子健康成长的违法情形要明察暗访,加强治理。社会保护是各级党委、政府的责任,具体执行在行政部门、执法部门、司法检察机关。司法保护要进一步强化,对未成年人犯罪,该严惩的决不能放纵,该从宽的一定要落实好特殊政策,同时做好专门帮教,确保涉罪未成年人顺利回归社会。未成年保护工作决不能因为部署了、有规定,就以为是落实了,可以一劳永逸。

(二)检察长带头办案

在司法体制改革特别是员额制改革中,检察长亲自办案带头办案成为推进改革的重要内容。贯彻落实最高检相关意见,严格按照司法体制改革的要求,不断探索完善检察长和院领导出庭支持公诉、带头办案制度并使之成为常态。检察长如何带头办案是加强领导班子建设的重中之重。

《人民检察院组织法》和《检察官法》明确规定,各级检察院检察长(副检察长)首先是一名检察官。最高人民检察院领导在大检察官研讨班上指出,要"坚持领导干部带头办案,在守初心、担使命中发挥好表率作用"。入额领导干部带头办案,是履行检察官职责的具体体现,也是落实司法责任制的应有之义。那么检察长带头办案的基本要求是什么呢?北京市检察院第三分院检察长的体会是,带头办案就要直接办案、完整办案,充分体现亲历性的要求。

直接办案、完整办案是实现司法"亲历性"的直接体现。如在办理张某受贿案中,检察长作为主办检察官与另外一名检察官组成检察官办案组,通过认真阅卷,有针对性地开展讯问,多次召集办案组人员讨论研究案件事实、定性、量刑情节，反复修改起诉书、公诉意见书等司法文书，认真准备出庭预案。在法庭辩论阶段，针对辩护律师提出受贿行为不具有社会危害性等意见，他进行了有力答辩，并向旁听人员开展法庭警示教育。最终该案顺利办结，张某当庭认罪悔罪，取得了良好的法律效果和社会效果。

检察长带头办案要发挥示范引领作用。这就要求检察长带头办案不是简单办理案件，重点是要通过办案总结经验，发现、预防、解决检察管理和司法办案中的问题，更好地发挥指导办案、规范办案作用。如某市检察长在办理一起涉嫌故意伤害案中，发现案件审查报告论证说理不够充分，没有完全体现检察官思辨能力。随后，围绕审查报告改进问题，检察长与分管副检察长、部门负责人、承办检察官共同研究，并到办案部门抽查了多份已结案的案件审查报告。此后，该院部署开展了对上半年所有一审公诉案件审查报告的专题调研，最终形成了《重大公诉案件审查报告规范整改意见》《重大公诉案件审查报告规范写作指引》两个文件。文件将审查报告细分为 8 个部分，逐一明确内容要素、写作目的及要求，并制定了参考示例，以此强化检察官对证据的分析、论证、把控、运用能力，提升依托办案发现问题、服务社会治理、做实检察监督的能力和水平。目前，上述文件已在该院各个业务条线应用，成效初显。

健全完善检察长带头办案机制。2019 年 4 月，最高检印发了《关于检察长、副检察长、检察委员会专职委员办理案件有关问题的意见》（以下简称《意见》），对领导干部办案的方式、职责等作出明确规定。北京市检察院第三分院严格落实《意见》要求并结合北京市检察院部署，采取制作《入额领导干部办案通知单》等方式切实加强对入额领导干部办案的日常督促，目前，该院领导干部真办案、办真案已经成为普遍共识和工作常态。

在办理一起非法扣押监督案中，北京市检察院第三分院副检察长带队,专程赴内蒙古呼和浩特市第一监狱向犯罪嫌疑人核实相关情况,最终确认侦查机关存在对扣押的外币未制作扣押决定书等违法行为,依法制发了《纠正违法通知书》并获回函。据统计,2019 年 1 月至 7 月,北京市检察院第三分院 7 名检察长、副检察长、检委会专职委员作为主办检察官或者独任检察官共办理案件 54 件,参加检委会讨论案件并提出处理意见 23 件,对其他检察官办理案件作出决定 55 件,接待群众来信来访并作出决定或督办 21 件,列席审委会讨论案件并提出意见 1 件,提出检察建议并跟踪督促整改落实 1 件,领导干部在司法办案中的带头、示范、引领作用得到了积极发挥。

(三)落实好列席审判委员会

检察长列席同级法院审判委员会,是法律赋予检察院的一项重要法律监督职能,2010 年,最高人民法院、最高人民检察院印发的《关于人民检察院检察长列席人民法院审判委员会会议的实施意见》对这项工作作出了明确规定。在新的时代条件下,对于进一步完善检察长列席人民法院审判委员会会议制度具有重要意义。为此,最高人民检察院主要领导身体力行,于 2018 年 6 月 11 日列席了最高人民法院审判委员会第 1742 次会议。这是共和国首席大检察官首次列席最高人民法院审判委员会。

最高人民检察院检察长列席最高人民法院审判委员会,是贯彻落实党的十九大精神和习近平新时代中国特色社会主义思想特别是习近平法治思想、维护司法公平公正的重要举措,是检察机关履职的重要方式,是落实"两高"《关于人民检察院检察长列席人民法院审判委员会会议的实施意见》的应有之义和示范之举。

这次审判委员会由最高人民法院院长、首席大法官主持。最高法 17 位审判委员会委员出席,最高检副检察长及有关案件承办人列席。审判委员会讨论的是最高检抗诉的一起刑事案件和一起民事案件。案情涉及刑事、民事较为复杂的法律关系,召开审判委员会全体会议而不是由民事专业委员会审理,有利于案件优质高效处理。审判委员会上,通过对案件的讨论、发问,进一步理清了合议庭认定的涉案协议书、借款合同背后的犯罪问题,以及最高检之所以抗诉本案的问题所在。

长期以来,全国各级法院和检察院认真贯彻落实此项制度,为保证法律统一正确实施、共同维护社会公平正义,发挥了重要作用。全国各级法院要坚持以习近平新时代中国特色社会主义思想为指导,严格遵守宪法和法律规定,自觉接受检察机关诉讼监督,在诉讼活动中坚持分工负责、互相配合、互相制约,确保严格公正司法。要深化司法体制改革,坚定不移推进审判委员会制度改革,认真落实检察长列席同级人民法院审判委员会会议制度,共同维护司法公正,实现"努力让人民群众在每一个司法案件中感受到公平正义"的目标。

我国《宪法》规定检察机关是国家法律监督机关。在诉讼活动中,检察机关、审判机关是分工负责、互相配合、互相制约的关系。检察机关履行法律监督职责,要做被监督机关的诤友、益友而不是损友。司法机关都是在党的绝对领导下,以人民为中心,为了人民群众和国家经济社会发展的根本利益,为了维护宪法法律权威和维护公平正义而履行法定职责。落实习近平总书记关于努力让人民群众在每一个司法案件中感受到公平正义的重要指示精神,做到在党委领导下,人大支持、政府满意、人民群众发自内心地认同,要靠监督机关和被监督机关一起努力。

检察长依法列席审判委员会,是履行法定职责,也是支持人民法院审判工作,共同维护并践行习近平总书记关于努力让人民群众在每一个司法案件中感受到公平正义的要求。同时,检察长列席审判委员会也有助于不断强化和改进人民检察院法律监督和办案工作。各级检察长列席法院审判委员会,关键要起到以上率下的作用。在列席过程中,要及时发现抗诉工作中存在的不足,总结抗诉监督工作经验,不断提升每一起抗诉案件办理质量。必须认识到,检察机关法律监督工作努力做到位,审判工作的成绩也是检察工作的成绩,反之,审判工作的问题往往也是法律监督工作的问题。要建立与各级法院之间协调、积极的工作关系,真正做履行法定职责的诤友、益友,实现双赢多赢共赢。

据悉,2018 年 6 月 11 日最高检检察长首次列席最高法审判委员会,讨论了最高检抗诉的一起刑事案件和一起民事案件。在最高检的引领下,各级检察院检察长依法列席各级法院审判委员会会议已成为常规化重点工作。2019 年 1 月至 11 月,全国各级检察长及受检察长委托的副检察长共列席法院审判委员会会议 8339 人次,同比上升 48.5%。其中县区检察院 6462 人次,同比上升 54.9%;分市院 1724 人次,同比上升 29.3%;省级院 153 人次,同比上升 39.1%。检察长列席 4227 人次,同比上升 55.5%,占列席总人次的 50.7%,同比增加 2.3 个百分点。①

三、增强从严治检、科学管理、任能选贤能力

(一)全面从严治检念好"严字诀"

以习近平同志为核心的党中央以铁的纪律正风肃纪,兴利除弊,激浊扬清,将全面从严治党提升到战略高度,开创了治国理政的新局面。实践证明,党风清则政风清,治党严则国运盛。具体到检察领域,检察机关严格落实党中央要求,全面从严治党、全面从严治检始终抓得很紧。但必须清醒认识到,天涯无净土,承担法律监督职责的检察人员并非生活在真空中,在纪律作风问题上也不会有天然的免疫力。各级检

---

① 参见《张军列席最高法审判委员会全体会议讨论两件最高检抗诉的民事案件》,《北京日报》2019 年 12 月 30 日。

察机关要念好"严字诀",从严教育管理、从严监督执纪,严在细处、严在日常,把全面从严治党、全面从严治检不断引向深入。

全面从严治检,严在思想教育。思想的田野,真理不去占领,就会杂草丛生。只有拧紧思想上的"开关",才能确保行为合理合规。这些年来,在全面从严治党、全面从严治检的大背景下,多数检察人员能够意识到,通过严管确保不出问题,就是对各级检察人员发放的最好福利。但也有少数检察人员对既要干事又要严守规矩的新常态还不能完全适应;有的虽然暂时管住了手脚,但在思想深处还没有完全认同"严管即是厚爱"的理念。各级检察机关领导班子要加强对检察人员特别是领导干部的思想教育,使他们做到坚定信念、不忘初心,心存敬畏、行有所止。要加强正面引导,结合开展"不忘初心、牢记使命"主题教育,真正把马克思主义科学真理作为坚定信仰,把习近平新时代中国特色社会主义思想作为行动指南,真正把初心融入血脉,用实际行动增强"四个意识",筑牢思想防线,形成行动自觉,做到知行合一。同时,要抓好检察机关专题警示教育活动,确保检察权廉洁规范行使。特别是要以陈旭、鲁炜等严重违纪违法案件为反面教材加强警示教育,举一反三、引为镜鉴,努力维护政治生态的"山清水秀"。

全面从严治检,严在监督执纪。有令不行、有禁不止,严管就成了一句空话。守住不可逾越的纪律底线,关键是从严监督执纪,让铁纪生威。各级检察院领导班子要敢于担当、铁面执纪,对违纪违法行为,不管是什么人都要严格依纪依法查办,决不能以感情代替政策、以关系代替原则,让违纪违法行为逃脱党纪国法约束。特别是要结合检察工作实际,加强对重要部门、关键岗位人员的监管,及时查处干预司法办案、违规办案以及贪赃枉法、收钱捞人等违纪违法问题,着力解决"灯下黑"问题。一个案例胜过一沓文件,追责是最实的警示教育。要把强化追责作为铁面执纪的关键一环,不仅要追究直接违纪违法者的责任,还要严肃追究有关党组织及其负责人的主体责任和监督责任。巡视是监督"利剑",也是政治"体检",必须把检察机关系统内巡视这把"利剑"用好用足。要把"两个坚决维护"作为系统内巡视的纲和魂,聚焦被巡视党组织是不是实打实贯彻中央重大决策部署,聚焦干预司法办案、违规办案、充当黑恶势力"保护伞"等问题,督促被巡视党组织真正把管党治党政治责任扛起来,推动被巡视党组织把全面从严治党落到实处。特别是要把讲政治与抓业务有机结合起来,善于通过政治看业务、通过业务讲政治,从政治高度发现检察工作深层次问题。被巡视单位要压实压紧接受巡视监督的责任,落实巡视各项部署要求,全力配合开展巡视工作,对照巡视反馈意见抓好整改落实,提高整改质效。

全面从严治检,严在经常日常。"问题干部"在滑向违纪违法的深渊之前,往往存在诸多征兆和苗头。如果平时常打预防针,抓大不放小,在干部有犯错的苗头之时,及时"咬咬耳朵""扯扯袖子"予以提醒,或者对已经犯错的干部不包庇、不护短、早处理,就能让其及时悬崖勒马,不至于摔个鼻青脸肿甚至"粉身碎骨"。各级检察院领导班子要把管党治党的政治责任放在心中,抓在手里,扛在肩上,始终做到警钟长鸣,让全体检察干警在日常工作生活中时刻绷紧纪律这根弦。要落实好《中国共产党纪律处分条例》,把四种形态特别是更难落实的前两种形态贯彻到日常工作的各个环节,经常"红脸""出汗",抓早抓小。要认真开展违纪廉政问题排查,针对廉政风险隐患织密制度笼子,抓好制度落实,强化教育管理监督,消除监督盲区和监管"飞地"。

清风起松海,正气贯重山。全面从严治党、全面从严治检永远在路上。各级检察机关要用实际行动建好纪律作风"防火墙",严出好纪律,管出好作风,锻造让党和人民放心的过硬检察队伍。

(二)优化检察人员分类管理

修订后的《人民检察院组织法》第四十条明确规定,人民检察院的检察官、检察辅助人员和司法行政人员实行分类管理。首先,将检察人员分类管理制度写入《人民检察院组织法》,为该制度的进一步实施和运行提供了充分的法律依据,为制度价值的发挥打下了坚实的基础。其次,将检察人员分类管理制度以法律形式固定下来,为进一步落实职务序列、职级序列并完善相应的配套管理机制、强化检察官职业保障打好了基础,将进一步促进检察官的职业化和专业化,提升司法办案质量和效率。①

当前,检察机关具有检察职业特点的队伍管理框架和检察人员分类格局基本形成,检察人员分类管理改革已取得明显成效。但随着改革的进一步深入,也遇到了一些亟须解决的问题。检察机关应抓住贯彻落实修订后《人民检察院组织法》这一契机,深化检察人员分类管理。实行三类人员分类招录、管理、保障、培训制度,规范交流转任,完善岗位职责清单和履职指引加强检察机关各类编制管理。

一是完善检察官单独职务序列管理。落实检察官等级晋升标准,在不限制职数比例前提下探索开展差额按期晋升,推动择优选升常态化。研究完善检察官单独职务序列规定及等级比例设置、等级升降办法。

二是完善初任检察官遴选制度。落实初任检察官一般到基层检察院任职规定,先从地域相近、同一城市的检察院做起。探索建立跨地域遴选机制,省级检察院统筹跨市遴选,引导到人均办案量大或艰苦地区入额。实行定期遴选与根据需要适时开展遴选相结合,探索建立员额递补机制。健全逐级遴选检察官制度。落实上级院检察官一般逐级遴选规定,规范例外情况。原则上地市级检察院每年入额检察官要有一定比例从基层检察院遴选,最高检、省级检察院逐年提高从下级院遴选检察官比例。

---

① 参见钱昌夫:《检察人员分类管理制度的规定及推进》,《人民检察》2019 年第 9 期。

三是落实员额退出机制。细化员额退出的具体情形,明确退出条件、程序和救济途径,重点针对办案质效不达标、能力不胜任等情形出台具体措施。符合员额退出情形,所在院未启动退出程序的,上级院应及时督促启动程序。

四是构建科学合理的检察官绩效考核制度。应当通过制定精准、科学合理的考核制度,不断压实检察官责任,真正做到"权、责、利"相统一,打消已入额检察官"船到码头车到站"的想法,也让未入额人员认识到入额并不代表着万事大吉,而是责任更大、担子更重。但在制定检察官考核评价体系时应当充分考虑制度自身的科学性、灵活性、可操作性,将考核的负效应降到最小。

五是构建员额检察官动态管理机制。一方面,建立完善员额检察官的退出机制,通过配套绩效考核制度等,让能力、纪律等方面不适格者及时退出员额,确保员额检察官的精英化和高素质。另一方面,建立完善检察官员额增补机制,根据不同地区经济发展水平、案件数量等因素,调整基层检察院的员额数量,确保基层检察院员额比例适合基层的案件任务量和案件类型特征。

六是拓展检察辅助人员发展空间。首先,给检察辅助人员保留发展空间,不宜短期内将员额数量用足用尽,要确保检察辅助人员有盼头、有目标和动力。针对基层检察机关的特殊情况,上级检察机关应当在员额比例和数量上适当向基层倾斜。其次,针对检察辅助人员建立完善科学合理的业绩考核制度,如建立个人业绩档案作为推荐晋升员额的依据,使员额遴选更加科学合理和公平公正。另外,应加强对检察辅助人员分级分类,制定明确的职级、待遇及晋升方式。

七是构建员额检察官和检察官助理之间的良性关系。首先,加强对检察官助理司法责任的研究,不能将检察官办案责任制片面理解为检察官助理对办案不负责或者只对部分辅助性工作负责。检察官助理不同于书记员,承担的工作也不仅仅是事务性工作,其工作对案件的定性等方面有重要影响,具有很强的司法属性,建议确定检察官助理承担责任的范围和比例。其次,在具体司法办案中真正建立员额检察官和检察官助理之间主体与辅助的关系,凸显办案组织的"组织性""协作性""主从性",并在此基础上构建相应的考核制度,让检察官助理作为办案组成员分享到员额检察官获得的业绩成果和荣誉奖励,也让员额检察官在检察官助理的晋升、考评等方面有更大发言权。

八是加强司法行政队伍建设。通过内部调剂、选调、招录等方式及时补充司法行政人员,妥善解决"空心化"问题。规模较小的基层检察院根据情况,可以在中央规定的范围内适度提高司法行政人员比例。畅通司法行政人员与党政部门、上下级院的交流渠道,积极向外推荐、输送。探索在业务部门配备专门负责司法行政和综合工作的领导职务。具有业务和综合行政党务工作经历的干部同等条件下优先选用。探索聘用司法文员。采取政府购买服务方式缓解事务性工作压力。

九是优化检察辅助人员管理。落实市、县级院检察官助理便捷招录机制,用好单独组织考试、降低开考比例、简化招录程序等政策。落实检察技术人员职级管理办法。完善司法警察编队管理模式,全面保障司法办案。书记员主要实行聘用制管理,探索建立聘用制书记员等级晋升制度,健全与工作绩效挂钩的书记员考核机制,合理确定薪酬标准并建立动态调整机制。

十是加强内设机构和办案团队建设。进一步规范地市级检察院业务机构设置模式,统筹推进基层检察院刑事、民事、行政、公益诉讼,未成年人检察等机构设置和人员配备,根据办案数量差异和政法专项编制情况,能设专门业务部的设专门业务部,没条件设专门业务部的可设专门办案组,确保每一业务条线都有检察官办理相关案件。以检察官为主导,根据需要配置辅助人员探索检察官与检察辅助人员双向选择,赋予检察官工作分配权和一定的人事管理、考核建议权。

（三）树立重实干实绩的选人用人导向

树立重实干实绩的选人用人导向,是我们党选人用人的优良传统和重要原则。坚持以习近平新时代中国特色社会主义思想为指引,深入贯彻新时代党的组织路线,牢固树立重实干实绩的选人用人导向,不断创新检察干警选育管用工作机制,使各方面优秀干警充分涌现、各尽其能,锻造了一支忠诚干净担当的检察队伍,为检察监督高质量发展提供坚强的组织保证。①

强化导向引领,彰显能上庸下风向标。习近平总书记指出,选什么人就是风向标,就有什么样的干部作风,乃至就有什么样的党风。旗帜鲜明强化正确用人导向,就要坚持五湖四海、任人唯贤,注重一视同仁选用管理不同地域、领域和行业的各类干部,树立优者上、庸者下、劣者汰的鲜明导向。

一要鼓励苦干实干。以海纳百川的气魄,坚决摒弃狭隘的地方本位主义观念,不以人情关系选干部,不唯身份背景、不分远近亲疏、不戴有色眼镜、不搞平衡照顾,大胆使用敢于负责、勇于担当、善于作为、实绩突出的各级各类干部。让实干、担当、创绩成为共同价值追求。二要营造干事担当良好氛围。建立完善"鼓励激励、容错纠错、能上能下"三项机制,出台鼓励激励实施办法,用正向激励提振干部干事创业内在动力。制定容错免责实施办法,明确容错条件和容错情形,引导干部轻装上阵、大胆工作。出台干部能上能下实施办法,明确负面情形和评判标准,对触碰负面清单的干警及时进行适岗性评估并及时进行组织调整,牢固树立为干事创业者鼓劲、为改革创新者松绑、为担当作为者撑腰的鲜明导向。

坚持把政治标准放在首位,坚持事业为上,努力以宽广胸怀和科学

---

① 参见陆德峰:《树立重实干实绩的选人用人导向》,《党建研究》2019 年第 4 期。

机制选人用人,逐步建立完善有利于各类检察人才脱颖而出、干事创业的配套机制和制度体系。坚持事业为上的用人标准。始终以新时期好干部标准考核评价干部,立足提高干部资源配置和事业发展需求相适性和匹配度,坚决破除过度强调干部出身和专业的陈旧思维,防止对干部简单贴标签,坚持事业发展需要什么样的人,就选用什么样的人,缺少什么样的干部,就培养什么样的干部,注重向基层一线和重点工作领域倾斜。

建立知事识人的用人机制。坚持近距离经常性有原则地接触干部,建立领导班子和领导干部专项调研机制,省、市、县级院每年对所辖机关部门开展专项调研考察,综合运用民主测评、征求意见、个别谈话、实地走访等方式,全面系统考察领导班子运行情况和干部现实表现。建立对口研判督导工作机制,经常性动态化开展领导班子和干部队伍走访调研和分析研判,注重在急难险重一线识别干部。建立年轻干部双月分类座谈和新提拔领导干部季度座谈机制,定期了解重点干部群体的思想动态和工作状态。在考准察实干部个人特点、工作表现的基础上,把研究人与研究事有机结合起来,真正做到以事择人、人岗相适,真正把好钢用在刀刃上。

营造风清气正的用人生态。科学规范的选人用人程序、清朗清正的选人用人风气是坚持五湖四海、任人唯贤的必然要求和重要保证。严格执行干部选拔任用全程纪实,完善全流程规范,系统出台了动议工作、民主推荐、考察公示、组织考察、任前听取意见、讨论决定、任前公示、试用任职等制度文件,明确选人用人各个环节的操作规范和责任主体,确保程序公开、方法公平、结果公正。实施干部报告个人事项、基层组织报告组织事项的考察对象"双报告"制度,切实强化基层党组织在选拔任用干部中的主体责任和把关作用。创新面向社会发布考察公示,将社会监督的关口前移到考察环节,彻底解决干部选拔任用过程中的"暗箱操作",坚决抵制任人唯亲、说情干预、跑官要官等不良风气,坚决杜绝选人用人中的山头主义和宗派主义,确保用人生态不被污染。

第二十章

加强专业素质建设

加强专业素质建设是检察队伍建设的基本任务。在新的时代条件下,检察队伍的专业素质建设要强化专业精神,理念先行一步,要强化大规模业务培训,借助智慧用好"检答网",发挥案例业务指导作用,重视业务数据分析,强化检察理论和业务研究。以检察队伍整体专业素质的提高,适应法治中国建设现代化的高素质要求。

一、强化专业精神

闻道有先后,术业有专攻。专业的人做专业的事,事业才能做大做强。检察工作政治性、政策性、专业性都很强,专业化建设既是检察机关履行法律监督职能的内在需要,也是检察事业科学发展的必然选择。①

当前,中国特色社会主义进入新时代,国情、检情正在发生广泛而深刻的变化,推进检察专业化建设显得尤为必要和紧迫。社会主要矛盾发生变化,人民群众对公平正义的要求不断提高,检察工作的社会关

---

① 参见《唯有专业化,检察工作才能专起来强起来》,《检察日报》2018 年 6 月 11 日。

注度和敏感性明显增强,必须加快专业化建设才能有效履行法律监督职责,满足人民群众对美好生活的需要。在社会分工日益细分的当下,人民群众对司法工作和司法服务的专业化程度提出了更高要求,必须加快专业化建设,才能为人民群众提供更优质的检察产品和服务。检察机关面临从未有过的复杂形势,任务十分繁重,必须通过专业化建设谋发展重自强,才能肩负起全面依法治国的职责使命。近年来,检察机关围绕专业化建设下了很大功夫,也取得了积极成效,但离党中央的要求和人民群众的期待还有不小差距。各级检察机关和全体检察人员要在习近平新时代中国特色社会主义思想指引下,以时不我待的紧迫感加快推进检察专业化建设,让检察工作真正专起来、强起来。

(一)理念先行一步

检察机关推进专业化建设,理念要先行一步。近年来,党和国家事业发生历史性变革,办成了许多过去想办而没有办成的大事,最根本的就在于以习近平同志为核心的党中央提出了一系列新理念新思想新战略并用于指导实践。检察机关的专业化建设,同样需要科学理念来指引和推动。理念一新,工作思路、措施和效果就会完全不同。因而,办案的理念,法律监督的理念,都有一个转变和更新的问题,都要使之更加适应时代发展,更加适应专业化建设。比如,法律监督难,难就难在被监督者有时候不理解不支持不配合。只要检察机关强化双赢多赢共赢理念,既履行监督职责,又帮助被监督者解决问题,许多难题就可以迎刃而解。长此以往,检察机关就会赢得越来越多的理解和支持,专业化的法律监督方式方法、工作举措也会运用得越来越顺畅。

(二)办案是硬道理

检察机关的专业化建设,最终要落实在办案上。需要注意的是,办案的专业化水准和要求,不能只体现在某一方面某一领域的案件中,而是要体现在所有检察办案领域和办案环节中。因而,只有全面办理刑事案件、民事案件、行政案件和公益诉讼案件,通过全面办案解决办案和履职的不平衡不充分问题,才能推进全部办案领域的专业化建设,推动检察工作全面发展。与此同时,还要认真研究探索更有利于专业化办案的机制。比如,检察机关的一些办案业务被分隔成多段,一个案件在检察环节被分散到由不同部门来办,不利于检察官从整体和全局角度去审视案件,不利于推动以审判为中心的诉讼制度改革,也不利于检察官专业素质的提升。因而,在内设机构改革中,就要遵循办案规律,看是否有利于更加专业、更加高效地办案,看是否有利于提升检察官的专业素质。

(三)在实践中提升专业能力

检察机关推进专业化建设,必须在队伍上下功夫。要使检察队伍更加专业、更有活力,必须围绕"人"做文章。要遵循司法发展规律,深入推进检察人员分类管理改革,让检察官、检察辅助人员和司法行政人员各展所长,让专业的人做专业的事儿。开展教育培训,要紧贴检察工作实际,以专业化要求为指引,坚持缺什么练什么,差什么补什么,切实防止培训和实践"两张皮"的现象。特别要指出的是,实践是最好的老师。对于以办案为中心的检察机关而言,优秀的人才、专业的人才都是一个个案件、一项项任务"喂"出来的。因而,要健全实践机制,让检察人员在办案实战和工作实践中提升专业能力。

(四)一把手率先垂范

推进专业化建设,对检察机关而言是一把手工程。各级检察机关一把手要切实承担起这项工程的"指挥员"和"施工员"双重责任,不仅要靠前指挥,也要亲身参与,推动专业化建设与时俱进。在抓班子带队伍方面,一把手既要以高超的政治能力和政治水平统一队伍的思想认识,也要统筹考虑队伍的专业能力培养。在抓业务方面,一把手要带头办急、难、新、大案件,力争办成"样板案",以便于检察干警在办案中学习提升。在抓改革方面,一把手要把好方向瞄准目标,实现监督与办案相统一,专业与能力并进。在抓问题解难题方面,一把手要围绕专业化建设找准队伍、办案、效果方面的突出问题,多措并举解决实际问题,为专业化建设扫清障碍。

专业化建设事关全局,每一个检察院、每一个检察人都不能置身事外。各级检察机关和全体检察人员要以与时俱进的精神状态弘扬专业精神、强化专业化能力,用专业化建设成果推动检察工作提质增效,为全面依法治国贡献更强的检察力量。

二、强化大规模业务培训

为不断更新检察干警执法理念、业务水平、知识结构,更好适应新时代检察工作发展的新目标、新要求、新期待,坚持以现代教育培训理念为指引,创新训练方式,以"检察官论坛"为依托,以提升职业素养为核心,以强化实战技能为目标,积极完善创新实践训练方式,提高检察教育培训的针对性和有效性,推进队伍专业化建设。

(一)改进检察教育培训方式

突出问题导向、需求导向、效果导向,推进精准培训。推动政治建设融入业务培训,把习近平法治思想作为培训的核心内容。围绕"十大业务",提升事实证据认定、法律政策适用能力健全分级分类培训体系。最高检、国家检察官学院主要培训本级检察人员、省市级院班子成员和检委会专职委员、基层院检察长;省级检察院、国家检察官学院分院主要培训辖区其他检察人员;市、县级院加大岗位练兵、业务实训力度。最高检各业务条线每年至少举办1期培训示范班。分类推进领导素能、专项业务、通用技能和新进人员岗前教育等培训。

统筹推进网络培训,完善培训课程体系和教材体系。精品课尽可能线上组织,适合基层需要的通过视频直接连通基层。推动线上培训与线下培训融合发展、优势互补。探索多部门组团式、"订单式"培训和实战轮训;积极促进检察官与监察人员、法官、警察、律师等同堂培训,形成共同的执法司法理念和标准。制定实施检察人员培训课程研发计划。着力推行指导性案例进教材、进课堂。加快编印十大检察业务培训基础教材。适时编印检察官助理、检察行政人员统一培训教材。建设课程库、教学案例库、教材资料库,促进优质资源共享。

建设高水平师资队伍和培训基地。全面落实领导干部上讲台、检察官教检察官、学员即教员等制度,最高检领导和内设机构主要负责人、省级检察院检察长到国家检察官学院或分院常设讲座。最高检、省级检察院分批选派能办案、善教学的检察官驻校担任检察教官。建设全国统一、动态管理、统一调配的检察师资库。全面推进国家检察官学院与分院一体化建设,重点培训、重要课程实时同步。加强中国检察教育培训网络学院建设。开展"十大业务"特色培训基地建设,推动资源共享、优势互补的区域联合培训。完善、用好"检答网",打造"一网通学"综合学习平台。推进线上线下图书馆等学习平台建设。

(二)抓好共同科目的集中训练

努力克服案多人少与时间紧、任务重的矛盾,严格贯彻落实上级培训要求,足额满员选派干警参加共同科目和基础知识的培训。充分发挥自身潜力,自发组织全体干警开展内部培训,如"检察长大讲堂""业务骨干授课""科室专题研讨"等。鼓励干警在"八小时以外"参加高等院校组织的知识讲座、社会团体组织的知识培训、网络院校开展的教育培训,不断丰富干警的知识和阅历,增强综合素质能力,提高自身本领。围绕检察专业知识技能、检察工作经验、检察职业素养等,举办知识产权、金融领域等知识的全员培训以及刑诉法修改和检察工作应对、案件质量讲评、法律文书制作评选展示、书记员笔录制作、公文写作等实务性、实践性培训,全面夯实干警的专业知识技能,提升干警的综合素养。实施"青年英才培养"计划。坚持把青年英才培养放在战略优先位置,制定实施青年英才职业发展规划,设计个性化培养方案,推行及早选苗、重点扶植、跟踪管理、定期考核、优胜劣汰等培养方式,组织开展内部轮岗和交流、优先选派专门培训进修。每年推荐2—3人选进入青年英才培养库,着力培养青年后备领导干部。

(三)抓好单个科目的专门训练

实施"岗位素能提升"计划。以检察机关岗位素能通用标准和检察业务条线专业标准为指引,探索建立符合司法规律要求和检察职业特点的教、学、练、战一体化教育培训体系,推行检察官教官、业务专家和领导干部上讲台制度,推行实训式、实战式练兵方式,全面、深入开展检察人员综合素养、素能教育,以及优秀案件、优秀法律文书、优秀文稿评选等练兵活动,推动打造一支有理论、会办案、懂专业、善思辨的检察官队伍。注重搞好单个科目的分业专门训练,由省院专家带教青年业务骨干、市级"三优一能"带教办案业务骨干、科室部门业务骨干带教新进人员,进行层级式、针对性的实训。充分发挥多媒体具有的影视、图片、声音、文字可同时展现的功能,精心制作多媒体课件,让受训者身临其境,多感官理解和接收信息,增强记忆,增加培训效果。邀请表现突出的带教老师和学员在"检察官论坛"活动中开展访谈式交流,带教老师和学员结合各自岗位实际,围绕对带教工作的认识和收获,讲一些生动、形象的个案或事例,运用诙谐、幽默、通俗化的语言传授,让大家听得明白,容易领会,充分调动学员学习的兴趣,从"要我学"向"我要学"转变。通过归纳概括和列举事例等方式,充分展示了"帮学式"实训的成效。

(四)抓好疑难科目的重点训练

实施"业务能手倍增"计划。制定实施检察业务能手倍增计划,探索完善业务能手发现培养、定期考核、动态管理、激励保障等机制,探索建立专业化办案组织,探索推进检校合作,定期开展各业务条线竞赛活动,支持业务人才参加上级机关业务竞赛,推动培养大批检察业务专家、业务尖子、办案能手和其他复合型检察人才。成立金融犯罪、知识产权犯罪、刑事实体法、刑事程序法和民行检察等多个学习研究小组,对新领域、新类型案件以及重大、疑难、复杂案件探究实践解决之道;举办"学习新刑事诉讼法、模拟询问证人实训"、开展"侦查监督开放日"等活动将教育培训由"单向灌输"变为"多向交流",多法并举开创检察公诉、侦查监督的业务培训新模式。积极"走出去",采用现场教学、体验式教学等方式。如组织干警到其他先进基层院现场取经,到各高等院校参与针对性课题研究,到偏远山区开展扶贫帮困,到群众中开展法律服务等,让干警将所学的知识运用到社会,同时从社会中汲取知识的营养,不断提升自身的综合素质。

(五)积极推动同堂培训

同堂培训是指检察官与法官共同接受教育培训。全国人大代表何健忠认为"这是一场法检主动换位思考,在法律、政策、理论、实践等层面找到最佳结合点的'精神盛宴'"。2019年3月26日至4月3日,国家检察官学院和国家法官学院联合举办了第一期全国法官检察官刑事证据高级研修班,105名法官、检察官参加培训。这在国内尚属首次。最高检工作报告中提到,与最高法联合举办10期研修班,法官、检察官同堂培训,促进形成共同司法理念。

"更为精彩的是'控辩审三人谈'。"何健忠告诉记者,"三人谈"从检察官、法官、律师角度,就认罪认罚从宽制度适用中的重点问题进行了深入细致的讨论式解读，掀起了头脑风暴。

"积极推动法官和检察官同台培训，就是在推动法律职业共同体建设。"何健忠建议，可以进一步扩大法律职业共同体培训的对象，把公安干警、律师等也纳入其中，为推动法治中国建设培养更多的"工匠大师"，打造更优质的法治产品、检察产品。①

三、借助智慧用好"检答网"

培养专业素质、专业能力、专业思维，需要专业的学习交流平台。"检答网"是在检察机关内网运行，最高人民检察院统一部署、四级院共同使用，提供检察业务咨询答疑、学习交流服务，加强检察机关政治建设和业务能力建设的信息共享平台。目前，"检答网"已经运行一年有余，受到广大检察人员的热烈欢迎。"检答网"自2018年10月面向全国四级检察机关开通运行以来，截至2020年5月，累计访问量达3200多万人次；累计咨询了7.6万多个问题，解答率达94.6%。实践证明，建立"检答网"是必要的、及时的。各级检察机关要用好用足"检答网"，答好新时代检察之问，努力提升检察队伍专业素质和检察工作水平。

最高人民检察院开通"检答网"，就是以问题为导向，利用现代网络和信息技术为全国检察人员打造一个提升检察队伍职业素养的平台。这既是加强新形势下检察队伍素质能力建设的重要抓手，也是检察机关践行"讲政治、顾大局、谋发展、重自强"总体要求的重要举措。全国检察院要步调一致、上下一心，共同呵护好这个检察人的学习家园。最高人民检察院有关部门要建设好、管护好"检答网"，根据运行

---

① 参见李春薇:《何健忠代表:法检同堂培训是一场"精神盛宴"》,《检察日报》2020年5月28日。

中发现的新情况、新问题，不断完善"检答网"的功能，植入智慧元素，使"检答网"更好用、更易用、更智能。要不断提升技术手段，让人机互动界面更友好，进一步提高"检答网"智能化水平，通过数据积累，融入法律数据库元素，达到高质量咨询、高效率解答、高精度管理。要充实完善"检答网"内容，为全国检察人员提供学文件、听讲座、查资料等服务，努力将"检答网"建成检察人员学习政治和业务、提高素质和能力的综合性服务平台。要利用"检答网"的数据资源进行研判，对热点问题进行分析提炼，为制定规范性文件和出台相关司法解释提供依据。省市县三级检察院要把最高人民检察院关于"检答网"的使用管理办法结合本地实际落实好。省级检察院相关部门要定期研究、分析、通报"检答网"运行数据资料，同时也要通过组织培训、交流，加强"检答网"专家业务能力建设。

"检答网"的生命力和价值在于应用。只有让广大检察人员结合工作实际真正将"检答网"用起来，其作用才能充分凸显。

（一）积极使用"检答网"

各级检察院要发挥组织优势，切实推动"检答网"的全面应用，鼓励检察人员使用"检答网"进行自主学习、互助交流，确保"检答网"的使用管理取得实效。广大检察人员要自觉将用好"检答网"作为研究解决法律疑难问题、提升法律专业素养的重要途径。上级检察院要加强对下指导，及时研究解决"检答网"使用中遇到的问题。要适时通报"检答网"的使用情况，对"检答网"使用率不高的检察院，上级院要督促认真查找原因，及时解决使用中的问题。

（二）高效使用"检答网"

既要在问上下功夫，也要在答上下功夫。使用"检答网"进行咨询的检察人员要对问题进行认真准备，确保提问的问题有必要、有水平；

解答人员要认真思考、认真研究、认真回答,必要时提请专家组讨论,确保作出的答复有效果、有质量。省级检察院可以探索建立"检答网"咨询答疑激励机制,鼓励检察人员提高咨询问题水平,促进专家组成员高质量答疑,也可以将答疑工作质效纳入对专家组成员的办案绩效考核。总之,就是要通过"检答网"的问和答,真正解决办案中的法律疑难复杂问题,切实强化上下级检察院之间的业务交流互动。

(三)规范使用"检答网"

最高人民检察院新修订的《检答网使用管理办法》明确规定,咨询问题不得涉及案件具体情况,不得对案件的事实认定问题进行咨询。应当充分认识到,"检答网"的咨询和解答不是就案论案,而是以案件为基础提炼出具有普遍性的问题和答案。同时,"检答网"咨询答疑不具有法律效力和规范力,仅供检察人员学习、研究和参考。因此,检察人员在咨询问题过程中,要按照"检答网"使用管理办法进行,不得反映案件的具体情况,也不得对案件的事实认定问题进行咨询。同时,"检答网"不能取代对重大案件的请示报告制度,对涉及法律适用、办案程序、司法政策等方面确属重大疑难复杂的问题,需要向上级检察院请示的,应当按照相关规定办理。①

(四)抓好民事行政专家咨询网

民事行政专家咨询网是最高检依托互联网搭建的检察机关民事行政案件专家咨询平台,被誉为司法检察领域的一项法治创新。近年来,随着人民群众司法需求的不断变化及民事、行政诉讼领域相关法律法规的不断修订完善,检察机关受理的民事行政诉讼监督案件数量迅速上升,新类型、新领域案件不断出现,对检察机关充分履职、有效维护司

---

① 参见《用好检答网答好新时代检察之问》,《检察日报》2019 年 11 月 20 日。

法公正的水平和检察干警的业务能力,不断提出新的考验,设立民事行政专家咨询网,是推动刑事、民事、行政、公益诉讼四大检察全面平衡,充分发展的内在要求。借助"外脑"有利于进一步提升检察机关的检察监督水平,充分利用社会资源解决检察工作中出现的重大、疑难问题和专业问题,增强检察工作的透明度和公开性,保障检察机关严格公正执法。

创立这一咨询网站,旨在提高民事行政案件的办案质量和效率,提升民事行政检察工作水平,实现依法、精准监督,推动社会治理现代化。民事行政专家咨询网于 2019 年 3 月开始试点运行,通过一年多的实践探索,已形成可复制经验并在全国推广。根据试点运行的经验,抓好这一网站的关键在于建好专家咨询库。如试点地区云南省人民检察院就聘任了 13 名来自高校、法院、司法、律师事务所、专业研究机构、仲裁委员会等单位的学者、专家、人大代表政协委员、优秀律师、资深法官受聘担任云南省人民检察院民事、行政、公益诉讼检察专家咨询委员会委员。实践证明,要"做强、做实、做好"四大检察,就要采取多种手段,强力借助专家"外脑"。通过专家咨询委员对检察工作和个案提供好的意见建议,帮助检察机关逐步改变民事行政检察工作相对薄弱现状,为人民群众提供更多优质检察产品。检察院要创新工作机制,做好联系服务,加强沟通联系,用好专家咨询论证意见;帮助专家坚持以热情、主动公平公正的工作态度,遵守工作纪律,主动建言献策,更好地满足新时代人民群众对法治产品、检察产品的新需求。

四、充分发挥案例业务指导作用

发挥案例业务指导作用是提高检察专业素质建设的重要路径和举措。最高检领导指出:"要高度重视指导性案例和典型案例。案例工作要格外重视。能够在面上有指导性作用的,就做指导性案例;能够供各个厅对下指导工作的,就收上来做典型案例。"并强调,"指导性案例各厅都要抓紧,注意拉开时间档次。总的就是要通过积极的作为,把法律精神体现好"。

(一)强化指导性案例学习,提高业务素养

指导性案例的生命在于应用,价值在于指导。有一时期,多地检察机关参考最高人民检察院第十二批指导性案例中的陈某正当防卫案、于海明正当防卫案等案例,依法办理正当防卫案,彰显了"法不能向不法让步"的司法理念,赢得人民群众支持点赞。但也应当看到,一些检察院和办案检察官还没有充分意识到指导性案例的意义和作用,不重视不善于运用指导性案例,甚至没把指导性案例当回事。各级检察机关要统一思想认识,真正把指导性案例用好用足,让指导性案例在司法办案中充分发挥指导作用,为人民群众提供更加优质的法治产品、检察产品。

要让指导性案例充分发挥作用,首先必须从思想上弄清楚发布和应用指导性案例的重要意义。指导性案例是从全国检察机关办理的相关案件中精选出来的样本,旨在为各级检察机关和检察官解决同一类型案件中的疑难问题提供重要参照。在指导和规范办案方面,指导性案例具有与司法解释相类似的功能,但指导性案例在发布上更为及时灵活,指导办案的针对性、操作性也更强。当前,涉及刑事、民事、行政、公益诉讼检察领域的案件复杂多样,新类型案件层出不穷,不少案件面临法律适用等方面的疑难问题。另一方面,各级各地检察官专业素养参差不齐,对法律的理解适用能力也不尽相同,容易导致对同类案件特别是疑难复杂案件作出不同的处理决定。在这样的情况下,大力加强指导性案例的发布和应用,让指导性案例真正成为"活的法律"和司法评判的"参照系",就可以有效统一司法尺度、减少司法随意性,确保类似案件办理结果趋同,充分体现司法办案的公正性和严肃性。可见,重

视并用好指导性案例对于检察机关进一步规范司法行为,提升办案质量和效果,更好满足新时代人民群众对公平正义的更高要求,具有特殊重要的现实意义。更为重要的是,一些指导性案例是围绕社会关注的热点、典型案件来发布的,体现了符合时代需要、适应人民群众需求的新司法理念。因此,重视并用好指导性案例,对于各级检察机关和检察办案人员更新司法理念具有非常重要的引领示范作用。

(二)主动挖掘典型案例,提炼经验做法

要让指导性案例充分发挥作用,需要各级检察机关共同努力选好指导性案例。近年来,最高人民检察院高度重视案例指导工作,先后发布了13批指导性案例,在指导办案方面发挥了重要作用。但与司法办案实践的需求相比,指导性案例的发掘、总结还远远不够。特别是还存在制发指导性案例对实践中问题的回应不够及时,案例涉及面比较窄,还有不少空白领域等突出问题,需要各级检察机关共同努力,选好、总结好指导性案例。各地检察机关、检察官办案中都要有案例意识,注重总结,选择典型案例向上级院报送。上级院也要凭借专业眼光,在履行领导、指导责任时敏锐发现具有指导性的案例。最高检有关部门要拓宽案例遴选的范围与来源,加大指导性案例的发布频次,重点围绕人民群众关注的热点难点问题选好案例,充分体现以人民为中心的思想,不断满足人民群众对民主、法治、公平、正义的需求。

(三)运用案例指导实践,提高办案效率

要让指导性案例充分发挥作用,关键是要在司法办案中真正用好用足指导性案例,使其指导作用在办案中充分凸显。对于最高检已经印发的指导性案例,各级检察院检委会、检察官都要认真学习研究,重点掌握指导性案例在事实认定、证据运用、指证示证、法律适用、政策把握等方面的经验做法和蕴含其中的理念方法,在弄通弄懂的基础上真

正把指导性案例用起来,参照办案,确保司法办案取得良好的政治效果、社会效果、法律效果。特别是对于一些社会影响大、舆论关注度高的热点焦点案件,要真正把握此类指导性案例中体现出来的司法理念和精神要旨并用以指导办案。比如,近年来,性侵、虐待未成年人的恶性案件屡屡发生,严重侵害未成年人权益,影响未成年人身心健康,危害社会和谐稳定。最高检发布的第十一批指导性案例,对检察机关办理性侵、虐待未成年人违法犯罪案件进行办案指导。各级检察机关在办理此类案件时,就要借助指导性案例明确未成年人权益保护中的法律适用疑难问题,统一司法尺度,提升办案质效,通过办案充分体现检察机关加强未成年人权益保护的坚决态度。在加强指导性案例在办案中应用的同时,也要推进一线办案检察官对指导性案例的常态化学习研究。各级检察院办案检察官要将案例研究作为夯实法律适用根基、研究解决法律疑难问题的标本,通过精研案例,"解剖麻雀",提升法律专业素养和能力。

案例是实践中发生的鲜活生动的法治教材,是最好的法治教科书。各级检察机关要落实习近平总书记的重要指示精神,真正用好用足指导性案例,使案例指导成为常态,借助指导性案例提升办案质效和法律监督能力,更好促进"四大检察"全面协调充分发展。

五、建立数据业务指导分析管理机制

最高检领导指出,"要建立以数据为中心的业务指导管理机制,运用好与办案部门的会商机制,定期在检察长的主持下,开展检察统计数据(即检察业务)分析研判,为检察决策提供科学依据"。并强调,"最高检每季度、每半年由检察长主持开展集体业务数据分析研商。省级检察院每两个月或者一个月要开展一次研商,市级检察院、县区检察院每个月都要研商,检察长要直接主持"。

(一)强化数据核查,夯实数据分析基础

做好案件信息和业务数据基础管理工作的同时,积极开展数据专项核查。积极延伸核查触角,启动数据预警,向民行部门制发数据异常提醒的案管建议,助力规范公益诉讼相关数据。积极探索主题监管,主动对接流程监控、质量评查,利用数据核查发现司法办案不规范问题,向业务部门发出类案流程监控通知书。[①]

把数据统计与流程监控相结合。确保了统计数据源头填录客观真实,坚决杜绝将虚假、有水分的数据填录进统报表。

一是加强网上巡查的次数和频率,将数据统计纳入流程监控的内容,进行统计数据与案件在系统内节点状态的经常比对。对流程监控中发现的与统计数据反映的诉讼阶段、强制措施、嫌疑人情况、案件性质等案件信息不一致的问题,情节轻微的进行口头提示改正,错误严重的发送《流程监控通知书》,要求条线科室书面回复,并持相关法律文书后再予以更正,进行口头、书面"双告知"制度。二是加强统计核查的工作力度,对核查中发现的经常报错的部门、有差错的案卡、易错填录项进行排列梳理后,纳入重点流程监控范围,提出建议或方案后协调业务科室共同解决。三是加强数据错误的通报力度。在流程监控通报中增加统计核查内容,每月对错填漏填、延时上报、违规更改等情形逐项进行通报,做到通报明确细节和问题,通报直接科室和填录人。

把数据汇总与分析研判相结合。针对关键核心业务数据下滑、工作发展不平衡的紧迫形势,案管办高度树立大局意识,围绕司法办案工作履行好各项案管职能,以充分地行动自觉对数据信息深挖细究,为司法办案提供综合客观、内容翔实、有针对性、有判断力的第一手数据信息依据。一是加强数据汇总分析对比。除与上年度同期做升降比较

---

① 参见卞叶:《做实业务数据分析》,《检察日报》2019 年 11 月 22 日。

外,还做好分季度环比升降比较,对公诉、侦监等办案基数较大的科室,选择重点数据做逐月比较。二是加强通报中的数据分析水平。在数据列表客观准确的基础上,加大通报中对数据的分析占比,重点表述数据背后反映出的业务发展变化态势,结合各条线全年开展的重点工作、专项工作和目标任务,分析判断业务走向是否正常、升降幅度是否合理、工作任务是否完成。

(二)强化数据应用,精准呈现检察态势

加强基础数据通报和常态性综合分析,每月制发《主要业务数据统计情况》供院领导及相关业务部门参考。每季度撰写综合分析报告,及时总结提炼业务数据规律、特征,提出意见建议。定期撰写员额检察官办案绩效分析,梳理分析每名检察官办案的数量质量效率效果等。建立业务分析研判会商机制,对业务数据反映出的短板和薄弱环节逐项剖析。

抓住"集约"这个切入点,最大化整合运用信息资源。信息技术的发展创造了新的时空观念和新的工作方式,客观上加速了检察机关的资源调配和流程革新,呈现出越来越浓的集约化特征。如福建省石狮市人民检察院 2017 年上半年成立"检察监督指导中心",以"开放、动态、透明、便民"为价值取向,借助网络平台、移动终端等现代信息技术,持续整合和聚拢各业务条线的信息系统资源,有效发挥案件监督管理、联系服务群众和政府、检务公开和接待等职能作用,逐步建设成为联结内外、高效运作的检察大数据集控中心和为民服务综合体。截至目前,该院已有较为成熟的 12 个系统纳入中心平台,涉及侦监、公诉、自侦、刑执、民行、控申以及办公、考核、宣传等工作,切实提高了司法资源的可挖掘能力和检察工作亲和力公信力。

抓住"规范"这个基础点,切实增强精细化管理能力。当前,检察人员与信息技术的衔接日益紧密,检察工作的质和量更多地通过网上

数据来体现,为实施更加规范、更加精细的检务管理提供了条件。在行政后勤方面,石狮市检察院开发和推广"狮检 e 家"掌上 APP,绝大多数行政事务通过该 APP 进行流转,且过程可控、意见留痕、智能统计,实现各类检务资源的广度整合与规范管理。在检察业务方面,重点建设数字化检委会会议室,完善软硬件设施,精准对接福建省检察院检委会子系统,全面规范议事议案工作,把好司法公正在检察环节的最后一道关卡。在检察宣传方面,全力推进系统化建设,形成以新媒体工作室为中心,集两微制作、网站维护、舆情监控、新闻发布、媒体互动等功能于一体的检察宣传运营平台,切实提升了检察宣传工作水平。

抓住"高效"这个关键点,持续提升智能化办案水平。石狮市民营经济发达,流动人口多,案件数量大,干警人均办案量一直排在全省前列。面对案多人少突出矛盾,石狮市检察院充分借助科技手段,为司法办案插上腾飞的翅膀。

建立电子数据取证实验室,对接最高检电子数据云平台,大大提升职务犯罪技术侦查水平;推进"智慧公诉平台"建设,借用平台的大数据分析决策系统、案件质量检测与预警系统等模块,实现定罪量刑、卷宗阅读、诉判比对、文书"挑刺"智能化;开通远程视频提审、庭审系统,对于犯罪嫌疑人自愿认罪等轻微刑事案件,即可就地开庭审理,节约路上成本,大幅提升办案效率;探索非羁押人员监督管理新方式,利用智能定位手表(即电子手铐)对非羁押犯罪嫌疑人实行电子监控措施,与司法局社区矫正音视频同步监管系统进行联网,提升法律监督效果;建设完善"行政执法与刑事司法相衔接"信息平台,实现网上监督、审查行政执法案件,促进依法行政、勤政廉政。

(三)强化深度分析,全面提升研判效果

围绕重点业务工作积极开展专项深度研判,撰写量刑建议采纳率情况、文书公开情况、诉判不一案件情况、认罪认罚适用情况等专题分

析,有效助力领导掌握重点业务环节的问题现状。提升分析研判质量,撰写刑事犯罪态势分析报告、本刑事案件"案-件比"情况报告等分析报告,对全面提升研判效果大有裨益。

加强多种形式的数据汇总分析工作。把数据通报与全年考核相结合。充分发挥核心业务数据在检察业务工作考核中的评价作用。各项业务工作是否有进步,是否开展得好,关键是看反映该业务的核心数据是否有增进。案管部门在数据通报中进一步厘清了正向指标和逆向指标的关系,使检察业务核心数据成为检察工作的"风向标"。①

通过对全年各类业务数据盘点整理,提供了第一手的决策资料,使数据通报在全年考核工作中起到关键作用,11 月、12 月是各项检察业务工作的冲刺阶段,检察长应逐月召开检察工作核心数据分析会议,对每月的核心数据差距进行分析研判,各业务部门积极提出完成目标任务的具体措施,形成了补齐短板、整体推进检察工作的新局面。

---

① 参见《玉门市检察院多举措抓好检察业务核心数据核查》,法制网,http://www.le-galdaily.com.cn/locality/content/2018-04/23/content_7527452.htm。

第二十一章

加强纪律作风建设

加强纪律作风建设是新时代检察队伍建设的政治保障。应当树立严管就是厚爱的理念,持之以恒抓好"两个责任"落实,发挥好内部巡视巡察作用,把"越往后越严"的要求落到实处,以"零容忍"态度反腐败,紧扣民心这个最大的政治,强化对检察人员日常监督,一体推进不敢腐、不能腐、不想腐的机制建设。

一、树立严管就是厚爱的理念

(一)严管这一点不能有丝毫的放松

严管就是厚爱,坚持严字当头、全面从严、一严到底。司法责任制改革后,一定程度上办案廉政风险有所上升,相关教育防范工作要跟上。权力必须关进制度的笼子。受约束的权力行使,各级院党组、党组成员、机关各级党组织书记、支委都是"看门人":既要鼓励积极用好检察监督权力,也要把关做到审慎用好权力。要靠全面从严治党、全面从严治检的落实去有效实施。工作落实要靠责任落实,责任落实离不开责任追究。对不认真履责、造成严重后果的,必须严肃追责。要深化政治巡视,省级院要开展好对分州市院巡视、对区县院巡察工作。要健全从严查处机制,坚决惩治害群之马,有力削减存量、有效遏制增量。省级院领导干部违纪违法案件要及时向最高检报告。要持之以恒落实中央八项规定精神,紧盯不敬畏、不在乎、喊口号、装样子的问题,紧盯讲场面、图虚名、热衷出镜露脸的问题,坚决破除形式主义、官僚主义。要把职业化建设的重点放到落实从优待警政策上,加快健全激励保障体系,我们要认真落实,鼓励广大检察人员干事创业。

(二)严管就是对检察队伍最大的爱护

严管,就是对检察队伍最大的爱护;严管不出问题,最终平安着陆,就是给各级检察人员发放的最好福利。我们以这种理念去管,就会理直气壮,就敢管。各级检察院领导干部要一如既往地抓从严治检,始终把"两个责任"抓在手里、放在心中、扛在肩上,时时刻刻履好职、管好队伍,这才是真正意义上为广大检察人员服好务。

(三)严管不出问题是给检察人员发放的最好福利

坚持严管就是厚爱,坚持不懈加强机关党的纪律作风建设。要坚决杜绝"老好人"心态。"老好人"表面看是对人"好",实际上往往导致违纪违法小事拖大、后果恶化,是严重不负责任,是党性不纯的表现。"老好人"不仅带坏了风气,更害了同志,最后谁都不会说你好,这样的"老好人"是党的事业的"大坏人"!对违纪违法行为要敢于斗争、善于斗争,抓早抓小,严肃执纪,这才是对组织、对干部本人负责,才是真正做到"两个维护",才是党的事业的"真好人"。

二、持之以恒抓好"两个责任"落实

党的十八届三中全会明确指出,落实党风廉政建设责任制,党委负主体责任,纪委负监督责任。落实好"两个责任",深入推进检察机关党风廉政建设,是一项重大政治任务。山东省检察机关坚决贯彻落实中央、最高检的决策部署,以到位的思想认识、到位的责任分解、到位的监督检查、到位的考核查究,全面抓好"两个责任"的落实,努力建设过硬检察队伍。①

(一)力戒形式主义、官僚主义

习近平总书记在十九届中央纪委三次全会上部署党的政治建设工作时强调,要把力戒形式主义、官僚主义作为重要任务。这一要求把反对形式主义、官僚主义提到了新高度,为新形势下反对形式主义、官僚主义指明了方向。贯彻落实习近平总书记的新要求,亟待各级党组织在三个方面进行聚焦,对形式主义、官僚主义顽疾精准整治。

形式主义、官僚主义是党内存在多年的老问题,长期以来被定性为作风问题。习近平总书记在十九届中央纪委三次全会上部署继续推进全面从严治党,继续推进党风廉政建设和反腐败斗争第二项任务"加强党的政治建设,保证全党集中统一、令行禁止"时强调,要把力戒形式主义、官僚主义作为重要任务。这意味着形式主义、官僚主义问题是政治问题。他在部署第三项任务"弘扬优良作风,同心协力实现小康"时强调,要把刹住"四风"作为巩固党心民心的重要途径,对"四风"隐形变异新动向要时刻防范。这表明形式主义、官僚主义问题也是作风问题。

把力戒形式主义、官僚主义作为党的政治建设的重要任务,势在必行,迫在眉睫。形式主义、官僚主义既是作风问题,也是政治问题;表面上看是作风问题,根本上则是政治问题。因此,反对形式主义、官僚主

---

① 参见吴鹏飞:《落实"两个责任"要狠抓"四个到位"》,《检察日报》2014 年 7 月 4 日。

义,既要从党的作风建设着力,也要从党的政治建设突破,把力戒形式主义、官僚主义纳入党的政治建设的范畴。这样做既具有科学性,也具有现实合理性。

把力戒形式主义、官僚主义作为党的政治建设的重要任务,一举多得,意义重大。讲政治是我们党的传统与优势,也是我们党破解根本性问题、老大难问题的重要经验。立足党的政治建设来反对形式主义、官僚主义,标志着反对形式主义、官僚主义进入到以"讲政治"来牵引的新阶段,明显提升了高度,突出强化了力度,彰显了党中央坚决反对形式主义、官僚主义的鲜明态度与坚定决心,释放出反对形式主义、官僚主义将再加码的强烈信号,有利于开创反对形式主义、官僚主义的新局面,也有利于更好地回应广大干部群众的心声,增强他们的信心。此外,这一新要求也丰富了党的政治建设的内容与任务,强化了具体性现实性,有利于促进党的政治建设落实落细落地。

把力戒形式主义、官僚主义作为党的政治建设的重要任务,从宏观上明确了反对形式主义、官僚主义的新方向。从具体的策略方法上讲,要聚焦"不敢""不能""不想",打出组合拳,出力招实招,避免碎片化、眉毛胡子一把抓。"不敢""不能""不想",各有侧重,相辅相成,缺一不可,要一体推进,形成合力。

立足"不敢",实行严格的问责制,形成整治形式主义、官僚主义的高压态势。一分权力,一分责任,一分担当。形式主义、官僚主义不负责任,欠缺担当。动员千次,不如问责一遍。各级党组织要按照习近平总书记的重要指示要求,以把力戒形式主义、官僚主义作为党的政治建设重要任务为契机,开展集中整治形式主义、官僚主义专项行动,坚持问题导向,发现一起,查处一起,并加大通报力度,强化震慑,达到问责一个、警示一片的效果。

立足"不能",加大制度建设与监督力度,让形式主义、官僚主义在党内无立足之地。要强化时效,每项工作和任务,每名党员干部担负的责任,在既定的时限内必须合格完成。形式主义、官僚主义欺上瞒下,一个重要原因是信息不对称、信息公开不充分,为此要进一步加大党务政务信息公开力度和舆论监督力度,让权力在阳光下运行。还要更好地发挥群众作用,强化群众的知情权、表达权、选择权、监督权,支持群众对形式主义、官僚主义说"不"。

立足"不想",加大学习教育力度,促进党员干部自觉摒弃形式主义、官僚主义。形式主义、官僚主义表面上看很光鲜,不少党员干部自觉不自觉地陷入其中而不能自拔。此外,形式主义、官僚主义由来已久,禁而不绝,甚至在一些时候愈演愈烈,有其历史根源、思想根源和社会根源。党员干部要加强学习、砥砺党性,进一步深刻认识形式主义、官僚主义的实质与危害,以真抓实干、便民利民为荣,以搞形式主义、官僚主义为耻,不随波逐流。各地区各部门党组织也要加强和改进对党员干部的理论教育、党性教育、道德教育,帮助他们提高思想觉悟,向党中央看齐,坚决落实党中央各项决策部署。

(二)落实"两个责任"思想认识要到位

"两个责任"的提出,是新形势下加强反腐败制度保障的重大举措,进一步丰富了中国特色反腐倡廉理论体系,对于深入推进党风廉政建设和反腐败工作,实现干部清正、政府清廉、政治清明,具有重大现实意义和深远历史影响。明确党委负主体责任,既突出强调了各级党委在落实党风廉政建设责任制基本格局中的领导核心地位,也具体指明了党委在管党治党、抓好党风廉政建设方面的执行推动作用。对于我们进一步增强各级院党组的忧患意识、责任意识和担当意识,更加有力地抓好检察机关党风廉政建设,提出了更高要求。明确纪委负监督责任,使纪委的履职内容更丰富,履职责任更清晰,对于我们推动各级院纪检监察部门聚焦主责主业,更加充分地履行职责范围内的党风廉政建设责任,提出了新的要求。

检察机关作为国家的法律监督机关,在落实好"两个责任"方面标准应该更高、监督应该更严。必须始终保持清醒头脑,从落实党要管党、从严治党要求的高度,深刻认识落实"两个责任"的极端重要性,并将之作为当前最突出的大事、要事来抓,以认真再认真的精神、以严而又严的态度,坚决抓好"两个责任"的落实,扎实推动检察机关党风廉政建设深入开展。

(三)落实"两个责任"责任分解要到位

一是建立责任体系。各级院党组对党风廉政建设和反腐败工作全面负责,要把党风廉政建设当成应尽之责、分内之事,融入各项检察工作之中。落实好加强组织领导、树立正确用人导向、狠抓作风建设、强化监督制约、支持保障执纪办案、深入推进源头治理等重大责任。党组书记、检察长作为落实党风廉政建设的第一责任人,对党风廉政建设负全面责任、直接责任、首要责任,要牢固树立不抓党风廉政建设就是严重失职的意识,做到重点工作直接部署,重大问题直接过问,重点环节直接协调,重点案件直接督办。领导班子其他成员和各部门负责人对职责范围内的党风廉政建设负有直接领导责任,要认真落实一岗双责,切实把党风廉政建设记在心上、扛在肩上、抓在手上,管好班子、带好队伍。各级院纪检监察部门要按照"转职能、转方式、转作风"的要求,牢记职责使命,突出主业主责,把好关、执好纪、问好责,发挥好参谋助手、组织协调、监督检查等职能作用。

二是完善制度措施。积极构建决策科学、执行坚决、监督有力的检察权运行体系,层层分解责任,逐项明确任务,逐级传导压力,着力解决干什么、怎么干的问题,做到边界清、责任明,守土有责。坚持每季度召开党风廉政建设联席会议、每半年组织党风廉政建设形势分析、每年逐级报告党风廉政建设和反腐败工作制度,健全完善社会评价党风廉政建设工作机制,保障和促进"两个责任"有效落实。

三是领导率先垂范。各级院领导干部要负起"管"的责任,对党风廉政建设要常研究、常安排,抓具体、具体抓,决不能只管业务不抓党风,决不能眼开眼闭、放任自流;要尽好"带"的义务,凡是要求别人做的、自己首先做好,要求别人不做的、自己坚决不做,带头贯彻中央八项规定精神、带头纠正"四风"、带头接受监督。

(四)落实"两个责任"监督检查要到位

一要持之以恒地加强作风建设。全面落实第一批教育实践活动整改任务,扎实开展第二批教育实践活动,齐心协力抓作风,动真碰硬改作风。持续狠抓中央八项规定精神、《党政机关厉行节约反对浪费条例》《检察人员八小时外行为禁令》及相关配套制度的执行和落实,养成在纪律约束下工作、生活的习惯。坚持抓早抓小抓苗头,对检察人员暴露出的不严格、不规范、不公正、不廉洁等问题,立足于早发现、早提醒、早纠正,切实解决在萌芽和初始状态,积小胜为大胜。认真开展专项督察和专项治理,适时组织"回头看",持续推进专项治理落地生根,严防问题反弹。

二要突出对领导干部、执法办案的监督。认真贯彻民主集中制,对重大事项决策、重要干部任免、大额资金使用全部由集体研究决定,防止个人专断、暗箱操作。紧紧盯住侦监、公诉、反贪、反渎、监所、控申、民行等重点部门,立与不立、捕与不捕、诉与不诉、撤与不撤和变更强制措施等重点环节,进一步健全完善廉政风险防控、案件质量评查等制度,及时发现和解决受利益驱动办案、违反程序办案、刑讯逼供、吃拿卡要、违规扣押冻结款物等问题,确保公正廉洁文明执法。

三要切实加强选人用人的监督。认真执行《党政领导干部选拔任用工作条例》,坚持好干部的"五条标准"(信念坚定、为民服务、勤政务实、敢于担当、清正廉洁)和"三严三实"(严以修身、严以用权、严以律己;谋事要实、创业要实、做人要实)的要求,进一步改进民主推荐、考察方式方法和选拔程序,严格实行提拔任用干部人选廉政建设"一票否决",防止选人用人上的不正之风和腐败问题,真正把德才兼备、清正廉洁、敢于担当的党员干部选拔到领导岗位上来,努力打造"五个过硬"(政治过硬、业务过硬、责任过硬、纪律过硬、作风过硬)的检察队伍。

四要加大查办检察人员违纪违法案件力度。坚持从严治检不动摇,以零容忍的态度,严肃查办检察人员办关系案、人情案、金钱案和索贿受贿、徇私枉法等案件,发现一起查处一起,一查到底,决不姑息,坚决防止"灯下黑"问题。充分运用典型案例加强警示教育,深入剖析问题,堵塞漏洞、建章立制,发挥好查办案件的治本功能。

五要注重发挥巡视监督的作用。坚持问题导向,形成震慑不动摇,不断健全完善巡视工作的领导体制和工作机制,创新方式方法,规范工作流程,突出结果运用,增强巡视监督的针对性和有效性。

(五)落实"两个责任"考核查究要到位

健全完善检查考核机制,把党组落实主体责任、"一把手"履行第一责任人责任、班子其他成员履行"一岗双责",以及解决群众反映强烈突出问题等情况,作为检查考核的重点内容。通过年度考核、专项巡查、检务督察、随机抽查等方式,对"两个责任"落实情况实施动态管理、过程监督,着力发现问题,及时督促整改。

严格"一案双查""一案双究",对发生腐败案件和严重违纪行为,或"四风"和执法作风长期得不到有效治理的单位,既追究当事人责任,也追究相关领导责任,既倒查追究党组的主体责任,也倒查追究纪检监察部门的监督责任,做到有错必究、有责必问,坚决守好落实党风廉政建设责任制最后一道防线。

三、以"零容忍"态度反腐败

（一）紧扣民心这个最大的政治

习近平总书记在第十九届中央政治局第六次集体学习时指出，加强党的政治建设，要紧扣民心这个最大的政治，把赢得民心民意、汇集民智民力作为重要着力点。"紧扣民心这个最大的政治"的要求，体现出我们党来自人民、植根人民、服务人民的本质，彰显了党的根基在人民、血脉在人民、力量在人民的特征。无论过去、现在和将来，以人民为本、密切联系群众都是我们党从胜利走向胜利的最大政治优势，"赢得民心民意、汇集民智民力"都是我们党治国理政的永恒课题。

民心是最大的政治，决定了正义是最强的力量。反腐败是正义的事业，是党心民心所向。坚定不移惩治腐败，是我们党有力量的表现，也是全党同志和广大群众的共同愿望。在谈到反腐败无禁区的问题时，习近平总书记强调，我们所说的不论什么人，不论其职务多高，只要触犯了党纪国法，都要受到严肃追究和严厉惩处，决不是一句空话。近年来严肃查处一些党员干部包括高级干部，向全党全社会充分说明了这一点。在谈到反腐败同人民群众的关系时，习近平总书记指出，腐败问题对我们党的伤害最大，严惩腐败分子是党心民心所向，党内决不允许有腐败分子藏身之地。这是保持党同人民群众血肉联系的必然要求，也是巩固党的执政基础和执政地位的必然要求①。他指出，人民把权力交给我们，我们就必须以身许党许国、报党报国，该得罪的人就得得罪，该做的事就要做。不得罪腐败分子，就必然会得罪人民、辜负党。

---

① 转引自习近平：《在第十八届中央纪律检查委员会第三次全体会议上的讲话》，载中共中央纪律检查委员会、中共中央文献研究室编：《习近平关于党风廉政建设和反腐败斗争论述摘编》，中央文献出版社、中国方正出版社 2015 年版，第 7 页。

是怕得罪成百上千的腐败分子,还是怕得罪十三亿人民?不得罪成百上千的腐败分子,就要得罪十三亿人民。这是一笔再明白不过人心向背的政治账![1] 正是在"正义是最强的力量"的推动下,全面从严治党向基层一线延伸、向群众身边延伸。在"打虎"不停步的同时,坚决惩治发生在群众身边的违纪违法行为。严厉惩处在征地拆迁、教育医疗、脱贫攻坚、生态环保、食药安全、扫黑除恶和惠民政策等工作和领域侵害群众利益的违纪违法案件。以正风肃纪、反腐惩恶的新成效取信于民。推进反腐败斗争从胶着性状态到压倒性胜利的历史性转变,保证党和国家事业取得历史性成就、发生历史性变革。

紧扣民心这个最大的政治,就要坚持不懈地解决人民厌恶与痛恨的问题。无论是传统政治理论的学说,还是马克思主义的教导,包括一些国家的前车之鉴,都反复提醒我们,人民所厌恶与痛恨的问题,必须下决心解决,否则后果难以想象。人民群众最痛恨腐败,腐败问题对我们党的伤害最大,严惩腐败分子是党心民心所向,我们必须以零容忍态度,坚决彻底铲除这个寄生在党的肌体上的毒瘤。人民群众最厌恶"四风",作风问题关系党的形象,关系人心向背,关系党的生死存亡,我们对形式主义、官僚主义、享乐主义和奢靡之风等各种人民群众深恶痛绝的不良作风必须一抓到底,决不能松口气、决不能留死角。为政清廉才能取信于民,秉公用权才能赢得人心。我们要大力营造风清气正的政治生态,大力清除一切侵蚀党的健康肌体的病毒,以自我革命的精神,勇于"刮骨疗毒""壮士断腕",使我们党永远赢得人民群众的信任和拥护。

紧扣民心这个最大的政治,就要以人民的评判作为改进工作的标准。时代是出卷人,我们是答卷人,人民是阅卷人。我们党一切工作的

① 参见《习近平在十八届中央纪委五次全会上发表重要讲话强调 深化改革巩固成果积极拓展 不断把反腐败斗争引向深入》,《人民日报》2015年1月14日。

成败得失必然要由人民来检验,以人民拥护不拥护、赞成不赞成、高兴不高兴、答应不答应作为最高标准,把党的群众观点、群众路线植根于思想中,落实到行动上,体现在标准里。群众拥护什么就鼓励什么,群众期盼什么就做好什么,群众反对什么就纠正什么。不能满足于"只要不出事,宁愿不做事""不求过得硬,只求过得去""不怕群众不满意,就怕领导不注意"。只有倾听百姓的心声,以群众是否满意为标准,才能真正检验出我们工作做得对不对,思考问题全不全,落实到位不到位;也才能切实增强服务意识、改进服务作风、提高服务能力。要充分尊重群众享有的知情权、参与权、表达权、监督权,真心实意地请群众提出问题,让群众参与监督,由群众评议效果,群策群力把工作做实、好事办好。

(二)强化对检察人员日常监督

最高检领导强调,强化对检察人员日常监督,就是要依制度规范约束检察队伍。无论转变思想理念,还是深化改革、服务大局,都得落实习近平总书记反复要求的依规治党、依法治国。我们是检察机关、司法机关,更要按规矩办事,这个规矩就是宪法原则、法律规则、党规党纪。

日常监督是纪委监委的基本职责、首要职责。强化监督,重在日常、贵在有恒。只有把日常监督实实在在地做起来、做到位,才可能抓早抓小、防微杜渐,防止小问题变成大问题、小错酿成大错,真正管住绝大多数,实现管党治党"全面"和"从严"的有机统一。

做深做实对检察党员的监督,是检察机关党组和纪检监察组的职责。应坚持以高质量监督促进高质量发展,聚焦"关键少数",强化日常监督,把思想政治工作和群众工作贯穿始终,通过个别谈话、参加民主生活会、提出纪检监察建议等,抓实近距离常态化监督。据全国范围的统计,2019年纪检监察机关运用"四种形态"批评教育帮助和处理184.9万人次。其中,用好用足第一种形态,约谈函询、批评教育124.6

万人次,占总人次的67.4%。从2017年的59.7%到2018年的63.6%,再到2019年的67.4%,近年来纪检监察机关运用第一种形态批评教育帮助力度持续加大,反映出各级纪检监察机关定位向监督聚焦、责任向监督压实、力量向监督倾斜,监督执纪由"惩治极少数"向"管住大多数"拓展。

强化检察机关日常监督,首先要党组特别是党组书记扛起责任。党的领导是全方位的,本身就包含着管理与监督。《中国共产党党内监督条例》明确规定:"党委(党组)应当加强对领导干部的日常管理监督,掌握其思想、工作、作风、生活状况。"党委书记要把领班子、带队伍体现在日常管理监督中,通过咬耳扯袖、红脸出汗,使党员干部时时感受到纪律约束。纪委监委要履行好协助职责和监督责任,协助不代替、到位不越位,推动党组织落实好监督管理责任,实现纪委专责监督与基层党组织日常监督的有机结合。

强化日常监督,要盯住关键少数,盯住各级领导班子和领导干部。随着纪检监察体制改革的深入推进,实现了党内监督和国家监察全覆盖,监督的对象大量增加。但全覆盖,不意味着纪检监察机关就要直接盯住每一名党员干部、公职人员。大量的党员干部、监察对象,应该是由党委(党组)来直接领导管理。检察机关强化日常监督,要抓住主要矛盾和矛盾的主要方面,通过盯住关键少数,督促各级领导干部自觉接受监督、带头开展监督,带动和促进整个监督体系不断健全、更好运转,从而真正解决监督全覆盖的问题。

强化日常监督,要用好用足第一种形态。平时的咬耳扯袖、红脸出汗,并不比审查调查容易,是得罪人的活。用好第一种形态,是对担当精神和斗争精神的重要考校,是很高的要求。要敢于当"黑脸包公",抓住红脸出汗这个关键,看见苗头就提醒、听到反映就过问、存在问题就处理。要综合运用信访受理、线索处置、约谈提醒、谈话函询和参加民主生活会等多种方式加强日常监督,强化约束氛围,提升监督效果。

强化日常监督,要切实提高做好群众工作的本领,深入干部群众发现问题。从被查的一些腐败对象看,有的腐败分子善于伪装表演、当"两面人",被查之前信访举报很少。要改变离开问题线索就不会监督的状况,深入干部群众发现和了解干部的作风和廉洁情况,对领导干部和当地政治生态进行精准画像,既见"树木"又见"森林",及早发现倾向性、苗头性问题。同时,扶贫、民生等领域的腐败和作风问题,就发生在群众身边,更需要主动走进群众,从谈话、调研中了解掌握群众对党员干部、监察对象的问题反映,相信群众依靠群众开展监督,让群众感受到监督就在身边、纪检监察就在身边。

抓实日常监督要与强化内部监督管理结合起来。最高检领导强调,强化内部监督管理要认真落实中央要求,加强对检察权运行的监督、制约、管理,破解权责平衡难题,全面强化司法检察责任。案件管理是检察权监督管理的重中之重,各级检察机关负责案管工作的部门要善于管理、敢于担当,想方设法支持、帮助业务部门更加优质高效办案,实现双赢多赢共赢。要结合推进内设机构改革,健全完善检务督察机制,加快构建检察权运行监督制约新格局。

(三)一手抓查办惩戒,一手抓警示教育

党的十八大以来,以习近平同志为核心的党中央以雷霆万钧的力度反腐败,保持高压态势,使党的凝聚力、战斗力更强,各方面的工作都取得了新的历史性发展。党风廉政建设主体责任、监督责任的压力层层传导,再加上扫黑除恶专项斗争"破网打伞"的深入,把检察机关存在的突出问题都暴露出来了,对检察人员违纪违法零容忍,查处的越来越多,这是很正常的,也是好事。

如果没有全面从严治党,没有营造良好的政治生态,这些问题不更早暴露出来,只会给事业、给自己造成更大危害。坚持从严管理,绝不护短,体现了讲政治、顾大局。检察机关忠实履行法律监督职责,开展

交叉巡回检察,发现了监狱执法中的大量问题,立案侦查了一批司法工作人员违法问题,同时还要对自己存在的监督不到位问题严肃追责,这就体现了全面从严治党、全面从严治检的要求。要压实责任,该问责的必须问责,觉得自己不能履行职责的可以主动退出员额。问责、追责情形多样,可以结合具体情况落实。检察机关违纪违法干警上升,辩证地看,这是好事,查出来总比有问题放在那、越积累越严重要好!关键是我们怎么对待,如果有的同志确实还有这样那样的问题,要主动向组织说清楚,这是应该有的态度,千万不要心存侥幸,以为没什么事,最终自己承担更重的责任,也给党的事业、检察机关和检察队伍带来损害。请大家始终严格要求自己,把全面从严治党的各项要求主动落到实处。

第 六 篇
新时代检察文化建设

　　树立新时代检察工作、检察文化、检察新闻宣传"三位一体"统筹推进的理念。"三位一体"就是:本在检察工作,要在检察文化,效在检察新闻宣传。三者互为促进又互为表里。没有检察文化引领、没有检察工作基础,检察新闻宣传就无法做深做透。反之,做深做好检察新闻宣传,可收促进、引领传播检察文化,引导推动检察工作实效。

第二十二章

以人民为中心的检察文化观

习近平总书记指出:文化软实力关系着我国"两个一百年"奋斗目标和中华民族伟大复兴中国梦的实现,提高文化软实力,就要推动文化事业全面繁荣、文化产业快速发展。① 最高人民检察院领导在落实这一重要指示时强调,作为国家法律监督机关,新时代检察文化建设是中国特色社会主义文化建设的重要组成部分。为推动新时代检察文化建设,最高人民检察院提出检察工作、检察文化、检察新闻宣传须"三位一体"统筹推进,并明确指出检察文化是原动力,只有深厚的检察文化方能助推检察工作与检察新闻宣传行稳致远。②

一、理论自信的政治引领

理论自信是对中国特色社会主义理论体系的科学性、真理性、正确性的坚信。中国特色社会主义理论体系是中国共产党将马克思列宁主

---

① 参见《习近平主持中共中央政治局第十二次集体学习并发表重要讲话》,《时事报告(党委中心组学习)》2019 年第 1 期。

② 姜洪、邱春艳:《张军:本在检察工作　要在检察文化　效在新闻宣传》,最高人民检察院官网,https://www.spp.gov.cn/tt/202007/t20200709_472616.shtml。

义运用到中国革命、建设和改革的实践中发展出来的,是符合中国国情、具有中国特色、与时俱进的科学理论体系。在中国,任何理论的构建和发展都离不开中国特色社会主义理论体系这一根本的理论支撑,检察理论建设亦然。只有坚持中国特色社会主义理论体系,坚定理论自信,才能不断完善中国特色社会主义检察理论,促进检察工作和检察文化的繁荣发展。

(一)中国特色社会主义理论体系的人民性

马克思曾说,人民是历史的创造者。习近平总书记也曾指出,人民是决定党和国家前途命运的根本力量。① 只有人民认同中国特色社会主义理论体系,认同中国特色社会主义检察理论,才能全国上下、齐心协力,将中国特色社会主义建设好,将中国特色社会主义检察工作实施好,实现中华民族的伟大复兴。

马克思主义理论是关于人的理论,毛泽东继承和发展了马克思主义关于群众史观的内容,提出全心全意为人民服务是中国共产党的根本宗旨,"一切为了群众,一切依靠群众,从群众中来,到群众中去"是党的基本路线。邓小平将是否有利于提高人民的生活水平作为制定路线、方针、政策的出发点和落脚点。"三个代表"重要思想和科学发展观既是重申又是强调以人为本,维护人民的根本利益。党的十八大以来,以习近平同志为核心的党中央提出人民利益高于一切。② 可以说,中国共产党的奋斗史,就是一部为了人民、依靠人民、造福人民的历

---

① 参见习近平:《决胜全面建成小康社会 夺取新时代中国特色社会主义伟大胜利——在中国共产党第十九次全国代表大会上的报告》,新华网,http://www.xin-huanet.com/politics/19cpcnc/2017-10/27/c_1121867529.htm。

② 参见陈曙光、杜利娟、陈雪雪:《新中国 70 年与中国特色社会主义理论自信》,《思想理论教育导刊》2019 年第 9 期。

史。① 党和国家一心一意为了人民,对人民的极大关切,也不断得到人民的拥护和认同。9500 多万党员散布在中华大地的角角落落,几百万个基层党组织发挥战斗堡垒作用,14 亿中国人民勠力同心推动社会主义现代化建设。

检察机关服务党和国家工作大局,就要始终做到讲政治,②就是要坚持以人民为中心,就是要用检察行动维护人民的根本利益。新中国第一部宪法就明确规定检察院负有维护法律尊严、监督法律实施的责任,必须要站在人民的立场上,以维护人民群众的根本利益作为检察工作的根本职责,以使人民群众获得安全感、满足感、幸福感作为检察工作的最高荣耀。只有让人民在每一个检察案件中感受到公平正义,才能算是真正的做好新时代检察工作,才能得到人民群众的支持和认同,才能获得司法公信力、捍卫法律的尊严和权威。

(二)中国特色社会主义理论体系的科学性

中国特色社会主义理论体系和马克思主义一脉相承,是马克思主义理论同中国的具体实际相结合的产物。在马克思主义的指导下,中国共产党团结带领中国人民实现了从站起来到富起来再到强起来的伟大飞跃。马克思主义的真理性决定了中国特色社会主义理论体系的科学性,已经在中国革命、建设和改革的进程中不断得到证明。③ 科学的中国特色社会主义理论体系孕育出科学的中国特色社会主义检察理论体系。中国特色社会主义检察理论来源于新时代检察实践,是在马克思主义法律思想与法学理论中国化的基础上,以习近平新时代中国特

① 参见陈曙光、杜利娟、陈雪雪:《新中国 70 年与中国特色社会主义理论自信》,《思想理论教育导刊》2019 年第 9 期。
② 参见姜洪、侯映雪:《张军:履行好政治性极强的检察职责》,正义网,http://cs.hnzf.gov.cn/Info.aspx? ModelId=1&Id=6723。
③ 参见人民论坛"特别策划"组:《"四个自信"之理论自信:理论自信底气何在》,《人民论坛》2017 年第 12 期。

色社会主义思想为指导,并结合中国具体的司法实践,不断探索、发展出来的。它脱胎于中国特色社会主义理论体系,又经中国具体检察司法实践证明,是科学的理论,是符合中国社会和中国司法实际的理论。新时代检察工作者必须要认识到中国特色社会主义检察理论的科学性,发自内心地认同、支持检察理论,才能更有底气和自信创新发展检察理论。

(三)中国特色社会主义理论体系的实践性

实践是检验真理的唯一标准,实践性是马克思主义理论与其他理论相区别的显著特征。一个理论是不是科学,必须要看实践的状况如何,是否符合我国的具体国情。① 中国特色社会主义理论体系在中国社会的革命、建设和改革的实践中已经得到验证。植根于中国特色社会主义理论体系和中国具体司法实践的中国特色社会主义检察理论,也在实践中不断被检验,并发展、成熟,指导着处于发展变革中的检察实践。②

当前,全国检察机关在以习近平同志为核心的党中央坚强领导下,在全国人大及其常委会有力监督下,以习近平新时代中国特色社会主义思想为指导,紧紧围绕统筹推进"五位一体"总体布局、协调推进"四个全面"战略布局,把增强"四个意识"、坚定"四个自信"、做到"两个维护"体现在履职尽责上,讲政治、顾大局、谋发展、重自强,各项检察工作均取得重大成就。首先,面对突如其来的新冠肺炎疫情,各级检察机关依法防控,以法与情写就中国抗疫故事检察篇章。疫情期间,为适应特殊办案需要,最高人民检察院迅速出台专门规范,并会同公安部发布疫情期间典型案例,以规范司法、警示犯罪、教育社会。各级检察机

---

① 参见常锐:《坚定四个自信是实现中国梦的行动指南和坚实保障》,《学术交流》2018 年第 6 期。

② 参见《最高检张军检察长就落实全国两会精神提出强调意见》,澎湃新闻,https://www.thepaper.cn/newsDetail_forward_3174923。

关还注重保障涉案人的合法权益。若犯罪嫌疑人是疑似或确诊病例的,首先要保障医治,以体现司法的人文关怀。其次,全国检察机关紧紧围绕党和国家工作大局,忠实履行宪法法律赋予的法律监督职责。一是积极参与、促进国家治理,为经济社会发展大局服务,全力投入平安中国、法治中国建设。二是跟上、适应时代发展,扎实履行法律监督职责,贯彻执行十三届全国人大二次会议决议关于"更好发挥人民检察院刑事、民事、行政、公益诉讼各项检察职能"新要求,落实人民检察院组织法新规定。三是狠抓自身建设,提升检察履职能力,认真落实习近平总书记"四个铁一般"重要要求,深入贯彻检察官法。四是自觉接受人民监督,让检察权在阳光下行使。70多年来,人民检察院始终践行"为大局服务、为人民司法"的初心和使命,不断提高检察服务标准,不断提升检察工作质量,为中国的法治建设和发展贡献着检察力量。①

二、道路自信的思想保证

方向决定道路,道路决定命运。道路自信既是对未来发展方向和命运的自信,更是对中国特色社会主义道路的高度自信。各级检察机关必须坚定"中国特色社会主义道路是实现社会主义现代化的必由之路,是创造人民美好生活的必由之路"②,坚定中国特色社会主义法治道路是实现全面依法治国、建设法治国家的必由之路,才能完成好新时代检察工作、建设好新时代检察文化。

---

① 参见《最高人民检察院工作报告》,最高人民检察院官网,http://www.bjnews.com.cn/feature/2020/05/25/731225.html。

② 习近平:《在庆祝中国共产党成立95周年大会上的讲话》,《人民日报》2016年7月2日。

(一)从伟大征程和辉煌成就中坚定道路自信

之所以人民选择中国特色社会主义道路,并不是偶然,而是从一次次失败和教训中探索总结出来的。自 1840 年第一次鸦片战争开始,中国在炮火的猛烈攻击下,被迫打开国门,逐渐沦为半殖民地半封建社会,遭受列强欺辱霸凌。为了挽救处于内忧外患、水深火热之中的中国,无数仁人志士开始探索救亡图存之道。以曾国藩、李鸿章等为代表的洋务派发动洋务运动,坚持"中体西用",然而,甲午中日海战中北洋海军全军覆没宣告了洋务运动的失败;以康有为、梁启超为首的维新派发动戊戌变法,主张实行君主立宪制,但仅存在 103 天便在以慈禧太后为首的守旧势力的打压下宣告消亡;以孙中山为首的革命派发动辛亥革命,推翻清廷统治,推行民主共和制度,但因袁世凯窃取革命成果,也宣告失败……事实证明,君主立宪制、议会制、多党制、总统制等各种制度模式在中国都走不通,①无法挽救处于濒危中的旧中国。1921 年,中国共产党成立,其以马克思主义理论为指导,带领着广大人民取得了新民主主义革命的胜利,建立了新中国,进行社会主义改造,实行改革开放,倡议构建人类命运共同体。

我国在政治、经济、文化等各个方面取得的一个又一个奇迹,无不告知着我们中国特色社会主义道路的成功。新时代检察工作的发展同样离不开马克思主义的指导,离不开中国具体的司法实践土壤,离不开对中国特色社会主义道路的坚守。各级检察机关在坚定道路自信的基础上,还要把握好坚持中国特色社会主义检察理论实践、坚持走我们自己的道路,与充分吸收国际上这方面有益成果的关系。既要充分研究中国检察理论与实践的特色,更要充分了解、分析国际上对相关问题的

---

① 参见习近平:《坚持、完善和发展中国特色社会主义国家制度与法律制度》,《求是》2019 年第 23 期。

理论研究,主动吸收借鉴国外的有益经验和优秀成果。① 各级检察机关只有在坚持走中国特色社会主义法治道路上坚定信心,才能有坚定发展的底气、实现创新发展的目标,才能为党和国家中心工作提供更加优质的服务和保障。②

(二)从道路的科学内涵中坚定道路自信

党的十七大明确阐述了中国特色社会主义道路的科学内涵:在中国共产党领导下,立足基本国情,以经济建设为中心,坚持四项基本原则,坚持改革开放,解放和发展社会生产力,巩固和完善社会主义制度,建设社会主义市场经济、社会主义民主政治、社会主义先进文化、社会主义和谐社会,建设富强民主文明和谐的社会主义现代化国家。党的十八大报告在十七大提出的经济建设、政治建设、文化建设、社会建设的基础上,增加生态文明建设,形成"五位一体"总体布局。党的十九大又提出,把我国建设成为富强民主文明和谐美丽的社会主义现代化强国,以与"五位一体"总体布局实现更好对接。可见,中国特色社会主义道路的科学内涵是随着时代的发展而不断发展的。

现阶段,中国特色社会主义道路的目标就是要实现国家治理体系和治理能力现代化。检察履职就是法治体系、法治建设能力的一部分,就是国家治理体系和国家治理能力的一部分。新时代检察工作要自觉把检察履职纳入国家治理体系和治理能力现代化、法治体系和法治建设能力现代化中谋划、部署、推动;要把具体检察职能的履行纳入"五位一体"总体布局和"四个全面"战略布局,纳入国家治理体系和治理

① 参见邱春艳:《最高检领导与一线检察理论研究人员座谈》,最高人民检察院官网,https://www.spp.gov.cn/tt/202004/t20200421_459250.shtml。
② 参见邱春艳:《最高检:以高度政治自觉法治自觉检察自觉抓好党建工作》,最高人民检察院官网,https://www.spp.gov.cn/spp/tt/202004/t20200428_460110.shtml。

能力现代化建设中,纳入国家法治体系和法治建设能力的提升中去谋划。对于到了检察环节的案件,就要把检察司法政策落到实处。有党章党规、法律法规,就要严格照着做,就要严格按规定去履职,落实依规治党、依法治国要求,用依规办、依法办的标准来衡量检察工作是否到位,用人民群众是否满意衡量检察工作的具体成效。这不是高标准,是应该做到的。如果履行不到位,成效不高,检察机关就得反思,就得问责。检察工作者必须要用这样的认识把讲政治、顾大局落到实处,把对党中央会议精神的学习贯彻落到实处。①

(三)从道路的基本特征中坚定道路自信

中国特色社会主义道路是坚持社会主义公有制为主体、多种所有制经济共同发展,走共同富裕道路的社会主义,是初级阶段的社会主义。中国特色社会主义道路最重要的两个基本特征,一是中国特色社会主义道路是社会主义,是具有中国特色的社会主义道路,始终强调以人民为中心,坚持维护广大人民群众的最根本利益,这是我国社会主义道路优越性的体现。新时代检察文化建设要坚定道路自信,就是要坚定中国特色社会主义道路,坚持以人为本,维护广大人民群众的根本利益。新时代,人民群众对民主、法治、公平、正义、安全、环境等方面有新的更高水平的要求。检察机关不光要有能力,还要有司法情怀,要努力将其建设成为让党中央放心、让人民群众满意的模范机关。② 二是中国特色社会主义还处在初级阶段,改革和开放是这个时代不可回避的两个话题。新时代检察机关坚定中国特色社会主义道路自信,需要认

---

① 参见姜洪、吕峰:《张军在河南调研:"请政法兄弟机关为刑事检察号号脉"》,正义网,http://news.jcrb.com/jxsw/201911/t20191114_2076605.html。
② 参见邱春艳:《最高检:以高度政治自觉法治自觉检察自觉抓好党建工作》,最高人民检察院官网,https://www.spp.gov.cn/spp/tt/202004/t20200428_460110.shtml。

清我国的基本国情,需要借鉴各国检察制度的优秀经验和有益因素,推动我国检察工作朝着更高水平更高质量发展。毫无疑问,中国特色社会主义检察制度是世界上独一无二的。中国特色强调的是我们制度的优势和独特性。但也要看到,人类社会发展过程中,不同国家走上的法治道路、创造的法治文明,随着人类命运共同体的构建,总体趋势是交流交融的。正如习近平总书记所指出的,面对复杂的国际形势和全球性问题,没有哪一个国家能够独善其身,也没有哪一个国家能够退回到自我封闭的孤岛。中国特色社会主义检察制度怎样服务党和国家工作大局,会遇到许多新情况、新问题,需要我们深入研究探讨。我们要按照习近平总书记"借鉴国外法治有益经验,但决不照搬外国法治理念和模式"的要求,积极适应、主动融入多样文明相交相融这样的发展大势。①

三、制度自信的强大支撑

制度自信是对中国特色社会主义制度具有制度优势的高度自信。近代以来的历史证明,中国特色社会主义制度是当代中国发展进步的根本制度保障,是具有鲜明中国特色、明显制度优势、强大自我完善能力的先进制度。② 中国特色社会主义检察制度是中国特色社会主义制度的重要内容,新时代检察机关坚定中国特色社会主义制度自信,就是要坚定中国特色社会主义司法制度和检察制度自信,要从内心认同我国检察制度的优越性,要有定力和主见发展好完善好中国特色的检察

① 参见姜洪:《张军:勇担时代使命　凝聚广泛共识　共同开创新时代检察理论研究工作新局面》,最高人民检察院官网,https://www.spp.gov.cn/spp/tt/201907/t20190721_425747.shtml。

② 参见习近平:《在庆祝中国共产党成立95周年大会上的讲话》,《人民日报》2016年7月2日。

制度,推动检察建设现代化。

(一)具有强大生命力和优越性的制度

看一个制度好不好、优越不优越,要从经济上、政治上和组织上三个方面去评判和把握。邓小平同志 1980 年在《党和国家领导制度的改革》中说过,"党和国家的各种制度究竟好不好,完善不完善,必须用是否有利于实现这三条来检验"①。不管是经济制度、政治制度,还是社会制度、司法制度,每一个国家的制度都不会完全一样。我们的制度适合我国国情。我们用了几十年时间走了西方国家几百年的历程,就充分说明中国特色社会主义制度的优越性。西方国家经济社会发展是循序渐进的,经过几百年消化、解决积累的问题,逐步走向今天的成熟。我们几十年里经济文化、社会结构、利益格局发生如此巨大的变化,但依然保持长期稳定,很不容易。当今世界正面临百年未有之大变局,国与国的竞争日益激烈,归根结底是国家制度的竞争。中国发展呈现出"风景这边独好"的局面,这其中很重要的原因就是我国国家制度和法律制度具有显著优越性和强大生命力。②

第一,中国特色社会主义制度的优越性集中表现在人民性。始终代表最广大人民的根本利益,保证人民当家作主,体现人民共同意志,维护人民合法权益,是我国国家制度和国家治理体系的本质属性,是区别于很多国家尤其是资本主义国家的根本所在。③ 人民立场是检察机关的根本政治立场,我国司法制度、检察制度的发展同样需要始终坚持以人为本,维护人民群众的根本利益。以人民为中心、为人民服务是无止境

① 《邓小平文选》第二卷,人民出版社 1994 年版,第 323 页。
② 参见《习近平在中央政治局第十七次集体学习时强调 继续沿着党和人民开辟的正确道路前进 不断推进国家治理体系和治理能力现代化》,新华网,ht-tp://www.xinhuanet.com/politics/2019-09/24/c_1125035490.htm。
③ 参见谢春涛:《我国国家制度和国家治理体系具有显著优势》,《学习时报》2020年 4 月 20 日。

的。如何通过依法履行检察监督职责,将人民群众的利益体现好、落实好、依法维护好,就要通过"悟",有更加强烈的使命意识、责任意识,不断审视自身不足,积极补齐工作短板,把各项工作提升到新的层次。① 当前,各级检察机关平等保护民营企业、切实加强民事和行政检察监督、大力推进公益诉讼检察监督,都是中国特色社会主义司法制度、检察制度贯彻人民性的体现。

第二,中国特色社会主义制度的优越性还体现在实践性。我国国家制度之所以具有多方面的显著优势,很重要的一点就在于我们党在长期实践探索中,坚持把马克思主义基本原理同中国具体实际相结合,用中国化的马克思主义、发展着的马克思主义指导国家制度建设,及时把成功的实践经验转化为制度成果。② 我们用了几十年时间走了西方国家几百年的历程,就充分说明中国特色社会主义制度的优越性。中国的法治建设始终与国家事业发展同向同行,中国梦必然包括法治梦。在现代国家治理中,法律发挥着非常重要的作用,不可或缺。检察制度是一个国家政治制度、司法制度的重要组成部分,也是法治体系的重要内容。我国宪法明确规定:中华人民共和国人民检察院是国家的法律监督机关。检察权是与行政权、监察权、审判权并立的国家权力,具有独立的宪法地位。把人民检察院确定为国家法律监督机关,既是中国检察制度的特色,也是中国司法制度乃至中国政治制度的一个重大优势。按照宪法法律规定,中国检察机关主要履行四方面职能:一是审查批准逮捕。二是审查提起公诉。三是实施诉讼监督,也就是对刑事诉讼、民事诉讼、行政诉讼活动以及刑罚执行

① 参见《旬阳检察:学习贯彻张军检察长在陕调研讲话精神 推动检察工作创新发展》,领导干部网,http://www. ldgb. cn/admin/pub _ newsshow. asp? id = 29106997&chid = 100202。
② 参见习近平:《坚持、完善和发展中国特色社会主义国家制度与法律制度》,《求是》2019 年第 23 期。

和监管活动实行法律监督,依法监督纠正错误裁判和诉讼中的违法行为,保障司法公正,维护当事人合法权益。四是提起公益诉讼。在生态环境和资源保护、食品药品安全、国有财产保护、国有土地使用权出让等领域,国家利益或者社会公共利益受到侵害,检察机关可以向人民法院提起公益诉讼,要求违法民事主体纠正违法行为、弥补公益,或者要求违法行政执法主体依法履行公益保护监管职责。检察机关的"四大检察"职能内在地统一于检察机关的法律监督宪法赋权,并在实践中不断深化、发展。

(二)中国取得一切成就的根源的制度

"改革开放40年的实践启示我们:制度是关系党和国家事业发展的根本性、全局性、稳定性、长期性问题。"①新时代检察工作取得重大成就与中国特色社会主义制度息息相关。新冠肺炎疫情期间,各级检察机关从一开始就注意准确把握法律政策,力防突破法律的"从重""从严""从快"。在疫情防控工作中,最高检党组始终强调党建引领,及时成立应对疫情工作领导小组和涉疫情防控检察业务领导小组,认真落实党中央部署要求,强调越是在疫情吃劲的时候,越要重视党建工作,把习近平总书记关于党建工作的重要指示,结合检察工作、战"疫"工作实际更生动地体现出来、更深入地落实下去。② 实践证明,效果是好的。经历这次大考,我们更加深刻感受到中国共产党领导和我国社会主义制度的显著优势,认识到中国特色社会主义检察制度的优越性。因此,我们在任何时候任何情况下都要坚持党的领导,坚定制度自信,坚持中国特色社会主义检察制度。

---

① 习近平:《在庆祝改革开放40周年大会上的讲话》,新华网,http://www.xinhuanet.com/politics/leaders/2018-12/18/c_1123872025.htm。

② 参见张军:《切实扛起新时代党的建设主责 实现检察机关党建更高标准、更优质量发展》,《旗帜》2020年第5期。

（三）有效管用、深得人民拥护的制度

制度好不好,人民说了算,人民的拥护和支持是制度稳固的根基。[①] 在政治制度上,人民代表大会由人民选举代表,代表人民发声,直接体现了民众的意志;在中国共产党领导的多党合作和政治协商制度中,共产党是执政党,各民主党派是参政党,参政议政、共商国是;通过民族区域自治制度、基层群众自治制度,放权给少数民族、基层组织,自我管理、自我监督,对于促进各民族团结统一、人民当家作主具有十分重要的意义。在经济制度上,在以公有制为主体多种所有制经济共同发展,大众创业、万众创新,支持民营经济发展等一系列制度和政策的扶持下,市场活力充分展现,一切创造财富的源泉充分涌流。文化建设上突出百花齐放、生态建设上实现绿水青山、社会建设上保障和改善民生。可以说,党和国家始终在为人民群众创造更好的生产和生活环境而不懈奋斗。

新时代检察机关必须要始终坚持以人民为中心,不断向人民群众普及检察工作、检察文化,让人民群众了解、支持检察工作,并以人民是否满意作为检察工作的最终标准。坚持以人民为中心,办好信访案件,让信访案件越做越实、越办越少,促进办案质量不断提升。做好公益诉讼"回头看"工作,并结合公益诉讼"回头看"发现的问题制定诉前检察建议落实标准。以高度的责任心抓好未成年人检察工作,要对"一号检察建议"的落实抓住不放,保护未成年人不受侵害特别是不受性侵害。高度重视典型案例和指导性案例,做好听证工作,提升整体能力素质,以不断适应宪法规定的检察机关作为国家法律监督机关的定位。检察机关只有从日常工作中落实为人民服务的理念,切实维护人民的

[①] 参见宋才发:《制度优势是"中国之治"的根本优势》,《广西社会科学》2020 年第 2 期。

利益,中国特色社会主义检察工作才能得到人民的支持和拥护。

四、检察主体的力量凝聚

"古往今来,中华民族之所以在世界有地位、有影响,不是靠穷兵黩武,不是靠对外扩张,而是靠中华文化的强大感召力和吸引力。"[1]文化自信,是更基础、更广泛、更深厚的自信,是一个民族进步的力量。之所以我们能够坚定理论自信、道路自信、制度自信,正是因为我国拥有传承了5000多年的传统文化。"自信者,人恒信之"。我们必须发自内心认同,才可能始终坚定检察道路自信、理论自信、制度自信、文化自信,才可能更有底气以创新发展的检察理论,发出新时代检察最强音。[2]

(一)坚持文化育魂,坚定理想信念

"文化是一个国家、一个民族的灵魂。文化兴国运兴,文化强民族强。没有高度的文化自信,没有文化的繁荣兴盛,就没有中华民族伟大复兴。"[3]只有先把理念论清楚、搞端正,新时代检察理论研究、检察工作才有方向。新时代检察人员要坚持以习近平同志为核心的党中央坚强领导,坚持以习近平新时代中国特色社会主义思想为指导,把习近平总书记在全国两会期间系列重要讲话精神和全国两会精神融入每一项检察工作中,持续、深入学习贯彻,一项一项抓实抓好,以"四大检察""十大业务"的更好实效为全面建设社会主义现代化国家作出新的更大的贡

---

[1] 习近平:《在文艺工作座谈会上的讲话》,人民出版社2015年版,第3页。

[2] 参见《最高人民检察院关于加强和改进新时代检察理论研究工作的意见》,最高人民检察院官网,https://www.spp.gov.cn/spp/xwfbh/wsfbt/201909/t20190903_430960.shtml#2。

[3] 习近平:《决胜全面建成小康社会 夺取新时代中国特色社会主义伟大胜利——在中国共产党第十九次全国代表大会上的报告》,新华网,http://www.xinhuanet.com/politics/19cpcnc/2017-10/27/c_1121867529.htm。

献。检察人员对于司法公平、社会正义要有不懈追求。使人民群众在每一个检察案件中感受到公平正义,不仅是每一个检察人的崇高理想,也是每一个检察工作者的行为准则。人民群众的肯定、满意是"易碎品",如果不能持续跟上没有最高、只有更高的新要求,就可能得到"差评",更不要说,我们的工作本身还有这样那样的问题。① 只有坚定理想信念,才能更好地做好做实检察工作。除此之外,反贪职能转隶后,转隶就是转机,在监督中办案、在办案中监督,双赢多赢共赢,"四大检察""十大业务"全面协调充分发展等创新发展工作理念也得到系统上下一致认同,在社会上也产生很好反响。这些因应形势发展变化、推动检察工作创新发展的理念,亟须加以理论阐释。理论深化的过程也是不断统一认识、加深理解,进而深化指导实践的过程,也就是从实践到认识、再从认识到实践的发展过程。坚持正确政治方向,守住底线,有质疑不怕,有不同理解才能引发更深入的讨论、探究,思想碰撞产生的火花恰是照亮检察实务迷惘的理论之光。"理念一新天地宽"说的就是这个道理。②

(二)坚持文化育能,增强核心本领

作为检察工作者,除了具有崇高的理想信念,还需要具备扎实、丰富的法律知识和经验。习近平总书记强调,法治工作是政治性很强的业务工作,也是业务性很强的政治工作。这既是政治要求,也是对业务能力的要求,不要把业务能力和政治要求脱节开来。③ 正如民法典颁布后,检察机关内部组织多次关于民法典的学习和培训。如果不加强

---

① 邱春艳:《张军:坚持"稳进"深化"落实"持续"提升"把全国两会精神融入每一项检察工作中》,最高人民检察院官网,https://www.spp.gov.cn/spp/tt/202006/t20200602_463873.shtml。

② 参见邱春艳:《最高检领导与一线检察理论研究人员座谈》,最高人民检察院官网,https://www.spp.gov.cn/tt/202004/t20200421_459250.shtml。

③ 参见姜洪:《张军在河北省检察机关调研:牢记初心使命直面问题差距》,正义网,http://news.jcrb.com/jxsw/201907/t20190705_2020904.html。

对民法典的学习,不了解物权、债权、人格权规定及其原理,怎么能处理好经济犯罪案件、职务犯罪案件? 怎么能办好刑事附带民事诉讼案件? 认罪认罚从宽当然也包含了"认赔"。如果检察官不了解民法典,怎样向犯罪嫌疑人、被告人讲清楚,为什么要赔偿、怎样赔偿,法律依据在哪? 这个赔偿不做到,刑事上怎能给你提出从宽的处罚建议? 同样,对于被害人来讲,也要掌握他们提出的赔偿要求是不是符合民法典和案情? 如果不学用民法典,就办不好这样的刑事案件! 对知识产权的保护,法律关系有时候是交叉的,被侵权人如果向公安机关报案,可能就形成了刑事案件。如果直接起诉到法院,可能就是民事案件。这就需要综合发挥刑事检察、民事检察乃至行政检察等职责。如果不学好用好民法典,对知识产权的综合和有效保护就难以实现。[①] 作为法律人,尤其是检察人,必须要时刻紧跟法律发展的步伐,全面掌握、正确理解各项法律规范,才能促进检察工作进步、保障社会持续发展。

(三)坚持文化育行,树好职业形象

检察官是依法言法、客观公正的守护人,被誉为世界上最客观之官署。检察官在日常工作中必须严格遵循职业道德,树立良好的检察官职业形象。首先,检察官在日常工作中需要检察人民至上,维护人民的根本利益。信访工作是人民群众同检察院联系的重要渠道,早在 12 年前,最高检就要求对群众来访件件有回复。2018 年以来,最高检党组强调必须把这项制度落实到位,做到群众信访"7 日内程序性回复、3 个月内办理过程或结果答复"。在 2019 年全国两会上,这个要求成为检察机关向全国人民的庄严承诺。为了这份沉甸甸的诺言,全国检察机关尽心尽力,采取领导包案、挂牌督办、建立信访接待信息化系统等

---

① 参见邱春艳:《最高检:把体现人民至上的民法典落到"四大检察"中》,最高人民检察院官网,https://www.spp.gov.cn/spp/tt/202006/t20200603_464065.shtml。

措施,化解了一批矛盾纠纷。最高检还要求各级检察长都要带头办案,其中就包括带头办理信访案件。最高人民检察院检察长带头办理信访案件,耐心倾听申诉人诉求,站在民营企业长远发展的立场,真正为申诉人的利益说法理、谈情理、讲道理,正是全国检察机关努力兑现"群众信访件件有回复"承诺、努力为人民服务的缩影。① 其次,检察官在日常工作中还需要严格依法办事,遵守法定程序。检察官乃最公正客观的官署,只有检察官带头懂法知法守法,民众才能更尊重法律、遵守法律。最后,检察官要积极主动进行法律监督,维护法律尊严和司法权威。在民事、刑事、行政、公益四个部分,都要积极行使法律监督权,善用检察建议,做实做好检察监督工作。

(四)坚持文化育廉,筑牢思想防线

检察官,作为官员,必须清正廉洁。检察官身为反腐一线人员,应当自觉抵制腐败,廉洁奉公,更好守护公平正义,弘扬美德善行。② 作为官员,在日常工作中,检察官应当坚持把社会主义核心价值观融入司法办案,把社会主义核心价值观作为司法办案的灵魂,融入法律监督全过程,使司法活动既符合法律规范又符合道德标准,促进法治与德治有机融合。检察官要始终牢记中国共产党的领导是中国特色社会主义制度的最大优势,强化政治责任,以高度的政治自觉、法治自觉和检察自觉做好日常工作,自觉遵循党章党规,把管党治党责任扛在肩上、记在心里、抓在手中,认真、扎实践行党建责任,实现检察机关党建更高标准、更优质量发展,走在前列、作好表率。要坚持严管就是厚爱,持续不懈加强机关党的纪律作风建设。特别是要坚决杜绝"老好人"心

---

① 参见姜洪:《最高检检察长张军带头办理信访案件 落实"群众信访件件有回复"》,最高人民检察院官网,https://www.spp.gov.cn/tt/201912/t20191204_440480.shtml。

② 参见张军:《把实施民法典贯穿法律监督始终》,《求是》2020年第12期。

态,防止违纪违法小事拖大、后果恶化。对违纪违法行为要敢于斗争、善于斗争,抓早抓小,严肃执纪,对组织、对干部本人负责,真正做到"两个维护"。①

---

① 参见邱春艳:《最高检:以高度政治自觉法治自觉检察自觉抓好党建工作》,最高人民检察院官网,https://www.spp.gov.cn/dj/xwjj/202004/t20200428_460180.shtml。

第二十三章

新时代的检察文化建设

"马克思认为,在不同的经济和社会环境中,人们生产不同的思想和文化,思想文化建设虽然决定于经济基础,但又对经济基础发生反作用。"①检察机关作为国家机构,属于上层建筑的重要组成部分,也必须以崇高的思想武装自己,以优秀的文化塑造自己,以先进的理论指导自己,从深层次吸收借鉴人类先进的、优秀的法治文明和法律智慧,发展完善中国特色社会主义司法检察制度。

一、培育践行社会主义核心价值观

社会主义核心价值观是在传承和发展了 5000 多年的文明中所孕育出来的中华优秀传统文化的结晶,积淀着中华民族最深层次的精神追求,代表着中华民族独特的精神标识。新时代检察文化建设依然要大力弘扬社会主义核心价值观,弘扬以爱国主义为核心的民族精神和

---

① 习近平:《在纪念马克思诞辰 200 周年大会上的讲话》,新华网,http://www.xin-huanet.com/politics/leaders/2018−05/04/c_1122783997.htm。

以改革创新为核心的时代精神,①不断增强检察工作者的精神力量。

(一)以检察信仰为核心,营造学习文化

在国家治理体系和治理能力现代化的背景下,如何建设新时代检察院、争当新时代检察官是检察工作者迫切需要解决的重大问题。各级检察机关都要努力建设"学习型"检察院,不仅要加强政治学习,也要注重业务学习,把习近平新时代中国特色社会主义思想学习通、领会透、践行好。首先要明确一个大的原则,在最高检机关,不管是干什么工作,都应该了解法律、检察机关主责主业特别是"四大检察""十大业务",绝不能因为在综合部门工作就觉得不熟悉业务情有可原!② 每一位检察官都要争当"放心型"检察官,把习近平总书记"四个铁一般"要求落到实处,履行法律监督职责,政治上让院党组放心,让派驻纪检监察组放心;业务上让院党组、检察长、分管检察长放心,让党委放心。③ 要按照检察工作是政治性极强的业务工作也是业务性极强的政治工作的更高要求,总结好一年来工作,谋划好第二年工作。④ 要充分认识和把握国际国内两个大局,切实强化政治机关意识,以"第一责任"走好"第一方阵",把增强"四个意识"、坚定"四个自信"、做到"两个维护"结合检察工作落实落细落具体。

新时代,各级检察机关及其工作人员"弹钢琴"的艺术还不高,敢于斗争的精神和智慧还不够;满足于自己分管的"一亩三分地",全局

---

① 参见习近平:《在庆祝中国共产党成立 95 周年大会上的讲话》,《人民日报》2016年 7 月 2 日。

② 参见《最高检检察长张军,为何谈到了王熙凤?》,经济网,http://www.ceweekly.cn/2020/0424/295046.shtml。

③ 参见姜洪、侯映雪:《张军:履行好政治性极强的检察职责》,正义网,http://news.jcrb.com/jxsw/201912/t20191206_2086113.html。

④ 参见姜洪、侯映雪:《张军:建设"学习型"检察院 争当"放心型"检察官 履行好政治性极强的检察职责》,最高人民检察院官网,https://www.spp.gov.cn/spp/tt/201912/t20191206_440687.shtml。

观念还有待增强;检察理论研究还不够深入,参谋助手作用发挥不充分;创新开展工作的劲头不足,有的工作只是按部就班抓。① 如何协调发展"四大检察""十大业务";如何加强法律监督能力建设,进一步补短板、强弱项;如何在"四大检察"理念、机制建设中把程序监督与实体监督融为一体……问题还很突出,检察机关无论在理论上还是在实践中,无论在制度建设中还是在能力提升方面,都还有很大距离、很大潜力。② 因此,未来检察机关还需要坚定检察信念,进一步增强政治自觉、法治自觉、检察自觉,通过更多务实有效的学习实践,把以人民为中心、保障人民权益切切实实落到检察履职中。③

提升专业能力和专业水平永远在路上,要从日常工作、业务学习培训、干部交流等方面综合入手。检察长带头办案就是提升专业能力的重要途径。检察长办案不是说把自己当成劳动力,到春种秋收忙季帮着干点事,而是总结检察工作经验,发现问题、解决问题,带动整个队伍提升能力水平。因此,办理的应当是疑难、复杂、影响性案件。检察长能力水平更高,办的案件质量就应该更高,起到模范带头作用。同时,在办案中发现更深层次的问题,预防、解决检察管理中的一些问题。此外,还要加强干部交流,要把专业性和综合性有机结合起来,既要培养专才,又要培养通才;既注意保留骨干,突出专业,确保业务不脱节,又要加强交流,加强干部多岗位锻炼,不能"一潭死水"。

(二)以检察精神为核心,营造道德文化

当前,检察人员违纪违法现象仍时有发生,暴露出检察机关系统内

---

① 参见邱春艳:《最高检:以"三个自觉"提升巡视整改质效》,最高人民检察院官网,https://www.spp.gov.cn/spp/tt/202003/t20200327_457437.shtml。

② 参见姜洪:《最高检召开法律监督体系和监督能力现代化建设座谈会》,最高人民检察院官网,https://www.spp.gov.cn/dj/xwjj/201912/t20191218_450585.shtml。

③ 参见邱春艳:《最高检:把体现人民至上的民法典落到"四大检察"中》,最高人民检察院官网,https://www.spp.gov.cn/spp/tt/202006/t20200603_464065.shtml。

部的问题依然不同程度存在。检察机关存在的各种问题,尽管表现形式不一,根本仍在于我们抓政治建设、职业道德建设有温差、落差、偏差,"三个自觉"做得还不够。虽然教育整顿活动有具体时间部署,但检察机关不能等不能拖,要先行一步,自觉主动、一如既往抓实抓好检察队伍建设、职业道德建设。从根本上说,职业道德建设就是要把检察职业与党的事业联系起来,与中国特色社会主义司法制度要求结合起来,与为人民服务、把人民作为我们的父母去对待结合起来,与我们的使命结合起来,以更高的责任感使命感去加强职业道德建设,努力做得更好。①

检察机关做好职业道德建设,一是要切实增强搞好试点的政治责任感和时代使命感,紧紧围绕"五个过硬""四项任务""三个环节",扎扎实实抓好各项工作。二是要持之以恒狠抓检察队伍建设,将顽瘴痼疾整治任务融入日常、抓在经常。三是要充分发挥检察职能,助推教育整顿取得实效。检察机关是国家法律监督机关,要充分发挥检察职能作用,敢于监督、善于监督、依法监督、规范监督,推动解决突出问题,推动以突出问题整治带动面上问题整改。四是要紧紧依靠地方党委和相关部门的支持,加强对试点地区的指导,突出"严"的主基调,把学习教育、查纠问题、整改落实贯穿始终,确保试点工作取得更实成效,并及时总结好做法好经验,为教育整顿试点和全面铺开提供借鉴。坚持不懈、持之以恒用习近平新时代中国特色社会主义思想武装头脑;主动对标对表党中央重大决策部署,把政治建设融入日常、落实到具体工作中;始终做到讲政治与抓业务有机统一。始终坚持标本兼治,严在日常,一体推进不敢腐、不能腐、不想腐,坚决遏制检察人员违纪违法高发势头。②

---

① 参见姜洪、欧阳晶:《最高人民检察院检察长张军在江西赣州考察调研》,江西法制网,http://www.jxlaw.com.cn/system/2019/04/01/030052323.shtml。

② 参见邱春艳:《张军:以"三个自觉"抓好教育整顿试点工作》,最高人民检察院官网,https://www.spp.gov.cn/tt/202007/t20200709_472616.shtml。

（三）以检察素养为核心,营造职业文化

新时代人民群众对民主、法治、公平、正义的需求发生了变化,经济社会发展、信息化使利用网络实施犯罪不仅成为可能,而且因为不见面、互不相识,更减轻了犯罪人的负罪感和不被查获的自欺欺人、自我安慰的心理。针对当前新冠肺炎疫情起诉人数远远多于非典期间,特别是涉及网络的诈骗犯罪更多,检察机关要立足于不同于平时、不同于非典疫情的犯罪形势和经济社会背景,及时调整、准确把握政策导向和工作着力点。针对办案实践中遇到的新情况、新问题,检察办案要坚持"三个准确理解把握",做到"三个避免"。一是准确理解把握"依法从严",避免"一刀切"机械化。各级检察机关履职过程中,既要从严执法、严肃司法,也不能为了体现从严从快的打击要求,人为降低犯罪标准、模糊一般违法与刑事犯罪的界限。二是准确理解把握"从重从快",避免不加区别、无视政策。既要严格在法治轨道上、在法律规定的范围内理解"从重从快",也要根据实际情况落实依法从宽的政策。三是准确理解把握"依法治理",避免刑事打击"简单化"。检察机关办案要正确灵活应用民事、行政、刑事、公益诉讼等检察手段,促进疫情防控的体系化治理。①

近年来,未成年人犯罪在连续多年下降趋于平稳后又有所抬头,犯罪涉及领域更加广泛,低龄化、暴力化趋势明显,一些未达刑事责任年龄的未成年人实施恶性犯罪,一次次挑战社会的底线。检察机关在办理未成年人案件时,应当该宽则宽、当严则严。对于一些恶性犯罪,涉案未成年人主观恶性深、犯罪手段残忍、社会危害大的,必须严格依法惩治、决不纵容姑息。② 此外,最高检通过办理性侵未成年人案件,形

---

① 参见邱春艳:《最高检:越是特殊时期越要注重严格依法、政策指引》,最高人民检察院官网,https://www.spp.gov.cn/spp/tt/202003/t20200306_455946.shtml。

② 参见张素、李京泽:《张军:对未成年人恶性犯罪绝不纵容》,中国新闻网,http://www.chinanews.com/gn/2020/01-19/9064480.shtml。

成了最高检历史上的"一号检察建议",各方面都很关注。① 但一分部署、九分落实。未成年人犯罪不只是一个刑事问题、司法问题,更是一个社会问题,相关职能部门必须形成合力,共同把未成年人家庭保护、学校保护、社会保护、司法保护落实好,把未成年人综合保护落实到位。检察机关在其中扮演着重要的角色,既要落实刑事司法关于未成年人犯罪的特殊要求,也要做好专门跟踪帮教,确保涉罪未成年人早日回归社会。②

(四)以检察规范为核心,营造制度文化

中国特色社会主义进入新时代,人民群众对民主、法治、公平、正义的要求更高,检察工作人员办理的每一个案件、处理的每一件事情,都是在落实以人民为中心的理念,都是在努力做到全心全意为人民服务,都是在厚植党执政的政治基础。强化政治机关意识,党员领导干部首先自己要有情怀,增强"四个意识"、坚定"四个自信";要有担当,以"第一责任"走好"第一方阵";要有能力,提高领导水平和领导艺术。强化政治机关意识还需要有严明的纪律作风保障,严肃政治纪律和政治规矩,力戒形式主义、官僚主义,严格追责问责。③ 以检察规范为核心,养成制度自觉。自觉是在自律基础上的自觉。"三个自觉"要靠党组同志、院领导带头自律来养成,通过自律逐步形成规范下的习惯。《中共最高人民检察院党组工作规则》就是我们"三个自觉"所要求做到和落实的。在这个过程中,养成符合规范的习惯,成为自然。自觉是在提醒下的自觉。养成规范的自觉还要靠时常提醒。要咬耳扯袖、红脸出汗,防止惯性、惰性,防止有了规则而不履行。通过提醒抓早抓小,形成党

---

① 参见姜洪、邓铁军:《锻造检察铁军　忠诚履行职责　把以人民为中心的要求落到实处》,《检察日报》2019 年 5 月 10 日。

② 参见姜洪:《张军在河北省检察机关调研:牢记初心使命直面问题差距》,正义网,http://news.jcrb.com/jxsw/201907/t20190705_2020904.html。

③ 参见邱春艳:《张军:检察机关要强化"第一责任"走好"第一方阵"》,最高人民检察院官网,https://www.spp.gov.cn/spp/tt/202006/t20200629_469697.shtml。

规要求下的自觉,纠正已经形成的"不自觉"。自觉是在监督中的自觉。自觉不是不需要约束,而是监督约束下的自觉,是政治纪律、组织纪律规范下的自觉。我们要时时对标对表,根据形势任务的要求,形成更高水平的自觉。对不能做到"三个自觉",给工作带来损失的,还要问责、追责。只有这样,才能倒逼我们积极主动把工作做到位。

国家治理体系和治理能力现代化,法治体系和司法制度乃至检察制度的现代化,根本在于制度建设和制度执行。检察机关各级领导干部要切实强化制度意识,以高度的政治自觉、法治自觉、检察自觉,带头做制度执行的表率,加强检察队伍建设和检务管理,推进检察监督能力现代化,围绕国家治理体系和治理能力现代化这个目标,落实、深化司法体制改革,发展完善中国特色社会主义检察制度。[①] 优化检务管理制度机制,加快构建以"案-件比"为核心的办案质量指标评价管理体系,以党的政治要求、司法检察政策为指挥棒加强对全体检察办案人员的绩效考评,大力提升政治素质、业务素质和职业道德素质,促进每一个检察官把每个环节的工作做到极致。[②]

二、推进检察职业素质文化建设

(一)行为层面:职业技能训练与职业行为专业化、规范化

如果我们没有高超的检察业务,办不好案甚至办错案,人民群众不仅感受不到公平正义,而且在批评检察机关的同时,也会吐槽社会主义法治,损害党的形象和执政根基。要从这个高度去看检察业务建设,要

---

① 参见李钰之:《张军:学懂弄通做实四中全会精神　以更高政治站位推进检察监督能力现代化》,最高人民检察院官网,https://www.spp.gov.cn/spp/tt/201911/t20191115_438344.shtml。

② 参见邱春艳:《最高检调研组在宁夏回族自治区检察机关调研问计》,最高人民检察院官网,https://www.spp.gov.cn/spp/tt/201912/t20191227_451358.shtml。

更推崇检察业务专家,把为社会提供更优质的检察产品作为我们检察官的天职。①为此,检察机关要不断提升政治自觉、法治自觉、检察自觉,为人民群众提供更优质的司法产品、检察产品,让人民群众在每一个司法案件中感受到公平正义;要紧密结合检察职能落实好全国市域社会治理现代化工作会议要求,让大家在国家治理体系和治理能力现代化进程中有更多更实的获得感、幸福感、安全感。②通过实干——监督、办案,真正让各项法律法规落实落地,并在此过程中全面提升检察工作水平。以贯彻实施民法典为契机,推动民事检察工作迈向新阶段;以民法典为标尺,加强行政诉讼检察监督,助推法治政府、法治社会建设;以民法典权利规定为遵循,客观公正履行刑事检察职责,充分发挥刑法作为民法典"后盾法"和"保障法"的作用,在积极主动依法从严追诉犯罪的同时,坚决防止违法插手民事、经济纠纷的乱作为;以实施民法典为动力,加强公益诉讼检察工作,履行好公共利益代表的职责使命。③

(二)制度层面:司法责任约束与职业责任科学化、严格化

并无压力不出油,人无压力轻飘飘。谁的环节给下个环节无端制造了一个案件,让老百姓到司法机关的案子又多了一个统计上的"件",谁就要承担责任。④司法责任制要落实,这不是空话,也是严管厚爱,爱我们的干部,就要让大家在业务上成长起来,能够在政法口里得到认可;爱我们的检察机关,就要严格要求大家,在政治上更敏锐,这

---

① 参见姜洪、欧阳晶:《最高人民检察院检察长张军在江西赣州考察调研》,江西法制网,http://www.jxlaw.com.cn/system/2019/04/01/030052323.shtml。
② 参见《最高人民检察院检察长张军:为人民群众提供更优质的司法产品检察产品》,中国共产党新闻网,http://cpc.people.com.cn/n1/2019/1208/c64102-31495158.html。
③ 参见邱春艳:《张军:以贯彻民法典为契机全面提升"四大检察"品质》,最高人民检察院官网,https://www.spp.gov.cn/spp/tt/202006/t20200616_465517.shtml。
④ 参见姜洪:《张军在河北省检察机关调研:牢记初心使命直面问题差距》,正义网,http://news.jcrb.com/jxsw/201907/t20190705_2020904.html。

404

样才能无愧于宪法法律赋予我们的法律监督职能。① 司法责任制的落实一定要动真章,当然也要更科学。让每个检察官没有感受到规则,实际上就是在规则内养成了习惯、成为一种自然,这是规则的最高境界。如果动辄提醒、降分,都在比较过程中,检察官们的幸福感可能就不是那么强了。从人性化管理的角度看,恐怕管理约束的阶段越短越好。跨越这个阶段,让大家都能够更自觉、更高水平地履职,有自我创新的意识,有更好的存在感、价值感来做好工作,也是今后队伍建设的重点。②

新时代,各级检察机关都要对标新时代人民群众新的更高要求加强检察自身建设,以责任为约束,持续"提升"。一是始终把政治建设摆在首位。党对检察工作的绝对领导必须坚定不移,落实体现在检察工作方方面面。二是把检察官业绩考评这个抓手用起来。最高检印发了《关于开展检察官业绩考评工作的若干规定》,各级检察机关要扎扎实实、认认真真地推进落实。三是以司法责任倒逼履职行为规范,不能仅仅满足于"程序合法,从我手中结案,自己不违法就行",更不能不顾法律和程序,严重违纪违法。四是规范推进公益诉讼检察工作,要让日常公益诉讼工作中的"回头看"形成自觉,尽量做到案结事了。五是抓牢全面从严治检,严肃推行司法责任制和错案追究制,切实落实让人民群众在每一个检察案件中都感受到公平正义。六是办实群众来信件件回复。各级检察院各业务条线都要开展公开听证,促进息诉罢访,以人民为中心,全心全意为人民服务。③

---

① 参见姜洪、吕峰:《张军在河南调研:"请政法兄弟机关为刑事检察号号脉"》,正义网,http://news.jcrb.com/jxsw/201911/t20191114_2076605.html。

② 参见《首席大检察官与上海三级检察官畅谈检察工作创新发展》,上海市人民检察院官网,http://www.shjcy.gov.cn/xwdt/ttyw/42128.jhtml。

③ 参见邱春艳:《张军:坚持"稳进"深化"落实"持续"提升"把全国两会精神融入每一项检察工作中》,最高人民检察院官网,https://www.spp.gov.cn/spp/tt/202006/t20200602_463873.shtml。

（三）心理层面：职业道德养成与职业信念内在化、普遍化

理念一新天地宽，检察工作贵在自觉，重在平时，但更重要的是职业道德和职业信念的养成。要发扬优良工作作风，踏踏实实地去干，实干、依法干，抓住关键、突出重点干，把检察职能履行到位。讲政治是具体的，以铁一般的理想信念要求自己，始终增强"四个意识"、坚定"四个自信"、做到"两个维护"，并具体落实到每一项检察业务中。对于铁一般的责任担当、铁一般的过硬本领、铁一般的纪律作风都要落实好，进一步提升检察队伍的政治素质、业务素质、职业道德素质。[1] 针对影响社会持续稳定的因素，找准检察工作着力点，思想要跟上，工作要主动。要以高度的政治自觉、法治自觉、检察自觉，为大局服务，为人民司法，实现检察办案政治效果、法治效果、社会效果高度统一，在经济工作中发挥更加积极主动的作用。[2]

目前，民法典的颁布对于检察机关而言，既是新的机遇也是新的挑战。民法典与"四大检察"都密切相关，要以实施民法典为契机，着力提升监督水平，全面提升"四大检察""十大业务"品质，更好回应新时代人民群众在民主、法治、公平、正义、安全、环境等方面的更高要求。新时代检察工作人员要学好用好民法典，首先就要转变理念。坚持以人民为中心；坚持把社会主义核心价值观融入司法办案；坚持平等保护；坚持用规则和法治引领社会治理；坚持精准履行监督职责。将民法典的精神内涵、基本理念、价值追求融入检察机关司法办案各环节，贯穿法律监督全过程。

---

① 姜洪：《张军：学习贯彻党的十九届四中全会精神"要"在自觉"重"在落实》，最高人民检察院官网，https://www.spp.gov.cn/dj/xwjj/201911/t20191121_438857.shtml。

② 姜洪：《张军：增强政治自觉法治自觉检察自觉　为党和国家工作大局、经济社会发展贡献力量》，最高人民检察院官网，https://www.spp.gov.cn/spp/tt/202004/t20200428_460110.shtml。

三、繁荣新时代检察文化艺术

（一）检察物质（载体）文化的繁荣

经济就是政治，经济就是人心，经济就是稳定。面对复杂国内国际形势，党中央以超强定力带领全国各族人民全力做好自己的事情，稳中求进、保持经济社会持续健康发展。① 新时代检察文化建设也离不开经济发展这个物质基础。例如，检察院的物质层次的办公环境，包括办公楼、自媒体、网络等，都需要以经济的发展为支撑。因此，繁荣检察物质文化，一是要以检察业务工作成果为根本。检察文化能不能建设好，最关键还是在检察工作本身。检察工作者业务能力强、办案效果好，检察文化建设自然也会跟上去。检察业务要想强，党建必须强。未来检察院党建工作要努力朝着把每一名同志都塑造成优秀共产党员的目标来推进。对最高检机关而言，还要努力朝着塑造检察官"大家"的目标开展党建工作。在司法实践中，最高检办理案件数量少，就要充分利用好每一个案子。控告申诉工作就是整个检察办案工作的一面镜子，也是整个司法机关办案的一面镜子。最高检在申诉、控告案件中，要积极主动，改变办案理念，改变过去的思想认识、以往的工作方法，在办案中总结经验，提升业务能力。② 二是要以现代科技装备为基础。检察机关要善于运用新兴科技手段。目前，最高检正在组织研发统一业务应用系统 2.0 版，这是信息化服务检察业务的基础工作，可以有效促进信息共享，让司法

① 参见邱春艳：《最高检：以高度政治自觉法治自觉检察自觉抓好党建工作》，最高人民检察院官网，https://www.spp.gov.cn/spp/tt/202004/t20200428_460110.shtml。
② 参见邱春艳：《最高检：以高度政治自觉法治自觉检察自觉抓好党建工作》，最高人民检察院官网，https://www.spp.gov.cn/spp/tt/202004/t20200428_460110.shtml。

更高效更便民。此外,最高检还在筹划建立民行检察案件互联网咨询平台,把最高检、各省级院的专家全部纳入,直接面向全国检察机关,办案中遇到法律适用、证据理解等难题,把案件有关信息隐去后,都可以上网寻求指导和帮助,这对全国民事行政检察办案会是有力促进。三是要以规范化管理为重点。通过加强检察内部监督,强化绩效考评制度,落实司法责任制,完善检察人员分类管理等机制,实现对检察人员的规范管理工作。四是要打造新时期检察形象品牌。检察机关,特别是市、区两级检察机关,直接面向人民群众、面对当事人,要通过自己的一言一行、一举一动,通过优质高效的办案,通过忠诚履行宪法法律赋予的法律监督职责,①展示新时代检察官的职业形象。五是要不断优化检察机关物质环境。② 例如,检察院的办公楼、检察官的办公室都具有传递检察文化的作用,检察机关日常也应当加强在物质环境方面的管理和规划。

(二)检察制度(行为)文化的繁荣

当前,司法体制改革已进入重要时期,以检察机关为主体制定的各项制度也日益完善,但新的挑战依然存在。从制度层面而言,其一,检察机关如何切实实施好认罪认罚从宽制度、落实制度初衷还有待研究。落实认罪认罚从宽制度最根本的意义是化解社会矛盾、促进社会和谐,检察官承担了更多的责任,与律师在一起沟通也是一个全新的诉讼模式。原来在法庭上是法官、检察官、律师控辩审三方的诉讼构造。现在,检察官和律师在办案的过程中就进行沟通,到了法庭上,检察官和律师往往形成一致的意见,促进了司法理念的统一,更有助于案件处理遵循相同的司法观念,处理的社会效果和法律效果更好。然而,这也有

---

① 参见陈鹏、郭清君、戴小巍:《张军在湖北调研时强调努力干事创业再续检察事业新征程》,湖北省人民政府官网,http://www.hubei.gov.cn/zwgk/hbyw/hbywqb/201804/t20180420_1277323.shtml。

② 参见钟长鸣:《略谈检察文化建设的重要性》,《人民检察》2007年第14期。

一个磨合的过程,值班律师见证化等问题也在司法实践中逐渐暴露出来。以公益诉讼检察为例,从 2015 年试点开始,也暴露出一些问题,下一步将同司法部门商议,加强值班律师制度建设。检察机关为值班律师参与认罪认罚从宽案件时查阅卷宗等提供便利,使律师对案件的处理有更详细的了解,能够更全面地把握案件的事实和证据,与检察官进行更有效的沟通,律师可以对检察官提出的量刑建议是否合适发表意见,推动律师在落实认罪认罚从宽制度中发挥更大的作用,切实维护当事人的合法权益。① 其二,公益诉讼检察也是一个新的挑战。公益诉讼检察中有关法律法规、配套制度、司法解释完善具体的程序,在工作进行当中发现的一些程序性、实体性、处理性的问题也暴露出来。下一步,仍需规范司法解释、证明标准、鉴定工作,将公益诉讼检察制度建设跟上去。② 此外,跨行政区划公益诉讼涉及的不仅有土地污染,更多的是河流、水源的污染,公益诉讼检察如何进行,也需要从顶层设计、制度落实上去推进。③ 其三,在整个检察工作中,行政检察是"弱项中的弱项""短板中的短板"。无论是理念还是实践,包括重视、投入程度,相比其他检察业务都有明显差距。现阶段,行政检察要围绕行政诉讼监督展开。规模小没关系,关键是要做到精准,抓好典型性、引领性案件的监督,做一件成一件、成一件影响一片。要结合办理的案件,认真分析行政工作中存在的问题,有针对性地提出意见建议,促进依法行政。④ 除此之外,新时代检察工作"四大检察""十大业务"范围广、要

---

① 参见戴佳:《张军与李亚兰代表交流落实认罪认罚从宽制度》,最高人民检察院官网,https://www.spp.gov.cn/spp/tt/202005/t20200526_463080.shtml。

② 参见王姝:《最高检检察长张军"应试",应询时回应 5 个焦点问题》,新京报网,http://www.bjnews.com.cn/news/2019/10/25/641768.html。

③ 参见王姝:《最高检检察长张军"应试",应询时回应 5 个焦点问题》,新京报网,http://www.bjnews.com.cn/news/2019/10/25/641768.html。

④ 参见徐盈雁、史兆琨:《全国检察长会议代表热议习近平总书记重要讲话精神》,最高人民检察院官网,https://www.spp.gov.cn/zdgz/201901/t20190117_405698.shtml。

求高,检察机关必须在实践中总结经验教训,统筹推进检察业务、检察责任、检察监督、检察保障等各方面的体制机制,完善当前检察制度存在的不足。

(三)检察精神(理论)文化的繁荣

思想是行动的先导,理论是实践的指南。习近平总书记深刻指出,全面依法治国,法治理论是重要引领;没有正确的法治理论引领,就不可能有正确的法治实践。我们以"讲政治、顾大局、谋发展、重自强"为总体要求,细化实化一系列思路、举措,检察监督办案成效逐步显现。但我们也越来越深刻感觉到,实现新时代检察工作全面协调充分发展,对检察理论的需求从未如此迫切。我们实践创新的每一步,都更加需要理论的支撑。我们实践中的彷徨、困惑,社会上曾对检察改革举措的质疑、误解,无不与检察理论建设跟不上有关。检察理论建设仍然是当前检察工作面临的最突出短板和弱项,必须正视检察理论供给上的不足和差距,从最高检做起,采取扎实有效的举措,持续抓好推进、落实。最高检理论所、学院、研究室、检察日报社、出版社更是责无旁贷。做好检察理论研究工作,就要始终坚持以习近平新时代中国特色社会主义思想为指引,与时代同步,与人民同向,紧扣伟大斗争、伟大工程、伟大事业、伟大梦想,解放思想,实事求是,与时俱进,不断增强理论自信和战略定力。

检察理论研究首先要坚持正确政治方向。检察工作是政治性极强的业务工作,也是业务性极强的政治工作,检察理论研究亦如此。要旗帜鲜明讲政治,坚持用马克思主义立场、观点、方法分析和解决检察工作发展中的问题,坚持用习近平新时代中国特色社会主义思想武装头脑、指导研究。其次要坚守人民立场。人民立场是检察机关的根本政治立场。具体到检察理论研究,本质就是"为民"。真正要做出符合时代要求的检察理论研究成果,必须脚踏实地,坚持以人民为中心的研究方向,必须着眼于人民群众关心关注的检察实践问题,回应人民群众的普遍关切。再次要坚持实践和问题导向。为中国特色社会主义检察制度与实践服务、为全面依法治国理论与实践服务,是检察理论研究的主要目的。理论必须联系实际,也就是以问题为导向,这个原则永远不过时。检察理论研究无尽的源泉就在丰富而鲜活的检察实践、检察监督办案中。检察理论研究的出发点和落脚点必须始终围绕司法检察实践展开,从中发现检察监督办案中的真问题,从理论上深加阐释、精予指引,使理论研究真正"接地气"。最后要做到兼收并蓄。毫无疑问,中国特色社会主义司法检察制度是世界上独一无二的。中国特色强调的是我们制度的优势和独特性。但也要看到,人类社会发展过程中,不同国家走上法治道路、创造的法治文明,随着人类命运共同体的构建,总体趋势是交流交融。中国改革开放取得的成就,被国际社会研究、借鉴。我们要按照习近平总书记"借鉴国外法治有益经验,但决不照搬外国法治理念和模式"的要求,积极适应、主动融入多样文明相交相融的发展大势。①

新时代,人民群众在民主、法治、公平、正义、安全、环境等方面有新的更高水平的要求,检察理论建设必须要跟上。② 一是要构建全员参与的调查研究工作机制。检察理论研究主责在检察机关,首先是各级院党组要重视,负责检察理论研究的工作部门必须发挥好组织、管理、协调作用。二是要建立与科研院校无缝衔接战略合作机制。三是领导班子和领导干部要发挥表率作用。检察理论研究开展得如何,各级检察院领导干部带头是关键。领导干部带头,既要自身重视,更要带头研究。四是要重视专家型检察官、检察理论研究人才培养。繁荣检察理论研究,基础是人才。只有重视人才、培养人才、激

---

① 参见邱春艳:《最高检领导与一线检察理论研究人员座谈》,最高人民检察院官网,https://www.spp.gov.cn/tt/202004/t20200421_459250.shtml。

② 参见邱春艳:《最高检领导与一线检察理论研究人员座谈》,最高人民检察院官网,https://www.spp.gov.cn/tt/202004/t20200421_459250.shtml。

励人才,才能形成良好的检察理论研究风气。各级检察机关都要为专家型检察官和检察理论研究人才的成长成才搭建平台、提供机会。① 各个检察理论研究主体共同推进,共同推动新时代检察理论研究迈上新台阶。②

(四)检察传播(宣传)文化的繁荣

宣传工作是一门学问、一门艺术,而且是政治性和社会性都很强的学问和艺术。新时代检察文化建设本在检察工作,要在检察文化,效在新闻宣传。检察新闻宣传是落实好以人民为中心,实现检察办案政治、社会、法律三个效果统一最好最直接的媒介。向社会、向不同人群有针对性地宣传好、介绍好检察工作,是全面依法治国、更好发挥检察职能的需要,也是接受社会监督、人民监督的需要。做好检察宣传工作,根本在工作,关键在用心,要紧的是我们做宣传工作的同志必须熟悉检察业务,检察官则要以政治上的敏锐、专业上的能力和一心为民的情怀,重视、支持、积极参与检察宣传工作。③ 如果宣传报道时没有政治意识,不考虑人民群众能不能理解、社会能不能认同,自说自话,效果肯定就不好。过去,检察宣传工作"供给"做了进一步努力,总体效果是积极的。但也有一些做得明显失当,产生负面影响。有些地方交了学费,其他地方都要一起吸取教训。对司法案件引发社会炒作的,在情况明、有把握的前提下,该出手的就要及时出手,防止小事变大、大事拖炸,任

---

① 参见邱春艳:《最高检领导与一线检察理论研究人员座谈》,最高人民检察院官网,https://www.spp.gov.cn/tt/202004/t20200421_459250.shtml。
② 参见邱春艳:《最高检领导与一线检察理论研究人员座谈》,最高人民检察院官网,https://www.spp.gov.cn/tt/202004/t20200421_459250.shtml。
③ 参见《最高检张军检察长就落实全国两会精神提出强调意见》,澎湃新闻,https://www.thepaper.cn/newsDetail_forward_3174923。

由舆情发酵。①

　　推进检察传播文化繁荣,必须要强化本体意识和一盘棋意识,一手抓固本强基的硬实力,一手抓检察新闻宣传的软实力,讲好检察故事,还要做好舆情应对,摒弃"鸵鸟心态",改被动应对为主动引领。首先,检察机关学习贯彻党的十九届四中全会精神,离不开良好的舆论环境。《检察日报》作为全国检察机关最重要的宣传平台和舆论阵地,要为检察事业发展充分发挥"喉舌"和"耳目"作用。办报和检察工作是完整的一体,"检察报"要办好,离不开各级检察机关的配合支持;检察工作要做好,离不开"检察报"的引领支持。各级检察机关都要用好自己的媒体,形成检察业务与检察宣传工作的良性互动。② 其次,创新以案释法,分特点分专题公布典型案例,收到规范司法、警示犯罪、教育社会的积极效果。③ 最后,通过检察开放日让人民群众了解、监督、支持检察工作,通过走近新时代的全面依法治国、走近新时代的司法检察工作,不断提高自身法律素养,共同成为社会主义法治的忠实崇尚者、自觉遵守者、坚定捍卫者。最高人民检察院领导总结指出:固"本"强基,做深做实检察本体工作,让新闻宣传有话可说;持"要"图强,以深厚的检察文化自信助力检察与新闻宣传行稳致远;重"效"求实,遵循规律务实创新,让新时代检察新闻宣传持续绽放异彩,成为检察中心工作的"进军号""助推器"。④

① 参见《全国检察长会议代表热议习近平总书记重要讲话精神》,最高人民检察院官网,https://www.spp.gov.cn/zdgz/201901/t20190117_405698.shtml。
② 参见姜洪、刘立新:《张军:以检察自觉检察担当助推国家治理体系和治理能力现代化》,最高人民检察院官网,https://www.spp.gov.cn/spp/tt/201911/t20191113_438120.shtml。
③ 参见《最高人民检察院工作报告》,最高人民检察院官网,https://www.spp.gov.cn/spp/gzbg/202006/t20200601_463798.shtml。
④ 参见姜洪、邱春燕:《张军:本在检察工作　要在检察文化　效在新闻宣传》,最高人民检察院官网,https://www.spp.gov.cn/tt/201912/t20191202_440151.shtml。

第二十四章

加强新时代检察新闻宣传

　　最高检党组强调:加强新时代检察新闻宣传首先应当从树立观念入手,围绕以人民为中心展开活动,厘清"本在检察、要在文化、效在宣传"的基本关系,秉持固"本"强基、持"要"图强、重"效"求实的宣传理念。其次,加强检察新闻宣传应以政治自觉、法治自觉和检察智慧主动作为,抓好固"本"强基硬实力和检察宣传软实力,做好舆情应对和营造检察发展舆论环境,用法治文化精品引领中国特色社会主义新风尚。最后,加强检察新闻宣传还需要落实到具体的传媒媒介建设上,以利更好地服务于检察工作,更好地服务于全面依法治国。

一、新时代检察新闻宣传观

　　新时代,面对人民群众在民主、法治、公平、正义、安全、环境等方面更高水平的新需求,落实好党的十九届四中全会精神,检察工作、检察文化、检察新闻宣传是推进检察业务持续、稳定发展的重要组成部分。检察工作、检察文化、检察新闻宣传虽然在组织人员、具体工作上各有分工,但三项任务本质上是融为一体、不可分割的。2019年,最高人民检察院成立新闻宣传工作领导小组,整合新闻宣传力量,并首次组织检察工作、检察文化、检察新闻宣传三个条线的同堂培训。这是学习贯彻习近平新时代中国特色社会主义思想和党的十九届四中全会精神,推动检察新闻宣传工作创新发展的重要举措,是检察工作、检察文化、检察新闻宣传在思想、组织、谋划、主体等方面全方位融合,具有导向性、标志性意义。①

(一)落实以人民为中心的最直接的媒介

以人民为中心,是习近平新时代中国特色社会主义思想的核心,也是治国理政的根本要求。习近平总书记指出,"以人民为中心的发展思想,不是一个抽象的、玄奥的概念,不能只停留在口头上、止步于思想环节,而要体现在经济社会发展各个环节"②。检察工作离不开人民群众的支持,在检察工作的各个环节中同样也要时刻坚持以人民为中心的基本立场,把以人民为中心融入到每一项检察工作中。③ 全面从严治检,要把讲政治用心落到实处。讲政治的本质就是落实检察工作以人民为中心。检察机关要从供给侧向社会、为人民提供更优质的法治产品、检察产品,让人民群众在每一个检察案件的办理中感受到公平正义。④ 要紧密结合检察职能落实好全国市域社会治理现代化工作会议要求,让大家在国家治理体系和治理能力现代化进程中有更多更实的获得感、安全感、幸福感。⑤

---

① 参见张军:《以"三位一体"理念引领检察新闻宣传》,《检察日报》2019 年 12 月 23 日。

② 习近平:《深入理解新发展理念》,《求是》2019 年第 10 期。

③ 参见《张军在全国检察机关学习贯彻全国两会精神电视电话会议上强调　贯彻全国两会精神　履行"四大检察"职责　把以人民为中心融入每一项检察工作中》,《人民检察》2019 年第 6 期。

④ 参见《张军在广西调研时强调深入学习贯彻习近平总书记在全国公安工作会议上的重要讲话精神　锻造检察铁军　忠诚履行职责　把以人民为中心的要求落到实处》,《人民检察》2019 年第 9 期。

⑤ 参见姜洪、侯映雪:《建设"学习型"检察院　争当"放心型"检察官　履行好政治性极强的检察职责》,《检察日报》2019 年 12 月 7 日。

坚持检察以人民为中心,强调检察机关要自觉接受人民监督,要加强与人大代表、政协委员的联络,更加重视做好全覆盖、个性化精准联络工作,更加重视面对面真诚沟通和交流,更加重视经常性联系,把工作做在平时。对代表委员议案、建议、提案,要用心办理好、反馈好。要进一步深化司法公开,让公平正义真正可触可感可信。要加强检察公共关系建设,向社会、向不同人群有针对性地宣传好、介绍好检察工作。检察新闻宣传可以为检察院与人大代表、政协委员的沟通与交流提供途径,对议案、建议进行直接、及时的反馈,也可以进一步提高检察工作的透明度,让社会公众更直接、直观地了解检察工作,感受司法公正。

宣传思想工作是党和国家工作大局的重要内容,做好检察宣传工作,检察机关义不容辞。检察机关要自觉肩负起新形势下宣传思想工作的使命任务,宣传好中国特色社会主义特别是法治建设、司法工作、检察工作成就,强信心、聚民心、暖人心、筑同心,厚植党的执政基础,让"四个自信"更加深入人心。"自信者,人恒信之。"没有法治道路自信就做不好法治工作。我们不仅自己要坚定信心,还要通过宣传让人民群众了解、理解、认同,形成一心。① 检察新闻宣传是落实好以人民为中心,实现检察办案政治、社会、法律三个效果统一最好最直接的媒介。当前,媒体格局、舆论生态、传播技术都在发生深刻变化,特别是融媒体快速发展,各种宣传资源、手段、力量加速聚合。检察新闻宣传工作存在职能交叉、条块分割,上下贯通不力、左右协作不够、内外融合不深,难以形成工作合力,直接影响到新闻宣传成效。而另一方面,检察工作实效的实现和检察文化的传播都离不开检察新闻宣传。因此,既要抓紧把检察新闻宣传分散、交叉的力量整合、集成起来,形成内外结合、上下一体、多方联动的"大宣传"格局,同时又要让新时代检察新闻宣传

① 参见《最高检党组会传达习近平总书记在全国宣传思想工作会议上的重要讲话精神,张军要求"讲好法治故事传播检察声音"》,《人民检察》2018 年第 16 期。

成为检察中心工作的"进军号",让人民群众有效感知检察工作,有更多更实的获得感、幸福感、安全感,真正落实以人民为中心。

(二)本在检察、要在文化、效在宣传

检察工作、检察文化、检察新闻宣传是检察业务的重要组成部分,统筹做好检察工作、检察文化、检察新闻宣传三方面工作,首先需要改变三者互相隔离的理念,在厘清各自功能地位的基础上推进融合发展。检察工作、检察文化、检察新闻宣传这三者中,本在检察工作,要在检察文化,效在检察新闻宣传。

检察工作是本体、核心、基础。不能认为检察新闻宣传就是新闻宣传部门的责任,每一个业务部门和每一位检察长、副检察长都是宣传工作的主体。负责新闻宣传的部门是直接责任主体,但宣传工作的根本在业务部门。检察工作是新闻宣传的源头活水,如果监督、办案工作搞不好,检察新闻宣传就是无米之炊,甚至会酿成负面舆情。"谁执法谁普法",所有检察人都要做新闻人,要有新闻意识,把检察好故事讲出去。检察新闻宣传的"矿源"在业务部门,自己的"矿"什么品位,"矿"的主人最清楚。一个案件,法律意义、社会意义是什么,政治意义在哪里? 办案检察官应该最了解。①

检察文化是必要原动力。党的十九大报告指出:没有高度的文化自信,没有文化的繁荣兴盛,就没有中华民族伟大复兴。检察文化是中国特色社会主义文化的重要组成部分,是检察工作的活力源泉。一切检察活动的开展要始终坚定中国特色社会主义检察制度自信,坚持人民检察院是国家的法律监督机关的宪法定位,保持政治定力和战略定力,坚定不移探索、创新、践行新时代中国特色社会主义检察道路、检察理论、检察制度和检察文化,努力走出新时代中国特色社会主义检察理

---

① 参见《用新理念讲好新时代检察故事》,《检察日报》2019 年 9 月 16 日。

论指导下的中国特色社会主义检察道路。①

检察新闻宣传是实现检察工作政治、法律、社会效果的直接途径,是检察工作的重要组成部分。习近平总书记突出强调,党的新闻舆论工作是党的一项重要工作,是治国理政、定国安邦的大事。近年来,通过新闻媒体的宣传报道,有力地宣传、展示和塑造了检察机关的良好形象,有力地促进了检察机关精准开展法律监督,有力地推动了检察机关规范司法、严格司法和廉洁司法,有力地提升了社会公众对检察机关的认同感和信任度,有力地改善了检察机关网络舆论生态,推动检察机关公信力稳步提升。可以说,新闻媒体在推动法治中国建设、促进检察工作发展中,发挥着越来越重要的作用,产生了越来越深远的影响。②

(三)固"本"强基、持"要"图强、重"效"求实

固"本"强基,做深做实检察本体工作,让新闻宣传有话可说。对于刑事检察工作,检察机关要履行主导责任、发挥主导作用。尤其是在认罪认罚案件中,除了提起公诉,检察机关没有提起公诉前就得用事实、证据做犯罪嫌疑人工作,犯罪嫌疑人认罪认罚还不行,还得做律师的工作,让律师认同。同时,更要做被害方的工作,然后还要提出精准的量刑建议。对于民事检察、行政检察工作,检察机关不仅要有能力,更要有为民司法的情怀。③ 总而言之,检察机关要通过深化改革、狠抓办案,把新闻宣传的基础做实、源头做活。各业务部门要积极总结、深度挖掘自己的业务,提供宣传素材,请新闻宣传部门的同志帮助做好

---

① 参见王治国:《讲政治顾大局谋发展重自强 努力答好新时代检察工作人民满意答卷》,《检察日报》2018 年 3 月 28 日。

② 参见王治国、王地:《加强检察机关与新闻媒体"全天候"互动 共同汇聚正能量推进法治中国建设》,《法制日报》2017 年 1 月 7 日。

③ 参见张军:《关于检察工作的若干问题》,《国家检察官学院学报》2019 年第 5 期。

传播。

持"要"图强,以深厚的检察文化自信助力检察与新闻宣传行稳致远。不管是经济制度、政治制度,还是社会制度、司法制度,每一个国家的制度都不会完全一样。我国的制度适合我国国情。我国用了几十年时间走了西方国家几百年的历程,就充分说明中国特色社会主义制度的优越性。我国几十年里经济文化、社会结构、利益格局发生如此巨大的变化,但依然保持长期稳定,很不容易,原因在于我国有自己的道路、理论、制度、文化,最终才有这样一个大格局。人民检察制度是马克思主义法律思想和法学理论中国化的成果,是党领导人民推进法治建设的伟大创举。我们必须理性认识、发自内心认同,才可能始终坚定检察道路自信、理论自信、制度自信、文化自信。①

重"效"求实,遵循规律务实创新,让新时代检察新闻宣传持续绽放异彩,成为检察中心工作的"进军号""助推器"。我国正面临百年未有之大变局,危和机同生并存,给中华民族伟大复兴带来重大机遇。在伟大征程中,我们要让法治建设的主旋律更响亮、法治社会的正能量更强劲、人民群众的法治信仰更坚定,凝聚全面依法治国的强大合力。一直以来,检察机关和新闻媒体密切配合,沟通协作,取得了丰硕成果,对促进检察工作发展、推动法治中国建设产生了重要影响。检察工作的点滴发展进步,离不开新闻媒体的支持。各新闻媒体高度重视报道检察工作,几乎涵盖了检察机关所有重大部署、重大活动,与检察机关共同唱响了检察好声音,传递了法治正能量。因此,要加强检媒互动,在监督中合作,在合作中监督,共同为全面推进依法治国贡献力量。②

---

① 参见姜洪:《勇担时代使命　凝聚广泛共识　共同开创新时代检察理论研究工作新局面》,《检察日报》2019 年 7 月 22 日。

② 参见《张军:让更多检察产品"飞入寻常百姓家"》,《检察日报》2019 年 1 月11 日。

二、加强检察新闻宣传的基本要求

（一）以政治自觉、法治自觉和检察智慧主动作为

自信、自觉、担当,以新时代检察监督能力现代化促进国家治理能力、法治建设能力现代化。检察监督能力现代化,核心要点在于"自觉",强调检察工作的主动性。首先,要有政治自觉。日常工作就应当自觉把党章党规作为遵循,把管党治党责任扛在肩上、记在心里、抓在手中,认真、扎实践行党建责任。特别是,统筹国际国内两个大局,面对检察机关系统性、重塑性、根本性变革和"四大检察""十大业务"法律监督新格局,检察机关党建必须与时俱进、开拓创新,自觉适应新变化、体现高标准、追求高质量,把讲政治、抓党建和强业务融为一体抓实抓好。① 对于党章、党内政治生活准则、党的纪律处分条例等,都要严格、自觉、精准落实。新的部署、新的要求,也要结合存在的问题,对照我们自身的不足寻找如何解决新情况、新问题的办法,落实好党中央各项决策部署。在加强检察宣传的同时不能违反章党规、偏离政治路线。其次,要有法治自觉。宪法法律对检察职能是作了明确规定的,检察机关履职应当自觉去遵守法律法规。比如认罪认罚从宽制度已经体现在2018年《刑事诉讼法》修改过程中,这意味着即便没有硬性指标,所有案件的办理过程都应当严格遵守立法规定。不过,由于我们抓落实的自觉性、主动性、克服困难往前奔的精神头还不足,所以才要有指标,督促努力去实现。最后,要有检察智慧。检察新闻宣传是一门学问、艺术,而且是政治性、专业性、社会性都很强的学问和艺术。讲好检察故事既要用心,还要有智慧。有的宣传报道没有政治意识,讲故事没有温

---

① 参见邱春艳:《最高检:以高度政治自觉法治自觉检察自觉抓好党建工作》,正义网,http://news.jcrb.com/jszx/202004/t20200428_2151660.html。

度、不注意尺度,不考虑人民群众能不能理解、社会能不能认同,结果把故事讲成了"事故";还有的只顾自己一枝独秀,自说自话,不顾及有关部门的感受。这些宣传报道不仅起不到双赢多赢共赢的效果,甚至可能满盘皆输。因此,检察新闻宣传中,必须将双赢多赢共赢理念贯穿始终,全面用好政治智慧、法律智慧、监督智慧、宣传智慧。① 例如,面对繁多的案件和问题,我们需要运用检察智慧进行典型案例挑选以及主要问题的抓取,再进一步进行新闻宣传以达到事半功倍的效果。检察新闻宣传工作要坚持以习近平新时代中国特色社会主义思想为指导,主动研究和积极适应中国特色社会主义进入新时代后我国社会主要矛盾的变化,讲政治顾大局,善于运用政治智慧、法律智慧和宣传智慧,努力实现检察新闻报道的政治效果、法律效果和社会效果的有机统一,更好地服务检察工作,更好地服务全面依法治国。②

(二)抓好固本强基硬实力和检察宣传软实力

如果把司法办案当作检察机关的"硬实力",那么检察宣传等工作就是"软实力"。软实力影响硬实力,宣传工作要注重传播的力量,用传播的思维来做事。法律人要遵守传播法则,知道在专业之外,我们需要什么样的表达,做到内核姓党,表达姓网。语言文字是全程媒体、全息媒体、全员媒体、全效媒体时代的核心竞争力,要加强语言文字能力建设,保持对文字的执着与尊重。要注重法律语言的表达与应用,做到守正创新,推动检察宣传思想工作"强起来"。③ 注重检察新闻舆论工作,要贯彻落实《中国共产党宣传工作条例》,认真学习贯彻习近平总

---

① 参见《用新理念讲好新时代检察故事》,《检察日报》2019 年 9 月 16 日。
② 参见王治国:《善于运用政治智慧法律智慧宣传智慧,加强检察新闻宣传更好服务全面依法治国》,《检察日报》2018 年 4 月 13 日。
③ 参见《张军在最高检领导干部业务讲座第十二讲上的讲话》,《检察日报》2019 年 9 月 7 日。

书记关于新闻舆论工作的重要论述,深度挖掘"四大检察""金矿",做优做强检察新闻舆论工作。进入新时代,人民群众在民主、法治、公平、正义、安全、环境等方面有着内涵更丰富、水平更高的新需求,检察机关作为国家法律监督机关,如何向人民群众、向社会提供更高品质的法治产品、检察产品,做好检察主体工作是根本。同时,做优做强检察新闻工作同样具有特别重要的意义。检察新闻人要以精深的专业素养和职业情怀,深度挖掘"四大检察""金矿",聚焦检察机关服务"五位一体"总体布局和"四个全面"战略布局,为大局服务、为人民司法的鲜活实践,聚焦法律监督的初心使命、司法检察政策运用和引领社会发展进步的指导性案例、典型案例,以生动的笔触、敏锐的眼光,主动、积极、担当、作为,推动新时代新闻舆论工作取得新进步。[①]

(三)做好舆情应对营造检察发展舆论环境

当前,随着我国社会主要矛盾发生重大变化,以及国家监察体制改革、司法体制改革和以审判为中心的刑事诉讼制度改革的三重叠加运行,检察工作正处在一个新的历史发展节点上,面临实现创新、转型发展的历史性课题,任务更加艰巨繁重,迫切需要坚强有力的舆论先导和保障。面对新的形势任务,要提高政治站位,深刻认识做好检察新闻舆论工作的重大意义。[②] 检察新闻舆论工作在新时代新阶段要有新理念新作为,要把习近平新时代中国特色社会主义思想结合检察工作改革创新实际落实好、宣传好。从具体工作、"小事"、个案切入,做实做好检察宣传"大文章"的要求,将舆情处置与舆论引导有机结合起来,使激浊扬清的正能量得到弘扬。检察新闻舆论工作必须坚持以人民为中心,对标对表找差

---

① 参见卢志坚、张安娜:《张军:要求深度挖掘四大检察"金矿" 做优做强检察新闻舆论工作》,《检察日报》2019年9月11日。

② 参见南茂林:《甘肃省检察院召开新闻舆论工作研讨会》,正义网,http://www.jcrb.com/procuratorate/highlights/201807/t20180717_1886476.html。

距、补齐短板抓落实,在"全程媒体、全息媒体、全员媒体、全效媒体"新格局中,坚持守正创新,讲好检察故事,推进"四全"传播,营造良好舆论氛围。①

(四)加强检察新闻宣传完善舆情工作机制

首先,要持续巩固壮大检察主流舆论。加强检察新闻选题策划,善于依托新闻媒体"智库",通过组织集中采访、建立检察宣传专家库、评选优秀检察新闻作品等方式,合力打造更多更优检察新闻产品。持续开展"新时代检察宣传周"活动,挖掘打造各业务条线特色品牌。

其次,要推进检察媒体深度融合发展。以互联网思维、全媒体视角谋划新闻宣传。办好《检察日报》,充分发挥检察新闻宣传主阵地主渠道作用。做大做强检察新媒体矩阵,打造更多高品质的新媒体产品。构建全媒体传播体系。规范检察自媒体管理,落实登记备案、监管巡查要求。

最后,要健全涉检网络舆情工作机制。严格落实重大敏感案件请示报告和备案工作规定,将检察工作中落实依法办理、舆论引导、社会面管控"三同步"工作机制纳入业绩考核,强化案事件承办部门、舆情发生地第一主体责任,省级检察院加大舆情应对统筹指导力度,健全舆情监测与管理监督联动机制,倒查舆情反映出的问题,推动源头治理。加强检察人员媒介素养提升,"三同步"技能培训及典型案例指引。

(五)用法治文化精品引领中国特色社会主义新风尚

党的十九大报告在阐述新时代中国特色社会主义思想时,把"坚定道路自信、理论自信、制度自信、文化自信"作为重要内容,并且特别强调,"没有高度的文化自信,没有文化的繁荣兴盛,就没有中华民族

---

① 参见卢志坚、张安娜:《张军:要求深度挖掘四大检察"金矿"　做优做强检察新闻舆论工作》,《检察日报》2019 年 9 月 11 日。

伟大复兴"。要谋新时代检察工作新发展,就要有中国特色社会主义检察道路自信、检察理论自信、检察制度自信和检察文化自信。实际上,检察道路、理论、制度、文化自信是有其具体内容的。世界上没有完全相同的法治模式,也没有放之四海而皆准的司法制度和检察制度。评价一国司法制度、检察制度的优劣,关键在于其是否与本国国情相适应,与国家政治体制、民主法治进步的内在要求相适应。相适应就是好的,不相适应就会产生各种矛盾,导致社会问题凸显乃至爆发,就没有安定、稳定。我们要立足国情,借鉴参考国外、境外好的经验做法,认真分析不同国家和地区确立不同司法制度的文化背景是什么,传统是什么,政治制度是什么,人民是怎样生活的,从中发现这种制度的文化传承、根源理由,把握其中蕴含的原理、规律,从深层次借鉴人类共同的法治文化和法律智慧。① 新时代检察文化对于坚持和完善中国特色社会主义检察制度有着理论自信的政治引领作用,道路自信的思想保证作用,制度和文化自信的强大精神支撑作用。各级检察机关要从坚持和完善中国特色社会主义检察制度高度增强检察文化自觉,坚持用社会主义核心价值观引领检察文化发展。② 因此,我们要坚定中国文化自信,用法治文化精品引领中国特色社会主义新风尚。

三、加强检察新闻宣传的主要措施

(一)建立完善新闻发言人制度

2003 年,最高人民检察院新闻发言人张仲芳主持召开了首次最高

---

① 参见张军:《坚定"四个自信" 深化检察理论研究 为新时代检察工作提供强有力理论支撑》,《人民检察》2018 年第 9 期。

② 参见姜洪、侯映雪:《张军:建设"学习型"检察院 争当"放心型"检察官 履行好政治性极强的检察职责》,《检察日报》2019 年 12 月 7 日。

人民检察院新闻发布会,正式与媒体见面,最高人民检察院新闻发言人制度正式确立,之后不少地方检察院也纷纷相继建立新闻发言人制度。建立新闻发言人制度,是增强检察机关和检察工作透明度,深化检务公开,扩大检察机关社会影响,便于社会公众及新闻舆论对检察工作的监督,密切检察机关同人民群众联系的一项重要举措。但就实践来看,新闻发言人制度并未形成系统化、制度化的机制,出现了不少问题。例如,个别检察院仍然沿袭过去传统思维,出了事就想简单地堵、瞒、躲,最终导致失去了话语权,公信力受到重创。对此,提高新闻发布公开性和透明性,既要有好的方法,也要有好的态度。只有做到公开信息、回应发布实实在在,敢于直面热点,减少空话套话,真心诚意地接受批评和监督,才能实现真正的公开和透明,才能真正站在舆论的制高点。以此为诚,此后检察机关新闻发布工作,要以深入解读重要方针政策、妥善回应社会关切、及时澄清不实传言、有效处置重大突发事件为重点,及时有效地发布权威信息。检察信息传播应因势而谋、应势而动、顺势而为,从思想理念、方式方法、制度机制、人员结构、经费保障等多方面着手,深入推进新形势下检察新闻发布工作。同时,逐步构建多元化新闻发布工作格局,改变原来单一单向的新闻发布形式。针对不同媒体和公众需求,采取召开新闻发布会、举办背景吹风会、组织集体采访等不同形式,与媒体直接互动,有效回应媒体关切。① 同时,作为"传声筒",检察新闻人要把握政治建设这个灵魂,增强战略思维、问题思维,当业务精深的政治记者。

(二)巩固检察报纸、期刊、影视、出版等主阵地

随着经济社会的发展,检察新闻宣传的途径在不断拓宽,宣传形式

① 参见徐盈雁:《检察机关将逐步实现新闻发言人制度化》,《检察日报》2013年11月20日。

也呈现出多样化,除了新闻发布会以外,报纸、期刊、影视、出版等宣传方式也为检察信息公开、公信力传播贡献了不少力量,应当多多巩固。例如,电视剧《巡回检察组》就是一个成功的典范,这部剧让很多人知道了检察院,对检察院反贪反腐的职能进行了一次很好的宣传推广,也让大家感受到了检察机关的反贪反腐的决心和力量,看到了中国特色社会主义的勃勃生机。《巡回检察组》主创团队 2021 年 2 月 2 日走进了最高检,这场在最高人民检察院召开电视剧《巡回检察组》座谈会上,最高检领导对电视剧《巡回检察组》给予高度评价,鼓励剧组再接再厉,继续关注检察新闻和检察文化,把国家宪法赋予的法律监督职能做得更好,让社会法治建设和社会公平正义得到更大的进步和发展。再例如,一位东北大哥改签火车票,本应拨打 12306,却误拨了 12309。随后两人的对话被制作成了一段小视频,借此宣传检察热线 12309 的功能,宣传检察院职责职能。该视频被多家媒体转载热播,作为全国检察机关统一对外的智能化检察为民综合服务网络平台"12309"也得到了宣传。从正正规规的新闻发布会,到制作风格清新的卡通视频,甚至请来了演员、明星介绍检察机关职能担当、邀请大家一起关注最高检工作报告,无不体现了检察人的良苦用心。[①] 检察新闻人要了解熟悉检察业务,以社会、群众视角讲好检察故事。这也给检察宣传工作指明了道路,检察宣传不能故步自封,要精于检察业务,从社会、群众视角出发,把专业的"产品"用通俗易懂的方式"销"到群众中去。

(三)加强检察机关门户网站建设

2016 年,检察机关全面应用案件信息公开网,已发布案件程序性信息、法律文书、重要案件信息等数万条。新建案件信息公开微信平

---

① 参见石忠联:《检察宣传一直在路上》,正义网,http://www.jcrb.com/opinion/jrtt_45128/201903/t20190314_1976722.html。

台,主动向当事人及律师推送案件进展情况,实现从单向宣告向双向互动转变。四级检察机关 3662 个检察院全面运行电子卷宗系统,方便律师查询和复制,提供服务 15.3 万件次。推进职务犯罪侦查工作"八个一律公开"。运用四级检察机关全联通的远程视频系统,上下级检察院共同接访 11071 次,开辟群众来访"直通车"。规范推进派出检察室建设,打造百姓"家门口的检察院"。全面推进统一规范的检察服务大厅建设,为群众提供"一站式"服务。四级检察机关实现新闻发言人全覆盖和"两微一端"全覆盖。2017 年检察机关以"百度检察地图"上线为标志,将进一步深化检务公开,重点加强检察门户网站建设运行管理,推进门户网站与检察新媒体宣传平台融合发展,升级 12309 举报电话和网站,增加检察服务、监督评议等功能。① 2018 年检察机关自觉以公开促公正,升级建设 12309 检察服务中心,四级检察院同步完善实体、热线、网络三大平台,提供"一站式"服务。运用多媒体发布办案信息 226 万条、法律文书 111 万份。13.5 万名各界人士走进检察院、走近检察官,了解监督检察工作。② 2019 年 12 月 19 日上午,全国检察机关网上信访信息系统 2.0 版开通仪式在最高人民检察院鲁谷办公区举行。这是自 12309 检察服务中心网络平台开通运行之后,检察机关应用信息化手段做好群众信访工作、提高为民服务水平的又一项重大举措。信访信息系统 2.0 版上线以后,全国四级检察机关可以对受理的每一件信访案件、每一个办理环节进行网上录入、流转、跟踪督办和查询、反馈,实现全流程、信息化管理,无疑将有效地提高信访件的办理质量、效率和规范化水平,更快更好地解决人民群众的诉求。网上信访信

---

① 参见《检察机关将进一步深化检务公开、加强门户网站集群建设、升级 12309 举报电话》,法制网,http://www.legaldaily.com.cn/index_article/content/2017-03/20/content_7060550.htm。

② 参见《张军:升级建设 12309 检察服务中心》,正义网,http://news.jcrb.com/jszx/201903/t20190312_1974862.html。

息系统 2.0 版开通了,下一步关键是要用好,把信息化优势体现到落实群众信访件件有回复的工作中,体现到更好解决人民群众的司法诉求中。网上信访信息系统要和检察机关的统一业务应用系统无缝对接,最大限度地减少人工录入信息的劳动量,把精力用在更好更高效办案和息诉罢访上。还要把它建成一个检察官的管理系统,通过它来反观检察官的办案能力、群众工作能力。①

(四)探索利用微博、微信等新兴传播工具

积极适应"微政"时代新媒体传播规律。发挥纸媒、广播、电视、网站、微博、手机客户端等不同媒介优势,促使检察信息传播更加可视、可读、可感、可信,实现新闻发布的全媒体同步传播。检察新闻宣传要创新宣传形式,用好"两微一端",用人民群众喜闻乐见的方式展现中国特色社会主义法治的强大生命力,切实提高新闻舆论传播力、引导力、影响力、公信力。要抓住典型案例,利用案件的影响性、故事性,传播检察声音。前不久最高人民检察院对指导性案例进行了改版,突出了指控证明犯罪内容,在内容和形式上既凸显了检察特色,更收到人民群众喜闻乐见的效果,检察宣传就是要多开展这样创新性的工作。要充分发挥宣传工作的综合效能,鼓舞人心、教育人民,推动工作。比如,检察机关围绕"检察官是公共利益的代表"在公益诉讼方面做得有声有色,在宣传上也要发力,通过对检察建议、公益诉讼理念等的有效宣传,让社会了解支持公益诉讼工作,推动负有维护社会公益职责的部门承担起自己的职责。②

---

① 参见邱春艳、孙风娟:《全国检察机关网上信访信息系统 2.0 版开通上线运行》,最高人民检察院官网,https://www.spp.gov.cn/spp/tt/201912/t20191219_450634.shtml。
② 参见《用心讲好新时代检察故事》,《检察日报》2018 年 9 月 3 日。

（五）打造检务信息发布新平台

紧紧抓住信息化建设带来的机遇，大力加强智慧检务建设。2015年来，利用"两微一端"平台，最高人民检察院新媒体积极主动设置议题，加强原创策划，通过图解、漫画、视频、H5等原创作品50余篇，全方位介绍检察职能与工作成效，总阅读量达600余万次。例如，《一图读懂行政检察》《一图读懂公益诉讼》等"一图读懂"系列全面介绍了检察职能，利用最流行的创新形式取得了良好的传播效果。[1] 在以后的工作中，我们应当积极构建更加便民高效的网上服务平台，做优、做强、做精检察网站。第一，智慧检务平台界面要友好，要让全体检察官会用、喜欢用，让不同文化水准、对信息化熟悉程度不同的检察官都能比较自如地使用。第二，智慧检务建设要寓监督于服务，贯彻"我为你提供帮助、我为你服务"的理念，监督也要友好。第三，智慧检务系统要与公安、法院、司法行政机关实现互联互通，要打破信息壁垒，注重运用大数据等信息化手段提升检察工作质效，同时向社会公开，让人民群众来监督。第四，智慧检务系统要成为开放、可持续、发展着的系统。既要统一标准，也要鼓励各地创新。全国检察机关要在统一平台上进行智慧检务的开发运用，各地创新成果可以为今后升级提供参考。[2]

（六）构建立体化宣传模式

创新是普法工作发展的第一动力，进一步依托现代信息技术，深化检务信息公开。检察新闻宣传应当注重依托政府网站、专业普法网站和微博、微信、微视频、客户端等新媒体新技术开展普法活动，努力构建

---

[1] 参见《最高检：积极构建"互联网+检务"新模式》，中国日报网，http://china.china-daily.com.cn/2015-11/13/content_22450790.htm。

[2] 姜洪：《张军：智慧检务建设要聚焦科学化智能化人性化》，最高人民检察院官网，https://www.spp.gov.cn/spp/tt/201806/t20180604_380720.shtml。

多层次、立体化、全方位的法治宣传教育网络。① 首先,在宣传重点上,要聚焦"四大检察""十大业务"。这是新时代检察监督体系的"四梁十柱",也是新闻宣传的"金矿",要做深、做实、做透。特别是认罪认罚从宽、群众来信件件有回复、公益诉讼、扫黑除恶"一个不凑数、一个不放过"、综合性检察建议、改版后的指导性案例等,都是含金量很高的"原矿",需要深入挖掘、淬火提炼,让人民群众感受到新时代检察工作的新变化。其次,在宣传方式上,要注重案例化、故事化、可视化传播,努力推出深度报道。道理的传播要借助情感的翅膀,情感的传播孕育在故事之中。要讲好鲜活的检察故事,努力做到表达视听化、思想融入化,在故事中嵌入理念、嵌入观点,"化人于不觉、顿悟于回味"。特别要注意充分发挥视频产品直观、生动、形象的特色,把视频推广放在更加重要的位置,不断推出有分量、有影响、接地气的检察视频。在宣传导向上,要面向社会、面向基层、面向代表委员和人民群众、面向广大检察官。要始终以人民为中心,把握百姓需求,多说具体工作、多讲基层故事。要加强深入采访、深度报道,展现检察工作细节,体现司法办案理念,做到深、实、新,达到"越专越普"的效果,让人民群众喜欢看、愿意听,实现政治效果、社会效果、法律效果、传播效果的有机统一。②

检察新闻宣传工作要讲政治顾大局谋发展,为检察工作服务,为全面依法治国服务。要紧紧围绕新时代检察工作、检察改革面临的重点、热点、难点问题,以专栏、笔谈等形式,组织开展深入讨论,宣传推介地方有益探索经验,探寻破解发展难题的路径。要深入挖掘检察机关办理的保护产权、保障民生、公益诉讼等方面的典型案件,通过典型案件

---

① 参见白阳:《把普法融入执法的全过程——司法部部长、全国普法办主任张军就〈关于实行国家机关"谁执法谁普法"普法责任制的意见〉答记者问》,新华网,http://news.xinhuanet.com/2017-05/24/c_1121029836.htm。

② 参见张军:《以"三位一体"理念引领检察新闻宣传》,《检察日报》2019 年 12 月 23 日。

报道,促进各级检察机关更充分地履行法律监督职责、把案件办得更好,促进检察人员政治素质、业务素质、职业道德素质的提高和专业能力的提升。案件报道不能猎奇,要讲政治,坚持正确舆论导向,通过报道检察机关办理的案件宣传党和国家的方针政策,阐释党的十九大精神,反映"五位一体"总体布局和"四个全面"战略布局。要注意案件报道的社会效果,以多赢共赢的宣传实效,促进法治建设,推动社会进步,努力实现报道一案、警示一片、教育社会面的良好效果。①

(七)加强检察新闻宣传的组织领导

最高检成立新闻宣传工作领导小组,整合新闻宣传力量,并首次组织检察工作、检察文化、检察新闻宣传三个条线的同堂培训。这是学习贯彻习近平新时代中国特色社会主义思想和党的十九届四中全会精神,推动检察新闻宣传工作创新发展的重要举措,是检察工作、检察文化、检察新闻宣传在思想、组织、谋划、主体等方面全方位融合,具有导向性、标志性意义。检察工作、检察文化、检察新闻宣传,虽然在组织人员、具体工作上各有分工,但三项任务本质上是融为一体、不可分割的。"本"体现在检察工作,业务做不好、抓不实,检察宣传就成了无源之水、无本之木;"要"体现在检察文化,通过司法检察文化潜移默化的作用,提升检察官、带动老百姓、创建更优社会环境;"效"体现在检察新闻宣传,检察工作和检察文化建设成效,最终要通过检察新闻宣传更深更广服务大局、服务社会、服务人民群众。我们要深刻领会"三位一体"理念的丰富内涵,以此引领、谋划、推动检察新闻宣传工作迈上新台阶。

第一,在宣传方式上,要注重案例化、故事化、可视化传播,努力推

---

① 参见王治国:《善于运用政治智慧法律智慧宣传智慧　加强检察新闻宣传更好服务全面依法治国》,《检察日报》2018 年 4 月 13 日。

出深度报道。道理的传播要借助情感的翅膀,情感的传播孕育在故事之中。要讲好鲜活的检察故事,努力做到表达视听化、思想融入化,在故事中嵌入理念、嵌入观点,"化人于不觉、顿悟于回味"。特别要注意充分发挥视频产品直观、生动、形象的特色,把视频推广放在更加重要的位置,不断推出有分量、有影响、接地气的检察视频。

第二,在宣传导向上,要面向社会、面向基层、面向代表委员和人民群众、面向广大检察官。要始终以人民为中心,把握百姓需求,多说具体工作、多讲基层故事。要加强深入采访、深度报道,展现检察工作细节,体现司法办案理念,做到深、实、新,达到"越专越普"的效果,让人民群众喜欢看、愿意听,实现政治效果、社会效果、法律效果、传播效果的有机统一。

第三,在宣传效应上,要加强内部衔接协调,充分调动各方面资源。宣传部门要主动对接业务部门,以办案思维写新闻,让新闻宣传更实、更深、更敏锐。业务部门要积极主动"报料",共同挖掘新闻点,扩大宣传效应,促进检察工作。

第四,在宣传能力上,要做到政治强、业务精、有情怀、敢担当。检察新闻人要把握政治建设这个灵魂,增强战略思维、问题思维,当业务精深的政治记者。要敏锐观察业务工作存在的突出问题,让采访的笔成为调研的笔、办案的笔、反映百姓情绪晴雨的笔、督导检察工作的笔。①

---

① 参见张军:《以"三位一体"理念引领检察新闻宣传》,《检察日报》2019 年 12 月 23 日。

第二十五章

加强新时代检察理论研究

　　思想是行动的先导,理论是实践的指南。习近平总书记深刻指出,全面依法治国,法治理论是重要引领;没有正确的法治理论引领,就不可能有正确的法治实践。在 2020 年全国两会期间,一些代表委员明确提出这方面的意见建议,希望检察机关重视中国特色社会主义检察理论研究,很专业也很有远见。中国特色社会主义进入新时代,社会主要矛盾转化,人民群众在民主、法治、公平、正义、安全、环境等方面提出更高层次、更丰富内涵的需求。身处新的历史方位、时代背景,检察机关应当主动适应、跟上。特别是,历经国家监察体制改革、反贪转隶、检察职能调整,检察机关面临恢复重建以来影响至为深远的转折、重构和提升,检察机关更应有所作为。检察机关以"讲政治、顾大局、谋发展、重自强"为总体要求,细化实化一系列思路、举措,检察监督办案成效逐步显现。但我们也越来越深刻感觉到,实现新时代检察工作全面协调充分发展,对检察理论的需求从未如此迫切。实践创新的每一步,都更加需要理论的支撑。检察机关实践中的彷徨、困惑,社会上曾对检察改革举措的质疑、误解,无不与检察理论建设跟不上有关。这是当前检察工作面临的最突出短板和弱项。

　　中国特色社会主义进入新时代,社会主要矛盾发生转变,深化司法体制改革和检察改革进入关键时期,按照"讲政治、顾大局、谋发展、重自强"的总体要求,面对"四大检察"全面协调充分发展,检察机关必须坚持以习近平新时代中国特色社会主义思想为指导,强化法律监督职能,努力完成好服务党和国家工作大局、维护社会公平正义和宪法法律权威,推进全面依法治国新要求新任务。这就要求我们要进一步深刻、系统、科学地认识中国特色社会主义检察制度理论与检察事业发展的辩证关系,不断深入研究检察理论和实践出现的新问题,以适应新时代发展的需要。我们必须正视检察理论供给上的不足和差距,从最高人民检察院做起,采取扎实有效的举措,持续抓好推进、落实。最高人民检察院理论所、学院、研究室、检察日报社、出版社更是责无旁贷。与此同时,我们也要充满自信地看到,面对勃勃生机的检察实务这块沃土、这座富矿,检察理论研究潜力巨大、前景可期。新时代检察事业的丰富实践,必能给检察理论创新、学术研究繁荣提供源头活水、无尽动力。①当前,有大量的典型案例需要理论研究来揭示规律,有源源不断的基层经验创造等待去凝练总结,要靠全体检察人、靠所有专家学者,一起去深耕耘、广挖掘。

在加强新时代理论研究时,首先,要树立正确的研究观,坚持讲政治和抓业务相结合,坚持以人民为中心,坚持从问题出发的研究导向,坚持理论研究的兼收并蓄。其次,理论研究需分清主次,抓住重点内容,循序渐进展开。最后,必须加强理论研究机制的构建,鼓励、支持全员参与调查研究,提倡领导干部发挥表率作用带头研究,建立与科研院校战略合作机制,重视专家型检察研究人才培养。总之,要坚定"四个自信",深化检察理论研究,抓好"五个结合",为新时代检察工作提供强有力理论支撑。

---

① 参见《张军在第二十届全国检察理论研究年会暨中国法学会检察学研究会年会上强调 勇担时代使命 凝聚广泛共识 共同开创新时代检察理论研究工作新局面》,《人民检察》2019 年第 15 期。

一、新时代检察理论研究观

习近平总书记在哲学社会科学工作座谈会上的讲话中指出:"这是一个需要理论而且一定能够产生理论的时代,这是一个需要思想而且一定能够产生思想的时代。"①做好检察理论研究工作,就要始终坚持以习近平新时代中国特色社会主义思想为指引,与时代同步,与人民同向,紧扣伟大斗争、伟大工程、伟大事业、伟大梦想,解放思想,实事求是,与时俱进,不断增强理论自信和战略定力。

(一)坚持检察理论研究政治的方向

检察工作是政治性极强的业务工作,也是业务性极强的政治工作,检察理论研究亦如此。要旗帜鲜明讲政治,坚持用马克思主义立场、观点、方法分析和解决检察工作发展中的问题,坚持用习近平新时代中国特色社会主义思想武装头脑、指导研究。不仅如此,还要通过我们的理论研究,加深系统内外、社会各界对习近平新时代中国特色社会主义思想和党中央大政方针的理解,加深对习近平总书记全面依法治国新理念新思想新战略以及对政法工作、检察工作一系列重要指示精神的把握,学深悟透、融会贯通、真信笃行。特别是,一段时间以来,社会上包括检察队伍内部有人对中国特色社会主义检察制度、检察道路缺乏自信。这就要认真分析,是立场问题、思想理论水平问题,还是缺乏正确思想理念指引的学术研究问题?如果仅是学术研究,我们要善于倾听各方面的声音;但若以西方法律、司法制度对标,则不仅我们的政治定力、战略定力一定要有,"四个自信"始终要有,而且基于此的斗争精神也不能缺乏。在中国共产党的坚强、正确领导下,新中国成立70多年

① 习近平:《在哲学社会科学工作座谈会上的讲话》,人民出版社2016年版,第8页。

来经济、社会、文化、民主、法治等各方面取得的辉煌业绩,足以回应任何人的质疑。"自信者,人恒信之。"人民检察制度是马克思主义法律思想和法学理论中国化的成果,是我们党领导人民推进法治建设的伟大创举。我们必须理性认识、发自内心认同,才可能始终坚定检察道路自信、理论自信、制度自信、文化自信,才可能更有底气以创新发展的检察理论,发出新时代检察最强音。

(二)坚守检察理论研究人民立场

习近平总书记强调,时代是出卷人,我们是答卷人,人民是阅卷人。人民群众的需求是不断变化的,检察答卷的高标准也是无止境的。检察机关作为国家法律监督机关和司法机关,在全面依法治国战略中肩负着重要责任。法治的真谛是人民的利益,法治的最终发展目的是造福人民。检察理论研究要站稳"人民"的政治立场,坚持人民的主体地位,坚持以人民为中心的研究理念,坚持以人民权益为目的的制度设计和制度安排,坚持以人民当家作主为目标的政治发展道路。人民立场是检察机关的根本政治立场。检察理论研究工作必须坚持以习近平法治思想为指导,坚持运用马克思主义立场、观点、方法分析和解决检察工作发展中的问题,以人民群众新需求为导向,为中国特色社会主义检察制度不断发展完善加强和改进检察工作,为满足人民群众新需求提供更加丰富优质的法治产品、检察产品。[①] 比如,最高人民检察院鲜明提出群众来信 7 日内程序回复、3 个月内办理过程或结果答复,这是件具体工作,却有深厚的理论根基:为什么他国少有此类申诉,我国历史、文化传统在新时代全面依法治国中为什么仍然具有强大影响力,此类检察实务工作为什么与执政党的执政基础关系如此密切等问题,仍亟

[①] 参见高继明:《明确检察理论研究方向　推动检察工作创新发展》,《检察日报》2019 年 10 月 11 日。

待研究。还比如,落实修改后的《中华人民共和国刑事诉讼法》,执行认罪认罚从宽制度,我们之所以必须扛起主导责任,其理论依据是什么,检察官庭上的主导责任与法官庭上的指挥和裁判权力是什么关系等问题,也需深入思考。落实以人民为中心,这方面理论研究就要针对性地开展、跟上。①

(三)坚持检察理论研究问题导向

坚持问题导向,实质上是一个及时发现问题、科学分析问题、着力解决问题的过程,这正是马克思主义最优良的方法论传统和最鲜明的方法论特征。② 中国特色社会主义检察制度与实践服务、为全面依法治国理论与实践服务,是检察理论研究的主要目的。理论必须联系实际,也就是以问题为导向,这个原则永远不过时。问题是研究的价值,解决问题是发展的途径。问题显现矛盾,发现普遍存在矛盾、分析把握矛盾、解决主要矛盾是推动事物发展的规律。科学研究的方法应当是从发现问题到解决问题。缺乏问题意识的研究,即使文笔再好,也不过是毫无意义的夸夸其谈。检察理论研究一定要善于发现认识、分析总结、推动解决影响、制约检察工作科学发展的现实问题,这既是检察理论研究十分重要的任务,也是开展检察理论研究的基本方法。要特别注重防止理论与实践"两层皮"的倾向,坚决防止研究"伪问题""假问题",把"理论"上可能存在但实际中基本不会出现的问题作为研究对象,使理论研究成为"纸上谈兵"。③ "检察理论研究的出发点和落脚点必须始终围绕检察实践展开,从中发现检察监督办案中的真问题,从

① 参见张军:《坚定"四个自信" 深化检察理论研究 为新时代检察工作提供强有力理论支撑》,《人民检察》2018 年第 9 期。
② 参见学习时报特约评论员:《谈谈坚持问题导向目标导向结果导向》,人民网,http://theory.people.com.cn/n1/2019/1225/c40531-31521406.html。
③ 参见张军:《坚定"四个自信" 深化检察理论研究 为新时代检察工作提供强有力理论支撑》,《人民检察》2018 年第 9 期。

理论上深加阐释、精予指引,使理论研究真正'接地气'。"检察理论研究就是要善于发现工作中的短板和不足,通过分析论证找出问题症结,对症下药,既要讲清楚是什么、为什么,又要讲清楚怎么办、怎么干,力促问题及时有效解决。从具体案件中发现和促进解决深层次的社会问题,通过办案引领社会正义和价值取向,通过办案总结纠正存在的社会治理问题,通过办案推进司法解释的制定修改完善以及理论的修正,这能够体现检察官的职业敏感、社会责任。例如,最高人民检察院2018年抗诉一起性侵未成年人案件,在列席最高人民法院审判委员会时,发现这不是偶然的一起个案。进一步了解性侵未成年人相关案件,发现在当前这是一个突出的社会问题。因此,抗诉改判之后,最高人民检察院给教育部发出历史上的"一号检察建议",建议教育行政部门加强对相关问题的预防和治理。通过办理这个案件,不仅纠正了个案,而且促进修改了最高人民法院原有规范性文件中女生宿舍不是公共场所的规定。按照《刑法》第二百三十七条关于强制猥亵罪的规定,如果认定是在公共场所猥亵,就可以在五年以上判刑。女生宿舍是不是追诉犯罪中的公共场所,这个问题最高人民检察院在抗诉的时候阐释得很清楚,认为应该认定女生宿舍为公共场所,最高人民法院采纳了这个意见。①

(四)坚持检察理论研究兼收并蓄

毫无疑问,中国特色社会主义司法检察制度是世界上独一无二的。中国特色强调的是我国制度的优势和独特性。但也要看到,人类社会发展过程中,不同国家走上法治道路、创造的法治文明,随着人类命运共同体的构建,总体趋势是交流交融。中国改革开放取得的成就,被国际社会研究、借鉴。我们要按照习近平总书记"借鉴国外法治有益经验,但决不照搬外国法治理念和模式"的要求,积极适应、主动融入多

---

① 参见张军:《关于检察工作的若干问题》,《人民检察》2019年第13期。

样文明相交相融这样的发展大势。2019年5月,最高人民检察院部分代表出访葡萄牙、古巴时,葡方总检察院、调查与刑事行动总署、司法警察局详细介绍了检察机关引导侦查的工作模式和实效,介绍了保护家庭和儿童权益方面的做法;古方除了谈及检察机关监督刑事侦查外,还专门介绍了检察机关服务大局的做法,这些都对我国法治建设、检察制度发展具有重要的参考价值。关键是要认真分析不同国家和地区确立不同司法制度的文化背景是什么、历史传统是什么、政治制度又是怎样,从中发现制度的文化传承、根源理由,把握其中蕴含的原理、规律、动因,汲取精华、去其糟粕,从深层次吸收借鉴人类先进的、优秀的法治文明和法律智慧,发展完善中国特色社会主义司法检察制度。① 比如,在疫情期间,英国上议院就出台了规定,明确了指导法院审判的司法政策、诉讼机制,非常具体。学习借鉴他国的政策规定,反过来更加证明我国检察系统强调服务大局的重要性。再比如,捕诉一体改革,实施以来有什么新变化,亟须我们探索。最开始质疑实行捕诉一体改革的主要理由是批捕权是作为宪法规定的司法权,要与公诉权分开。关于这个问题,国际上最新检察理论有何突破,应结合我们国家检察权本身就是司法权的实际研究清楚,也能更好地指导实践。②

二、检察理论研究的重点内容

理论研究要有的放矢。检察理论工作者要在习近平新时代中国特色社会主义思想指引下,全力拓展检察理论研究范围和深度,更好服务国家经济社会发展,服务全面依法治国实践。

---

① 参见张军:《坚定"四个自信" 深化检察理论研究 为新时代检察工作提供强有力理论支撑》,《人民检察》2018年第9期。
② 参见邱春艳:《最高检领导与一线检察理论研究人员座谈》,最高人民检察院官网,https://www.spp.gov.cn/tt/202004/t20200421_459250.shtml。

（一）加强检察司法理念研究

理念是引领办案的思想和灵魂。把理念论清楚、搞端正，理论研究、检察工作才有方向。反贪职能转隶后，围绕如何充分运用政治智慧和法律智慧提升检察监督效果，新一届最高人民检察院党组在习近平法治思想指引下，针对性地创新发展工作理念，包括转隶就是转机，在监督中办案、在办案中监督，双赢多赢共赢，"四大检察""十大业务"全面协调充分发展，等等。这些理念，得到系统上下一致认同，在社会上也产生很好反响。但是并不是所有检察人都深入理解、深刻领会了。就以监督中办案、办案中监督为例，一直就有不同的认识，具体落实中就存在实践中的磕磕绊绊。这些因应形势发展变化、推动检察工作创新发展的理念，亟须加以理论阐释。理论深化的过程也是不断统一认识、加深理解，进而深化指导实践的过程，也就是从实践到认识再从认识到实践的发展过程。坚持正确政治方向，守住底线，检察理论研究是无禁区的。有质疑不怕，有不同理解才能引发更深入的讨论、探究，思想碰撞产生的火花恰是照亮检察实务迷惘的理论之光。"理念一新天地宽"说的就是这个道理。

（二）加强检察基础理论研究

新时代，世情、国情发生深刻变化，检察制度也面临新的转型，加强新时期检察基础理论研究，回应与检察工作息息相关的基础性、战略性问题尤为迫切。比如，检察权的属性是什么？中国特色社会主义检察制度的本质，由此决定的检察制度内涵、发展规律有怎样的特点？检察权配置和检察管理规律该怎样认识？这些都是检察制度中的根本性问题，也是我国检察制度从诞生以来就存在争议的问题。只有将这些问题研究清楚了，才能不断推进中国特色社会主义检察事业创新、发展。检察出版社正在组织中外检察制度比较研究，希望能从中寻觅到进一步深入研究的多个路径、不同切入点。又比如,检察学体系,检察活动基本原理,法律监督运行中的各种关系、需要把握的基本原则等,也都是检察制度发展的重大基础理论问题,需要进一步深入研究。当前,还要重点加强对"四大检察""十大业务"的基础理论研究:"四大检察"之间是什么关系?"十大业务"之间是什么关系?怎样才能实现全面协调充分发展? 等等。理论所已经启动了研究,联合《中国法学》《法学研究》等20家知名法学期刊开展征文活动。出版社设立学术著作出版基金,专门用于扶持出版检察基础理论研究著作。要积极引领、抓实,争取尽快形成一批有指导意义的高质量研究成果。

(三)加强检察改革和发展研究

政法领域全面深化改革推进会,部署了当前和今后一个时期的深化司法改革工作。如何才能更好指导、促进司法检察改革举措落地落实,检察理论研究必须跟上。改革的深化,要求理论研究从宏大叙事为主向结合微观专题研究转变,深化对相关制度操作和运用的研究,推动检察改革不断向纵深发展。比如,检察职能调整和内设机构改革后,如何构建与之相适应的检察机关新的工作机制;修订后的检察院组织法规定,上级检察院可以统一调用辖区内的检察人员办理案件,具体如何落实;法律以及理论的依据是什么;内设机构改革后检察业务质量评价指标体系如何完善;"案-件比"指标体系如何设计、运用;司法责任制实施后,如何加强检察监督管理机制建设等。这些都是检察改革中需要跟进研究解决的重点问题。又比如,从检察机关法律监督的宪法定位和刑事诉讼法的制度设计看,检察官在刑事诉讼的检察环节是承担主导责任的。检察环节怎么理解、把握等。这些问题决不仅仅是实务操作,更应进行充分的理论研究工作。

(四)加强检察实务和应用研究

检察理论研究首先要服务检察实践,却又不仅仅只是单向的服务,同时要从检察实践中吸取营养、提升研究深度和精准度,更好引领、促进检察实践,实现双赢共赢。比如,近年来正当防卫的实践发生了巨大变化。我们就可以总结归纳检察机关办理的一系列正当防卫案件,共性是什么、特性是什么、为什么认识不一等。应从理论上进一步阐释,指导检察人员紧紧跟上社会和人民群众的需求,而不是被推着走。我们要坚持理论研究与实际运用有机结合,努力为检察工作、法治实践提供更好更多的理论产品。检察理论研究若要联系实际,就是要立足我国国情和经济社会发展情况,着眼于对实际问题的理性思考,着眼于新的实践和新的发展,不断深入研究和回答检察工作一系列重大理论和现实问题。要围绕办案这个中心,从如何有利于加强办案的角度去思考、论证、谋划。离开办案谈检察监督就是空中楼阁,不能落地。办案是硬道理,案件出了问题、案件办不出去、案件处理得不公正,最终什么都落实不了。①

2018年,最高人民检察院对内设机构作了系统性、重塑性、重构性改革,重组十大业务机构,形成"四大检察""十大业务"并行的检察监督办案总体格局。其中的每一项检察业务都有很多需要研究的问题。刑事检察方面,构建一个什么样的刑事检察理论体系,才能深化、指引刑事法律的正确理解和使用,确保公正办理案件? 捕诉一体运行机制如何深化? 捕诉一体后如何强化诉讼监督职能? 民事检察方面,如何破解案件受理层级"倒三角"问题,更好发挥基层检察院的作用? 如何践行精准监督? 如何通过抗诉、检察建议促进民事诉讼中的理念、政

---

① 参见彭波:《张军:为新时代检察工作提供强有力理论支撑》,人民网,http://cpc. people.com.cn/n1/2018/0425/c64094-29948901.html。

策、导向创新、发展、进步？行政检察方面，如何定位行政诉讼监督？如何实现"一手托两家"？检察监督如何贯穿行政执法与行政诉讼，促进治理体系和治理能力的现代化？公益诉讼检察方面，如何优化案件类型结构，加大行政公益诉讼办案力度？如何完善与行政部门的信息共享机制，督促检察建议落实、整改到位？如何稳妥、积极推进公益诉讼检察"等"外探索？此外，司法人员相关职务犯罪侦查、未成年人检察、控告申诉检察、案件管理、司法解释、国际司法协助等，都有很多需要深化研究的问题，不能成为检察理论研究的盲区。

三、检察理论研究的机制构建

（一）构建全员参与的调查研究机制

检察理论研究主责在检察机关，首先是各级院党组要重视，负责检察理论研究的工作部门必须发挥好组织、管理、协调作用。2018 年，我们就提出了"一把手负总责，分管院领导抓具体，上级院和职能部门加强督导协调，业务部门主动研究，全体检察人员广泛参与检察理论研究的格局"，要持之以恒抓下去。这个格局还必须有具体的工作机制支撑，比如兼职调研员机制、办案与研究互动机制，找好业务工作和理论研究之间的平衡点、着力点、结合点，理论研究是为了更好地办案，也能有力地促进办案；办案中遇到困惑、问题，为理论研究提供实例，经过系统思考论证，能及时转化为理论研究成果，实现良性循环。要健全完善年会制、课题制等，形成有效的激励机制和成果转化机制。要在举办学术年会、进行专题研讨、开展学术交流、配置研究资源、转化研究成果与吸引理论研究人才等方面大胆创新，不断增强检察理论研究工作的生机与活力，保障检察理论研究可持续发展。让检察人员成为检察理论研究的主体。上下级院对应的业务部门之间，办理相同类型的案件、遇到相同类型的问题,可以在共同调研基础上形成合力,共同开展理论研究。基层院的研究力量相对薄弱,遇到理论和实践中的问题可以上"检答网",及时向上级院反映,由上级院组织力量牵头开展研究。同时,年会制、课题制、奖励机制也要继续完善落实,尤其是最高检主管部门、各检察学研究会专业委员会要发挥好统筹作用,促进提升研究水准。各级检察机关还要加强经费等各方面保障工作,努力把课题费、图书资料费、奖励费等资金列入预算,切实保障检察理论研究需求。要健全完善检察理论研究机制,构建日常检察办案与研究的互动机制,实现良性循环。同时要鼓励广大检察人员积极参与,既推动检察理论发展,又提升自身素质能力。

(二)领导干部发挥表率作用带头研究

检察理论研究开展得如何,各级检察院领导干部带头是关键。如果各级检察院领导干部都不重视检察理论研究工作,怎么能让广大检察干警重视? 领导干部得有检察理论研究的兴趣,才能够自觉支持、直接参与。有的领导同志理论研究能力水平相对较弱,但是有了兴趣,就可以去支持,用好研究成果。这也是领导干部能力素质的重要方面。各级检察院领导干部自己都不感兴趣、不研究,怎么能支持、引领广大检察干警参与理论学习、研究? 我们都认真学习了习近平总书记系列重要讲话。习近平总书记的讲话里用很多平实的语言阐述深刻的道理,没有理论上的深厚造诣和积累,很难做到这一点。新时代,各级检察院领导干部要比过去任何时候都更加重视理论学习和研究,带头参与,以上率下,提升检察队伍的政治素质、业务素质、职业道德素质,提高理论思维能力和水平。要在全系统大兴调查研究之风,大兴钻研理论、思考问题之风。要真重视、真研究检察理论问题,加强组织领导和理论务虚,亲自担纲重大课题研究,及时回答重大理论困惑和难题,努力成为检察理论研究的学科带头人。各级检察院要把检察理论研究作为一项基础性战略性的工作,形成一把手负总责、分管院领导抓具体、上级检察院和职能部门加强督导协调、业务部门主动研究、全体检察人员广泛参与的检察理论研究工作格局。以上率下,最高检不能只部署任务,首先要在这方面做出榜样、做好表率。①

(三)建立与科研院校战略合作机制

检察机关作为办案机关,具有案例、数据、前沿信息等研究资源优势,但由于整体视野、理论研究力量、研究方法手段等方面的局限,单纯依靠系统内部自循环、自说自话,不可能更深入、更有说服力地回答和解决诸多检察理论问题。加强检察理论研究,要发挥好检察官群体的作用。如何"谋发展、重自强",检察理论研究是重中之重,也是基础工作中的基础。这项工作每一位检察官都是责任主体,相关研究单位更是责无旁贷,最高人民检察院检察理论研究所、国家检察官学院、法律政策研究室、检察日报社都要给予特别重视、支持、引导,鼓励检察官加强检察理论和实务研究,这是一个基本的要求。因此,我们要融合法学界和其他政法系统的研究力量,与法学研究机构、重点研究刊物、专家学者等建立起更加紧密的联系。最高人民检察院已经与山东大学、华东政法大学、中南财经政法大学、天津大学等高校联合建立了检察理论研究中心,近期还将根据"四大检察"职能的发展需求,与中国人民大学、中国政法大学等10所院校组合、共建研究中心。这些平台建了就要用好,吸引更多的高校研究人才投身检察理论研究。最高检成立了民事行政检察专家委员会,不少省级院也建立了类似的专家咨询委员会。这些业务咨询机构,要真正用起来,更实更好地发挥专家、学者的作用,使之成为检察理论研究题目的源泉、成果的"孵化

---

① 参见姜洪:《张军强调:坚定"四个自信" 抓好"五个结合"、为新时代检察工作提供强有力理论支撑》,《检察日报》2018 年 4 月 25 日。

器"。特别是,2019 年 4 月,我们邀请 27 位知名法学期刊的主编、副主编座谈,共同研究怎样把检察理论研究和法学期刊建设紧密结合起来,促进深化司法检察理论建设。座谈会后,相关工作成效如何,与法学类期刊的经常性联络机制和信息交换机制运行得怎么样,推进这些工作中还有哪些不足、如何改进等。要坚持问题导向,主动沟通联系、及时反馈,将工作做实。

(四)重视专家型检察研究人才培养

繁荣检察理论研究,基础是人才。只有重视人才、培养人才、激励人才,才能形成良好的检察理论研究风气。各级检察机关都要为专家型检察官和检察理论研究人才的成长成才搭建平台、提供机会。要鼓励研究能力强的同志积极参加年会、培训、申报课题和案例分析研讨。对于高层次理论研究人才,可以采取推荐研修、支持在理论研究协会任职、参加科研成果评奖等方式,为其提供锻炼机会和展示平台。要把检察理论研究融入干部选拔任用、考核中,把是否有研究能力作为选任领导干部、遴选检察官、择优晋升检察官等级的重要参考,把检察理论研究成果作为衡量检察人员绩效的一个重要方面。上级院检察官尤其是最高检、省级院检察官,都要争取做专家型检察官,都要朝有课题研究、调研报告、撰写案例、业务分析、参与规范性文件起草等优秀成果的方向努力。总之,要营造更好的检察理论研究氛围,培养造就更多优秀专家型检察官和检察理论研究人才。我们还要有意识地将重心向民事、行政、公益诉讼等方面倾斜,在这些工作上发力,吸引、吸纳这方面的人才,做好这方面的检察工作,真正做到刑事检察与其他检察工作成为"车之双轮""鸟之两翼",行稳致远。仅靠一个轮子、一支翅膀是走不出去、飞不高的。高检院正在谋划机构改革,这些工作都在考虑中,目的就是真正做到"转隶就是转机"。

（五）补短板、强弱项提高理论研究水平

最高检党组指出，检察理论研究是我们的短板、弱项，要从具体工作着手加强检察理论建设。加强检察理论研究，要充分发挥好检察官群体的作用，相关机构要特别重视、支持、鼓励、引导检察官加强检察理论和实务研究。为了补齐短板、做强弱项，必须切实提高检察理论研究水平。其中，选准研究重点、选好研究题材是非常重要的。关键是，要通过对检察理论研究重点及相关要求的把握，努力提升检察理论研究的学术品格。

第一，研究内容要有针对性。检察理论研究要坚持问题导向和实践导向，首先必须有问题意识，不能是完全务虚的坐而论道，更不能是无的放矢的无病呻吟。检察理论研究，关键词在于"检察"二字。与纯理论的法理学、法哲学研究不同，检察理论研究必须紧密结合检察制度和检察实务，能够合理地阐释检察工作中发生的各种现象，准确地回答检察实践中遇到的困惑和问题，其成果须对检察实践发挥指导引领和借鉴参考作用。发现并提出问题，是检察理论研究的引擎和动力。对问题的分析和回答，是检察理论研究的价值依归。

第二，研究题材要有学术性。检察理论研究属于法学研究，必须符合学术研究基本规律。撰写研究文章不同于办理案件，也不同于法律咨询，不能仅满足于找到答案、提出对策建议，而是要全面梳理分析实践中存在的问题及其原因，探讨各种解决思路的利弊，比较不同制度、不同方案的成败优劣，从多种角度进行分析论证。对于某个复杂议题或争议事项的论证，仅从实在法上寻找依据是远远不够的。从事检察理论研究需要具备一定的学术视野，既要掌握法学相关学科的基本理论和知识，又要对政治学、经济学、社会学、管理学等社会科学有所涉猎和了解，如此开展研究才能得心应手。

第三，研究立场要有公允性。在过去一段时间，检察理论研究的部

门化倾向一直为学术界所诟病。这种部门化倾向的基本立场是:"凡是利于扩张部门权力、利于增加部门利益的,无论在逻辑上是否周密,体系上是否圆融,都极力主张之。凡是可能限制部门权力的、不利于部门利益的,无论是否有可取之处,则全力反驳之"。以这样的思维从事研究,产出的学术产品必定是不合格的,得出的研究结论往往是学术界难以接受的。只有以公允、包容的心态从事研究,才能提升检察理论研究的学术品格。在坚持正确方向和政治立场的前提下,检察理论研究的视野、思路、方法、论据等要有公允性和开放性。

第四,研究对象要有针对性。要加强对检察制度、检察工作、检察改革和检察管理的研究,深化对中国特色社会主义检察制度内涵、本质、功能和特征的认识。加强法律政策和法律适用问题的研究。支持法律政策研究室,检察理论研究所、国家检察官学院、检察研究基地,咨询委员会等检察智库建设,落实课题制度,每年推出一批有一定学术影响和实践指导价值的研究成果,创新与高等院校和研究机构协作共建,推动法学院校开设检察学课程,鼓励检察业务专家到高校从事检察理论与实务教学工作,拓展专家学者挂职和法律实习生规模;推动不同区域检察人员开展理论研究交流合作。

第五,研究视野要有开放性。贯彻习近平总书记人类命运共同体的理念,立足国内国际两个大局,着眼于加强检察国际交流和司法合作,围绕营造良好外部环境,积极推动双边引渡条约和司法协助条约的签订。参与建立驻外法律参赞队伍。规范边境地区检察机关直接合作机制。做好外国执法司法官来华培训工作,每年培训100名左右。建设"一带一路"检察研究基地、中亚国家司法合作交流基地、东盟国家法律专家咨询顾问库。巩固双边多边检察合作机制,在整体建设、议题设置、成果落实等方面充分发挥引领作用,融入涉外法治工作战略布局。加强中外检察制度比较研究,讲好中国法治故事,增强中国检察的国际话语权和影响力。

　　中国特色社会主义检察理论是习近平新时代中国特色社会主义思想在检察工作落实过程中的总结。只有在实践基础上不断深化检察理论探索,用正确的、与时俱进的理论指导发展变革着的检察实践,中国特色社会主义检察事业才可能沿着正确的方向不断深化、推进。当前,我国检察理论研究还存在许多不足,例如"检察理论创新还不够""理论与实践结合还不紧"等问题,都亟待解决。这些问题的完善需要以上率下,主责在最高人民检察院,尤其理论所、研究室、国家检察官学院责无旁贷。要牢牢把握检察理论研究的时代使命。实现新时代检察工作全面协调充分发展,对检察理论的需求从未如此迫切。要正视检察理论供给上的不足和差距,从最高人民检察院做起,采取扎实有效的举措,持续抓好推进、落实。面对生机勃勃的检察实务沃土、富矿,检察理论研究潜力巨大、前景可期。新时代检察事业的丰富实践,必能给检察理论创新、学术研究繁荣提供源头活水、无尽动力。①

---

　　①　张军:《勇担时代使命　凝聚广泛共识　共同开创新时代检察理论研究工作新局面》,《检察日报》2019 年 7 月 22 日。

后　　记

　　本书是在深入贯彻党的十九届四中、五中全会精神,统筹推进依法抗疫和依法保障经济社会发展的重要节点上编撰的。去年,最高检主要领导同志在湘潭大学检察理论研究基地呈报的《疫情防控中以人民为中心的检察理念多维思考》材料作出批示,要求跟踪研究及成果,体现习近平法治思想的贯彻执行。在最高检理论研究所和检察日报社相关领导大力支持下,编撰工作于2020年4月启动至2021年1月定稿。

　　本书由湘潭大学教授、最高检咨询委副主任莫文秀和湘潭大学教授、全国检察业务专家吴建雄主持,湘潭大学检察理论研究基地和检察公益诉讼研究基地组成的博士生团队集体编撰。具体分工为:全书总体思路和体例框架由莫文秀、吴建雄拟定。各章撰稿人分工为:莫文秀(第一章、第二章),吴建雄、夏彩亮(第三章),吴建雄、杨立邦(第四章、第十八章),吴建雄(第五章),吴建雄、杨霞(第六章),吴建雄、马少猛(第七章),李玉保、夏鸿彬(第八章),吴勇、游慧艳(第九章),张永红、谭天瑶(第十章),张永红、蒋九九(第十一章),张永红、陈文忠(第十二章),张永红、周卫兵(第十三章),李法宝(第十四章、第十七章),张轶(第十五章),王柳玉(第十六章),穆远征、刘峰(第十九章),谭泽林、田坤(第二十章),李蓉、熊世才(第二十一章),林艺芳(第二十二章、第二十三章),吕晓刚(第二十四章、第二十五章),全书由吴建雄负责统稿。

　　本书在编撰过程中,吸取了政治学、法学、社会学等多学科专家研究优秀成果和主流媒体新闻报道成果。最高人民检察院相关职能部门提出评审及修改意见,特别是最高人民检察院办公厅余双彪同志为本书的编撰和校定提出了许多建设性和具体的意见建议,付出了辛勤劳动。在此一并深表感谢!

编　者

2021 年 2 月

责任编辑:王青林
封面设计:周方亚
责任校对:刘 青

图书在版编目(CIP)数据

以人民为中心:新时代检察工作的创新发展/莫文秀,吴建雄 主编. —北京:
人民出版社,2021.7
ISBN 978－7－01－023496－0

Ⅰ.①以… Ⅱ.①莫…②吴… Ⅲ.①检察机关-工作-研究-中国
Ⅳ.①D926.3

中国版本图书馆 CIP 数据核字(2021)第 116979 号

以人民为中心

YI RENMIN WEI ZHONGXIN

——新时代检察工作的创新发展

莫文秀 吴建雄 主编

人民出版社 出版发行

(100706 北京市东城区隆福寺街 99 号)

中煤(北京)印务有限公司印刷 新华书店经销

2021 年 7 月第 1 版 2021 年 7 月北京第 1 次印刷
开本:710 毫米×1000 毫米 1/16 印张:29.75
字数:386 千字 印数:00,001-11,000 册

ISBN 978－7－01－023496－0 定价:58.00 元

邮购地址 100706 北京市东城区隆福寺街 99 号
人民东方图书销售中心 电话 (010)65250042 65289539